조직경제학 입문

- 신제도학파 경제학 방법론 -

組織の経済学 入門

菊澤研宗(KIKUZAWA Kenshu)

INTRODUCTION TO ORGANIZATIONAL ECONOMICS

조직경제학 입문

–신제도학파 경제학 방법론–

김일태 · 정진필 · 박석강 공역

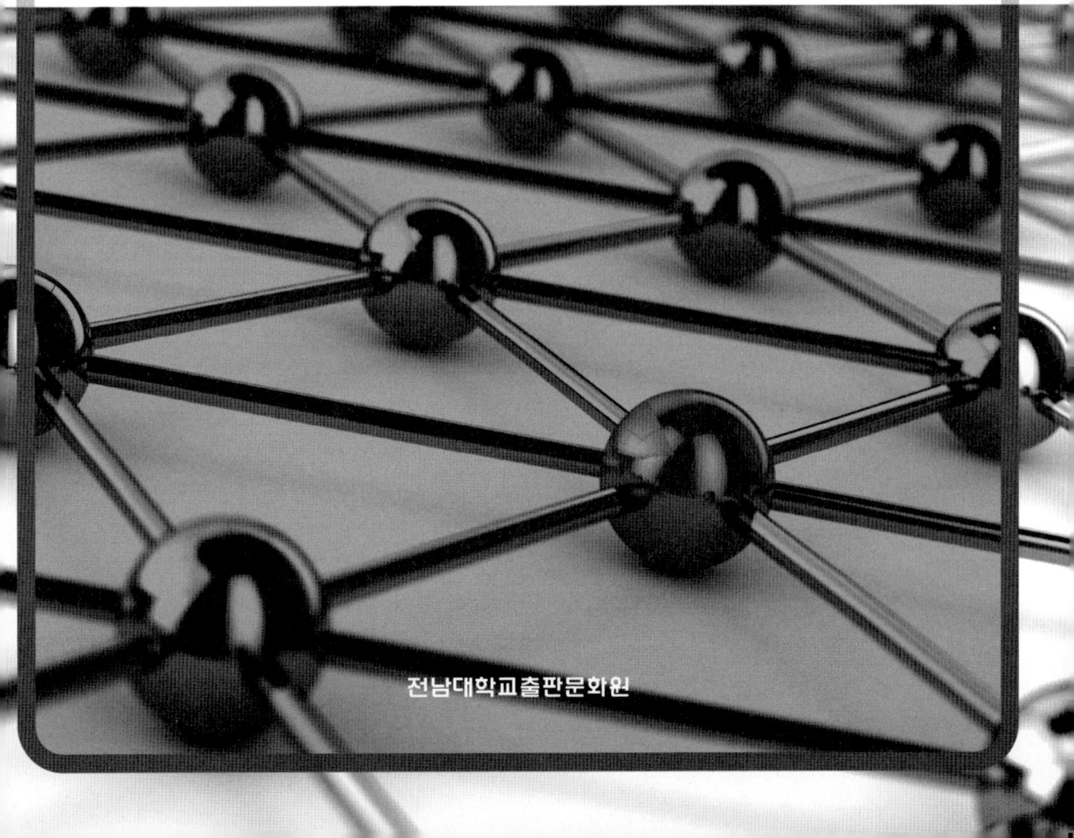

전남대학교출판문화원

■ 역자 서문

이 책을 번역하게 된 계기는 「조직경제학(organizational economics)」 혹은 「신제도학파 경제학(new institutional economics)」의 올바른 이해와 영역을 소개하려는 데서 출발하였다. 이 책의 저자 菊澤研宗(키쿠자와 겐슈)는 "「조직경제학」은 경제학과 경영학의 쌍방에 걸쳐 있는 학제적인 학문영역으로 경영학에서 다루어 온 다양한 대상을 경제학적인 수법을 활용하여 분석한다는 새로운 연구영역"이라고 서문에서 밝히고 있다. 이런 점에서 조직경제학의 영역은 정보경제학과 게임이론, 산업조직론 등의 경제이론을 토대로 기업의 존재와 행동, 기능, 전략 등 조직과 관련된 주제를 다루고 있다.

그동안 역자들은 기업과 조직경제학의 영역을 체계적으로 소개하기 위해서 「기업, 시장, 그리고 법」(Ronald H. Coase, *The Firm, the Market, and the Law*, The University of Chicago Press, 공역, 전남대출판부, 재판, 2002). 「기업이론: 조직의 경제학적 접근방식」(Sytse Douma and Hein Schreuder, *Economic Approaches to Organizations*, Prentice Hall, 공역, 전남대출판부, 2000), 「기업이론과 기업의 소유지배구조」(공저, 집문당, 2002), 「계약과 조직의 경제학」(Yanagawa Noriyuki, 契約과 組織의 經濟學. 동양경제신보사, 공역, 전남대출판부, 2003), 「기업경제학」(Odagiri Hiroyuki, 企業經濟學, 동양경제신보사, 공역, 전남대출판부, 2004)을 출간하였다. 이 책의 번역도 그간의 조직과 기업과 관련된 주제를 체계적으로 소개하는 작업의 일환으로 시작되었다.

신고전학파 경제학에서 시장은 효율적 자원배분의 메커니즘으로 작동하고 조직과 기업은 생산자이론의 영역에서 다루어져 왔으며 기업은 이윤극대화로 시장에서 공급의 역할로 주어졌다. 그러나 노벨경제학상 수상자 코즈(Coase)와 윌리엄슨(Williamson) 교수가 「기업이란 무엇인가」의 존재 이유와 거래비용경제학의 확립으로 기업과 조직은 조정메커니즘으로 자리 잡게 되었다. 그럼에도 불구하고 한국에서 「조직경제학」이나 「기업경제학」을 대학에서 과목으로 개설하는 사례가 드물고 쉽게 이해할 수 있는 적절한 교재도 거의 없는 실정이다. 이런 점에서도 번역을 착수하게 되었다.

이 책은 菊澤研宗(Kikuzawa kenshu)의 「조직경제학 입문 : 신제도학파 경제학 방법론」(개정판, 2016)을 완역한 것으로 조직경제학의 주요 이론인 거래비용이론, 대리이론, 소유권이론, 전략경영의 경제학 방법론, 새로운 조직경제학(진화경제학, 행동경제학, 법경제학, 게임이론과 관련된 기업관계)의 방법론을 제공하고 있다.

무엇보다도 번역 과정에서 저자의 본래 의미를 독자 여러분에게 이해하기 쉽게 전달하는 작업은 쉬운 일이 아니었으며 독자가 이해하지 못하거나 잘못된 번역이 있다면 모두 역자들의 책임이다. 이 책을 번역하는데 많은 분들의 도움이 있었다. 특히 한국의 독자를 위해서 흔쾌히 번역할 수 있는 기회를 주시고 한국어판 서문을 보내주신 菊澤研宗 교수님께 깊은 감사의 마음을 전하고 싶다. 마지막으로 이 역서가 출판되도록 도움을 준 전남대학교와 전남대학교출판문화원 관계자 여러분께 진심으로 감사드린다.

2019년 2월

김일태·정진필·박석강

■ 한국어판 서문

이 책은 「조직경제학」에 관한 교재이다. 최근 노벨 경제학상은 대부분 이 분야의 연구자가 수상하고 있다고 해도 과언이 아니다. 그래서 이 분야는 아직 새로운 연구 분야라고 말할 수 있을 것이다.

조직경제학은 정통파 경제학인 신고전학파 경제학을 비판하면서 등장했다. 신고전학파 경제학과는 달리 시장시스템을 유일하고 절대적인 효율적 자원분배 시스템으로 간주하지 않는다. 무엇보다도 시장시스템뿐만 아니라 조직시스템, 그리고 장기거래나 계열거래와 같은 중간적 거래시스템 역시 효율적 자원분배 시스템으로 간주한다.

따라서 이 이론을 활용하면 시장적 미국형 경영뿐만 아니라 조직적인 독일형 경영, 그리고 그 중간적인 일본형 경영도 효율적인 자원분배시스템으로 설명할 수 있다. 그래서 일본형 경영이나 독일형 경영도 미국형 경영과 비교하여 후진적이라고 말할 수 없을 것이다. 이런 현상들을 이론적으로 설명할 수 있다. 그래서 일본에서는 이 분야의 연구가 매우 활발하게 진행되었다.

그러나 최근 글로벌화의 추세에 따라 일본정부는 일본기업에게 미국식의 경영을 모방하도록 법을 개정하거나 정책을 전개하고 있다. 그러나 이 방향은 일본기업에 어울리지 않는 것으로 생각된다. 오늘날 많은 일본기업은 피폐하고 있다. 왜 그런가. 이 책을 통해 깊이 생각해 보기를 바란다.

그런데 이 책은 저자가 게이오 대학에서 사용하고 있는 교재이다. 그리고 다른 대학에서도 교재로 사용되어 이미 약 18,000부가 판매되었다. 예상외로 많은 일본 학생과 연구자들이 읽고 있어 기쁘게 생각하고 있다.

그리고 이번에 김일태 교수, 정진필 교수, 그리고 박석강 교수의 수고에 의해 이 책이 한국어로 번역되어 출판하게 되었다. 정말 고마운 일이다. 세 분의 교수님에게 진심으로 감사드린다.

오늘날 한국기업은 일본기업 이상으로 글로벌화하여 미국식의 기업경영을 수행하고 있는 것으로 생각된다. 그러나 한국고유의 경영시스템도 존재하리라고 생각한다. 그 효율성에 대하여 이 책을 통해 한번 생각해보기를 바란다.

2018년 9월 24일

키쿠자와 켄슈(菊澤研宗)

■ 韓国版のはしがき

本書は、「組織の経済学」に関するテキストである。最近のノーベル経済学賞は、ほとんどこの分野の研究者が受賞しているといってよい。それゆえ、この分野は、いまだホットな研究分野だといえるだろう。

組織の経済学は、正統派経済学である新古典派経済学を批判して登場してきた。新古典派経済学とは異なり、市場システムを唯一絶対的な効率的資源配分システムとはみなさない。何よりも、市場システムのみならず組織システム、そして長期取引や系列取引のような中間的な取引システムもまた効率的資源配分システムとみなす。

したがって、この理論を用いると、市場的な米国型経営のみならず、組織的なドイツ型経営、そしてその中間的な日本型経営も効率的な資源配分システムとして説明することができる。それゆえ、日本型経営もドイツ型経営も、米国型経営と比べて、遅れているわけではないといえる。そのことが、理論的に説明できるのである。このようなことから、日本ではこの分野の研究が非常に盛んなった。

しかし、近年、グローバル化の流れに従い、日本政府は日本企業に米国流の経営を模倣するように、法改正したり、政策を展開したりしている。しかし、この方向は、日本企業には合わないように思える。今日、多くの日本企業は、疲弊している。なぜか。本書を通して考えてみていただきたい。

さて、本書は、私が慶應義塾大学で使用しているテキストである。そして、他大学でもテキストとして使用され、すでに約18000部を売り上げている。予想以上に多くの日本の学生や研究者に読まれており、嬉しく思っている。

そして、この度、金逸泰(Il-Tae Kim)先生、鄭鎭弼(Chin-Pil Chung)先生、そして 朴錫强(Seok-Gang Park) 先生のご尽力によって，本書は韓国語に翻訳されることになった。誠に、有難いことである。3人の先生には、心から感謝している。

今日、韓国企業は日本企業以上にグローバル化し、米国流の企業経営を遂行しているように思える。しかし、韓国固有の経営システムも存在しているように思える。その効率性について、本書を通して、一度、考えてみていただきたい。

2018年 9月 24日

菊澤研宗

■ 개정판에 부쳐

이 책은 출판된 지 벌써 10년이 흘렀다. 그동안 예상외로 많은 사람들이 이 책을 읽었다고 하니 놀라울 따름이다. 독자 분 모두에게 진심으로 감사드리고 싶다.

다행히 그동안 이론적인 내용에 관한 수정은 거의 없었다. 그러나 그간 10년 동안에 급속히 발전되어 온 분야가 있다. 그것은 다음과 같은 두 가지 분야이다.

(1) 경영전략의 경제학

(2) 동태적 역량(dynamic capability)이론

이들 분야의 발전을 무시할 수 없게 되었기 때문에 이번에 이 책을 개정하게 되었다. 이들은 모두 경영전략론의 분야이기 때문에 이 책의 제목인 「조직경제학」과는 다른 분야가 아닐까라고 생각하는 독자들도 있을지 모르겠다.

그러나 조직경제학의 중심이론의 하나인 거래비용이론은 기업의 경계문제를 다루고 있으며 이 문제는 마치 기업이 다른 기업과 시장거래를 할 것인지, 제휴할 것인지, 혹은 상대를 매수할 것인지와 같은 경영전략적인 문제이다. 이런 의미에서 거래비용이론은 사실 경영전략의 경제학적인 측면을 내포하고 있는 이론이라고 할 수 있다.

그래서 이 책에 경영전략의 경제학적 분야를 포함시키는 것은 그다지 위화감을 느끼기는 어렵다.

오히려 경영전략의 경제학 분야는 마이클 포터의 경쟁전략론의 등장 이후 자원기반이론, 그리고 동태적 역량이론으로 착실히 발전하고 있다. 오늘날 경영학의 중심적인 위치를 차지하고 있다. 이것을 무시하는 것이 오히려 위화감을 느낄 정도의 상황이 되었다. 특히 동태적 역량이론은 경영전략론의 분야뿐만 아니라 거래비용이론과도 밀접한 관계에 있으며 오늘날 많은 연구자들이 주목하고 있는 이론이다.

다행히 2012년부터 2년간 동태적 역량이론의 창시자인 캘리포니아 대학 버클리교의 데이비드 티스 교수와 함께 연구할 수 있었다. 그곳에서의 연구성과와 배운 것을 살려 이 개정판에서는 가능한 많은 동태적 역량이론의 설명을 추가했다. 다분히 일본에서도 관심 있는 연구자나 학생이 많을 것으로 생각한다. 참고가 되면 다행이다.

조직경제학, 그리고 경영전략의 경제학은 매우 매력적인 분야이며 향후 더욱 발전해 나갈 분야라고 생각한다. 이 책은 가능한 많은 사람들이 이용하여 이 분야의 매력을 공유할 수 있었으면 좋겠다.

마지막으로 이 책이 개정되기까지 꼼꼼하고 효율적으로 편집해주신 유비각(유히카쿠) 서적편집 제2부의 오자키 다이스케씨에게 진심으로 감사드린다.

2015년 12월

미타산상에서

키쿠자와 겐슈

■ 초판에 부쳐

일본에서는 오랫동안 대학의 경영학자나 경제학자는 반드시 실천성을 생각하지 않고 오직 이론적이고 학술적인 연구에만 몰두해왔다. 그래서 비즈니스의 현장에 있는 사람들뿐만 아니라 대학의 학부 학생들 또한 대학에서 배우는 지식은 실천적이 아니라고 생각했다.

그러나 최근 비즈니스 현장지식이 너무나 다양하다는 것을 느끼고 좀 더 체계적으로 배우고 싶다는 사회인들이 증가해왔다. 또한 대학에서도 이론적이면서 보다 실천적인 지식을 배우고 싶어 하는 학생들이 증가해왔다. 더구나 학술적인 세계에서도 보다 실천지향의 연구자들도 많아졌다. 이러한 상황에서 등장한 것이 「조직경제학」이다.

「조직경제학」은 경제학과 경영학의 쌍방에 걸쳐있는 학제적인 학문영역으로 경영학에서 다루어 온 다양한 대상을 경제학적인 수법을 활용하여 분석한다는 새로운 연구영역이다. 이 분야는 경제학의 이론성과 경영학의 실천성을 겸비한 분야이며 오늘날 경제학과 경영학분야에서 가장 주목받고 급속히 발전되어 온 학문영역으로 향후에도 이 분야의 연구는 더욱 발전될 것으로 생각된다.

또한 이 분야는 일본인과의 관계도 매우 깊다. 왜냐하면 조직경제학에서는 전통적인 신고전학파 경제학과는 달리 미국류의 시장경제시스템을 유일하고 절대적이며 효율적인 자원배분 시스템으로 간주하지 않기 때문이다. 무엇보다도 계열거래로 대표되는 일본적인 애매한 자원배분 시스템의 효율성을 설명하려 시도한다. 그래서 지금까지 많은 연구자들이 이 연구 분야의 발전에 공헌해왔으며 사회과학분야에서도 드물게 현재까지도 이 분야를 선도하고 있는 일본인들은 많다. 이런 의미에서 조직경제학을 가능한 많은 일본인들이 배웠으면 좋겠다.

그러나 유감스럽게도 일본에는 이 조직경제학에 관한 적절한 교재는 의외로 적다. 특히 경영학부나 경제학부의 학생과 MBA의 사회인학생들도 쉽게 이해할 수 있는 교재는 거의 없다. 분명히 오늘날 구미의 뛰어난 교재들이 번역되어 있다. 그러나 어떤 구미의 교재는 너무 수학적인 표현이 많아 수학에 약한 학생들을 이 연구영역에서 멀어지게 하고 있다. 또한 다른 교재에서는 이 분야의 중요한 이론인 거래비용이론을 충분히 다루지 않거나 소유권이론의 설명을 생략하기도 한다. 더욱이 그 분량이 너무 많아 단독으로 읽기에는 동기를 상실해버리는 교재도 있다. 또한 당연하지만 일본기업의 사례를 다루는 교재는 많지 않다.

이 책은 이러한 점을 충분히 고려하여 학부학생들도 충분히 이해할 수 있도록 가능한 수학적인 표현을 피하고 거래비용이론이나 소유권이론의 유효성에 대해서도 충분히 설명했다. 또한 어느 정도 단독으로 통독할 수 있도록 분량을 제한하고 간결하게 정리했다. 또한 구미의 사례뿐만 아니라 의식적으로 일본기업의 사례도 정리하였고 이론의 응용사례로서 국제비교제도분석을 할 수 있도록 노력했다. 그리고 마지막 장에서는 최근 화제가 되고 있는 진화경제학, 행동경제학, 그리고 법경제학과 같은 넓은 의미에서 「조직경제학」으로 불리는 분야에 대해서도 부분적으로 다루었다. 이러한 의미에서 이 책을 통해 이 분야의 최근 동향도 알 수 있을 것이다.

이 책은 이상과 같은 특징을 가지고 있는데 이 책의 목적은 어디까지나 조직경제학을 구성하는 중요한 이론을 이해시키는 것에 있으며 학자나 연구자를 양성하기 위한 교재는 아니다. 그러나 만약 이 책을 통해 이 분야의 이해가 깊어지고 실천응용에 강한 관심이 싹트게 되면 그 응용 편으로 졸저 『비교 기업지배구조론 – 조직경제학 방법론』[유히카쿠(유비각), 2004년]나 졸편저 『업계분석 조직경제학 – 신제도학파 경제학의 응용』(중앙경제사, 2006년)이 이미 출판되어 있기 때문에 이쪽도 아울러 읽었으면 좋겠다.

이 책이 완성되기까지 많은 사람들로부터 지식, 지적자극, 조언을 받았다. 무엇보다도 먼저 게이오대학 상학부 키쿠자와 세미나의 학생 및 나의 강의에 참여해주신 대학원생들에게 감사드린다. 그들의 유익한 코멘트 덕분에 이 책이 보다 읽기 쉽게 되었다. 또한 중앙대학 국제회계연구과 토미쓰카 요시카즈교수, 중앙대학 종합정책학부 단자와 야스하루교수, 하야시 쇼이치교수, 중앙대학 경제학부 다카하시 히로유키교수, 메이지학원대학 경제학부 오히라 코지교수, 구마모토학원대학 상학부 사다마쓰 시게루교수, 그리고 게이오대학 상학부 와타나베 나오키교수 및 사카키바라 겐고교수에게도 감사드린다. 또한 끊임없이 나의 연구에 관심을 가지고 지켜보고 있는 전 히토쓰바시대학교수 히라타 미쓰히로선생, 전 일본대학교수 키구치 토시오선생에게도 감사드린다. 그리고 나를 연구자로서 키워주신 고 게이오대학교수 코지마 사부로선생에게 진심으로 감사드린다.

마지막으로 이 책과 같은 새로운 분야의 교재의 가치를 이해해 주시고 출판의 기회를 주신 유히카쿠(유비각) 서적편집 제2부의 카지마 노리오부장에게 감사하며 동시에 조직경제학이라는 분야에 대하여 충분히 이해한 후 아주 세밀하고 효율적으로 편집해 주신 같은 부서의 오자키 다이스케씨에게도 진심으로 감사드린다.

2006년 9월

미타산상에서

키쿠자와 겐슈

■ 목 차

제4장 소유권이론 _ 263

Column 일람

제1장

조직경제학 등장의 역사

「조직경제학(organizational economics)」 혹은 「신제도학파 경제학(new institutional economics)」은 경제학과 경영학을 통합한 새로운 이론이다. 지금까지 경제학과 경영학은 서로 대립되는 상황에서 경제학자들은 경영학이 거의 체계성이 없고 이론적이지 않고 학구적이지 않은 학문으로 생각하였다. 반면에 경영학자들은 경제학이 너무 비현실적이고 현실에서 그다지 쓸모없는 학문이라 생각하였다. 이러한 상태에서 경영학과 경제학이 서로 양보하고 융합할 수 있는 학제적 연구 즉 「조직 경제학」이 어떻게 등장하였는지 그 역사부터 알아보고자 한다.

1. 신고전학파 기업이론

애덤 스미스(A.Smith)나 알프레드 마샬(A.Marshall)과 같은 고전적인 경제학자는 원래 기업조직의 존재에 주목하여 조직에 대해 많은 연구를 하였다. 그러나 그 후 대부분의 경제학자는 시장의 역할에 매료되어 주로 시장의 역할만을 연구하였다.

특히 20세기 주요 경제학자는 「신고전학파 경제학」의 이름 하에서 시장이론을 고도의 수학을 이용하여 정밀화하였다. 그리고 신고전학파 경제학자는 기업의 조직적 특징을 대부분 무시하고 기업을 하찮은 존재로 다루었다.

구체적으로 말하면 신고전학파 경제학은 경제주체를 기본적으로 소비자와 기업을 가정하였다. 어떠한 경제주체도 완전한 정보를 수집하고 완전하게 정보를 처리할 수 있다. 그리고 그 결과를 표현 전달할 수 있는 완전 합리적인 인간으로 가정하였다. 이러한 완전합리적인 정보처리능력을 토대로 <그림 1-1>과 같이 소비자는 효용극대화를 위해 노동력을 공급하고 재화를 수요한다. 반면 기업은 이윤극대화를 위해 노동력을 수요하고 재화를 생산하여 공급한다. 그리고 다수의 소비자와 기업에 의해 다양한 시장이 형성된다.

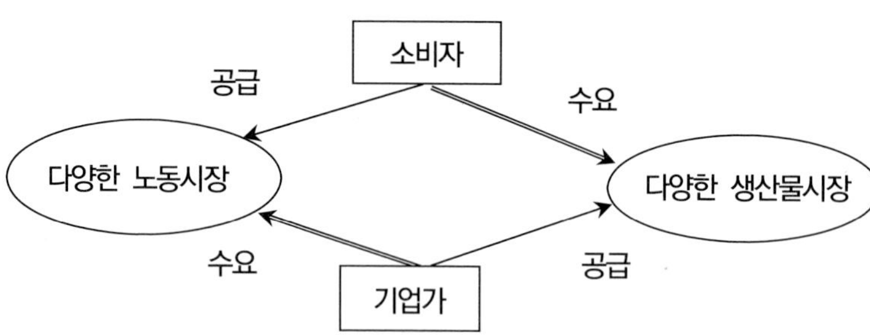

그림 1.1. 시장경제

여기에서 어떤 재화를 둘러싸고 수요보다 공급이 많으면 가격은 하락한다. 이 경우 하락한 가격에서 능력이 있는 기업은 재화를 생산하여 공급하고 능력이 없는 기업은 시장에서 퇴출된다. 반면에 공급보다 수요가 많은 경우에 가격이 상승한다. 이 경우 능력이 없는 소비자는 재화를 구입할 수 없기 때문에 퇴장하고 능력이 있는 소비자는 높은 가격에도 구입할 수 있기 때문에 시장에 남는다.

이와 같이 시장가격의 변화에 의해 능력이 있는 사람들은 시장거래에 참여할 수 있고 능력이 없는 사람들은 시장에서 퇴출된다. 따라서 시장에서 가격은 조정역할을 하게 되고 자원은 능력이 없는 사람으로부터 유출되어 능력이 있는 사람들에게 배분되고 이용된다.

이와 같은 의미에서 시장시스템은 가격메커니즘을 토대로 능력이 있는 사람들에게 사람·물건·돈 등의 자원을 배분하는 효율적 자원배분 시스템이라 말할 수 있다. 이것을 엄밀하게 수학적으로 설명하는 이론이 신고전학파 경제학이다.

그러나 주의해야 할 점은 신고전학파 경제학에서 시장을 유일하고 절대적인 효율적 자원배분 시스템으로 설명하기 위해서 기업을 「완전 합리적」으로 「이윤극대화」 하는 경제인으로서 의인화하고 단순화하였다는 점이다. 즉 기업은 마치 조직적 확장을 가지지 않는 물리학의 질점과 같은 존재로 가정하였다는 점이다. 이러한 신고전학파의 기업관은 다음과 같이 경영학분야와 경제학내부로부터 각각 비판을 받았다.

2. 기업의 행동이론

먼저 경제인에 대해 경영학분야에서 혹독한 비판을 한 것은 1978

년 노벨경제학상을 수상한 사이몬(H.A. Simon)이다. 그는 『경영 행동』에서 인간은 경제학이 가정하는 완전 합리적인 경제인이 아니며 인간의 정보수집·처리·전달능력은 한정되어 있기 때문에 한정된 정보 안에서 의도적이고 합리적으로만 행동할 수 없다. 즉 인간은 「제한된 합리성(bounded rationality」에 따라 행동한다고 하였다 (Simon[1961]).

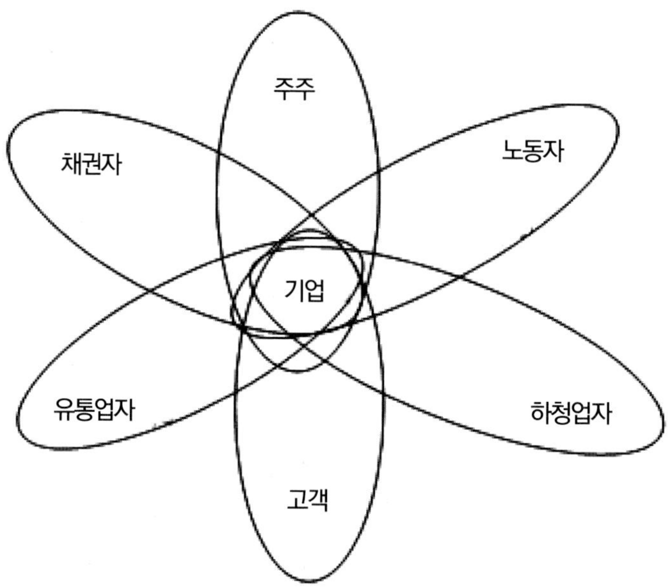

그림 1.2. 참가자의 연합체로서의 기업

Simon은 이러한 제한된 합리성을 가진 인간은 행동에 이르기까지 다양한 심리적인 의사결정 과정이 존재한다. 어떤 의사결정과정을 통해 최종적 행동에 도달하게 되는 것은 인간의 만족도·요구수준에 의존한다고 하였다. 그리고 기업행동이나 인간행동을 이해하려면 우선 행동에 이르기까지 의사결정 과정을 밝히고 이러한 심리과정을 이해할 필요가 있다고 주장하였다.

이러한 생각을 토대로 Simon, Cyert and March[1963]에 의해 전개된 것이 「기업의 행동이론」이다. 이들은 신고전학파 경제학의 주장에 반하여 기업은 반드시 이윤극대화가 목적이 아니다 라고 하였다. 이러한 기업조직은 <그림 1-2>와 같이 주주, 노동자, 채권자, 유통업자, 하청업자, 고객 등 다양하고 고유한 이해를 가진 참가자의 연합체로 간주되고 주주의 이익만을 최대화하는 것은 불가능하다고 생각했기 때문이다.

여기서 모든 참가자는 조직의 「공헌」의 대가로 조직으로부터 「유인(incentive)」을 받는다. 그리고 만약에 조직이 제공하는 유인이 참가자의 공헌보다 크다면 참가자는 조직에 참가하여 계속 의사결정을 하게 된다.

그러나 참가자의 이해는 각각 다르기 때문에 조직 내에서 갈등이 발생한다. 이러한 다른 이해를 가진 참가자 사이에 발생하는 갈등을 어떻게 해결할 수 있는가. 이러한 의사결정 과정을 기술함으로써 기업행동을 이해하려는 연구가 기업의 행동이론이다

3. 소유와 지배의 분리론

한편 경제학 내부에서 신고전학파의 기업관을 비판한 것은 기업의 제도적 측면에 관심을 가지고 있던 배블렌(T.Veblen)을 중심으로 한 제도학파 경제학자들이다. 특히 제도학파 경제학의 흐름에서 신고전학파의 기업관에 대해 결정적인 비판을 한 것은 Berle and Means[1932]이다. 이들의 저서 『근대 주식회사와 사유 재산』에서 거대기업은 소유와 지배가 분리되어 있기 때문에 현대 거대기업이 이

윤을 극대화하지 못한다고 신고전학파 경제학을 비판하였다(Berle and Means[1932]).

Berle and Means에 의하면 기업은 규모가 작을 때 기업을 소유하여 이윤을 얻을 권리(소유)와 기업의 인사를 지배할 권리(지배), 기업을 경영할 권리(경영)는 자본가인 기업가에게 집중된다. 그러나 기업규모가 커지면 기업경영은 복잡해지고 이 상태를 극복하기 위해서 모든 기능을 전문화하는 것이 효율적이다. 이러한 상황 하에서 출자했다는 이유만으로 기업을 경영할 수 없기 때문에 경영을 전문으로 하는 전문경영인이 등장하게 되었다. 그러나 이 단계에서는 자본가는 지배권으로서 인사권을 가지고 있고 경영자는 자본가의 충실한 대리인으로 머무른다.

더욱이 기업이 거대화되면 주식은 많은 주주들에게 분산되고 어떤 단일주주는 기업을 지배할 만한 충분한 주식을 소유하지 않는 상태가 된다. 이 단계에서는 기업을 지배하고 있는 것은 주주가 아니며 지배하고 있는 것은 주식을 가지고 있지 않은 전문경영인이다. 또한 소유자인 주주와 지배자의 경영자의 이해는 서로 다르기 때문에 경영자는 단순한 주주의 대리인이 아니다.

따라서 Berle and Means에 의하면 현대의 거대기업은 전통적인 경제학이 가정하는 것과 같은 단순한 질점이 아니라 <그림 1-3>과 같이 소유자와 지배자가 분리된 거대기업조직이다. 그리고 소유자와 지배자의 이해가 다르기 때문에 단순히 주가최대화와 이윤극대화를 할 수 없는 존재이다. 더하여 이러한 현실의 기업을 연구하지 않고 시장의 역할을 충분히 이해하지 못하는 것 아니냐는 의문이 제기되었다.

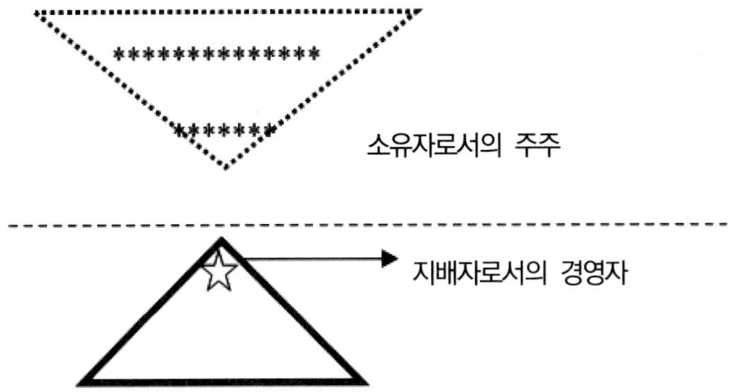

그림 1-3. 소유와 지배가 분리된 기업

4. 경영자 지배의 기업이론

Berle and Means의 소유와 지배의 분리라는 주제를 적극 도입하면서 구미에서는 새로운 기업이론이 전개되었다. 그것이 Baumol[1959], Marris[1963], Williamson[1967] 등에 의해 전개된 「경영자 지배의 기업이론」이다. 이들에 의하면 소유와 지배의 분리에 의해 자유재량을 쟁취한 경영자는 주주의 충실한 대리인으로서 이윤극대화는 것이 아니라 어떤 제약 하에서 경영자 자신이 원하는 고유의 목적을 추구하는 것으로 생각하였다.

예를 들면 Baumol은 경영자의 보수나 명성이 매출액과 관계된다는 사실에 주목하여 기업 유지에 필요한 최소한의 이윤을 제약조건으로 매출액을 최대화하려는 매출액 최대화 가설을 전개하였다. 또한 Marris는 현대기업은 이윤극대화가 아닌 물적, 인적, 지적자원의 축적에 관심을 가지고 성장률을 최대화하는 기업성장률 최대화가설을 전개하고 더욱이 Williamson은 현대기업의 경영자는 재량 가능한 이윤을 극대화하려는 경영자의 효용극대화 가설을 전개하였고 경영자는 자신의 위신을 높이기 위해 대규모 스태프 조직의 위에 군림하려고 한다.

이들 모형은 각각 다르지만 모두 주주들의 이익을 희생하고 경영자 자신이 자신의 효용을 최대화한다는 점은 같다.

5. 신제도학파 조직경제학

이상과 같이 경영학과 경제학의 흐름에서 인간은 한정된 정보능력 안에서 의도적이고 합리적으로 행동할 수 없다는 「제한된 합리성」과 인간은 효용을 최대화한다는 「효용극대화」의 가정을 계승하여 등장한 것이 조직경제학 혹은 신제도학파 경제학[1])이다.

새로운 기업의 이론연구의 움직임은 주로 기업을 둘러싼 조직제도의 형성과 발생을 분석하려는 것으로 「제도학파」라 한다. 그러나 기업의 제도적 측면에 주목한 연구는 과거 배블렌(T.Veblen)에 의해 이미 전개되었기 때문에 현대의 이러한 새로운 제도론의 움직임을 「신제도학파 경제학」이라 불린다.

또한 신제도학파 경제학은 단일이론이 아닌 Coase[1937]와 Williamson [1975]에 의해 전개된 거래비용이론, Jensen and Meckling[1976], Fama[1980]에 의해 전개된 대리이론, 그리고 Alchian[1965])과 Demsetz[1967]에 의해 전개된 소유권이론 등으로 구성되었다.

---

1) 신제도학파 경제학의 전체적인 것에 대해서는 Picot, Dietl and Franck(1997), kikuzawa(1998)이 상세하게 서술함.

거래비용이론

그 가운데 Coase[1937]에 의해 제기된 거래비용이론은 Williamson [1975]에 의해 정력적으로 전개된 제한된 합리성과 효용극대화(기회주의 : opportunism)는 인간의 행동가정을 기반으로 여러 분야에서 응용되고 있다. 특히 거래비용이론에서 기업조직은 기본적으로 시장을 대신하는 자원배분 시스템으로 간주된다.

예를 들면 어떤 사람이 상품을 제조하기 위해서 모든 부품을 시장에서 구입할 수도 있고 스스로 사람·물건·돈을 모아서 조직적으로 자체 제작할 수도 있다. 시장에서 구입할 경우 모르는 사람들과 거래하게 되므로 제한된 합리적인 인간은 서로 상대가 모르는 것을 기회주의적으로 자신에게 유리한 거래를 진행한다. 따라서 상대방에게 속지 않기 위해 줄다리기가 일어나 거래에서 낭비 즉 「거래비용」이 발생한다. 이와 같이 거래비용이 너무 높은 경우 거래비용을 절약하기 위해서 시장거래를 대신하여 스스로 사람·물건·돈을 조달하고 명령하여 조직적으로 자원을 배분하고 부품을 제조할 때 거래비용이 낮아진다.

이와 같이 시장에서 거래비용이 너무 높은 경우 그것을 절약하기 위해서 시장을 대신할 자원배분 시스템이 형성되어 선택된다는 것이 거래비용이론에서 본 기업조직이다.

대리이론

또한 Jensen and Meckling[1976]에 의해 전개된 대리이론(agency theory)에서 기업은 경영자를 중심으로 하는 복수의 대리관계(의뢰인과 대리인 관계)로 구성되는 계약의 결합체로 간주된다.

그 가운데 특히 중요한 대리관계는 주주와 경영자 사이의 대리관계이지만 경영자는 주주의 단순한 대리인으로 볼 수 없다. 모든 인간은 제한된 합리성으로 효용을 극대화하려 하기 때문에 의뢰인인 주주와 대리인인 경영자의 이해는 반드시 일치하지 않는다. 게다가 양자의 정보 또한 비대칭적이기 때문에 Berle and Means가 주장한 것과 같이 경영자는 항상 주주가 모르는 것을 기회로 비효율적 행동을 할 가능성이 있다.

그러나 신고전학파 경제학이 주장한 것과 같이 거대기업의 경영자가 반드시 비효율적인 행동을 취하지 않는 것은 경영자의 비효율적인 행동을 억제하기 위해서 사전에 이사회제도, 회계감사제도, 보수제도, 주식시장제도 등의 다양한 공식, 비공식적 등의 지배구조가 형성된다 라고 생각하는 것이 제도론으로서 대리이론이다.

소유권이론

Demsetz[1967]가 지적한 것과 같이 소유권이론은 사람들이 거래하는 것은 사실은 물건 그 자체가 아니라 소유권이라고 강조한다. 예를 들면 우리는 냉장고를 구입할 경우 주로 그 냉각기능의 소유권을 구입하는 것이므로 금속물질의 특성을 포함하여 구입하는 것은 아니다. 만약에 구입하자마자 냉장고의 냉각기능이 작용하지 않는다면 우리는 바로 구입한 가게에 돌려줄 것이다.

여기에서 만약에 인간이 완전 합리적이라면 모든 재화의 특성을 둘러싼 소유권은 명확히 누군가에게 귀속되고 재화의 사용에 의해 발생되는 플러스·마이너스 효과는 그 소유권자에게 귀속된다. 따라서 소유권자는 자신의 효용을 높이기 위해서 마이너스 효과를 피하고 플러스 효과를 창출하기 위해 효율적으로 재화를 이용한다. 그리고 만약 노력에도 마이너스 효과밖에 얻지 못하면 시장을 이용하여 그 재화를 팔아 그 대신에 플러스 효과를 불러올 재화를 구입한다. 이와 같이 시장거래를 통하여 자원이 효율적으로 배분되기 위해서는 무엇보다 기본 전제로서 소유권제도의 확립이 필요하다.

그러나 실제로 인간은 제한된 합리성을 가지기 때문에 재화의 소유권이 반드시 명확하게 누군가에게 귀속되는 것은 아니다. 따라서 비록 누군가가 비효율적으로 재화를 사용하여 그것에 의해 마이너스 효과가 발생한다 하더라도 그 효과는 사용자에게 귀속되지 않고 재화는 무책임하게 비효율적으로 이용될 가능성이 있다. 이러한 비효율을 억제하기 위해서 소유권을 명확히 하는 다양한 공식, 비공식적인 제도가 발생되고 형성된다는 것이 제도론으로서 소유권이론이다.

특히 소유권이론에서 기업은 재화를 효율적으로 이용하기 위해서 재화의 소유권을 특정 사람에게 집중시키거나 분산시키는 제도라고 간주한다. 예를 들면 개인 기업은 자원을 효율적으로 이용하기 때문에 소유권을 특정 소유 경영자에게 집중시키는 제도이며 주식회사는 자원을 효율적으로 이용하기 때문에 소유권을 적당히 분산시키는 제도이다.

이러한 신제도학파 경제학을 구성하는 세 가지 이론은 모두 조직을 경제학적으로 분석하므로 좁은 의미에서 「조직경제학」[2)]으로 불린

---

2) 신제도학파 경제학의 3가지 이론의 관계에 있어서 Williamson(1990), Picot, Dietl and Franck(1997) 그리고 kikuzawa(1998)가 상세하게 서술함. Williamson 소유권이론을 기초로 사전의 제도디자인에 관심을 가지고 있는 것이 대리이론이며 사후적 제도디자인에 관심을 가지고 있는 것이 거래비용이론이다. Picot 등은 소유권이론을 기초로 거래비용과 대리이론이 상호 관련이 있다는 것을 지적하였다. 또한 kikuzawa는 3개의 이론이 상호 집합론적으로 관

다. 물론 광의의 개념으로 조직상의 다양한 제도를 게임이론으로 설명하는 연구도 넓은 의미의 조직경제학이다. 더욱이 Nelson and Winter[1982]에 의해 전개된 기업조직의 역사적 발전과정을 경제학적으로 설명한 진화경제학도 조직경제학이라 부른다. 게다가 경영전략을 경제학적으로 설명하거나 분석하는 전략경제학도 광의의 조직경제학의 한 분야로 급속히 발전하고 있다. 이들 넓은 의미의 조직경제학 연구가 오늘날의 현대 기업이론의 선구적 분야를 이루고 있다고 해도 좋다.

본서에서는 우선 거래비용이론, 대리이론, 소유권이론을 중심으로 최대한 쉽게 설명하고 다음으로 최근 급속히 발전하고 있는 전략경제학 분야에 대해서 설명하고 마지막으로 최근 새로운 조직경제학의 방법론을 소개한다.

연습문제

❶ 시장은 효율적 자원배분 시스템으로 알려졌다. 이 의미를 설명하시오.

❷ 신고전학파 경제학에 대한 Simon의 비판에 대해서 설명하시오.

❸ 신고전학파 경제학에 대한 Berle and Means의 비판에 대해서 설명하시오.

❹ 소유와 지배의 분리란 어떤 것을 말하는지를 설명하시오

계가 있다고 지적하였다.

참고문헌

Alchian, A. A. [1965] "Some Economics of Property Rights," *il Politico*, 30 : 816-829.

Baumol, W. J. [1959] *Business Behavior, Value and Growth*, Macmillan. (伊達邦春·小野俊夫訳『企業行動と経済成長』ダイヤモンド社, 1962年)

Berle, A. A. and G. C. Means [1932] *The Modern Corporation and Private Property*, Transaction Publishers. (北島忠男訳『近代株式会社と私有財産』文雅堂書店, 1985年)

Coase, R. H. [1937] "The Nature of the Firm," *Economica*, 4 : 386-405.

Cyert, R. M. and J. G. March [1963] *A Behavior Theory of the Firm*, Prentice Hall. 松田武彦監訳·井上恒夫訳『企業の行動理論』ダイヤモンド社, 1967年)

Demsetz, H. [1967] "Toward a Theory of Property Rights," *American Economic Review*, 57 : 347-359.

Fama, E. F. [1980] "Agency Problems and the Theory of the Firm," *Journal of Political Economy*, 88 : 288-307.

Jensen, M. C. and W. H. Meckling [1976] "Theory of The Firm : Managerial Behavior, Agency Costs and Ownership Structure," *Journal of Financial Economics*, 3 : 305-360.

菊津研宗 [1998]『日米独組織の経済分析——新制度派比較組織論』文廣堂。

Marris, R. [1963] "A Model of the 'Managerial' Enterprise," *Quarterly Journal of Economics*, 77 : 185-209.

Nelson, R. R. and S. G. Winter [1982] *An Evolutionary Theory of Economic Change*, Harvard University Press. (角南篤·田中辰雄·後藤晃訳『経済変動の進化理論』慶鷹義塾大学出版会, 2007年)

Picot, A. H. Dietl and E. Franck [1997] *Organization: eine ökonomische Perspektive*, Schaffer-Poeschel Verlag. (丹沢安治·榊原研互·田川克生·小山明宏·渡辺敏雄·宮城徹訳『新制度派経済学による組織入門 − 市場·組織·組織間関係へのアプローチ』白桃書房, 1999年)

Simon, H. A. [1961] *Administrative Behavior : A Study of Decision-Making Processes in Administrative Organization,* 2nd ed., Macmillan. (松田武彦·高柳暁·二村敏子訳『経営行動』ダイヤモンド社, 1965年)

Williamson, O. E. [1967] *The Economics of Discretionary Behavior: Managerial Objectives in an Theory of the Firm*, Markham. (井上薫訳『裁量的行動の経済学 企業理論における経営者目標』千倉書房, 1982年)

Williamson, O. E. [1975] *Markets and Hierarchies : Analysis and Antitrust Implication*, Free Press. (浅沼高里·岩崎晃訳『市場と企業組織』日本評論社, 1980年)

Williamson, O. E. [1990] "A Comparison of Alternative Approaches to Economic Organization," *Journal of Institutional and Theoretical Economics*, 146. 61-71.

제2장

거래비용이론

2장에서는 1991년 노벨경제학상을 수상한 코즈(Coase)와 2009년 노벨경제학상을 수장한 윌리엄슨(Williamson)에 의해 전개된 거래비용이론(transaction cost economics)을 가능한 한 단순한 형태로 정리하고자 한다. 이를 위해 우선 거래비용이론의 기본원리와 이 이론이 다양한 분야에 응용할 수 있음을 설명한다. 이로 인해 거래비용이론이 현실의 다양한 조직현상을 설명하는 매우 유력한 이론임을 밝힐 것이다.

1. 거래비용이론의 기본원리

1.1. 코즈의 신고전학파 경제학 비판

거래비용이론은 코즈(R.H. Coase)에 의한 신고전학파 경제학을 비판하면서 등장한 이론적 구상이다. 코즈는 신고전학파 경제학에 내재한 두 가지 문제를 풀어가는 형태로 거래비용이론을 전개하였다. 아래에서는 코즈가 찾아낸 문제와 그 해결방안으로서 거래비용이론[1]을 설명한다.

신고전학파 시장이론

신고전학파 경제학에 의하면 시장을 효율적인 자원배분 시스템이라 한다. 여기서 「효율적」이란 의미는 사람·물건·돈 등의 희소자원이 능력있는 사람에게 배분되어 낭비없이 이용된다는 뜻이다. 이러한 의미에서 처음부터 사람·물건·돈 등이 능력 있는 사람에게 배분된다는 보증은 전혀 없다. 처음에는 능력이 없는 사람이 많은 자원을 보유하고 있을지도 모른다. 그 때문에 처음부터 자원이 비효율적으로 배분될 가능성이 있다.

그러나 비록 처음에는 비효율적으로 자원이 배분되었다 할지라도 자원이 자유롭게 거래되는 시장이 있으면 결과적으로 자원은 능력이 있는 사람들에게 배분되고 자원은 효율적으로 이용된다. 이것이 신고전학파 경제학의 생각이다.

---

1) 여기서 설명한 Coase의 거래비용이론에 대해서는 Coase(1937, 1988)가 상세하게 서술함.

신고전학파에 의하면 시장이 있으면 한편으로 자원을 잘 이용할 수 없는 사람은 자원을 많이 보유하고 있다 하더라도 효용이 높지 않고 경우에 따라서는 마이너스가 되므로 자원을 팔기 시작한다. 한편 자원을 이용하는 사람은 구입자금 이상으로 잘 이용하여 이익을 낼 수 있기 때문에 다소 비싸도 그 자원을 구입하려고 한다. 이와 같이 자유로운 시장거래를 통해 자원은 효율적으로 이용할 수 없는 사람들로부터 유출되어 효율적으로 이용할 수 있는 사람들에 유입되고 배분됨으로써 자원은 효율적으로 이용된다.

게다가 이러한 시장이라는 자원배분 시스템에서 비록 많은 사람들이 잘못하여 자원을 지나치게 수요하거나 과도하게 공급하더라도 가격이 상·하로 변화하고 자원을 구입하고 싶은 사람들과 자원을 팔고 싶은 사람만 시장에 남기도록 조정하는 역할을 한다. 예를 들어 지금 어떤 자원을 둘러싸고 지나치게 많은 사람들이 구입을 희망한다고 가정하자. 이 경우 그 자원의 가격은 상승한다. 이때 가격이 높더라도 그 이상의 가치로 이용할 수 있는 능력 있는 사람들만 그 자원 구입을 계속 희망할 것이다. 또한 설령 잘못해서 과잉으로 많은 사람들이 판매를 하고 싶어도 그 가격은 하락하기 때문에 팔고 싶은 사람들만 시장에 남게 된다.

이러한 가격 조정메커니즘을 통해 자유로운 시장거래가 형성되고 능력이 없는 사람들은 자원을 팔게 되고 능력이 있는 사람들만이 자원을 구입하게 되므로 시장거래를 통하여 자원은 효율적으로 배분되어 이용된다. 이러한 자원배분 시스템은 개개인이 자신의 이익을 추구함으로써 자연스럽게 전개된다. 따라서 시장시스템은 「보이지 않는 손(invisible hand)」에 의한 효율적 자원배분 시스템이라 한다. 이것이 신고전학파 시장경제학의 핵심이다.

조직의 존재문제

그러나 코즈에 의하면 실제로는 이러한 시장 메커니즘이 맞지 않는 많은 영역이 있다고 주장한다. 예를 들면 어떤 기업 내에서 노동자와 종업원이 어떤 부문에서 다른 부문으로 이동하는 것은 임금이 변화하여 이동하는 것이 아니다. 이 경우 이들은 경영자의 명령에 의해 이동한다. 또한 기업 내에서 종업원이 다른 부문으로 이동하고 싶어도 경영자의 조정에 의해 많은 종업원의 요구는 억제된다.

즉 기업 내의 가격시스템에 의해 자원배분이 조정되는 것이 아니라 경영자가 조직적으로 사람·물건·돈 등의 자원을 배분하고 권한을 토대로 조정한다고 말할 수 있다. 이러한 경영자의 명령에 의해 조직적인 자원배분 시스템은 「보이는 손(visible hand)」에 의한 자원배분 시스템이라 말한다.

코즈에 의하면 이러한 기업조직은 현실에 존재한다는 것을 그 동안 많은 경제학자가 인정하였다. 그러나 시장거래의 효율성을 너무 강조한 까닭에 경제학자가 일부러 조직의 존재를 무시했다는 것이 코즈의 비판이다. 왜 시장과 별도로 조직이 존재하는가. 이것이 코즈의 첫 번째 질문이다.

기업의 경계문제

코즈는 또한 신고전학파 경제학에 의한 기업규모의 결정에 대한 설명에도 주목하였다. 신고전학파 경제학에 의하면 기업은 규모의 경제를 토대로 커진다. 그러나 규모를 어디까지 크게 하는 것이 모두 효율성이 높아지는 것은 아니다. 일정 규모를 넘게 되면 관리의 한계 등이 걸림돌이 되어 반대로 비효율이 발생한다. 따라서 이 경우 생산물을 한 개 더 생산하며 발생하는 비용(한계비용)이 생산물 1개 더 생산하며 얻어지는 수입(한계수입)을 초과하는 상태가 된다. 이와 같이 규모를 토대로 한 생산은 채산성이 맞지 않기 때문에 한계비용과 한계수입이 같아지는 점에서 기업 규모가 결정된다.

그러나 코즈에 의하면 기업의 생산 활동은 한 종류의 생산물 생산에 한정할 필요는 없으며 기업은 복수의 생산물을 생산할 수 있으며 실제로 많은 기업이 다각화하고 있다고 주장한다. 이 점을 고려하면 1개의 생산물의 생산비용 체증이 기업규모를 제한할 이유가 되지 않는다. 즉 비록 1개의 생산물의 한계비용이 한계수입을 초과한다 하더라도 기업은 더욱 다각화하여 다른 생산물을 생산하고 판매함으로써 규모를 확대할 수 있다.

따라서 지금까지 경제이론에 의한 기업규모의 결정에 관한 설명에는 문제가 있다고 말한다. 그렇다면 기업규모는 어떻게 결정되는가. 기업의 경계는 어떻게 결정되는 것인가. 이것이 코즈의 두 번째 문제이다. 이와 같이 두 가지 문제를 이해하기 위해 보다 현실적인 기업의 정의를 내리는 것이 코즈의 의도이다.

1.2. 코즈의 소박한 거래비용이론

다음으로 이와 같은 기업을 둘러싼 두 가지 문제, 즉 첫 번째 왜 기업조직은 존재하는가, 두 번째 기업조직의 경계는 어떻게 결정되는가에 대해 코즈의 고전적 논문「기업의 본질(Coase[1937])에서 다음과 같이 경제학적으로 설명한다.

코즈에 의하면 이러한 두 가지 문제는 모두 같은 경제 원리로 설명하였다. 먼저 기업조직은 시장과 마찬가지로 사람·물건·돈을 배분하는 일종의 자원배분 시스템으로 간주한다. 또한 어떠한 자원배분 시스템을 이용하는 경우에도 거래비용[2)]이 발생한다.

예를 들면 시장에서 거래하는 경우 상대에 속지 않기 위해 사전에 거래 상대를 탐색하기 때문에 탐색 비용이 발생한다. 또한 계약할 경우에도 비용이 발생한다. 그리고 계약 후에도 계약이행을 둘러싸고 감시(모니터링) 비용이 발생한다. 이들 시장거래와 관련된 일련의 비용이 시장거래비용이다. 마찬가지로 조직 내에서 경영자가 각 직무에 종업원을 할당하는 형태로 자원을 배분하는 경우 경영자와 직원들 사이에 줄다리기가 발생하고 조직 내 거래비용이 발생한다. 경영자는 종업원을 어떠한 직무에 할당하기 전에 종업원의 능력을 파악할 필요가 있다. 또한 직무를 할당한 후에도 종업원의 행동을 감시할 필요가 있다. 이러한 일련의 활동에서 발생하는 비용이 조직 내부거래비용이다.

이러한 거래비용을 절약하기 위하여 기업이 행동하는데 이것이 코즈의 거래비용 절약원리이다. 그리고 만약에 조직적인 자원배분 시스템을 이용하여 필요한 조직 내 거래비용이 시장거래에 필요한 시장거래보다 높으면 시장거래가 이용된다. 반대로 만약에 시장 메커니즘을 이용하기 위하여 필요한 시장거래비용이 조직 내 거래비용보다 높으면 거래비용을 절약하기 위해 조직 내 거래가 발생한다.

---

2) 거래비용이론의 원점인 Coase(1937)의 논문에서 「거래비용」의 용어는 사용되지 않았다. 「거래비용(transaction)」의 용어를 널리 알린 것은 Williamson이다.

이것이 제1의 기업조직의 존재문제에 대한 코즈의 답이다.

기업조직의 경계와 거래비용의 절약원리

이에 대하여 제2의 기업조직의 경계문제에 대한 코즈의 답은 다음과 같다. 먼저 1종류의 생산물 혹은 여러 종류의 생산물을 생산하는 기업을 생각해보자. 이 기업에서는 모든 부품을 다른 회사로부터 시장거래를 통해 조달하고 제품을 생산할 수 있고 반대로 조직 내에서 모든 부품을 제조하여 생산도 할 수 있다.

지금 기업이 모든 부품을 다른 회사와 시장거래하여 조달한다면 <그림 2-1>처럼 시장거래비용은 최대가 되고 조직 내 거래비용은 제로(0)가 된다. 여기에서 시장거래비용을 절약하기 위해서 시장거래에서 조달한 부품의 일부를 서서히 기업 내에 내재화하면 그림과 같이 시장거래비용은 서서히 감소한다. 그러나 기업이 부품을 내

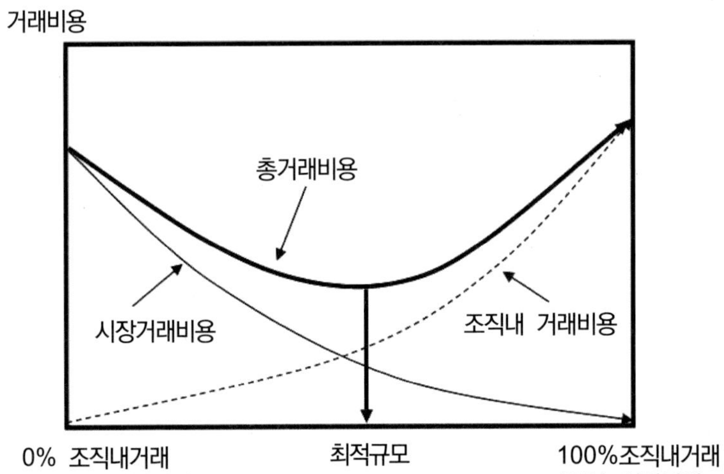

그림 2-1. 최적기업규모

재화하고 조직 내 거래를 증가시키면 그림과 같이 그것에 대응하고 조직 내 비용도 서서히 증가하게 된다.

이들 2개의 거래비용을 더한 총비용이 그림의 총거래비용이며 그 최소점까지 기업은 거래를 내부조직화하고 규모를 확대할 수 있다. 즉 최적 기업의 조직규모는 기업들이 서서히 거래를 조직화하고 절약할 수 있는 시장거래비용의 감소와 조직화에 의해 발생하는 조직 내 거래비용의 증분이 같아지는 점이라 말할 수 있다. 보다 정확히 말하면, 한계 시장거래비용 감소와 한계 조직 내 거래비용 증가가 같아지는 점이 기업조직의 경계가 된다 (<그림 2.1>의 시장거래비용 곡선과 조직 내 거래비용 곡선의 교점이 최적 규모는 아니다. 수학적으로 말하면 각각의 곡선의 접선의 기울기의 절대값이 같아지는 점이 최적규모가 된다). 이것이 제2의 문제에 대한 코즈의 답이다.

1.3. 윌리엄슨의 세련된 거래비용이론

거래비용과 그 발생 메커니즘

코즈의 거래비용이론에서 거래할 경우 당초 왜 거래비용이 발생하는지 기본적인 문제가 풀리지 않았다. 이 문제에 강한 관심을 가지고 코즈의 거래비용이론을 보다 체계적으로 전개한 것이 윌리엄슨(O.E.Wiliamson)[3]이다. 그는 거래비용의 발생메커니즘을 설명하기 위해서 다음과 같은 신고전학파 경제학에서 가정한 「효용극대화 가설」(NC_1)과 인간의 「완전 합리성」(NC_2)의 가정에 주목하였다.

3) O.E.Wiliamson의 거래비용이론에 대해서는 Wiliamson(1976, 1996)가 상세함.

(NC_1) 모든 인간은 효용극대화하려고 한다.

(NC_2) 모든 인간은 완전한 정보수집, 정보처리, 그리고 정보 전달 능력을 가지고 그 능력을 이용하여 완전히 합리적으로 행동한다(전지이지만 전능이 아니다).

그리고 Wiliamson은 이러한 가정 가운데 완전 합리성의 가정을 비현실적이라 하고 Simon(1961)의 영향을 받아 다음과 같은 「제한된 합리성(bounded rationality)」 (TC_2)의 가정과 「기회주의(opportunism)」 (TC_1)의 행동가정을 도입하였다.

(TC_1) 모든 인간은 자신의 이익을 위해 악덕적으로 행동할 가능성이 있다.(이러한 「기회주의」의 가정은 「효용극대화」의 가정과 본질적으로 같다. 내면에서 보면 효용극대화하는 인간행동은 외부에서 보면 악덕적인 기회주의적 행동으로 보이기 때문이다).

(TC_2) 모든 인간은 정보의 수집, 정보의 계산처리, 그리고 정보의 전달 표현 능력에 한계가 있으며, 「합리적이라고 의도되지만 제한적일 수밖에 없다」(Simon[1961] p.xxiv).

이와 같이 제한된 합리성을 가진 기회주의적인 사람끼리 거래한다면 거래비용이 발생한다. 인간은 정보의 수집, 처리, 그리고 전달 능력에 한계가 있고 기회주의적인 성향을 가지고 있기 때문에 서로 거래하는 경우 상대를 속여서라도 이익을 얻으려 할 것이다. 이 때 상대에 속지 않기 위해서 서로 거래 계약 전에 상대를 조사하고 거래 계약 중에 정식 계약서를 교환한다. 그리고 거래계약 후에도 계약이행을 감시할 필요가 있으며 그 때문에 비용이 발생한다. 이러한 거래를 둘러싼 일련의 비용이 거래비용이며 이것이 Williamson이 생각한 거래비용 발생 메커니즘이다. 이 비용은 반드시 회계 상에 드러나지 않는다는 의미에서 보이지 않는 비용이며 인간관계에서 발생하는 비용이기도 하다.

이러한 거래비용을 절약하기 위하여 인간의 기회주의적 행태의 출현을 억제하는 다양한 지배구조나 거버넌스 제도가 전개될 수 있다는 것이 코즈를 계승한 Wiliamson의 거래비용 절약원리이다.

거래비용과 거래상황

또한 Williamson은 다음과 같이 자산특수성, 불확실성, 그리고 거래빈도와 같은 거래상황의 특징에 의존하며 거래비용이 증감한다는 것을 알았다.

▶ 자산특수성(asset specificity)

먼저 Williamson에 의하면 거래는 자산이 특수한 거래와 자산이 특수하지 않은 거래로 구별하였다. 자산이 특수한 거래란 거래당사자가 보유한 자산이 특수한 거래이며 이러한 특수한 자산을 어떤 사람과 거래를 하면 그 가치는 높아지지만 다른 사람과 거래를 하면 그 가치가 하락하는 자산으로 일반적으로 상호 의존관계에 있는 자산은 모두 특수하다고 할 수 있다.

이러한 특수한 자산과 관련된 거래에서 일반적으로 거래는 소수자에 한정된다. 예를 들어 특수한 부품을 필요로 하는 조립업체와 그런 특수 부품을 공급할 수 있는 특수한 공작기계를 보유하고 있는 부품업체와의 거래를 들 수 있다. 이와 같이 자산이 특수한 거래에서는 확실히 효율성이 높아진다. 그러나 거래당사자는 함께 제한된 합리성을 가지며 서로 기회주의적으로 행동할 가능성이 있어 거래당사자는 서로 줄다리기를 하기 때문에 거래비용이 발생하게 된다.

또한 일단 거래 계약이 체결되고 한쪽 당사자는 더 높은 효율성을 실현하기 위해 거래에 특수한 투자를 하고 특수한 자산을 형성하게 되면 이 특수한 투자를 회수하기 위해서 오래도록 이 거래계약관계를 지속할 필요성이 생긴다. 이 경우 거래당사자는 제한된 합리성과 함께 기회주의적 행동을 할 수 있기 때문에 이 특수한 투자는 「인질」[4)]이 되고 양호한 거래 관계를 계속하지 않으면 이 「인질」은 희생되고 회수 불가능한 매몰비용이 될 가능성이 있다. 따라서 특수한 투자를 한 거래당사자는 항상 다른 당사자에 의해 기회주의적인 줄다리기를 할 가능성이 있기 때문에 이 특수한 관계를 끊도록 위협하며 터무니없는 요구를 하거나 홀드 업(hold up: 속수무책) 문제에 휘말릴 가능성이 있다.

이상과 같이 일반적으로 특수한 자산에 관련된 거래는 거래당사자 간에 불필요한 줄다리기나 교섭이 이루어지기 때문에 시장거래비용은 높아진다.

▶ 불확실성(uncertainty)

다음으로 Williamson에 의하면 거래는 불확실하고 복잡한 거래와 확실하고 명확한 거래로 구별된다. 거래상대의 정보를 거의 얻을 수 없는 불확실하고 복잡한 거래에서 거래당사자는 상대에게 기회주의

---

4) 「인질」에 관한 Williamson의 논의는 Wiliamson(1973)이 상세하게 서술함.

적으로 서로 속일 가능성이 있다. 따라서 일반적으로 이러한 거래상황에서는 거래비용이 높아진다.

▶ 거래빈도(frequency)

마지막으로 거래는 일회성 거래와 반복되는 거래가 있다. 빈도가 높은 거래는 거래당사자가 기회주의적으로 행동할 가능성이 있다 하더라도 거래 횟수에 비례하고 서로 상대의 정보를 얻을 수 있다면 기회주의 행동은 억제되고 거래비용은 절약된다. 그러나 비록 거래빈도가 높더라도 상대의 정보를 전혀 얻을 수 없는 경우에는 반대로 빈도에 비례하여 기회주의가 나타나기 때문에 거래비용은 증가한다. 예를 들어 경영컨설턴트와의 거래가 이것이다. 컨설팅 비용이 과연 적절한지에 대해서는 여러 차례 거래해도 모르는 것이다.

이상과 같이 자산특수성, 불확실성, 그리고 거래빈도 등의 거래상황의 특징에 의해 거래비용은 증가한다.

거래비용과 제도

이들 3개의 거래상황의 특징 가운데 Williamson이 중요하다고 생각하는 것은 자산특수성이다. 이 자산특수성과 거래비용 및 제도와의 관계는 거래비용의 절약원리를 토대로 다음과 같이 설명한다.

먼저 어떤 기업이 보유하고 있는 자산특수성을 k라고 한다. <그림 2-2>[5]와 같이 자산이 특수하지 않고 일반적 자산을 토대로 하는 생산을 $k=0$이라 하며 특수한 자산을 토대로 하는 생산을 $k>0$로

5) <그림 2-2>는 Williamson(1996)이 상세하게 서술함.

한다.

일반적 자산 $k=0$을 토대로 생산은 일반적인 구입자를 위한 생산이다. 이 경우 예를 들면 비록 거래 당사자들이 기회주의적이라 하더라도 그 생산물의 거래를 둘러싼 줄다리기는 일어나지 않는다. 왜냐하면 이러한 생산물을 생산하는 기업도 이러한 생산물을 구입하는 소비자는 많이 있으므로 줄다리기를 하게 되면 쉽게 거래 상대를 발견할 수 있기 때문이다. 따라서 이러한 거래는 거래비용이 그다지 크지 않기 때문에 생산물은 시장가격(M_p)에서 판매된다.

이것에 대해서 특수한 자산($k>0$)을 토대로 하는 생산은 특정 구입자를 겨냥한 생산이며 보다 효율적으로 생산하여 공급하기 위해 자산이 특수화되는 경우가 많다. 따라서 생산비용을 절감할 수 있고 그 판매가격은 시장가격 (M_p)보다 가격이 낮을지도 모른다.

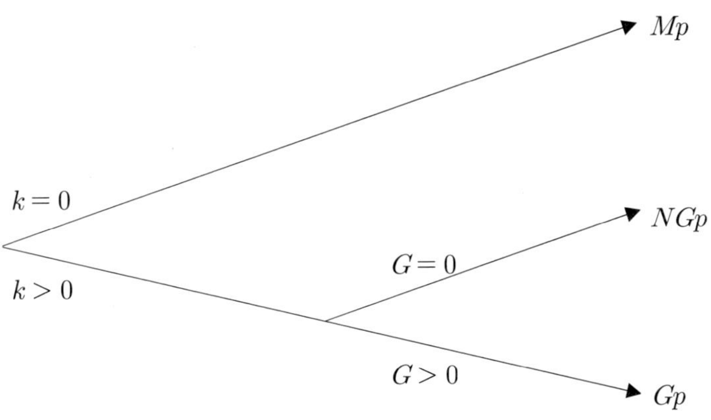

그림 2-2. 간단한 계약도식

그러나 이런 특수한 자산을 토대로 한 거래에서 거래당사자들은 기회주의적이기 때문에 서로 줄다리기 할 가능성이 있다. 따라서 <그림 2-2>처럼 거래비용을 절약하는 어떠한 지배구조, 거버넌스 제도(G)가 필요하다.

여기에서 만일 거버넌스 제도가 아무 것도 없다면 ($G=0$) 예를 들면 생산비용이 저렴해도 생산자는 줄다리기를 두려워하고 거래비용을 포함한 것보다 높은 판매가격(NG_p)을 요구하게 된다. 이것에 대해 거버넌스 제도가 설치되어 ($G>0$)있다면 보다 저렴한 생산비용에 대응하는 것보다 낮은 판매가격(Gp)을 요구하게 된다.

이와 같이 거래비용이론에 의하면 자산특수성이 만들어낸 거래비용을 절약하기 위해서 기회주의적 행동의 출현을 억제하는 다양한 지배구조, 거버넌스 제도가 발생하였다.

시장, 조직, 중간형 자원배분 시스템과 자산특수성

다음으로 거래비용을 절약하는 거버넌스 제도는 다양하게 존재하지만 자원배분 시스템이라는 관점에서 유형화하면 시장적인 자원배분 시스템, 조직적인 자원배분 시스템, 그리고 시장과 조직의 중간적인 자원배분 시스템으로 구별된다. Williamson은 마지막 제도를 중간형 자원배분 시스템이라 부른다.

거래비용이론에서 유일하고 절대적인 효율적 자원배분 시스템은 없다. 즉 거래비용이론은 다원론적인 입장에 있는 접근방법이다. 또한 가능한 제도를 상호 비교하여 어떠한 상황 하에서 시장형 자원배분 시스템, 조직적 자원배분 시스템, 중간형 자원배분 시스템이 효율적이며 또한 어떤 상황 하에서 중간형 자원배분 시스템이 효율적이라고 밝히는 것이 비교제도 분석의 특징이다.

특히 Williamson은 자산의 특수성이 높은 거래일수록 시장거래하는 경우 서로 줄다리기를 할 가능성이 높아지기 때문에 거래비용은 높아진다. 그러므로 자산이 특수한 거래를 전개할 경우 거래비용을 절약하기 위해 조직적 자원배분 시스템이 보다 효율적이라고 주장한다.

이에 대하여 특수성이 낮은 경우 시장거래일지라도 줄다리기는 그다지 발생하지 않는다. 예를 들면 비록 줄다리기가 일어난다 해도 자산의 특수성이 낮기 때문에 쉽게 다른 기업과 거래할 수 있다.

그리고 자산의 특수성이 중간 정도일 경우 시장과 조직의 중간적인 거래 형태가 효율적이다. 이러한 거래 형태는 필요할 때 자유롭게 누구든지 거래할 수 있는 자유로운 시장적 거래가 아니고 언제나 같은 상대와 계속적으로 거래하기 위한 고정적인 조직적 거래도 아니다. 어느 정도 계속적이고 고정적인 것과 동시에 어느 정도 자유롭게 상대를 바꿀 수도 있는 거래이다. 예를 들어 계열거래, 전략적 제휴, 조인트 벤처 등은 복수의 기업이 하나의 조직으로 합병하는 것이 아니며 완전히 자유롭게 시장거래하는 관계가 아니라는 의미에서 중간조직적인 거래형태이다.

이상과 같이 (1) 자산특수성이 낮은 경우 시장거래는 중간조직 또는 조직거래 보다 거래비용이 낮고, (2) 자산특수성이 높은 경우 조직 내 거래가 시장거래나 중간 조직보다 거래비용이 낮다. 그리고 (3) 자산특수성이 중간 정도의 경우에는 중간조직이 가장 거래비용이 낮다. 지금 가로 축에 자산특수성을 세로축에 거래비용을 취한다면 그들의 관계는 <그림 2-3>과 같다.[6)]

---

6) <그림 2-3>은 Williamson(1996)이 상세하게 서술함.

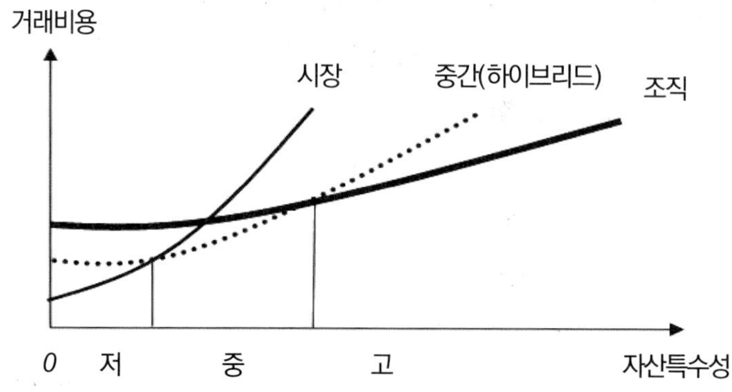

그림 2-3. 거래비용, 자산특수성, 3가지 제도

거래의 근본적 변용

다음으로 Williamson에 의하면 거래 상태는 시간과 함께 근본적으로 변용할 가능성이 항상 있다. 처음에는 거래 당사자들이 너무 많아 일반적인 자산밖에 보유하지 하지 않는다고 하자. 이 경우 서로 줄다리기 할 수 없기 때문에 필요할 때 필요한 만큼 시장에서 거래하는 단기매매계약, 즉 시장거래가 거래비용을 절약하는 방법이다.

그러나 가끔 같은 상대와 단기매매계약을 여러 차례 계속하면 서로 보다 효율적인 거래를 하기 위해서 자산을 특수화할 가능성이 있다. 이러한 거래상황은 근본적으로 변화하고 서로 자산이 특수한 거래가 된다. 이 경우 장기계약거래나 통합이 서로 절약하는 것보다 효율적인 방법이 된다.

이러한 거래상황이 기본적으로 변화하는 현상을 Williamson은 근본적 변용이라 부른다. 이러한 현상을 분석한다는 점에서 거래비용이론은 비교정태적인 이론만이 아니라 동태적인 이론 혹은 진화론적 이론이기도 한다. 이 점에 대해서는 거래비용이론의 새로운 발전이 기대된다.

보론 A Williamson의 거래비용이론의 수학모형

거래비용과 생산비는 어떤 관계[7]가 있는가. 이 관계를 이해하기 위해 Williamson의 간단한 수학모형을 이용하여 설명을 하고자 한다.

우선 조립업체가 부품을 시장에서 구입하는 것이 좋은가. 자신이 직접 만드는 것이 좋은가. 이 문제를 거래비용의 관점에서 생각해보자. 먼저 k를 자산특수성이라 하고 자산특수성 k를 토대로 조직에 내재하는 경우 조직 내 거래비용은 $B(k)$이며 시장에서 구입할 때 거래비용을 $M(k)$라 한다. 그리고 조직 내 거래비용에서 시장거래비용을 뺀 차액을 $\triangle G = B(k) - M(k)$라 한다.

여기서 만약에 자산특수성이 낮다면 누구든지 자유롭게 시장거래를 할 수 있는 상태를 의미한다. 이러한 상황에서 만약에 줄다리기를 하고자 하는 기업이 있다면, 줄다리기를 당한 기업은 쉽게 다른 상대를 찾을 수 있기 때문에 그 기업은 바로 도태된다. 따라서 자산특수성 k가 낮은 경우 시장거래비용 $M(k)$은 비교적 낮다고 말할 수 있다. 이러한 거래를 굳이 자사 안으로 가져와 조직 내부에서 부품을 만드는 것은 쓸데없는 관리비, 간접비 등의 조직 내 거래비용 $B(k)$을 높일 뿐이다. 따라서 이러한 경우 조직 내 거래비용 $B(k)$이 시장거래비용 $M(k)$보다 크고 그 차액 $\triangle G$는 플러스가 된다.

이것에 대해 자산특수성 k가 높은 거래는 거래 상대가 한정적이기 때문에 서로 줄다리기가 발생하기 쉽고 시장에서의 거래비용 $M(k)$은 높아진다. 이 경우 관리비, 간접비 등의 조직 내 거래비용 $B(k)$이 발생하더라도 시장에서 구매하는 것보다 스스로 제작하는

7) 거래비용과 생산비의 관계는 Williamson(1989, 1996)이 상세하게 서술함.

것이 가격이 낮아질 가능성이 있다. 그러므로 자산특수성이 높은 경우 조직 내 거래비용 $B(k)$보다 시장거래비용 $M(k)$이 높고 그 차액 $\triangle G$은 마이너스가 된다.

이것을 도식화하면 <그림 2-4>이다. 그림의 자산특수성 k^*보다 자산특수성 k가 낮은 경우 시장거래가 조직 내 거래보다 유리하다. 그러나 자산특수성 k가 k^*보다 높아지면 시장거래보다 조직 내 거래가 유리한다. 그리고 k^*의 부근에서는 시장과 조직 내에서도 거의 같다.

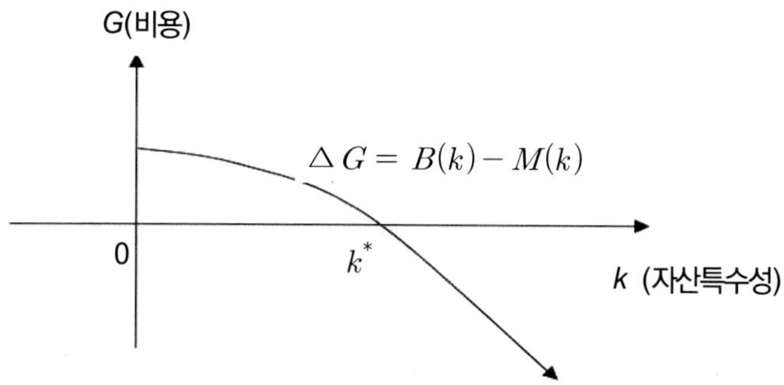

그림 2-4. 상대적인 거버넌스 비용

다음으로 시장에서 구입하는 것이 좋은 것인가. 스스로 만드는 것이 좋은가. 이번에는 생산비의 관점에서 생각해보자. 지금 시장에서 다른 기업으로부터 부품을 구입하는 경우 그 기업의 생산비를 $Mc(K)$라 하고 자사에서 생산하는 경우의 생산비를 $B_C(k)$라 한다. 그리고 그 차액을 $\triangle C = B_C(k) - M_C(K)$이라 한다.

여기서 자산특수성 k가 낮은 경우 시장거래를 통해 구입할 때 생산비는 낮아진다. 왜냐하면 시장에서 전문기업이 같은 일을 수주하고 규모의 경제를 발휘하는 것과 같이 대량 생산을 할 수 있기 때문이다. 그러므로 이 경우 시장거래에 의한 생산비 $Mc(K)$가 내부 조직에 의한 생산비 $B_C(k)$보다 낮아진다. 따라서 자산특수성 k가 낮은 경우에는 시장거래에 의한 생산비 M_C와 내부조직에 의한 생산비 B_C의 차액 $\triangle C$은 커진다.

그러나 자산특수성 k가 높아지면 고유의 생산물을 주문하기 때문에 규모의 경제는 그다지 영향을 받지 않고 외부에서 구입하는 이점은 적어진다. 그러나 여전히 외부 공급자는 보다 많은 주문을 정리할 수 있고 규모의 경제를 실현하기 때문에 시장거래에 의한 생산비 M_C와 차액 $\triangle C$은 작아지지만 마이너스가 되지는 않는다고 Williamson은 주장하였다. 그러므로 $\triangle C$는 <그림 2-5>와 같이 점점 제로(0)에 접근만 해도 마이너스가 되지 않는다.

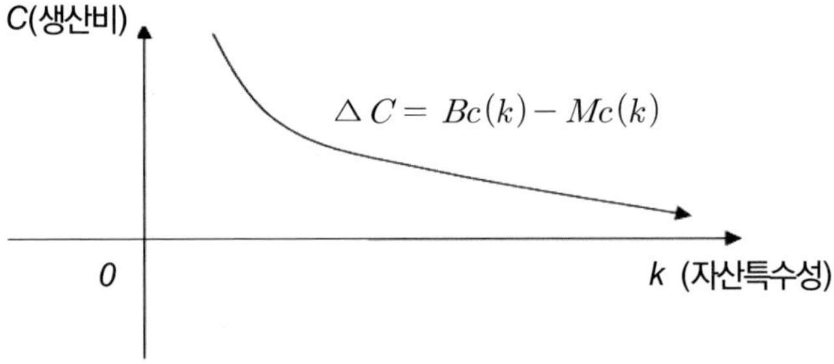

그림 2-5. 상대적인 생산비

이 점은 중요하다. Williamson은 점점 제로(0)에 가까워질 뿐이지 결코 마이너스가 되는 것을 인정하지 않는 이유는 다음과 같이 생각할 수 있다. 왜냐하면 마이너스가 되는 것을 인정하게 되면 수직적 통합에 의해서 기업은 생산비를 절약할 수 있고 그것이 경쟁우위를 낳고 독점화로 나갈 수 있기 때문에 정부개입을 불러오게 된다. 이에 대해 Williamson은 수직적 통합은 결코 생산효율을 높이기 위해서가 아니라 어디까지나 거래비용을 절약하기 때문이며 수직적 통합에 대한 정부개입은 불필요하다는 입장을 취한다. 이상의 논의에서 거래비용의 차액 ΔG과 생산비의 차액 ΔC를 포함한 곡선 $\Delta G+\Delta C$는 <그림 2-6>과 같다.

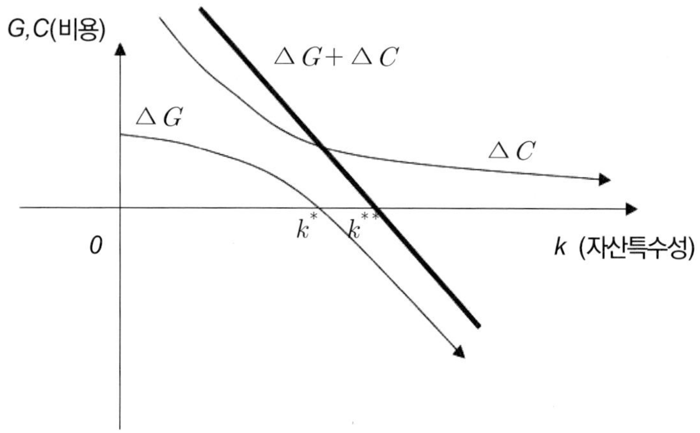

그림 2-6. 상대적인 생산비와 거버넌스 비용

여기서는 거래비용의 차액 ΔG만을 고려했을 때보다 시장의 이용범위가 넓어지고 있다는 것을 알 수 있다. 즉 k^*보다 k^{**}가 커진다.

이상과 같이 자산특수성 k가 낮은 경우 시장에서 조달이 유리하다. 반면에 자산특수성 k가 높은 경우 내부 조직화가 유리하다. 중간 정도의 자산특수성의 경우에는 시장에서 조달하는 것과 내부에서 생산하는 것은 무차별하다. 더욱이 생산비의 관점에서 보면 시장에서 부품을 조달하는 데 비해 내재화는 항상 불리하므로 생산비 절약이라는 관점만으로 기업과 기업은 서로 통합하지 않는다. 어디까지나 거래비용이 높을 때 통합과 조직화가 일어난다고 Williamson은 주장하였다.

보론 B

Williamson의 거래비용이론의 신고전학파 수리모형

거래비용이론을 신고전학파 경제학적 수리모형로 표현한 것은 Riordan and Williamson[1985]의 논문에 제시되었다. 여기에서 이것을 간단히 소개하고자 한다.

수익, 비용 그리고 자산특수성

먼저 어떤 기업의 수입 R은 생산량 X와 함께 증가하고 체감한다고 하자.

$$R = R(X)$$

$$\frac{\partial R}{\partial X} > 0, \frac{\partial^2 R}{\partial^2 X} < 0$$

그리고 비용 C는 생산량 X와 함께 체증하고 자산특수성 k와 함께 체감한다.

$$C = C(X, k)$$

$$\frac{\partial C}{\partial X} > 0, \ \frac{\partial^2 C}{\partial^2 X} > 0$$

$$k \geq 0, \frac{\partial C}{\partial k} < 0, \frac{\partial^2 C}{\partial^2 k} > 0$$

$$\frac{\partial^2 C}{\partial X \partial k} < 0$$

자산특수성 k는 단위당 비용 γ에 의해 입수할 수 있다면 이 기업의 이익 π는 다음과 같이 나타낸다.

$$\pi(X,k) = R(X) - C(X,k) - \gamma k \tag{1}$$

$$\gamma > 0$$

여기서 일정한 자산특수성을 토대로 이윤극대화하는 최적생산량과 하나의 생산량으로 이윤극대화하는 최적 자산특수성은 아래의 조건을 충족한다. (2)식은 신고전학파 경제학의 최적화조건이다. 즉 일정한 자산특수성에서 한계수입과 한계비용이 같아질 때 최적이다.

$$\frac{\partial \pi}{\partial X} = \frac{\partial R}{\partial X} - \frac{\partial C}{\partial k} = 0 \tag{2}$$

$$\frac{\partial \pi}{\partial k} = -\frac{\partial C}{\partial k} - \gamma = 0 \tag{3}$$

거래비용과 거버넌스 비용

다음으로 기업은 부품 조달을 둘러싸고 두 가지 방법 i와 m이 가능하다고 하자. i는 기업 내의 부품을 제조하는 내재화 방법이며 m은 시장을 통해 다른 기업으로부터 부품을 조달하는 방법이다. 즉 아웃소싱을 의미한다. 관계자는 모두 기회주의적 특징을 가지기 때문에 조직 내이든 시장이든 부품조달거래를 둘러싸고 거래비용이 발생한다고 하자. 그리고 이것을 절약하기 위해서 각각의 거버넌스 비용 G_i, G_m이 발생한다.

여기서 자산특수성 k가 높아짐에 따라 이 거래를 둘러싼 줄다리기는 증가한다. 그러므로 Williamson에 의하면 거래비용도 증가한다. 그 비용을 절약하기 위해 들어가는 비용이 거버넌스 비용이다. 따라서 거버넌스 비용 G_i와 G_m도 자산특수성 k와 함께 증가한다.

$$G_i = G_i(k)$$
$$G_i(k) > 0, \frac{\partial G_i}{\partial k} > 0, \frac{\partial^2 G_i}{\partial^2 k} > 0$$
$$G_m = G_m(k)$$
$$G_m(k) > 0, \frac{\partial G_m}{\partial k} > 0, \frac{\partial^2 G_m}{\partial^2 k} > 0$$

여기서 기업이 부품조달에 대한 내재화의 방법 i를 선택하는 경우의 이익을 π_i라 하고 아웃소싱 m을 선택하는 경우 이익을 π_m이라 하면 각각 다음과 같다.

$$\pi_i(X,k) = \pi(X,k) - G_i = R(X) - C(X,k) - \gamma k - G_i(k) \quad (1.1)$$

$$\pi_m(X,k) = \pi(X,k) - G_m = R(X) - C(X,k) - \gamma k - G_m(k) \quad (1.2)$$

최적화 조건

지금 부품조달의 내재화 i를 선택하는 경우 일정한 자산특수성 하에서 이윤극대화하는 최적 생산량과 일정한 생산량 하에서 이윤극대화하는 최적 자산특수성은 다음과 같은 조건이다

$$\frac{\partial \pi_i}{\partial X} = \frac{\partial R}{\partial X} - \frac{\partial C}{\partial X} = 0 \quad (2.1)$$

$$\frac{\partial \pi_i}{\partial k} = -\frac{\partial C}{\partial k} - \gamma - \frac{\partial G_i}{\partial k} = 0 \quad (3.1)$$

이것에 대해서 아웃소싱 m으로 일정 자산특수성을 토대로 이윤극대화하는 최적생산량과 일정한 생산량 하에서 이윤극대화하는 최적 자산특수성은 다음의 조건에서 도출할 수 있다.

$$\frac{\partial \pi_m}{\partial X} = \frac{\partial R}{\partial X} - \frac{\partial C}{\partial X} = 0 \tag{2.2}$$

$$\frac{\partial \pi_m}{\partial k} = -\frac{\partial C}{\partial k} - \gamma - \frac{\partial G_m}{\partial k} = 0 \tag{3.2}$$

(2.1)식과 (2.2)식은 각각 부품을 내재화하는 기업과 아웃소싱하는 기업의 최적화 조건인데 이것은 신고전학파 경제학의 기업의 최적화조건과 같다. 어떤 기업이든지 한계수입과 한계비용이 같아지는 점에서 생산하고 판매한다면 이윤이 극대화된다는 것을 의미한다.

시장, 조직 그리고 자산특수성

(3.1)식과 (3.2)식은 자산특수성에 관한 최적화 조건이다. 모든 기업의 생산량은 일정하고 두 개의 기업이 각각 방법 i와 방법 m을 토대로 최대이익 π_i^*, π_m^*을 얻기 위한 최적 자산특수성을 k_i^*, k_m^*이라 하면 이것을 (3.1)식과 (3.2)식을 변형하여 다음의 조건을 각각 충족시키는 조건이 된다.

$$-\frac{\partial C}{\partial k} = \gamma + \frac{\partial G_i}{\partial k} \tag{3.1.1}$$

$$-\frac{\partial C}{\partial k} = \gamma + \frac{\partial G_m}{\partial k} \tag{3.2.1}$$

여기서 (3.1.1)식과 (3.2.1)식의 좌변은 같다. 또한 $\partial C / \partial k < 0$ 이므로 좌변 $-\partial C / \partial k > 0$이다. 이 식은 모든 생산관련의 한계이익과 생산관련 외의 한계비용이 같아지도록 기업이 자산을 특수화할 때 기업의 이익이 최대화하는 것을 나타낸다. 또한 자산특수성 k에 대해 아래의 관계가 성립되는 것을 가정해보자.

$$\frac{\partial G_m}{\partial k} > \frac{\partial G_i}{\partial k}$$

이것은 거래비용이론이 설명하는 것과 같이 자산특수성 k가 높아지면서 아웃소싱 m보다 내재화 i가 거버넌스 비용 G가 작아지는 것을 나타낸다. 따라서 이들과 이윤극대화조건 (3.1.1)식과 (3.2.1)식에서 최적자산특수성 k_i^*, k_m^*에 대해서 다음과 같은 부등식이 성립한다.

$$k_m^* < k_i^*$$

즉 아웃소싱의 경우 최적의 자산특수성보다 내재화의 경우, 최적의 자산특수성이 높아진다고 말할 수 있다. 이상과 같이 신고전학파의 경제학적 수리모형을 이용하여 거래비용이론을 수학적으로 표현할 수 있다.

연습문제

❶ 인간의 제한된 합리성에 대해서 구체적 사례를 이용하여 설명하시오.

❷ 인간의 기회주의적 행동의 구체적 사례를 말하시오.

❸ 거래비용에 대응하다고 생각되는 구체적인 비용에 대해서 말하시오.

❹ 자산특수성의 의미를 구체적인 사례를 들어 설명하시오.

❺ 근본적 변용은 어떤 경우에 발생하는가.

❻ 기업은 생산비를 삭감하기 위한 만큼 수직적 통합은 하지 않는다. 왜인가.

2. 거래비용이론과 조직디자인

지금까지 조직디자인은 다양한 관점에서 분석되어 왔다. 특히 조직은 사회학적으로 분석되는 경우가 많고 조직형태의 차이는 명령전달 시스템의 차이라고 여겨져 왔다. 반면 거래비용이론에서는 다양한 조직디자인은 조직 내에 발생하는 멤버의 비효율적인 기회주의적 행동을 억제하고 거래비용을 절약하기 위해 전개되는 일종의 지배구조 혹은 거버넌스 제도로 간주된다. 윌리엄슨에 의하면, 기업이란 거버넌스 제도 그 자체인 것이다.

기업 = 통치(거버넌스)제도

이하, 현존하는 다양한 조직디자인을 거래비용 이론에 근거하여 체계적으로 설명할 수 있음을 분명히 하고 싶다.[8)]

2.1. 기본적 조직디자인의 거래비용이론 분석

시장과 동료집단

만약 모든 사람이 완전 합리적이면 사람들은 거래를 둘러싸고 비용을 들이지 않고 상대의 정보를 수집할 수 있다. 이러한 사람들의 거래에서는 상대를 속여 이익을 얻으려는 악덕적인 행동은 일어나지 않는다. 그러한 행동은 바로 간파되고, 그러한 행동을 취한 인간은 시장거래에서 배제되기 때문이다.

---

8) 조직디자인의 거래비용이론 분석에 대해서는 Wiliamson(1975, 1986), Douma and Screuder(2002), kikuzawa(1998)가 상세하게 서술함.

무엇보다도 완전 합리적 인간세계에서 능력 있는 사람은 거래비용을 들이지 않고 자원을 구입할 수 있고, 능력이 없는 사람도 거래비용을 들이지 않고 자원을 팔 수 있다. 그러므로 자유로운 시장거래에 의해 능력 없는 사람으로부터 자원은 유출되고, 능력 있는 사람에게 자원은 배분된다. 이러한 의미에서, 시장거래는 효율적인 자원배분 제도라고 말할 수 있다.

그러나 실제로 인간은 완전 합리적이지 않다. 인간의 합리성은 한정되어 있으며 인간은 틈만 나면 비록 악덕적이더라도 자기 이익을 추구하는 기회주의적 존재가 된다. 이러한 제한된 합리성을 가진 인간 세계에서, 시장거래를 할 경우, 서로 거래를 유리하게 진행하기 위해 줄다리기가 일어나기 때문에 거래상의 낭비 즉 거래비용이 발생한다. 이 거래비용 이 작을 경우에는 시장거래는 계속되지만 이 비용이 너무 클 경우 시장거래를 대신해 조직이 발생하게 된다. 이것이 Williamson의 생각이다.

여기서 시장을 대신하는 가장 간단한 조직은 동료집단(peer group)이다. 동료집단은 중간조직이며, <그림 2-7>과 같이 상하의 계층이 없고 직접적인 감독자도 없는 단순한 평면적인 조직이다. 이러한 조직에서 각 멤버는 같은 의사결정권을 가지고 있고, 상호조정 메커니즘에 의해 조정되고 수익이 있는 규칙에 따라 멤버 간에 평등하거나 공정하게 분배된다. 예를 들어 이러한 조직의 예로서 변호사 그룹, 공인회계사 그룹, 의사 그룹, 그리고 경영컨설턴트 그룹 등의 비교적 작은 공동경영조직이 있다.

이 동료집단의 효율성을 거래비용이론으로 분석하기 위해 지금 모든 사람이 기회주의적이라고 하자. 이런 사람들의 세계에서는 개개인이 서로 정보를 시장거래할 경우 자신의 입장을 유리하게 만들

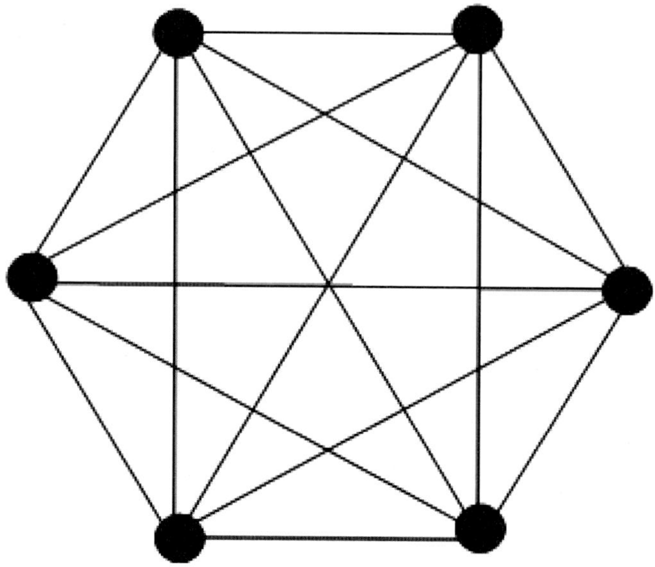

그림 2-7. 동료집단

기 위해 정보를 의도적으로 왜곡하여 전달 표현할 가능성이 있다. 그러므로 정보 획득을 둘러싼 거래비용은 높다. 이 거래비용은 조직을 형성하고 멤버와 정보를 공유함으로써 절약된다. 왜냐하면 조직을 형성함으로써 개인은 정보를 둘러싸고 사적 이익을 추구할 수 없기 때문이다. 이와 같이 개개인이 정보를 모아 개별적으로 점유하는 것보다 조직적으로 정보를 공유함으로써 거래비용이 절약될 경우 동료집단이 형성된다.

또한 개개인은 개별적으로 행동할 경우 불의의 사고나 사건에 연루되거나 혹은 일자리를 잃어버릴 수 있는 위험은 스스로 부담해야 한다. 이 위험을 삭감하기 위해 예를 들면, 개인은 보험회사와 시장거래를 할 수 있다. 이 경우 인간은 기회주의적으로 행동할 가능성이 있기 때문에 보험회사와의 시장거래에서 높은 거래비용이 발생한다. 따라서 사망이나 상해 등의 리스크에 대해서는 보험회사와 보험계약을 맺을 수 있다. 그러나 실업이라는 리스크 때문에 개인이 보험회사와 특수한 계약을 맺는 것은 매우 어렵다. 이에 대해 만일 개인이 조직 멤버가 되고 조직에 의해 소득이 어느 정도 보증된다면 이러한 조직화에 의해 거래비용은 삭감되고 리스크는 경감된다. 그러므로 동료집단을 형성하는 것이 보다 효율적이다.

더욱이 인간은 기회주의적으로 행동할 가능성이 있기 때문에 아무런 제약이 없다면 어떤 사람은 타산적이고 게으름을 피워 생산성을 저하시킬 것이다. 그러나 이러한 개인에게 조직 안에서 공정한 지분으로 일자리가 주어지면 타산이 책임감으로 바뀌어 게으름을 피우지 않고 생산성을 높일 수 있다. 이 경우에도 동료집단을 형성하는 것이 효율적이다.

이상과 같이, 거래비용을 절약하기 위해서 기회주의적 행동을 억제하는 지배구조로서 동료집단이 형성될 가능성이 있다고 말할 수 있다. 그러나 이 동료집단이 규모의 경제를 요구하여 거대화되면 문제가 발생하여 다른 거버넌스 구조가 필요하게 된다.

이것을 설명하기 위해서 지금 동료그룹의 멤버들이 기회주의적으로 행동할 가능성이 있다고 하자. 이러한 멤버로 구성된 동료집단이 거대화하면 멤버는 서로 다른 멤버의 행동을 충분히 파악할 수 없게 된다. 때문에 지배구조로서의 상호감시 시스템이나 상호조정 메커니즘이 충분히 작용하지 않는다. 이러한 상황에서 멤버들은 게으름을 피우고 다른 멤버의 성과에 무임승차하려고 하는 기회주의적 행동(무임승차)이 출현한다. 그러므로 거대화된 동료집단에서 자원은 비효율적으로 이용된다.

Column 2-1.

브랜드 상품을 구입하는 여성 동료집단의 거래비용이론 분석

어느 일정한 수입이 있으며 샤넬, 루이비통 등의 브랜드 상품을 구매하는 여성들 중에는 개별적으로 상품을 구입하는 사람들도 있지만, 동료집단을 형성해 집단으로서 구입 활동을 실시하고 있는 사람들도 있다. 개인으로 잡지나 매스컴 등에서 마음에 드는 브랜드의 정보를 수집하거나 개인으로 해외에 나가 브랜드 상품을 구입하거나 하는 경우, 의외로 거래비용이 든다. 이런 비용을 아끼기 위해 브랜드를 둘러싼 정보를 공유하는 피어그룹이 형성된다. 동료집단을 형성하면 샤넬이나 루이비통 등의 브랜드 상품을 구입하기 위해 집단적으로 프랑스에 쇼핑을 갈 수 있어 항공 운임이나 숙박비를 절약할 수 있으며 협상도 쉽고 거래비용을 대폭 절약할 수 있다. 하지만, 이러한 그룹도 커지면, 남의 정보에 무임승차하는 사람들이 출현한다. 이는 멤버들의 신뢰도를 떨어뜨리고 그룹을 위기로 이끈다.

단순계층조직

이 문제를 해결하기 위해 동료집단 조직을 해체하고 다시 개개인이 시장거래를 전개할지 아니면 다른 지배구조를 전개할 것인지 중 하나가 된다. 이 가운데 후자 방향으로 전개되는 지배구조가 한 명의 관리자가 있는 단순계층조직이다.

이 조직에서 관리자는 멤버의 임금을 결정하고 그룹구조를 변경할 수 있으며, 멤버에게 무엇을 해야 하는가에 대해 말할 권리가 있다. 이러한 관리제도에 의해 멤버의 보조나 무임승차 등의 기회주의적 행동은 억제될 수 있다.

게다가, 동료집단에서는 정보가 멤버로부터 멤버에게 다원적으로 전달되는 것에 대해 <그림 2-8>과 같이 단순계층조직에서는 정보는 1명의 관리자로부터 각 멤버에게 전해지기 때문에 정보 전달을 둘러싼 거래비용은 수학적으로 큰 폭으로 절약될 것이다. 마찬가지로 의사 결정에 필요한 시간에 대해서도 동료집단보다 단순계층조직이 짧기 때문에 정보를 둘러싼 거래비용도 절약된다. 따라서 이러한 조직디자인은 보다 효율적인 자원배분 시스템이라 말할 수 있다.

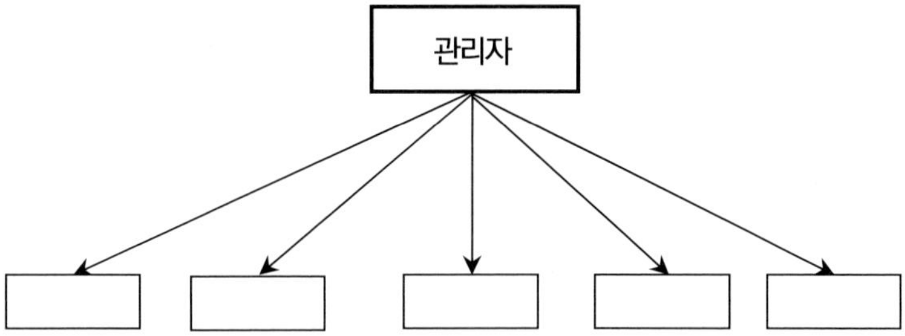

그림 2-8. 단순계층조직

그러나 이 단순계층조직 하에서 규모의 경제를 요구하여 조직이 더욱 거대화되면 다시 문제가 출현한다. 즉, 조직이 거대화되면 관리자는 제한된 합리성을 가진 한 명의 관리자가 모든 멤버를 감시하는 것이 매우 어려워진다. 그러므로 멤버들의 기회주의적 행동이 발생하고 멤버들은 게을러지기 때문에 이들을 감시하고 조정하기 위한 조직 내 거래비용은 매우 높아진다.

통합형 조직

이러한 조직 내 거래비용을 삭감하기 위해서 계층이 2층 이상 있는 다단계 계층조직 구조가 새로운 가버넌스 제도로서 전개될 수 있다. 이 지배구조에는 <그림 2.9>와 같이 각 전문 관리자가 설치되고 나아가 이들 전문 관리자를 조정하고 감시하는 경영자가 설치된다. 이런 조직구조를 윌리엄슨은 통합형 조직(unitary form) 혹은 U형 기업이라고 불렀다. 이 조직 구조에 따라 조직 멤버는 보다 효율적으로 관리되어 조직 내 거래비용은 삭감되게 된다.

Column 2-2

참모본부제 조직의 의미

통합형 조직의 하나로서 「참모본부제」조직이 있다. 스태프가 강한 권한을 가지고 전체를 지휘하는 조직이다. 이 조직은 군대 조직으로 유명하고 매우 효율적이라는 이미지를 갖는 사람도 많다. 그러나 이러한 스태프가 강한 권력을 가진 조직은 어떤 기업에도 해당되는 조직 형태라고는 할 수 없다. 원래 참모본부제 조직은 왕국의 군대조직으로 발전해 온 조직형태다. 왕국에서는 왕위는 대대로 계승된다. 그러므로 이러한 방식으로는 항상 우수한 왕이나 군사력이 강한 왕이 자라날 것이라고 할 수 없다. 때로는 능력이 낮은 왕, 혹은 군사력이 약한 왕이 탄생할지도 모른다. 그래도 왕국을 지키기 위해 왕의 군사능력이나 군사자질과는 무관한 강한 군대조직을 만들 필요가 있다. 이런 필요성 때문에 등장해 온 조직들이 참모본부제 조직이다. 따라서 이 조직형태가 현대 기업으로서 유효하게 작용한다면 창업자 가문이 대대로 사장을 맡고 있는 기업일 것이다.

그러나 이 다단계 계층조직에서도 규모의 경제를 요구하여 조직이 더욱 거대화되면 경영자는 제한된 합리성을 가지기 때문에 일상 업무조정에 쫓겨 충분한 관리를 할 수 없을 뿐 아니라 특히 장기적인 전략적 의사결정을 할 수 없게 된다. 또한 충분한 관리를 하기 위해 관리한계의 원칙을 토대로 관리자를 늘리고 계층을 증가시키면 명령이 전달되는 과정의 명령내용에 잡음이 들어가 입찰정보전달을 둘러싼 거래비용이 높아진다.

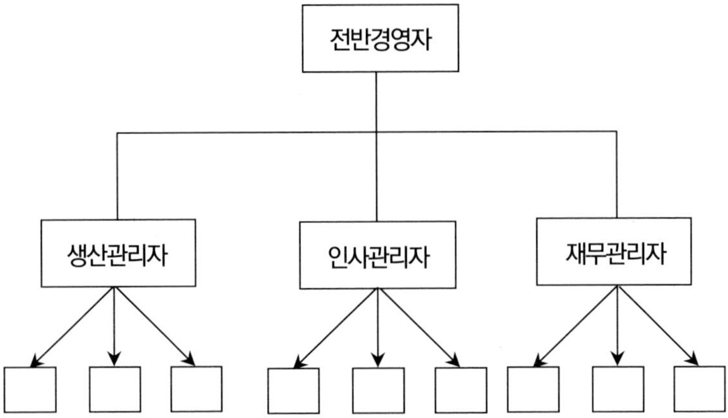

그림 2-9. 통합형 조직 : U형 기업

2.2. 거대조직디자인의 거래비용이론 분석

사업부제 조직

이러한 일련의 문제를 해결하기 위해 사업부제 조직(multidivisional form) 혹은 M형 기업이라 불리는 가버넌스 제도가 전개될 수 있다. 이러한 기본 구조는 <그림 2-10>과 같이 본부, 스태프, 그리고 각 사업부로 분화되어 구성된다는 점에 있다.

이 지배구조에서는 본부는 각 사업부에의 자원배분 등의 전략적 의사결정에 관련되어 스탭은 조언 기능과 감사 기능을 하게 된다. 이에 대해 각 사업부는 업무적 의사결정에 대한 책임을 가지며 준자율적인 존재가 된다.

이러한 거버넌스 제도는 명령전달 과정이 짧기 때문에 정보전달을 둘러싼 거래비용은 대폭 절약된다. 또한 전략적 의사결정과 업무적 의사결정이 분리되어 경영자는 전략적 의사결정에 전념할 수 있기 때문에 효율적으로 의사결정을 할 수 있고, 경영자원은 효율적으로 배분되어 이용된다. 더욱이 각 사업부에 대폭 권한이 이양되고 그 자유로운 결정에 대한 책임이 주어진다. 그러므로 이 자유와 책임의 원리를 토대로 사업부는 자기통치를 하게 되고, 이것에 의해 본부의 모니터링·비용도 절약된다.

그러나 이러한 조직디자인에서는 본부 및 각 사업부는 기회주의적으로 행동할 가능성이 있기 때문에, 사업부끼리의 거래에서 서로 봐주는 거래가 발생하여 줄다리기가 일어난다. 예를 들면, 같은 기업 내라는 이유로 비교적 비싸게 부품을 구입하는 것을 권하는 사업부가 있을지도 모른다.

이런 사업부문의 높은 조직 내 거래비용을 피하기 위해 반대로 지나치게 사업부끼리 소원해지는 경우도 있다. 이때 다중투자가 발생한다. 본래 1개의 공장에서 2개 이상의 사업부에 제품을 공급할 수 있는 능력이 있음에도 불구하고 사업부문이 서로 독립되어 있는 경우 각 사업부가 같은 능력을 가진 공장을 각각 중복하여 건설할 가능성이 있어, 과잉 생산 능력으로 이끌릴 가능성이 있다.

또 사업부문이 서로 교류가 없기 때문에 서로 경합하여 상품개발이나 상품생산을 하고 기업 내에서 사업부문의 과당경쟁이 발생하기도 한다. 예를 들면, 1980년대 IBM는 각 사업부에서 고유의 컴퓨터를 개발하였으나 서로 경합하면서 비효율적인 상황에 빠진 적이 있다. 더욱이 본부와 사업부의 밀접한 인간관계 때문에, 비록 한 사업부가 분명 시대에 뒤떨어져 채산이 맞지 않아도 그 사업부를 청산

처리하지 못하는 경우가 있다. 이러한 사업부를 청산 처리하려고 하면 서로 줄다리기가 발생하고 너무 비싼 조직 내 거래비용이 발생하기 때문이다.

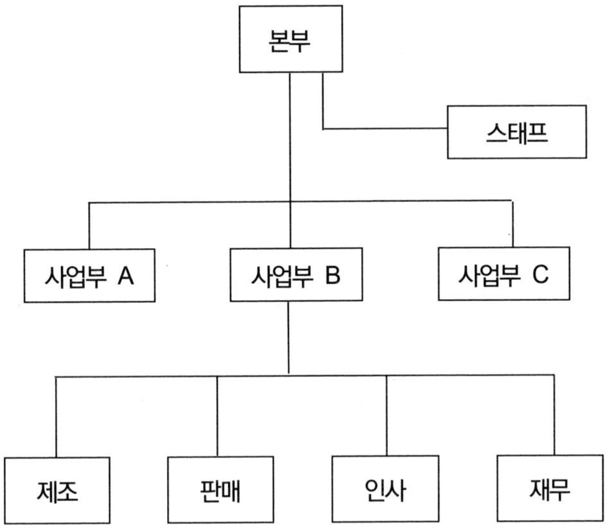

그림 2-10. 사업부제 조직 : M형 기업

매트릭스 조직과 SBU

이상과 같은 사업부제 조직을 둘러싼 문제 가운데 다중투자를 회피하기 위해 개발된 조직이 매트릭스 조직[9]이다. 이 조직구조는 기본적으로 사업부제이기 때문에 <그림 2-11>처럼 본부는 사업부제를 전개하여 사업부장이 사업부를 관리하는 구조로 되어 있다.

그러나 사업부문이 서로 교류를 하지 않고, 서로 같은 투자를 전

9) 매트릭스 조직에 대해서는 예를 들면 Daft(2001)를 참조.

개하는 것을 피하기 위해서 매트릭스 조직에서는 <그림 2-11>과 같이 본부는 영업 담당 임원, 생산 담당 임원, 연구 개발 담당 임원 등의 임원을 배치하여 각 사업부를 횡단하여 수평적으로 관리, 조정하는 구조를 만든다.

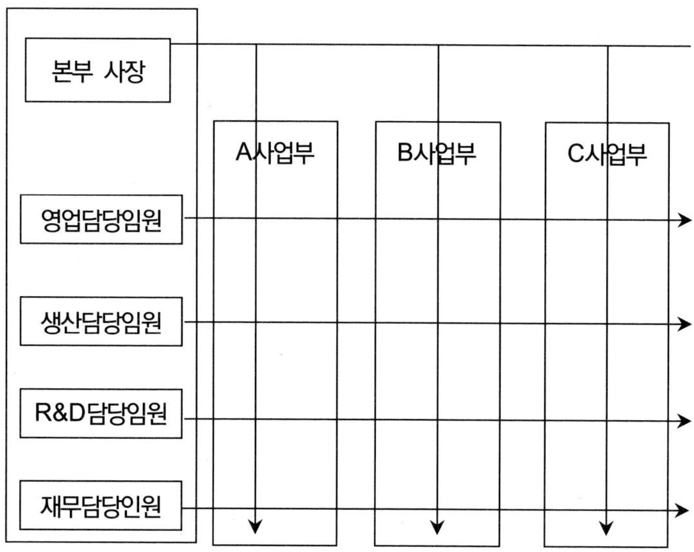

그림 2-11. 매트릭스 조직

이러한 지배구조에 의해 사업부 간에 중복투자하고 있는지 체크하고 사업부간의 다중투자에 의한 비효율성이 배제된다. 이러한 조직은 본부에서 각 사업부로의 종렬 지배구조와 본부의 각 담당임원에서 각 사업부라는 횡행의 지배구조가 된다는 의미에서 매트릭스(행렬) 조직이라고 한다.

마찬가지로 사업부문의 과당경쟁을 회피하고 조직 내 거래비용을 절약하기 위해 전개되는 조직이 SBU(Strategic Business Unit)이다.

이 조직은 <그림 2-12>와 같이 세로축은 본부가 효율적으로 조직을 관리하기 위해 사업부제를 전개한다. 또한 가로축은 각 사업부의 전략이나 사업이 서로 중복되어 경합하지 않도록 본부에 전략별 담당임원을 설치한다. 이것에 의해서 사업부간 과당경쟁에 의한 비효율성이 배제된다.

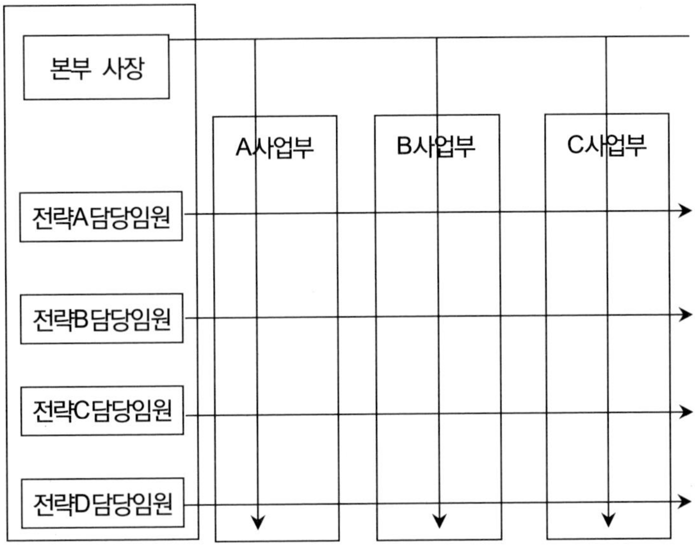

그림 2-12. SBU

이와 같이, 매트릭스 조직이나 SBU에 의해서 사업부제를 둘러싼 몇 가지 문제는 해결될 수 있다. 그러나 이들 조직디자인에는 치명적인 문제가 내재되어 있다. 이것은 한 명의 종업원에게 두 명의 상사가 배치된다는 점이다. 때문에 이 구조 아래서는 기회주의적인 상사는 사업부의 실패에 대해서 책임을 회피할 수 있다. 또한, 기회주의적인 사업부장도 모순된 명령 하에서 수고를 덜 수 있고 발뺌할 수 있다.

지주회사

그런데 사업부제에서는 다양한 인간관계로 인해 즉 조직 내 거래비용이 높기 때문에 본부가 환경에 맞지 않는 불필요한 사업부를 처리하는 것을 주저하는 경우가 있다. 이 문제를 해결하기 위해 전개되는 거래비용 절약제도가 지주회사 제도이다.

지주회사 제도에서는 <그림 2-13>과 같이 지주회사는 자회사의 주식을 소유하고 주식 보유를 통해 자회사를 통제(control)한다. 자회사는 독립된 주식회사로 활동하며 주요 주주로서 지주회사를 접하게 된다. 자회사는 완전히 독립되어 있기 때문에 항상 자기책임·자기통치가 추궁 당해 주식시장으로부터 압력을 받게 된다.

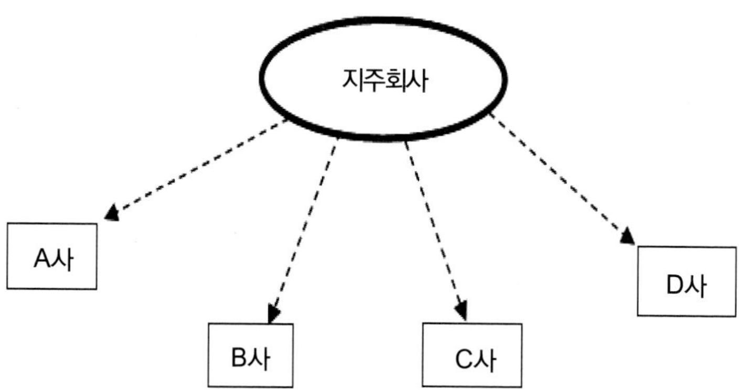

그림 2-13. 지주회사

지주회사와 자회사의 관계는 주식 보유관계뿐이다. 이러한 관계에서 지주회사는 자회사와의 거래에 줄다리기를 하지 않고 자기의 이익만을 생각하여 효율적으로 회사를 매각하는 것이 가능해진다. 이러한 의미에서 이 형태는 거래비용 절약제도로 간주될 수 있다.

그러나 이 형태도 결코 완전한 형태는 아니다. 지주회사 내 인간은 제한된 합리성을 가지고 있기 때문에 소유하고 있는 기업의 재무정보를 완전히 입수할 수 없다. 한편, 자회사의 경영자도 기회주의적으로 가짜 재무제표를 공표할 수도 있다. 이와 같이 지주회사 제도에서도 자회사의 완전한 정보를 얻을 수 없기 때문에 적절히 기업을 매각하지 못할 가능성이 있다고 말할 수 있다.

2.3. 중간조직의 거래비용이론 분석(1)

시장과 조직의 중간조직

지금까지 거래비용이론에 근거하여 시장 시스템과 다양한 조직 시스템에 대해 설명하였다. 그러나 기업에 있어서 선택 가능한 자원배분 시스템은 시장과 조직 2개뿐만이 아니다. 시장과 조직의 특징을 합친 중간적인 자원배분 시스템도 가능하다.

특히 일본에서는 전통적으로 계열거래나 기업집단이라는 애매한 결합에 기초하여 계속적인 거래가 전개되어 왔다. 예를 들어 유통계열 거래에 있어서 제조기업과 유통기업과의 관계는 서로 경쟁적이지 않고 서로 조직적이지 않고 협조적인 거래관계이다. 또한 일본에 고유의 미츠비시 그룹이나 미츠이 그룹이나 스미토모 그룹 등의 전통적 기업 그룹에 있어서도, 그룹 내의 각 기업이 서로 경쟁적이지 않고 전전(戰前)의 재벌과 같은 주식의 일극 집중에 근거하는 조직적 관계도 아니고 주식의 상호 보유에 근거하여 기능적으로 협조하고 있었다. 이는 모두 거래를 완전하게 내부 조직화하는 것도 아니고, 상황에 따라 그 관계를 강하게 하거나 약화시키는 매우 애매한 거래 관계이다.

이와 같이 시장거래도 조직거래도 아닌 관계 반대로 말하면 시장적이기도 하고 조직적이기도 한 기업 간 관계는 중간조직[10] 혹은 중간 조직형 거래관계(Williamson[1996])로 불리고 있다.

아래에서는 미국의 기업 간 거래와 비교하면서, 이 중간 조직거래를 거래비용이론에 근거하여 설명하고자 한다.

미국의 기업 간 거래

미국은 지금까지 자유 시장경제를 표방하며 미국 기업은 시장거래를 지향해 왔다. 그러나 미국의 기업사를 보면 기업 간의 흡수 합병 운동이 과거 4회에 걸쳐 대규모로 행해졌으며 이러한 의미로 미국 기업은 조직 내 거래를 지향하고 있는 것처럼 보인다. 이 모순된 미국 기업을 둘러싼 상황을 어떻게 이해해야 할까.

일반적으로 조립업체가 부품업체와 부품 거래하는 경우 거래되는 부품은 일반적인 부품과 특수한 부품으로 구별될 수 있다. 이 중 볼트 또는 나사 등 일반적 부품은 누구나 생산할 수 있기 때문에 비록 거래 당사자들이 기회주의적이더라도 거래를 둘러싸고 서로 줄다리기를 하지 않을 것이다. 그러므로 이러한 일반적인 부품은 시장거래를 통해 조달해도 거래비용은 그다지 높지는 않다

10) 중간조직에 대해서는 이마이, 이따미, 고이케(1982)가 상세하게 서술함. 또한 kikuzawa(1995, 1998)도 상세하게 서술하고 있으며 일본에 있어서 계열거래의 면밀한 분석은 아사누마(1984)가 상세하게 서술함.

오히려, 이러한 단순하고 어떠한 기업도 제조 가능한 부품은 경쟁이 치열해지기 때문에 조립업체는 시장에서 최적조달이 가능해진다. 특히 미국 기업의 경우 조립업체가 도면(대여도 방식) 대여를 통해 의도적으로 부품 제조를 쉽게 하여 부품업체 간의 경쟁을 격화시키는 것도 있다.

그러나 엔진관계 등 특수한 부품은 특수한 인적 물적자산을 가진 특정 기업에서만 부품을 제조 공급할 수 있다. 이러한 특정 기업과 시장거래를 반복하면 서로 기회주의적이기 때문에 줄다리기가 발생하여 높은 거래비용이 발생한다. 거래비용이 너무 높은 경우, 거래비용을 절약하기 위해서 미국 기업은 이러한 부품을 자사 내에서 제조하거나 혹은 가능하다면 적극적으로 상대를 매수하여 합병하고 조직 내 거래를 전개하는 것이라고 생각한다.

이상과 같이 거래비용 이론을 토대로 미국 기업의 행동을 분석하면, 미국 기업에서는 시장거래와 조직 내 거래가 병존하고 있어 언뜻 보면 모순된 것 같지만 모두 거래상황에 따라 거래비용을 절약하고 있다는 점에서 일관된 편이다.

일본의 중간조직 거래

일본도 미국과 같이 지금까지 자유 시장 경제를 표방하여 적극적으로 시장경제를 추진해 왔다. 그러나 실제로는 앞서 설명하였듯이 제조업체와 유통·판매점이 밀접하게 관계되어 있는 유통 계열, 조립업체와 부품업체가 밀접하게 관계되어 있는 생산 계열, 그리고 구재벌계 그룹 내에서 전개되고 있는 그룹 내 거래 등이 지극히 일반적으로 이루어져 왔다. 이러한 시장적이고 조직적인 중간조직은 과연 효율적인가. 이 중간조직의 효율성을 거래비용이론에 근거하여 설명해 보자. 이를 위해 시장, 조직, 그리고 중간조직을 참가 멤버의 행동원리와 참가 멤버십이라는 2가지 관점에서 정리해 보자.

우선, 시장거래에서는 참가멤버의 행동원리는 이윤극대화 원리이며, 이것을 M_1이라 한다. 또한 참가멤버십은 자유로운 참여·퇴출관계로서 특징지으며 이를 M_2라고 한다. 이에 대해 조직에서 각 멤버는 반드시 자기이익을 최대화할 수 없고, 멤버의 행동원리는 중심멤버에 의한 권한에 근거하는 명령으로 이것을 O_1으로 한다. 또 멤버간의 관계인 멤버십은 서로 자유롭게 참가·퇴출할 수 없고 항상 같은 멤버와 고정적이고 계속적인 관계로서 특징지을 수 있는데 이것을 O_2로 하자.

지금부터 이들 두 시스템의 중간에 위치한 중간조직의 특징은 다음과 같다. 우선 중간조직의 행동원리(M_1+O_1)는 다음과 같다. 즉, 일본의 기업 그룹 내의 기업과 같이 평상시는 각각 이윤극대화를 요구하고 자유롭게 그룹외의 기업과도 시장거래하지만, 문제가 발생하면 중심적 기업 아래에서 그룹 내 기업은 서로 조직적으로 행동하는 것과 같이 시장적인 것과 동시에 조직적인 행동 원리다.

이에 반해 중간조직의 멤버십(M_2+O_2)의 특징은 다음과 같다. 즉, 계열 거래 관계 하에 있는 조립업체와 부품업체와 같이 어느 정도 고정적이고 계속적인 거래 관계이지만, 자유롭게 참가·퇴출이 가능한 거래 관계이다.

이상으로부터 가로축에 행동원리, 세로축에 멤버십을 취하면 <그림 2-14>와 같이 거래는 시장(M_1+M_2), 조직(O_1+O_2), 중간조직(M_1+O_1, M_2+O_2)으로서 특징지어진다.

이와 같이 특징지어지는 중간조직은 거래비용이론에 의하면, 아래와 같이 환경의 변화에 대응해 시장적이 되거나 조직적이 되거나 하는 효율적 자원배분 시스템으로서 설명할 수 있다.

(1) 우선, 환경의 변화가 격렬하고 거래를 둘러싼 불확실성이 매우 높은 경우, 모든 거래 당사자는 서로 기회주의적으로 행동할 가능성이 있기 때문에, 시장거래에서 거래비용이 높아진다. 이 경우 중간조직은 시장에서의 거래비용을 줄이기 위해 모(母)회사 하에서 또는 중심적인 기업 아래 상호 거래관계를 밀접하게 하고 조직적 멤버십을 강화하게 된다. 게다가 모회사 혹은 중심적 기업의 권한을 토대로 명령에 따라 구성원은 행동하고, <그림 2-14>와 같이 조직 내 거래의 방향(1)에 가까워진다. 그러므로 이러한 거래 행동은 거래비용이론으로 보면 효율적인 자원배분 시스템이라고 할 수 있다.

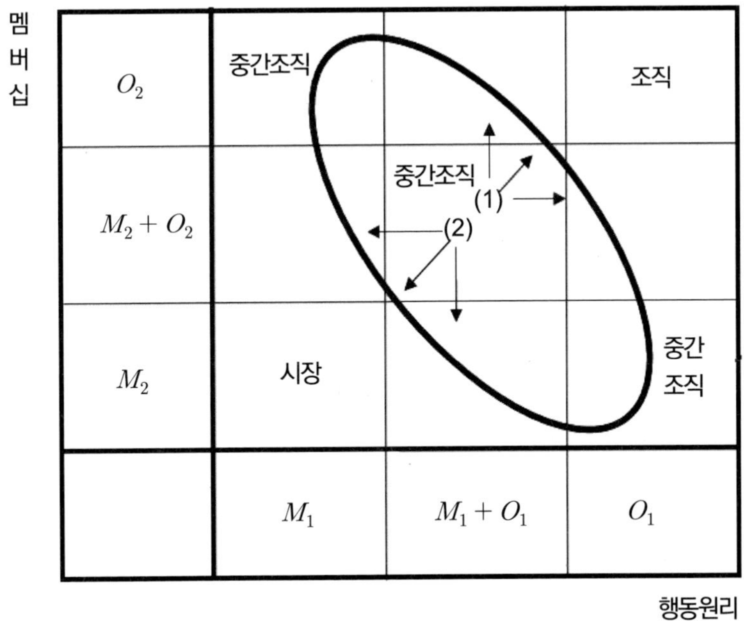

그림 2-14. 중간조직

(2) 이것에 대해서, 환경의 변화가 작고 거래를 둘러싼 불확실성이 낮은 경우, 시장거래에서의 거래비용은 비교적 작다. 이러한 상황에서 멤버는 서로 기회주의적으로 행동할 가능성이 있기 때문에 조직적인 거래 관계에서 비효율적인 관료화가 발생하거나 서로 봐주는 비싼 거래가 일어나 조직 내 거래비용이 높아진다. 이 경우, 거래비용을 줄이기 위해 모회사나 중심 기업은 한 회사와 전속적으로 거래하는 것보다 여러 기업과 경쟁적으로 거래를 하는 것이 보다 효율적으로 자원을 이용할 수 있다. 때문에 중간조직은 계열거래 관계를 약화시켜 시장적인 멤버십을 강화하고, <그림 2-14>와 같이 시장거래의 방향 (2)에 가까워지게 된다. 이러한 거래는, 거래비용이론으로 볼 때, 효율적인 자원배분 시스템이라고 할 수 있다.

이상과 같이, 일본의 계열 거래에서 나타나는 중간조직으로서의 기업 간 관계는 환경 변화에 대응해 효율적으로 자원을 이용해 배분하는 시스템이라는 의미로 전략적인 자원배분 시스템이라 할 수 있다.

2.4. 중간조직의 거래비용이론 분석(2)

아시아제국의 비즈니스 그룹

다음으로 중간조직으로서 계열 거래는 일본의 고유한 제도가 아니다. 많은 개발도상국에서도 찾을 수 있는 거래관계이다 라는 것이 최근 밝혀지고 있다. 예를 들면, 한국의 재벌, 인도네시아의 복합기업(재벌), 화인기업그룹 등을 중간조직의 사례로 들 수 있다.

이러한 아시아 각국에서 볼 수 있는 기업 간 관계는 <그림 2-15>와 같이 각각 법률상 독립적인 기업이지만, 기업군이 공식적(formal)

한편 비공식적(informal)로 결합하고 있다는 의미에서 중간조직적이다. 예를 들어 기업 상호간에 주식의 보유관계가 전개되고, 은행융자를 위한 상호보증 관계가 형성되어 있으며, 그룹 내 거래관계도 적극적으로 전개되고 있다. 또한 아시아제국에서는 일반적으로 기업 간 관계는 가족·혈연관계, 동민족에게도 관련되어 있다.

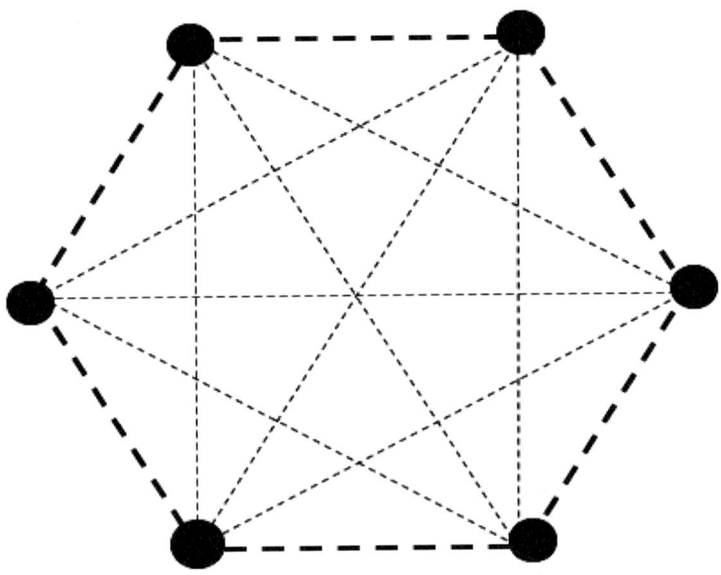

그림 2-15. 비즈니스 그룹

이러한 중간조직이 존재하는 이유는 뭘까. 개발도상국의 시장에서 거래비용이 너무나 높기 때문이다. 예를 들면, 개발도상국에서 자본시장이 미발달하였으며 게다가 모든 인간은 기회주의적으로 행동할 가능성이 있기 때문에, 투자가로부터 직접 자본을 조달하려면 너무 높은 거래비용이 발생한다. 또한 법제도가 발달하지 않았기 때문에, 부품 조달을 둘러싼 시장거래에서 계약내용을 지킬 수 없는 리스크도 매우 높고, 그 리스크 부담 비용은 매우 높다. 더욱이 경영자 시장이 발달하지 않았기 때문에 경영자 시장에서 경영자를 획득하기 위한 거래비용도 매우 높다.

반대로 완전히 기업 간이 통합하여 거대 조직화되면 이번에는 관리자가 제한된 합리성을 가지기 때문에 멤버를 완전하게 감시할 수 없다. 그리고 조직 멤버들도 기회주의적으로 행동할 가능성이 있다. 그러므로 함부로 합병하고 기업이 거대화되면, 조직 내에서는 비효율적인 자원배분이 이루어지게 된다. 즉, 기업이 서로 합병하게 되면 거대화에 의해 조직 내 거래비용은 매우 높아지는 것이다.

이와 같은 상황에 있는 개발도상국은 거래비용을 절약하기 위해, 시장적이지도 않고 조직적이지도 않은 중간 조직으로서의 비즈니스 그룹이 형성되고 있을 가능성이 있다고 말할 수 있다.

조인트 벤처

조인트 벤처란[11] <그림 2-16>과 같이 기업과 기업이 자금을 출연하여 새로운 비즈니스 기업을 설립하는 것을 의미한다. 이러한 기업 간 관계는 두 개의 기업이 직접 상호 합병하여 조직화하는 것은 아니다. 또한 필요할 때 자유롭게 서로 거래하기 위한 시장적 거래관계도 아니다. 조인트 벤처는 완전히 시장거래도 아니며 완전히 조직 내 거래도 아니다. 이는 시장적이면서 조직적이기도 한 중간조직거래의 하나라고 볼 수 있다.

---

11) 조인트 벤처의 거래비용이론에 대해서는 Douma and Schreuder(2002)가 상세하게 서술함.

Column 2-3

조인트 벤처 IS-TIM 거래비용이론 분석

이탈리아 텔레콤·이탈리아·모바일 SpA사(이하, 텔레콤·이탈리아)는 모바일·비즈니스 확대를 위해 당시, 모바일·비즈니스가 발달하지 않았던 터키 시장에 주목하고 있었다. 그러나 텔레콤·이탈리아는 모바일에 대한 지식을 보유하고 있었지만 터키 시장의 특징을 둘러싼 지식이나 터키 정부 당국자와의 협상 노하우를 충분히 갖고 있지 않았다. 그래서 터키 진출에 임시로 나섰다.

이에 비해, 터키의 은행인 IS뱅크 AS사는 터키 국내시장에 관한 지식·정보나 정부당국자와의 교섭 노하우를 가지고 있었지만 모바일 비즈니스에 관한 지식은 전혀 없었고 관심도 없었다. 이런 상황에서 텔레콤·이탈리아와 IS뱅크 AS가 서로 협상하고 거래해 결과적으로 모바일비즈니스를 다루는 조인트벤처로 새로 IS-TIM사가 설립됐다.

이런 현상은 다음과 같이 거래비용이론적으로 설명할 수 있을 것이다. 즉, 양측이 서로 보유하고 있는 고유의 지식이나 노하우를 시장거래하기 위해서는 높은 거래비용이 발생할 것이다. 이것도 거래되는 지식이나 노하우는 명시적인 것뿐 아니라 말로 말할 수 없는 암묵적인 지식도 많이 포함되기 때문에 이러한 지식을 시장에서 거래할 경우 서로 힘겨루기가 일어나기 쉽기 때문이다. 한편, 양자가 모바일 비즈니스를 전개하기 위해서 서로 합병할 필요도 없다. 쓸데없이 합병하면, 서로 관련성이 없는 부문도 끌어 들이게 되기 때문이다. 무엇보다 서로 자금과 지식을 공유하는 조인트 벤처를 펼치는 것이 거래비용을 가장 절약할 수 있는 방법이었다는 해석이 가능하다.

*참고문헌 Douma and Schreuder[2002]

왜 이런 형태가 발생하는가. 조인트 벤처가 전개될 경우 항상 직접언어로 표현하기 어려운 암묵적인 지식이 관련되어 있는 경우가 많다. 우리 인간은 기회주의적이기 때문에, 이러한 암묵적인 지식을 시장에서 자유롭게 판매하기 어렵고, 판매하려고 하면 서로 줄다리기가 일어나 높은 거래비용이 발생하게 된다.

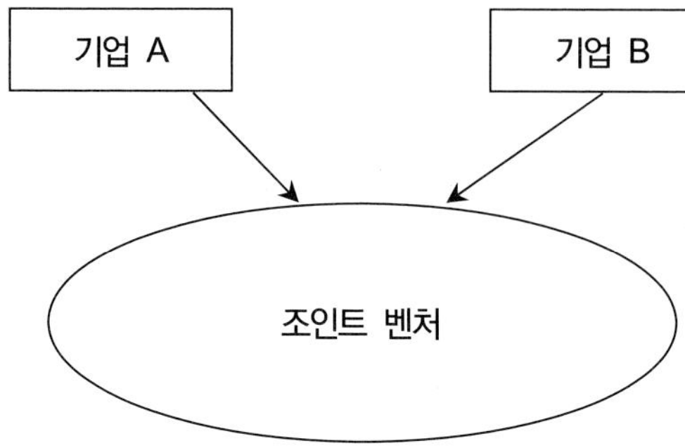

그림 2-16. 조인트 벤처

이에 대해 한쪽의 기업이 다른 쪽의 기업을 합병하여 조직화하면, 양쪽 기업에 있어서 서로 불필요한 사람·물건·돈 등의 조직적인 자산을 도입할 필요가 있기 때문에, 합병 후, 조직 내에서 높은 거래비용이 발생할 가능성이 있다. 따라서 이 경우, 중간조직 형태로서의 조인트 벤처가 거래비용을 가장 절약하는 효과적인 형태가 된다.

컴퍼니제

소니는, 1990년대에 「컴퍼니제」라고 불리는 새로운 조직디자인을 전개했다. <그림 2-17>과 같이 조직 내부에 마치 몇 개의 독립한 기업이 존재하고 있는 조직 형태이다.

컴퍼니제와 사업부제의 차이는 무엇인가. 우선 사업부제에서는 본부가 각 사업부에 상품개발·생산·판매에 관해 자율성을 부여하지만, 자금과 인재에 관해서는 본부가 직접 지배하는 관계에 있다. 이에 비해 컴퍼니제에서는 각 컴퍼니는 일정한 범위 내에서 투자 결정권이나 인사권등도 보유하는 자율적인 조직 형태라고 말할 수 있다.

일반적으로 위의 명령에 의해 모든 경영자원, 즉 사람·물건·돈을 조직적으로 배분하려고 하면 모든 인간은 기회주의적인 성질을 갖고 있기 때문에 적소적재라는 형태로 인적자원을 조직 내에서 배분할 수 없고, 자원배분의 비효율성이 발생하여 조직 내 거래비용은 매우 높아질 가능성이 있다. 이 비용을 절약하기 위해서는 예를 들어 사내 공모제도라는 형태로 회사 내에서 노동시장거래를 전개함으로써 인적자원은 보다 효율적으로 배분되고 조직 내 거래비용은 절약되게 된다.

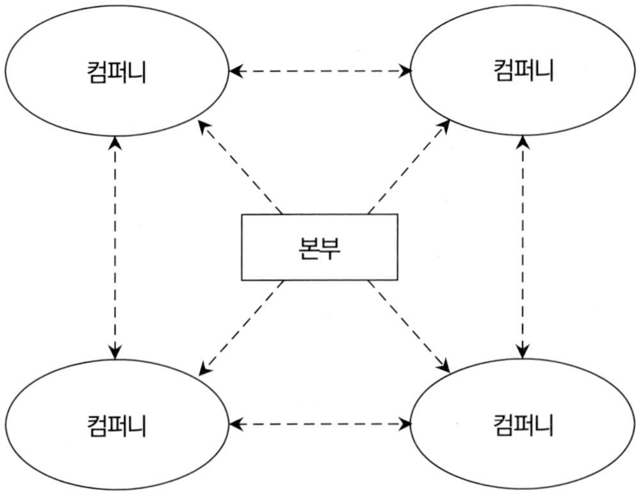

그림 2-17. 컴퍼니제

이번에는 반대로 모든 인적자원을 외부 노동시장으로부터 조달하는 자원배분 또한 사람은 기회주의적이므로 줄다리기가 발생하여 높은 시장거래비용을 창출하게 된다. 이것에 대해서 사내에서의 내부 노동시장은 외부 노동시장에 비해 정보를 많이 획득할 수 있고 줄다리기가 적기 때문에 시장거래비용을 절약할 수 있다.

이와 같은 의미에서 컴퍼니제는 시장적이며 조직적인 중간조직 형태의 하나로 볼 수 있다. 시장거래비용을 절약하는 것과 동시에 조직 내 거래비용도 절약하는 조직 형태인 것이다.

Column 2-4

소니의 사내공모제 거래비용이론 분석

소니가 1994년~2005년까지 도입했던 컴퍼니제에는 여러 가지 특징이 있었다. 그 중에서도 주목해야 할 제도는 사내 공모제이다. 이는 입사 3년째 이상의 사원이면 사내에서 공모되는 직무에 자유롭게 응모할 수 있다는 제도였다. 이 제도 하에서는, 어느 컴퍼니의 어느 사원이 다른 컴퍼니의 사내 공모에 응모하고 있는 것은 상사에게는 일절 알려지지 않는다. 이동이 확정되어 처음으로 상사는 부하가 이동하는 것을 아는 구조가 되어 있었다.

일반적으로 모든 인간은 조직 내 모든 인적자원을 위로부터의 명령에 의해 배분하려고 하면 비효율적인 인적자원 배분이 발생하면 부적절한 인재가 경리나 영업에 배치될 가능성이 있어 조직 내 거래비용은 높아진다. 그러므로 회사 내에서도 마치 노동시장처럼 인적자원을 배분함으로써 인적자원은 보다 효율적으로 배분되고 조직 내 거래비용은 절약된다.

마찬가지로 모든 인재를 외부 노동시장을 통해 채용하는 인적자원 배분 또한 인간은 한정적으로 합리적이므로 정보획득을 둘러싼 높은 시장거래비용을 창출하게 된다. 인사부는 외부에서 사람을 채용할 때 희망자에 대한 정보를 완전히 얻을 수 없다. 이에 비해 사내 노동시장에서는 외부 노동시장에 비해 희망자를 놓고 보다 정확한 정보를 많이 모을 수 있고 게다가 힘겨루기도 적어 시장거래비용을 아낄 수 있다.

이처럼 소니의 컴퍼니제를 특징지은 사내공모제는 인적자원 배분을 둘러싼 조직 내 거래비용을 절약하는 동시에 외부 노동시장의 거래비용도 절감하는 것보다 효율적인 중간조직제도의 하나였다고 할 수 있다.

프랜차이즈제

프랜차이즈 시스템[12]은 본부가 가맹점에 일정한 조건으로, 특정 지역에 있어서 특정 상품의 생산이나 판매를 실시할 권리를 대여하는 동시에 경영지도, 판매촉진, 교육 등의 노하우나 비즈니스 모형을 대출하는 계약시스템이다. 이 시스템의 전형적인 사례로서 미국 맥도널드사가 유명하다. 이 경우, <그림 2-18>과 같이 본부가 맥도널드사, 가맹점이 지역 기업가가 된다.

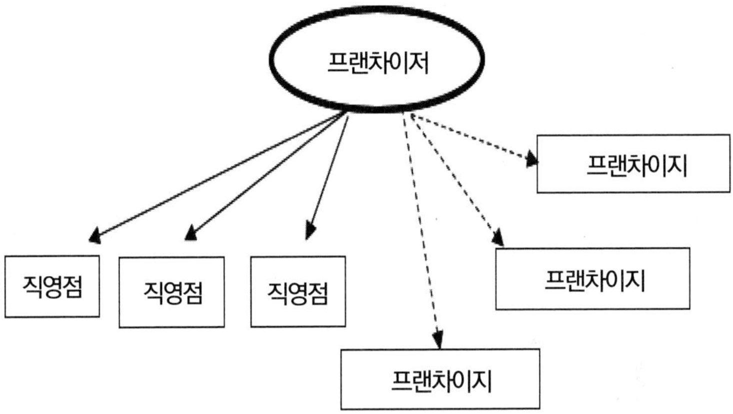

그림 2-18. 프랜차이즈제

프랜차이즈 시스템 또한 중간조직 형태의 하나로 볼 수 있다. 어떤 기업이 고유한 노하우나 비즈니스 모형을 토대로 모든 지점을 직영화한다면 많은 자본과 많은 유능한 매니저가 필요하다. 그러나 모든 인간은 기회주의적이기 때문에 이러한 많은 자금과 다수의 인재를 조직 내에서 조달하는 것은 매우 어려우며 조직 내 거래비용은 매우

12) 프랜차이즈제의 거래비용이론 분석에 대해서는 Douma and Schreuder(2002)가 상세하게 서술함.

높다.

한편, 비즈니스 모형을 시장거래로 다른 회사에 완전 판매하기도 어렵. 다. 노하우 또는 비즈니스 모형이나 브랜드를 판매하게 되면 인간은 제한된 합리성을 가지기 때문에 기업은 감시를 할 수 없고, 구입자가 브랜드를 토대로 질 낮은 서비스를 제공할 가능성이 있어, 브랜드에 무임승차할 가능성이 있다. 그러므로 이를 저지하기 위해 복잡하고 상세한 계약을 맺을 필요가 있고 시장에서의 거래비용은 높다.

따라서 노하우나 브랜드나 비즈니스 모형을 프랜차이즈 계약에 의해 대출함으로써 조직 내 거래비용도 시장거래비용도 절약할 수 있다. 즉, 중간조직으로서의 프랜차이즈 방식은 비교적 좋은 조직디자인이 된다. 자금은 지역 기업가가 투자하여 유능한 기업가가 손을 들기 때문에 인적자원 배분을 둘러싼 비효율성은 어느 정도 억제할 수 있다. 또한 계약 갱신 제도이므로, 만약 가맹점이 질 낮은 서비스를 계속 제공하면, 계약을 갱신하지 않으면 된다.

Column 2-5

맥도널드의 거래비용이론 분석

미국 맥도널드사는 프랜차이즈제를 채택하고 있는 전형적인 기업이다. 2005년 시점, 세계 120개국 이상의 나라에 약 3만 2000개의 패스트푸드점을 전개하고 있다. 이 중 9,000여 곳이 직영점이고 나머지 2만3,000곳이 프랜차이즈제 아래 지역 기업인에 의해 영업 중이다.

프랜차이즈 계약은 수년 계약이며 프랜차이저(franchisor)가 맥도널드사로 프랜차이지(franchisee)가 지역 기업 경영자가 된다. 프랜차이저로서의 맥도널드사는 맥도널드 방식으로서 상품 범위, 패스트 푸드점의 건축 스타일, 패스트 푸드점의 가구, 종업원의 복장, 고객에 대한 대응 방법, 브랜드 네임 등으로 이루어진 패키지를 프랜차이지에 제공하고 있다. 반면 프랜차이지는 프랜차이저인 맥도널드사에 고정액과 매출의 몇 %를 지불하도록 되어 있다.

그런데 만약 맥도널드사가 조직적으로 모든 지점을 직영점화한다면 많은 자본과 많은 유능한 매니저를 길러낼 필요가 있다. 모든 사람의 질문은 기회주의적이기 때문에 이러한 엄청난 자금과 다수의 우수인력을 조직 내에서 조달하는 것은 매우 어렵고, 그렇기 때문에 모든 지점을 직영화하는 것은 공연히 조직 내 거래비용을 높이게 될 것이다.

한편, 맥도널드 방식을 시장거래를 통해 완전히 판매하는 것에도 큰 문제가 있다. 지식·방식·브랜드를 완전히 판매해 버리면 인간은 제한된 합리성을 가지므로 맥도널드사는 충분히 모니터링을 할 수 없고, 그 구입자가 맥도널드의 브랜드 하에 질 낮은 서비스를 제공할 가능성이 있어, 맥도널드의 브랜드에 무임승차할 가능성이 충분히 있다.

따라서 맥도널드의 경우 중간조직으로서의 프랜차이즈 방식이 최적의 조직 디자인이었다고 할 수 있다. 프랜차이즈제 하에서는 자금은 지역 기업경영자가 제공하고 지역의 유능한 기업경영자가 손을 들기 때문에 인적자원 배분을 둘러싼 비효율성이 어느 정도 억제될 수 있다. 또한 계약갱신제도이므로 만약 프랜차이지가 질 낮은 서비스를 제공했을 경우 맥도널드사는 다음 계약을 갱신하지 않으면 된다.

*참고문헌 Douma and Schreuder[2002]

연습문제

❶ 윌리엄슨의 거래비용이론에서는 기업이란 어떤 존재로 간주되는가.

❷ 동료집단이란 어떠한 조직인가. 구체적 사례를 제시하여 설명하시오.

❸ 「중간조직」이란 어떠한 조직인가. 구체적인 사례를 제시하여 설명하시오.

3. 거래비용이론과 경영전략 – 기업의 경계

지금까지 설명한 것과 같이 거래비용이론에 따르면 다양한 조직 디자인은 시장을 대신하여 다양한 거버넌스 제도를 체계적으로 분석할 수 있다. 이와 같은 거래비용이론을 이용하여 기업의 경계는 어디인가, 기업은 어디까지 커질 수 있는가라는 문제도 분석할 수 있다.

오늘날 경영학 및 경제학에서는 기업은 적어도 다음과 같은 3가지 방향으로 거대화하는 가능성이 있는 것으로 알려져 있다.

■ 수평적인 방향

기업은 같은 업계 내에서 수평적으로 거대화한다. 그 행동 원리는 「규모의 경제」이다. 즉, 어느 업계 내에서 기업이 거대화하면 경제적 장점이 발생하여 경쟁 우위를 얻을 수 있다. 예를 들면, 규모가 커지면 생산비용을 낮출 수 있고 다른 기업보다도 낮은 가격으로 경쟁할 수 있다. 이 경우, 독점화가 진행되므로 어느 시점에서 정부의 개입이 일어난다.

■ 다각적인 방향

기업은 다각화에 의해 입체적으로 거대화한다. 이 경우, 그 행동 원리는 「범위의 경제」이다. 예를 들어 2개의 제품을 같은 회사에서 제조하는 것이 각각 다른 회사에서 제조하는 것보다 낮은 비용으로 제조할 수 있는 경우, 거기에 범위의 경제가 있어 다각화하는 것이 우위가 된다. 그러므로 기업은 다각화를 통해 거대화된다.

■ 수직적인 방향

마지막으로 기업은 수직적 방향으로 거대화한다. 왜 기업은 수직적으로 통합하는 것인가. 그 행동 원리는 무엇인가. 사실 이 문제는 명확히 풀리지 않았다. 일반적으로 2개의 기업이 가지고 있는 기계설비 등의 사이에 기술적인 보완성이 있고 2개의 회사가 수직적으로 통합하면, 기술공학적으로 생산효율이 높아지기 때문에 통합하는 것으로 간주되었다. 예를 들어 자동차 업체와 공급자 간에 보유하는 설비가 기술적으로 상호의존 관계가 있는 경우, 생산효율을 높이기 위해서 양 회사는 수직적으로 통합하는 것으로 여겨져 왔다.

그러나 이를 비판한 자는 윌리엄슨(Williamson[1975, 1985, 1996])이다. 그는 수직적 통합에 관해서 만약 기술적 혹은 공학적 상호의존성 뿐이라면, 2개의 기업은 1개의 기업으로서 통합할 필요는 없고 장기 거래 계약을 맺으면 된다고 생각했다. 2개의 기업이 통합할 경우, 회사명 변경에서 시작되어 급여체계 등 다양한 제도변혁이 필요하고, 그 때문에 막대한 조정거래비용이 발생하기 때문이다.

그렇다면 왜 기업은 수직적으로 통합하는가. 윌리엄슨은 거래비용을 절감하기 위해 두 기업은 굳이 수직적으로 통합한다고 생각했다. 즉, 긍정적인 이유가 아니라 부정적인 이유로 수직적 통합이 발생한다고 생각한 것이다. 그러므로 수직적 통합에 대해 정부 개입 즉 독점금지법의 적용은 불필요하다고 했다. 이 수직적 통합 문제를 둘러싸고 아직 논의가 마무리된 게 아니라 논쟁이 계속되고 있는 상황이다.

그러나 기업은 일반적으로 수직적, 수평적, 입체적 거대화가 가능하고, 제휴나 프랜차이즈 제도를 전개함으로써 전략적으로 기업의 경계를 흐릴 수도 있다. 기업은 어떠한 경우에 거대화하며, 어떠한 경우에 경계를 애매하게 할 것인가, 그리고 어떠한 경우에 시장거래를 하는가. 이런 기업경계를 둘러싼 전략적 문제도 거래비용이론에 따라 풀 수 있다. 우선 수직적 통합전략이 거래비용이론에 의해서, 어떻게 분석할 수 있는지를 보다 구체적으로 설명하고자 한다.

3.1. 수직적 통합전략의 거래비용이론 분석

수직적 통합과 거래비용이론

부품업체로부터 조립업체에 부품이 공급되어 조립업체에 의해 조립된 제품이 도매회사에 공급되고 더욱이 그 제품이 소매점에 공급되는 일련의 기업 간 관계는 수직적 관계[13]라고 한다. <그림 2-19>와 같이, 부품업체로부터 소매점으로의 흐름은 「하류」라고 불리며, 소매점에서 부품 메이커에의 흐름은 「상류」라고 불린다.

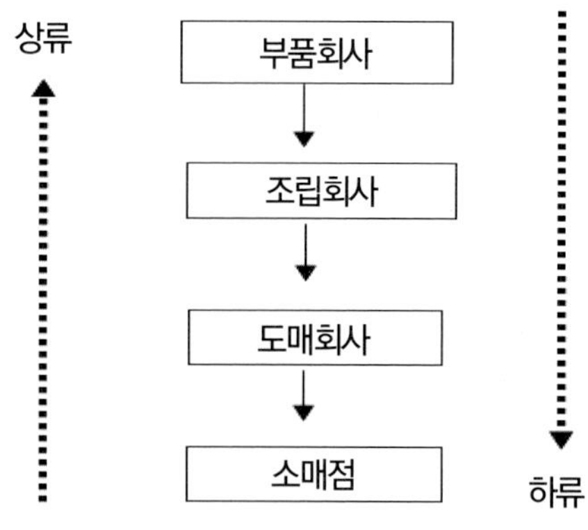

그림 2-19. 수직적 관계

13) 수직적 관계에 대해서 Besanko, Dranove and Shanley(2002)가 상세하게 서술함.

이러한 수직적 관계에 있어서, 역사적으로 조립업체가 부품업체를 합병하거나 부품업체가 조립업체를 합병하는 수직적 통합현상이 보인다. 예를 들면, 1870년에 석유의 파이프라인을 소유하고 있던 록펠러의 스탠다드·오일사는 하류에 있는 석유정제 공장을 매수한 후 통합하여 거대화하였다. 또 1989년에 가정용 비디오를 판매하고 있던 소니가 상류에 있는 영화 제작회사 컬럼비아·픽처스사를 매수해 통합했다. 전자는 「전방통합」이라고 불리고 후자는 「후방통합」이라 한다.

이 같은 수직적 통합현상은 그동안 기술적 의존성을 토대로 생산비용이 절감되고 보다 효율적인 생산을 달성하기 위해 통합되는 것으로 설명되었다. 그러므로 이러한 통합을 헛되게 허용하다 보면 독점화로 인한 폐해가 발생해 정부 개입이 필요한 것 아니냐는 논란도 등장했다.

그러나 엄밀히 고찰하면 이러한 수직적 통합은 기술적 의존성에 근거하여 생산비용의 절약만으로는 충분히 설명할 수 없다. 왜냐하면 만약 기업 간의 수직적 통합의 목적이 순수하게 기술적 의존성에 근거한 생산 비용의 절약이라면, 2개의 기업은 서로 장기적인 거래계약을 맺으면 되고 기업끼리 굳이 합병할 필요가 없기 때문이다. 그러므로 수직적 통합을 하려면 기술적 의존성에 따른 생산비용의 절약과는 다른 이유가 필요하다.

이에 대해 거래비용이론에서는 인간은 제한된 합리성을 가지며, 틈만 나면 비록 악덕적이다 하더라도 자기 이익을 추구할 기회주의적 행동을 한다고 가정한다. 그러므로 거래상황에 따라서 서로 줄다리기가 발생하여 거래비용이 발생한다. 그리고 이 거래비용이 너무 높은 경우, 이것을 절약하기 위해서 수직적 통합이 발생하는 것이라고 생각한다. 따라서 이러한 통합 현상은 반드시 독점화와 연결되는 것은 아니며 정부 개입을 필요로 하는 것은 아니다.

다음으로 거래비용이론에 근거하여, 기업이 어떠한 상황에서 수직적 통합 전략을 전개하는지를 설명하고자 한다. 이를 위해 수직적 관계에 있는 2개의 기업을 상정하여 자산특수성, 불확실성, 그리고 거래 빈도라고 하는 거래상황에 의존하여 2개의 기업이 어떠한 전략적인 행동을 취할지를 분석해 보자.

수직적 통합의 거래비용이론 분석

먼저, 2개의 기업이 있다고 한다. 2개의 기업을 둘러싼 거래상황은 자산특수성이라는 관점에서 보면 <표 2-1>의 횡축의 항목과 같이, ① 자산특수성이 양자에게 낮을 경우, ② 자산특수성이 양자에게 높은 경우, ③ 자산특수성이 한쪽으로 높아서 한쪽으로 낮은 경우에 구별할 수 있어 논리적으로 그 이외에는 있을 수 없다. 또 불확실성이라는 관점에서 거래상황을 분석하면 <표 2.1>의 세로축 항목과 같이 ① 불확실성이 높은 경우인지, ② 불확실성이 낮은 경우인지 구별할 수 있으며 논리적으로 그 이외에는 있을 수 없다. 따라서 2개의 기업을 둘러싼 거래상황은 <표 2-1>과 같이 6개의 경우로 구별할 수 있다[14]. 아래에서는 각각의 거래상황에서 어떠한 행동이 효율적인 전략인지를 거래비용이론에 근거하여 분석하고자 한다.

Case (1) 우선, 2개의 기업이 보유하는 자산이 모두 특수한 것이 아니고 일반적이며, 불확실성이 낮은 거래상황에 대해 생각해 보자.

---

14) 아래의 수직적 통합전략모형은 Douma and Schreuder(2002)의 논의를 참고하여 전개하고 있다.

이러한 거래상황에서는 거래 상대는 해당 거래상대뿐 아니라, 그 밖에도 많이 존재하기 때문에 비록 거래당사자가 서로 기회주의적으로 행동할 가능성이 있다하더라도 실제로는 거래당사자는 거래를 유리하게 진행시키기 위해 줄다리기 할 수 없다. 왜냐하면 만약 줄다리기를 시도한다면, 거래 당사자는 쉽게 다른 거래 상대를 찾을 수 있기 때문이다. 그러므로 이 경우는 기업은 거래 빈도와는 관계없이, 필요할 때에 필요한 만큼 1회 1회 단기매매계약 거래를 실시하는 것이 효율적이 된다. 즉, 이 경우 시장거래가 효율적이다.

표 2-1. 수직적 통합전략

		자산특수성		
		양자에게 낮음	양자에게 높음	한쪽이 높고 다른 한쪽이 낮음
불확실성	높음	Case(4)	Case(5)	Case(6)
	낮음	Case(1)	Case(2)	Case(3)

예를 들면 이러한 거래의 예로 표준적인 못, 볼트, 나사를 거래하고자 하는 건설사와 부품업체를 들 수 있을 것이다. 이 경우 못이나 볼트의 거래를 놓고 부품업체나 건설회사도 특수자산을 갖고 있는 것은 아니다. 또 못과 볼트 구입을 놓고 거래가 불확실하고 엇갈리는 것도 아니다. 이 경우, 이 거래를 유리하게 진행하기 위해 어느 기업도 줄다리기를 시도하지는 않을 것이다. 줄다리기를 하면 건설사는 쉽게 다른 기업을 찾을 수 있고 부품업체 또한 다른 건설사와 거래할 수 있다.그러므로 표준적인 못이나 볼트의 거래를 둘러싸고, 단기매매계약이 가장 거래비용을 절약할 수 있어 효율적인 거래가 된다.

Case (2) 다음으로 기업의 자산이 양자에 있어 특수하지만, 불확실성이 낮은 거래상황에 대해 생각해보자. 이 경우 거래당사자들은 기회주의적으로 행동할 가능성이 있다. 그러므로 시장거래를 할 경우 서로 줄다리기가 일어나 막대한 거래비용이 발생할 가능성이 있다.

그러나 거래비용을 절약하기 위해서 어느 한쪽이 수직적 통합을 전개하여 거래를 내부 조직화해 기업을 거대화하면, 관리자는 제한된 합리성을 가지고 조직 멤버는 기회주의적으로 행동할 가능성이 있기 때문에, 반대로 높은 조직 내 거래비용이 발생하게 된다.

지금 가정하고 있는 상황에서 시장의 거래상황의 불확실성은 서로 낮기 때문에 두 기업이 굳이 수직적으로 통합할 필요는 없다. 이 경우 거래 빈도와는 무관하게 장기 거래 계약을 체결하는 것이 양기업에 있어서 효율적인 전략이 된다. 다시 말하면, 서로 기업의 경계를 애매하게 하는 것이 효율적인 전략이 된다.

예를 들어 오랜 세월 특수한 소금을 사용하여 소금라면을 간판메뉴로 제공하고 있는 레스토랑 체인과 이 특수한 소금을 포함한 다양한 식품을 제조하고 있는 식품회사와의 거래관계에 대해 생각해 보자. 이 거래에서는 특수한 소금을 사용해 특수한 소금라면을 만드는 레시피가 레스토랑 체인에 있어서는 특수한 자산이다. 한편, 식품 회사에 있어서는 특수한 소금 자체가 특수한 자산이 된다.

이 거래에서 양쪽 모두 자산 특수적이므로 필요한 때에 필요한 만큼 특수한 소금을 시장거래를 통해 조달하려고 하면 서로 줄다리기가 일어날 가능성이 있어 시장거래비용은 높아질 가능성이 있다. 하지만 이 거래비용을 줄이기 위해 레스토랑 체인이 굳이 식품회사를 인수할 필요는 없을 것이다. 마찬가지로, 식품 회사도 굳이 그 레스토랑 체인을 매수할 필요는 없을 것이다.

지금 이 거래에서 불확실성이 있다면 레스토랑 체인에 지불 능력이 있는지 여부다. 만일 레스토랑 체인이 번성하여, 식품회사가 그 지불 능력을 의심하지 않는다면 거래비용을 절약하기 위해 양자는 장기 계약 거래를 전개하는 것이 보다 효율적인 전략이 된다. 즉, 서로 기업의 경계를 애매하게 하는 것이 효율적이다.

Case(3) 자산특수성이 어느 기업에 있어서는 높지만, 다른 기업에게는 낮고, 게다가 불확실성이 낮은 거래에 대해 생각해 보자. 이 경우, 거래 당사자들은 제한된 합리성을 가지며, 기회주의적으로 행동할 가능성이 있기 때문에 시장거래에서 특수한 자산을 보유하고 있는 기업은 거래를 유리하게 진행시키기 위해서 항상 줄다리기를 시도할 가능성이 있다. 이 때문에 최악의 경우 시장거래가 성사되지 않을 수 있어 거래비용이 매우 높아진다.

이에 대해 장기거래계약을 하면 계약 후 특수한 자산을 가진 기업은 생산성을 높이기 위해 특수한 투자를 더 한다. 그 투자를 회수할 때까지 이 계약관계를 유지해야 한다. 이 경우, 반대로 자산특수성이 낮은 기업이 계약 후에 거래를 유리하게 진행하기 위해서 위약금을 지불해서라도 계약을 해소하고 싶은 형태로 줄다리기할 가능성 있다(홀드 업 문제, 속수무책). 따라서 이 경우, 거래 빈도와는 무관하게 양쪽 기업에 있어서 수직적 통합이 효율적이 되고 어느 쪽의 기업의 경계가 확장될 가능성이 있다.

예를 들어, 자동차업체와 부품업체와의 관계를 생각해 보자. 만약 부품업체가 이 자동차업체에게만 부품을 싸게 공급할 수 있는 특별한 공작 기계를 이미 보유하고 있었다고 한다. 이 경우, 부품업체의 자산특수성은 높고, 자동차업체는 특수한 자산을 가지고 있지 않고 시장거래를 실시하면 부품업체가 거래를 유리하게 진행시키기 위해서 줄다리기를 걸어 올 가능성이 있다. 그러나 일단 장기 계약을 맺고 부품업체가 한층 더 자산 특수한 투자를 실시하면, 이번은 반대로 자동차업체가 거래를 유리하게 진행시키기 위해서 줄다리기를 걸어 올 가능성이 있어, 거래비용은 높아진다. 따라서 이 경우 수직적 통합이 효율적이 되어 어느 기업의 경계가 확장될 가능성이 있다.

Case (4) 다음으로 자산특수성이 두 기업에 있어서 낮고 불확실성이 높은 거래상황에 대해 고찰하자. 이 경우 자산특수성은 양 기업에 있어서 낮기 때문에 잠재적인 거래상대가 많이 존재하고, 따라서 시장거래에서 거래비용은 높지 않다. 그러나 거래 당사자들은 기회주의적으로 행동할 가능성이 있기 때문에 불확실성이 높은 거래에서는 서로 줄다리기가 전개되어 거래비용은 높아진다. 또한 설령 장기계약이 이루어져도 계약 후의 거래 행동을 충분히 파악할 수 없기 때문에, 거래비용은 높아진다(도덕적 해이 문제). 따라서 이 경우, 어떠한 전략이 효율적이 되는지는 거래 빈도에 의존한다. 만약 거래빈도가 높다면 거래할 때마다 거래비용이 발생하므로 수직적 통합이 효율적인 전략이 된다. 이에 대하여 만약 빈도가 적다면 단기매매계약이 효율적인 전략이 된다.

예를 들어 어느 기업과 어느 경영 컨설턴트와의 거래 관계를 생각해 보자. 기업경영에 관한 조언이 여기에서 거래가 된다. 기업은 다른 많은 컨설턴트에게 조언을 의뢰할 수 있고 컨설턴트도 다른 많은 잠재적 고객을 가질 수 있기 때문에 이 거래는 양자에게 있어서 자산특수성이 낮다. 그러나 이 거래내용을 정확하게 계약서에 기술하기는 어렵다. 컨설턴트가 취급하는 문제는 일이 진행되는 동시에 밝혀질 수 있다. 이러한 의미에서 이 거래의 불확실성은 상당히 높다. 이 경우, 거래 빈도가 중요한 문제가 된다. 만약 기업이 가끔씩밖에 조언을 요구하지 않는다면, 즉 거래 빈도가 낮다면, 필요할 때에 단기매매계약 거래를 하면 된다. 그러나 만일 기업이 정기적으로 조언을 요구하고 싶다면, 즉 거래 빈도가 높다면 수직적 통합을 실시하거나, 혹은 기업은 조직 내부에 경영 컨설팅 부문을 설치하여, 기업의 경계를 확장하는 것이 효율적이다.

Case (5) 더욱이 보유하고 있는 자산특수성이 두 기업 모두에게 높고, 불확실성이 높은 경우를 고찰하자. 이 경우, 거래 당사자들은 서로 기회주의적으로 행동할 가능성이 있기 때문에, 시장거래와 장기계약거래에서도 거래비용이 매우 높아진다. 그러므로 이 경우, 양자에게 있어서 수직적 통합이 효율적인 전략이 되어 어느 쪽의 기업이 경계를 확장할 가능성이 있다.

예를 들어 철강 제조에 대해 생각해 보자. 철강을 제조하려면 용광로와 압연공장이 필요하다. 지금 이들 공장이 다른 기업에 의해 운영되고 있다고 하자. 한편으로 용광로에서 생산되는 선철(先鐵)의 유일한 고객은 압연공장이며, 한편 압연공장에 선철의 유일한 공급자는 용광로를 조업하는 기업이다. 그러므로 양자는 모두 자산 특수한 거래에 관계되고 있다고 말할 수 있다. 또한 철강의 품질은 선철의 품질에 크게 의존하지만 선철의 품질을 측정하기는 매우 어렵다. 게다가 선철의 품질은 용광로에서 사용되는 철광석의 품질에 의존하여 그 품질과 가격은 다양하다. 때문에 이 거래는 매우 불확실하고 복잡하다. 이러한 거래상황에서는 서로 거래하기 쉽고 거래비용이 매우 높다. 따라서 이 경우 거래비용을 절약하기 위해 양자는 수직적 통합을 하는 것이 효율적이며 어느 한 쪽의 기업이 경계를 확장할 가능성이 있다.

Case (6) 마지막으로 일방의 기업이 보유하는 자산특수성이 높고, 다른 기업은 낮고, 불확실성이 높은 거래상황에 대해 고찰하자. 이 경우 거래 당사자들은 기회주의적으로 행동할 가능성이 있기 때문에 시장거래를 할 경우, 특수한 자산을 자산의 일부로서 보유하는 기업은 거래를 유리하게 진행시키기 위해서 항상 줄다리기에 힘쓰기 때문에 거래가 성립되지 않을 가능성이 있다.또한 장기 거래 계약을 맺으면, 이번은 반대로 자산특수성이 높은 기업이 줄다리기가 쉬워져 거래비용은 높아진다. 이 경우, 거래비용 절약의 관점에서 보면, 수직적 통합이 효율적인 전략이 되고 어느 쪽의 기업이 경계를 확장할 가능성이 있다.

예를 들어 어느 자동차 회사에 공급하는 부품을 개발하기 위해서 많은 돈을 투입하는 부품 업체에 대해 생각해 보자. 이러한 거래는 자동차 회사에 있어서 자산 특수적이지 않지만, 부품 업체에 있어서 매우 특수한 자산과 관계되는 거래가 된다. 게다가 개발을 둘러싸고 불확실성이 높고 부품의 공급량도 불확실하다고 하자. 이 경우, 시장거래를 실시하면, 특수한 자산을 보유하는 부품 업체는 거래를 유리하게 진행시키기 위해서 줄다리기를 걸어오기 때문에 거래비용은 비싸질 것이다. 또한 장기 거래 계약을 맺으면, 이번은 반대로 부품 회사가 줄다리기가 쉬워져 거래비용은 높아진다. 이 경우, 수직적 통합이 효율적인 전략이 되어 어느 쪽의 기업이 경계를 확장할 가능성이 있다. 이상의 분석의 귀결을 정리하면 <표 2-2>가 된다.

표 2-2. 수직적 통합전략의 분석결과

		자산특수성		
		양자에게 낮음	양자에게 높음	한쪽이 높고 다른 한쪽이 낮음
불확실성	높음	(4) 빈번히 의존 (기업의 경계유지·확장)	(5) 수직적 통합 (기업의 경제확장)	(6) 수직적 통합 (기업의 경계확장)
	낮음	(3) 스팟(단기매매)계약 (기업의 경계유지)	(2) 장기계약 (기업의 경계가 느슨)	(3) 수직적 통합 (기업의 경계확장)

3.2. 일본·미국·독일 자동차회사의 수직적 통합을 둘러싼 거래비용이론 분석

미국 GM과 피셔 바디사의 수직적 통합

미국의 수직적 통합 사례로서 유명한 것은 1920년대에 전개된 GM에 의한 피셔 바디사(Fisher Body Plant 21)의 매수이다.

당시 차체는 오픈형 목제가 주류였다. 그러나 서서히 지붕이 있는 금속제의 차체로 이행이 시작하고 있었다. 이 금속제의 차체에는, 특수한 모형을 만드는 기계가 필요했으며, 당시 GM는 이러한 설비를 피셔 바디사로부터의 차체 공급에 의존하고 있었다.

GM과 피셔 바디사는 오랫동안 관계를 맺었고 그 거래상황은 서로 확실한 상황이었다. 또 GM은 다른 회사보다 피셔 바디사로부터 차체를 구입하는 것이 더 효율적인 상태였다. 한편 피셔 바디사 또한 차체 제조를 둘러싸고 다른 회사보다 GM의 주문에 응하는 것이 효율적이었다. 그 때문에 양자는 모두 자산 특수한 거래 상태에 있었다고 말할 수 있다.

이러한 거래상황에서는 양자는 기회주의적이기 때문에 필요할 때에 필요한 만큼 부품 조달하는 단기매매계약 거래를 하려고 하면, 서로 자산 특수적이기 때문에 서로 줄다리기가 일어나기 쉽고 거래비용은 높아진다.

한편, 이러한 시장거래비용을 절약하기 위해서, 서로 통합하게 되면 조직은 쓸데없이 거대화하고 관료제의 폐해라고 불리는 조직 내 비용이 발생한다. 지금, 거래상황은 상호 불확실하지 않기 때문에 양자에게 있어서 시장적이기도 한 동시에 조직적이기도 한 중간조직 형태, 즉 장기거래 계약이 효율적이 된다. 사실, GM은 피셔 바디사와 10년간의 장기 차체 구입 계약을 맺고 있었다.

하지만 급기야 시장 상황이 변화하고 예상을 넘어 GM의 자동차를 둘러싼 수요가 높아져 GM은 대량생산에 들어간다. GM은 이때 기존 독일 피셔 바디사와의 거래가 비교적 높고 차체 가격을 두고 피셔 바디와 재협상을 원하기 시작했다. GM은 피셔 보디사의 공장을 GM공장 근처로 이전하는 곳을 요구하기 시작했다. 이에 대해 피셔 바디는 GM의 요구를 거부했다.

두 회사는 상호간에 의심이 커져 서로 정보는 차단되어 양자의 거래상황은 불확실하고 착잡한 것으로 변화해 갔다. 게다가 양자의 자산은 여전히 서로 특수적이었다. 이런 상황에서 양측 간에 발생하는 협상 거래비용이 너무 높아졌다. 이 거래비용을 절약하기 위해서 GM는 피셔 바디사를 합병하여 기업의 경계를 확장했다고 생각할 수 있다.

이 사례는 두 기업의 거래상황이 <표 2-1>의 Case(2)에서 Case(5)로 근본적 변용(fundamental transformation)을 일으키는 바람에 두 기업의 거래관계가 장기계약 거래에서 수직적 통합으로 바뀐 사례다.

일본 도요타와 부품업체 관계

일본에서는 도요타 자동차와 부품업체와의 관계는 흥미롭다. 종전 직후 일본에서 자동차 수요는 그다지 많지 않았다. 당시 도요타와 부품업체의 거래는 극히 불확실한 상황에 있었고 서로 각자가 보유하고 있는 기술능력은 불명확했다. 게다가 도요타와 부품업체는 모두 특수한 자산을 가지는 거래 관계도 아니었다. 그러므로 도요타는 같은 부품업체와 자주 거래할 필요는 없었다. 오히려 가능한 한 많은 업체와 거래하여 실적을 보고 있었다.

이와 같이 서로 자산이 특수하지 않은 거래상황에서는 굳이 상호 장기거래를 전개할 필요는 없다. 또한 빈번히 같은 기업과 거래할 필요도 없기 때문에 통합하여 조직 내 거래화 할 필요도 없다. 무엇보다도 일회성 거래라면 필요한 때에 필요한 양만큼 단기매매계약을 하는 것이 효율적이다.

그러나 고도성장과 함께 서서히 자동차 시장은 발전하여 자동차 수요는 높아졌다. 토요타가 이런 상황에 대비하여 과거의 거래 실적을 근거로 몇몇 부품 회사들을 선정했다 그 때문에 거래는 서서히 서로 확실한 것이 되어 갔다. 게다가 상호 간의 협의를 하는 과정에서 인적자산도 물적자산도 서로 특수화되어 갔다.

이러한 거래상황에서 양자는 기회주의적이므로 단기매매 거래를 전개하면, 서로 줄다리기가 일어나기 쉽고 거래비용은 높아진다. 또 수직적 통합을 전개하면 조직은 쓸데없이 거대화되고 관료화의 폐해로서 조직 내 거래비용은 높아지며, 거래상황은 상호 불확실성이 낮기 때문에 이 경우 장기거래 계약이 효율적이 된다. 이와 같이 기업의 경계를 전략적으로 애매하게 하는 것이 일본형 계열 거래이다.

이상의 사례는, 2개의 기업의 거래상황이 <표 2-1>의 Case (4)에서 Case(2)로 근본적 변용을 일으켰기 때문에 2개의 기업의 거래 관계가 단기매매계약 거래에서 장기계약 거래로 변화한 사례이다.

독일의 다임러벤츠와 MTU의 수직적 통합

마지막으로 독일의 사례로서 1970년대 다임러벤츠사(이하 벤츠)와 MTU(Motoren-und Turbinen-Union)의 통합을 보자. 벤츠는 조립업체이며, MTU는 민생용·군사용 엔진, 대형 디젤·엔진, 전기 제어·관제 장치를 중심으로 하는 부품업체였다. 벤츠는 MTU의 대형 디젤 엔진에 의존하였고 MTU는 벤츠로부터 주문하는 데 크게 의존하였다. 그러므로 거래는 서로 자산특수적이었다. 게다가 벤츠는 MTU의 주식을 50% 소유하고 있어 MTU는 벤츠의 자회사였기 때문에 양자의 거래상황은 불확실성이 낮은 상황에 있었다.

양자는 모두 특수한 자산을 보유하고 있었기 때문에 필요할 때에 필요한 양만 주문하는 단기매매계약 거래를 전개하면서 비록 친자관계라고 해도 느슨함이 발생하여 서로 줄다리기가 일어나 거래비용은 높아진다. 한편 양측이 완전히 통합하여 조직 내 거래를 추진하면 관료제의 폐해가 발생하고 조직 내 거래비용이 높아진다. 당시 양자에게 있어서 거래상황은 확실한 상황이므로 장기거래 계약이 최적이다 라고 말할 수 있다.

그러나 1980년대에는 벤츠의 경영전략이 크게 변화하였다. 벤츠는 자동차 산업 중심에서 다각화 전략(육해공), 즉 복합기업으로 나아갔다. 특히 벤츠는 항공우주 및 군사산업으로의 다각화를 추진하였다. 이런 상황에서 MTU는 군사용 엔진이 우수했기 때문에 벤츠에 있어서 MTU는 보다 자산 특수한 존재가 되었으며, 한편으로는 자산특수한 거래상황으로 변화하였다. 게다가 여전히 벤츠는 MTU의 주식을 50% 보유하고 있었기 때문에 거래상황의 불확실성은 물론 낮았다고 할 수 있다.

이러한 상황에서는 단기매매 거래에서도 장기거래 계약에서도 불필요한 거래가 발생할 가능성이 있기 때문에 벤츠는 MTU의 주식을 100% 소유해 다각화를 목표로 하여 MTU를 완전하게 합병하여 기업의 경계를 확장했다. 이 사례는 2개 기업의 거래상황이 <표 2-1>의 Case (2)에서 Case (3)로 근본적 변용을 일으켰기 때문에 2개의 기업의 거래 관계가 장기계약 거래에서 수직적 통합으로 변화한 사례이다.

3.3. 수직적 통합을 둘러싼 거래비용이론과 동태적 역량이론

거래비용이론에 의한 설명

지금까지 설명한 윌리엄슨의 거래비용이론에 의한 수직적 통합의 설명은 충분하지 않다는 것이 그 제자인 Teece[2010]의 입장이다. 그리고 여기서부터 그의 동태적 역량(Dynamic Capabilities)이론을 전개하고자 한다. 최근 경영학의 다양한 분야에서 동태적 역량이론이 주목받고 있다. 여기에서는, 윌리엄슨의 거래비용이론으로부터 Teece의 동태적 역량이론이 어떻게 전개되는지, 그 흐름에 대해 설명하고자 한다.

알기 쉽게 설명하기 위해서 (1) 제로(0)기반 즉 모든 것이 제로(0)에서 시작되는 경우와 (2) 비제로(0)기반, 즉 어떤 상태가 벌써 선택된 경우로 나누어 설명한다. 특히 여기에서는 자동차 회사와 유통판매업자와의 수직적 관계를 다룬다.

반복이 되지만, 우선 거래비용이론에 의한 설명부터 시작한다. 제로(0)기반의 상태로, 만약 회사와 판매업자의 양 회사에 있어서 거래관계가 서로 자산 특수적이고 불확실성이 높다면 서로 줄다리기가 발생하기 쉽기 때문에, 거래비용은 높아진다. 여기서 자산특수성이란 그 거래에만 효율적이 되거나 혹은 유효한 특수한 기계설비나 지식이나 기술이다. 그러므로 다른 상대와 거래하면 반대로 그 자산이 비효율 혹은 무용지물이 되기 때문에, 서로 그것을 알고 있으므로 줄다리기가 심해진다. 거래비용이론에 의하면 이 경우, 시장거래에서의 거래비용을 절약하기 위해서 어느 쪽의 기업이 다른 것을 수직적으로 통합하는 것이 효율적이 된다.

그러나 만약 이 거래 관계가 서로 자산 일반적이거나 혹은 불확실성이 낮다면 서로 줄다리기를 하지 않는다. 왜냐하면 줄다리기 할 경우 거래되는 쪽은 간단하게 다른 거래 상대를 찾을 수 있기 때문이다. 그러므로 이 경우, 시장에서 거래비용은 낮기 때문에, 시장거래가 전개되게 된다. 즉 수직적 통합은 일어나지 않는다.

마지막으로, 만약 거래 관계가 서로 자산 특수적이지만 불확실성이 낮을 때 시장거래하면 줄다리기가 발생하기 때문에 시장거래비용은 높아질 것이다. 이에 대해 수직적으로 통합하면 통합을 위해 다양한 조직 내 거래비용이 발생할 것이다. 예를 들어 회사명 변경, 다양한 제도 변경, 그 조정을 둘러싼 비용 등이다. 그러므로 이 경우 시장거래도 아니고 통합하는 일도 없고, 장기계약을 체결하는 것이 좋다. 이것이 지금까지 설명한 거래비용 절약원리에 근거하는 윌리엄슨의 수직적 통합의 설명이다.

통상적 역량에 의한 제로(0)기반의 설명

그러나 이 거래비용이론에 대한 설명에 비교적 빠른 시기부터 의문을 가지고 있던 사람이 Demsetz[1988]이다. 그는 Stigler[1951]의 생각에 따라 거래비용을 절약하기 위해서가 아니라 유통시장이 불충분하기 때문에 업체는 수직적으로 확대하거나 통합을 하여 자신이 유통 판매도 하는 것이 아닌가 라고 생각하여 이에 대한 실증 연구를 실시하였다. 그 결과 거래비용보다 시장의 협소함이 수직적 통합과 보다 강한 관계가 있다는 것을 나타냈다(Demsetz[1988]).

그리고 티스도 거래비용이론의 설명은 거래 상대가 많이 존재하고 시장이 어느 정도 완비되어 있는 상태를 가정하고 있다. 하지만 실제는 시장이 충분히 완비되어 있지 않고 거래 상대가 적은 시장이 협소한 것도 있다(Teece[2009]). 이 경우 거래비용의 크기와 관계없이 기업은 수직적으로 확대하거나 수직적으로 다른 기업을 매수할 수밖에 없는 경우가 있다.

예를 들면 어느 자동차 회사가 혁신적인 자동차를 개발했다고 하자. 이 경우, 그 혁신적인 자동차의 특징을 소비자에게 알기 쉽게 설명하고 판매하기 위해서는 어느 정도 판매에 관한 통상적인 능력이 필요하다. 만약 그 자동차 기업이 판매에 관한 능력을 이미 보유하고 있다면 이를 토대로 직영점을 늘리고 수직적으로 확대할 것이다. 이 경우, 거래비용의 문제는 관계가 없다.

그리고 만약 자사에 그런 판매능력이 없고 외부에 필요한 통상능력을 가진 유통기업이 존재한다면 유통업자에게 유통 판매를 위탁하는 것이 보다 효율적이다. 즉 위탁판매 계약을 맺으려고 할지도 모른다. 여기에서도 거래비용은 관계가 없다.

이상으로부터 기업은 거래비용 절약원리뿐 아니라 능력이라고 하는 요소에 따라 수직적 통합행동을 전개하는 경우도 있다는 것이 티스의 생각이다.

동태적 역량에 의한 제로(0)기반의 설명

그리고 티스는 더욱이 논의를 진행시킨다. 어느 자동차회사가 매우 혁명적인 자동차 제조에 성공하여 판매하려 한다고 한다. 그 기업이 잘 판매할 수 있는 통상적 역량을 보유하고 있다면 기업들은 스스로 판매하여 수직적으로 확대할 것이다. 또는 만일에 외부에 보다 효율적으로 판매하는 역량을 가진 유통 기업군이 있다면 그 기업군을 이용한다. 즉 시장거래를 이용하는 것이다. 혹은 특정 유통기업과의 위탁판매 계약도 가능하다.

그러나 만일 판매하고자 하는 자동차가 너무나 혁명적이기 때문에 자사에도 그것을 잘 설명하여 효율적으로 판매할 수 있는 통상적 역량이 없고 시장에도 그런 판매역량을 가지고 있는 유통업자가 없다는 즉 매우 「얇은 시장」에서는 어떻게 해야 할까. 이 경우에 필요한 것이 동태적 역량이다. Teece[2009])에 의하면 동태적 역량이란 기업이 기술변화나 시장변화에 대응하기 위해 고유의 자원, 지식, 기술을 재형성·재구성·재배치하는(모방 불가능한) 능력이다(Harreld, O'Reilly, and Tushman[2007]).

그러므로 동태적 역량은 결코 제로로부터 새로운 것을 만들어 내는 능력이 아니다. 지금까지 경쟁 우위를 만들어내는 일상적인 능력, 자원, 지식, 자산 등을 재구성하는 것보다 높은 능력이다. 게다가 그것은 자사의 자산이나 지식뿐 만이 아니라 필요하면 다른 회사의 자산이나 지식과 함께 재구성하는 능력이기도 하다. 그것은 마치 오케스트라를 지휘하는 지휘자와 같은 능력이라는 의미에서 오케스트레이션이라고도 한다.

Teece [2009])는 동태적 역량을 3가지 능력으로 분해할 수 있다고 주장한다.

(1) 환경변화에 따른 위협이나 기회를 포착하는 능력(Sensing : 감지).
(2) 기회를 포착하여 기존의 자원 지식을 재이용하는 능력(Seizing : 포착).

(3) 경쟁 우위를 확립하기 위해 기업 내외의 자원을 체계적으로 재편하고 변혁하는 능력(Transforming : 변혁).

게다가 이들은 (1) → (2) → (3)으로 변화하는 과정으로서 다시 시장의 새로운 변화에 따른 새로운 위협을 느끼면 같은 과정을 거치게 된다.

이와 같이 변화하는 기술이나 시장상황을 감지하여 기회를 포착하고 자원을 재배치하여 전체를 오케스트레이션 하는 능력 아래 자사의 기존 판매 지식, 기존의 능력, 물적자산을 재구성하여 새로운 판매능력을 형성하여 획득하던지 혹은 새롭게 그러한 능력을 가진 기업군으로 이루어진 새로운 유통시장을 창조할 필요가 있는 동태적 역량에 의해 기업경제가 결정되는 경우가 있다는 것, 즉 수직적 통합이 발생한다는 것이 티스의 생각이다.

이상의 것을 정리하면, 제로(0)기반의 경우 업체와 유통업자와의 수직적 관계에 관하여,

(Ⅰ) 두터운 시장 상황에서 거래비용 절약원리에 근거하여 시장, 조직, 제휴(위탁 판매 계약)를 전략적으로 선택할 수 있다.

(Ⅱ) 얇은 시장 상황에서 자사내의 판매 통상적 역량 하에서 수직적으로 확대하여 스스로 판매할지, 시장을 이용하여 다른 기업의 판매 능력을 이용하여 판매할지 혹은 위탁판매 계약할지, 또는 그 기업을 매수할지를 전략적으로 선택할 수 있다.

(Ⅲ) 매우 얇은 시장 상황에서 동태적 역량 하에서 자사내의 기존의 능력을 재구성하여 판매 능력을 자사에서 판매할지, 혹은 그러한 고도의 판매 능력을 기업군으로 이루어진 신시장을 창조할지를 전략적으로 선택할 수 있다. 이와 같이 거래비용이론, 능력이론, 역동적 능력이론 등 세 가지 이론은 상호 보완적이고 상호 모순되지 않는다. 이것이 제로(0)기반에 대한 티스의 생각이다.

거래비용과 처리 불가능성

지금까지 모두가 제로에서 시작하는 제로(0)기반을 생각하였다. 그러나 실제로는 제로(0)기반이라 하는 경우는 적고 非제로(0)기반의 사례가 더 많을지도 모른다. 非제로(0)기반이란 어떤 상태가 이미 선택된 상태이며 그 상태에서 한층 더 다른 상태로 이행될 것인지에 대한 선택적 상황을 말한다.

예를 들어 어느 자동차 업체가 자동차 제조만 하고 자동차 판매에 대해서는 유통업자에게 위탁한다고 하자. 이런 상황에서 지금 그 기업이 매우 혁신적인 자동차를 제조하고, 그 때문에 그 신차판매에 대해 기존의 유통업체에 위탁 판매하는 것도 가능하고 직영점 판매도 가능하다고 하자.

Column 2-6

애플사의 동태적 역량

동태적 역량이론에 근거하여 왜 애플사가 애플 스토어라는 직영점 방식에 의한 판매활동에 매달렸는지에 대해서 설명하고 싶다.

지금까지 소매는 이 수준, 즉 가전판매점 등이 그 역할을 담당했다. 그럼에도 불구하고 하드와 소프트를 만드는 애플사가 왜 제품의 판매 루트를 독자적으로 확립하여 점포를 개설하는 수직적 하방통합화를 하는가. 동태적 역량 아래 그것이 설명가능하다.

티스(Teece[2010])에 의하면, 그 애플사의 수직적 통합화의 동력은 거래비용 절약원리에 근거한 것은 아니다. 그에 의하면 애플사와 같은 절대적으로 혁신적인 신상품을 다음에 개발하고 제조하고 판매하려는 기업에게는 기업외부에 자사의 신상품의 특징을 설득력을 가지고 설명할 수 판매 역량을 지닌 유통기업을 찾는 것은 현저히 어렵다는 것이다.

물론, 애플사는 원래 이와 같은 판매 역량을 가진 것은 아니었다. 애플사에 의해 가능한 것은 동태적 역량을 이용하여 기존의 자원을 재배치하고 재이용하고 재구성하여 다음에 출시되는 신제품을 고객에게 알기 쉽게 설명하여 판매하는 역량을 형성하여 직영점을 전개하든가 혹은 이와 같은 능력을 지닌 유통업자가 외부에서 키우는 것을 기다리든지 혹은 이와 같은 능력을 지닌 유통업자의 시장을 적극적으로 새롭게 창조하든 것이다.

결국 애플사에 의해 직영점을 전개하는 것이 한층 효율적이었다. 즉 동태적 역량을 이용하여 기존의 자원이나 역량을 재배치, 재구성, 재이용하여 다음에 화제를 만들어 내는 신제품의 매력을 설득하여 설명하고 그것을 효율적으로 판매하는 것이다. 즉 이 경우 거래비용 절약원리는 아니고 동태적 역량에 의해 기업경계가 결정되는 것이다. 그래서 직영점 방식의 전개에는 시간이 걸렸지만 애플사는 결과적으로 성공하였던 것이다.

이때 이 기업은 현상을 유지하고 기존 유통업체와의 전략적 제휴를 계속하는지, 혹은 직영점에 의한 판매로 이행할지, 혹은 넓고 많은 유통업자와 시장거래할지 선택을 강요받게 된다.

그러나 이 자동차 업체의 선택문제는 이미 제로(0)기반이 아니다. 확실히 현 상태가 유리하게 작용한다. 이 또한 기존의 유통업자에 의한 위탁판매에서 직영점에 의한 판매로 변화하기 위해서는 기존 상태에서 장점을 얻고 있는 기업 내외의 사람들이 존재하며, 그들 사이에는 막대한 거래비용이 발생할 가능성이 있기 때문이다.

이 거래비용이 너무 큰 경우 Williamson[1996]의 용어로 말하면 처치 불가능(irremediable)한 상태가 되어 현 상태가 비효율적이어도 변화하지 않는 것이 합리적이라고 하는 상태가 된다. 즉, 조직은 합리적으로 실패하게 된다. 따라서 非제로(0)기반의 상황에서는 기업은 합리적으로 비효율적인 상태를 선택하는 「부조리」에 떨어질 가능성이 있다고 말할 수 있다. 이 경우 거래비용 절약 원리는 기업에 있어서 채용해야 할 행동 원리가 되지 않는다.

통상적 역량에 의한 非제로(0)기반의 설명

확실히 이상과 같이 기존의 상태에서 새로운 상태로 이행하려면, 현재 상태에 만족하고 있는 기업내외의 기존 세력 간에 매우 높은 「거래비용」이 발생할 가능성이 있다.

한편 만약 이 새로운 혁신적인 자동차를 판매하기 위한 판매에 관한 통상적 역량이 이미 그 기업에게 있고, 시장에 그러한 판매 능력을 가진 기업이 없으면, 어떠한 일이 일어날까. 이 경우, 그 기업이 이미 보유하고 있는 판매 능력 아래에서 직영점에 의한 판매 방식을 전개하지 않고 거래비용의 발생을 피하고 환경의 변화를 무시하여 현상을 유지하면, 본래 기업이 획득할 수 있는 많은 이익을 잃게 된다. 즉, 막대한 기회비용을 낳게 된다. 최악의 경우 환경에 적응하지 못하고 기업은 퇴출될 수 있다.

여기서 만일 직영점에 의한 판매 방식으로 변화하는 것에 의해 발생하는 거래비용보다 이 변화에 의해 절약할 수 있는 기회비용이 크다면, 자사내의 판매능력을 이용하여 수직적으로 확대하는 것이 효율적이 된다. 그러므로 기업은 부조리를 회피할 수 있고 보다 많은 이익을 얻을 수 있을 것이다.

또한 비록 기업 내에 그러한 판매에 관한 통상적 역량이 없어도 만약 그러한 판매능력을 가진 유통 기업이 시장에 존재한다면, 그 기업을 매수함으로써 직영점 방식으로 변화할 수도 있다. 이 경우, 그 변화에 의해서 발생하는 거래비용의 발생보다 거기에 의해서 얻을 수 있는 기회비용의 절약이 큰 경우에, 기업은 적극적으로 수직적 통합을 전개하는 것이 효율적이다.

동태적 역량에 의한 非제로(0)기반의 설명

그러나 만약 사내에 혁신적인 자동차를 판매하는 통상적 역량이 아직 없고, 외부에도 그러한 특수한 능력을 가지고 있는 유통업자가 없을 경우, 어떻게 될까. 신제품이 너무나 혁명적이고 혁신적일 경우, 기업에는 동태적 역량과 그것을 이용하여 경쟁우위를 확립하려는 전략적사고가 필요하다. 즉, 이러한 새로운 사태에 대응하여 생존하고자 하는 전략사고가 필요하기 때문에 그 전략사고 하에서 기업내외의 자산, 자원, 지식, 기술, 그리고 기존의 능력을 재구성, 재구축, 재배치하는 능력 즉, 동태적 역량을 적극적으로 행사할 필요가 있다.

여기서 만일 기업 혹은 기업 경영자에게 동태적 역량이 없으면, 기업은 현상을 유지하게 된다. 그것은 혁신적인 신제품을 판매하는 능력이 없는 기존의 유통업자를 통해 비효율적으로 신제품을 판매하는 것을 의미한다. 이 경우, 한편으로 변화에 수반하는 거래비용은 발생하지 않지만 다른 한편으로 변화하지 않기 위해 본래 얻어야 할 이익을 잃게 된다. 즉, 막대한 기회비용을 존재할 것이다. 그러나 동태적 역량이 결여된 기업은 그 사실조차 모른다. 따라서 합리적으로 비효율적인 상태를 유지하고 그래서 부조리에 빠져 나중에는 자멸하게 된다.

그러나 만일 기업에 동태적 역량이 있다면 현상을 유지함으로써 발생하는 기회비용이 너무 크다는 것을 인식하고 변화에 따라 발생하는 거래비용보다 변화에 의해 얻을 수 있는 기회비용의 절약을 확대하기 위해 기업은 동태적 역량을 이용하여 기업내외의 기존 자원, 자산, 지식, 기술, 기존의 능력을 재구축, 재배치, 재이용해서 새로운 판매 능력을 구축하려고 할 것이다.

그러한 새로운 판매 능력이 기업 내에서 시간을 들여 구축되는 경우, 거기에 기초를 두어 직영점을 전개해 수직적 통합에 의한 판매 전략을 전개할 필요가 있다. 혹은 기업 외부의 자산과 자원과 지식을 끌어들이고, 그런 새로운 판매 능력을 가진 유통업체를 육성하는 방식으로 판매 전략을 펼 수도 있을 것이다. 이와 같이 자사 내 뿐만이 아니라 다른 회사도 끌어들이는 전개는 조직화하는 활동이라 말할 수 있다.

이상과 같이, 非제로(0)기반의 사례에서도, 수직적 통합 문제나 기업 경계 문제를 풀기 위해서, 거래비용이론, 역량이론, 그리고 동태적 역량은 서로 필요하기 때문에 서로 보완적 관계에 있는 것을 알 수 있다.

Column 2-7

삼양상회와 버버리의 동태적 역량

동태적 역량에 근거해, 非제로(0)기반의 사례로서 버버리와 삼양상회와의 관계를 분석한다.

버버리는 영국에서 태어난 노포 고급 브랜드다. 버버리사는 그동안 자체 생산한 고급 제품을 세계 각지의 직영점을 통해 판매해 왔다. 그런데 일본에서는 삼양상회가 1965년 수입 판매를 시작해 1970년 라이선스 계약을 했고 그동안 오랫동안 삼양상회가 일본인의 체형이나 기호에 맞는 상품을 만들어 왔다. 특히 1990년대 이후 가격을 낮춘 젊은 층을 위한 보급판 브랜드로 버버리 블루레이블이나 버버리 블랙레이블을 출범시켜 급속히 확산됐다.

그러나 버버리사는 삼양상회와 2009년, 당초 2020년까지였던 라이선스 계약기간을 5년간 단축하고 2015년 6월 말까지로 계약하기로 합의했었다. 버버리는 영국의 본사가 기획하는 것보다 고급스러운 상품으로 통일하여 브랜드 가치를 향상시켜 나가는 것을 목적으로 일본에서도 직영점을 늘리는 글로벌 전략을 선택한 것이다.

버버리사는 최근, 일본 내에 있는 직영점을 2016년도까지, 현재의 14점에서 37점 정도로 늘릴 계획을 발표했다. 15,16년도는 백화점 등에 약 10점씩 가게를 낼 예정이다. 버버리의 일본 내에서의 매상은 13년도는 2,500만 파운드(약 420 억원), 고급품의 상품구비를 충실히 하여 16년도까지 4배인 1억 파운드(약 1,700 억원) 이상으로 늘릴 계획이다.

이상과 같이 버버리는 지금까지 일본에서는 삼양상회에 위탁판매해 왔다. 즉, 전략적 제휴를 실시해 온 것이다. 그런데 직영점의 전개라고 하는 형태로 굳이 수직적 통합 전략으로 전략을 바꾸어 온 것이다. 이유는 무엇인가.

이 수직적 통합 확대 전략은 거래비용이론이 설명하듯 버버리사와 삼양상회 간에 발생하는 높은 거래비용을 아끼기 위해 갔을까. 삼양상회와의 거래관계에 뭔가 특수한 자산이 형성돼 있고 이를 두고 워낙 거래비용이 비싸 위탁판매 방식을 버리고 직영점 방식으로 바뀌었을까. 아니면 삼양상회와의 거래관계가 워낙 불확실성이 높고 그래서 거래비용이 비싸 직영점 방식으로 변경했을까.

모두 다르다고 생각한다. 양자 간의 물적자산, 인적자산의 특수성, 그리고 지리적 특수성이 높아졌고, 이로 인해 거래비용이 증가하고 이를 아끼도록 계약을 해지했다고 볼 수 없다. 또 두 사람 사이에 불확실성이 있고 그 때문에 거래비용이 높아져 이를 아끼도록 계약을 해지했다고도 볼 수 없다. 아마 이 경우는 Teece가 말하는 거래비용이론으로 설명할 수 없는 경우이다.

이 경우는 능력의 문제와 관계가 있다. 버버리는 삼양상회가 가지고 있는 일본시장에 관한 즉 전략이 되는 판매 능력을 이미 가지고 있다고는 생각되지 않는다. 그러나 일본 시장도 성숙하고 게다가 고액 상품을 살 수 있는 층도 증가하는 상황에서 기존 자원이나 기존의 능력을 재구성 재배치 재구축하면 직영점에서도 대응할 수 있다고 본 것 아닌가. 즉, 동태적 역량을 이용해 자사 내의 판매 판매능력을 재구성, 재배치, 재구축하여 일본시장에 대응할 수 있다고 생각한 것은 아닌가 생각된다. 바로 이것이 버버리의 역동적 전략이다. 그리고 이것은 결코 비현실적인 전략은 아니다. 이것도 버버리는 2010년에 스페인에서 라이선스 계약을 포기하고 직영점 방식으로 전환하여 이미 성공을 거두고 있기 때문이다.

한편 삼양상회는 이로 인해 확실히 수입 감소되었다. 2015년 12월기의 실적에 대해서 매출액 9,600억 원으로 영업이익은 20억 원 정도이며 게다가 버버리 브랜드를 완전히 잃는 2016년 12월기에는 매출액 8,500억 원으로 영업이익은 -200억 원의 적자로 예상하고 있다.

바로 지금까지 삼양상회에 버버리 브랜드가 경쟁우위의 원천이자 고유한 자원이었다. 그러나 지금 그것이 없어진다고 하는 상황에 있다. 이것은 사진 필름·비즈니스가 디지털 카메라의 등장으로 사라져 가는 것과 같은 후지필름과 같은 경우이다.

이러한 위기적인 상황에서 향후 삼양상회 또한 동태적 역량에 의거한 전략을 전개할 수 있을지 여부가 추궁당하고 있는 것이다. 기존의 자원, 자산, 지식, 기술을 재구성, 재구축, 재배치 등에 있어서 어떻게 대응할 수 있을지, 과연 생존할 수 있는가. 그동안 시간이 많았는데 다른 브랜드를 키우지 못한 삼양상회에 문제가 있었다는 지적도 있다.

현재 전국에 350개 이상의 버버리 매장과 인력, 그리고 아오모리나 후쿠시마에 있는 봉제공장 등을 재구축, 재구성 및 재배치해 앞으로 「매킨토시 런던」이나 「폴 스튜어트」로 바꿀 것으로 보인다. 바로 삼양상회의 경영자에게 있어서 기존의 물적 지식적인 자원을 재구성하는 동태적 역량을 발휘해야 할 최고의 장면이 오고 있는 것이다.

*참고문헌 동양경제온라인 「삼양상회는 왜 버버리를 잃었는가」(2014년 5월 22일) http://toyokeizai.net/articles/-/38333 (2015년 2월 18일에 액세스), THE PAGE 「국내외의 버버리 브랜드는 어떻게 되는 거야? 라이센스 계약종료의 배경과 전망은」 (2014년 9월 7일) http://thepage.jp/detail/20140907-00000007-wordleaf (2015년 2월 18일)에 액세스.

3.4. 입체적 다각화 전략의 거래비용이론 분석

입체적 다각화 전략

다음으로 기업은 수직적으로 거대화할 뿐만 아니라 입체적으로 거대화한다. 그러므로 기업에 있어서 조직 전략은 수직적 통합전략만이 아니다. 무엇보다 입체적 다각화 전략이 있고 이 다각화 전략은 기본적으로 관련적 다각화 전략과 비관련적 다각화 전략이 있다.

이 가운데 관련적 다각화 전략이란 기존의 제품사업과 관련된 새로운 사업을 전개하고자 하는 전략을 말한다. 예를 들어 치즈와 버터만을 생산하고 있는 유제품 기업이 새롭게 요구르트 제품으로 다각화하는 경우이다. 이에 대해 비관련적 다각화란 기존의 제품 사업과는 전혀 무관한 새로운 사업을 전개한다는 전략이다. 그리고 그 결과로서 태어나는 조직은 복합기업이라 불리는 기업 형태이다.

이 입체적 다각화 전략 또한 수직적 통합전략과 마찬가지로 아래와 같이 거래비용이론을 토대로 체계적으로 분석할 수 있다[15]. 다음으로 이에 대해 설명하고자 한다.

관련적 다각화 전략

우선 관련적 다각화 전략은 기본적으로 「범위의 경제」에 근거하여 설명한다. 범위의 경제에 근거한 관련적 다각화 전략이란, 복수의 재화를 결합하여 생산하는 편이 이들 복수의 재화를 따로 생산하는 것보다 비용이 적을 경우 거기에 범위의 경제가 존재하고 이 범위의

---

15) 입체적 다각화 전략을 둘러싼 논의는 Douma and Schreuder(2002)의 논의를 참조.

경제를 토대로 기업은 관련적 다각화 전략을 전개한다는 것이다.

일반적으로, 범위의 경제는 어떠한 공통의 생산요소를 기초로 발생한다. 예를 들어 분할이 불가능한 전문화된 물적자산, 기술적 노하우, 조직적 노하우, 그리고 브랜드 네임 등이다. 이러한 생산요소에 근거하여 복수의 재화를 결합 생산하면, 복수의 재화를 따로 생산하는 것보다 비용이 적은 범위의 경제가 나타난다.

그러나 티스에 의하면 범위의 경제가 의미하는 것은 복수의 재화가 항상 같은 기업에서 생산되는 것은 아니라고 한다. 기업은 범위의 경제를 가져오는 생산요소를 장기 계약을 맺어 다른 기업에 대출하고, 범위의 경제를 실현시킬 수도 있다. 또한 그 요소의 사용권은 시장을 통해 다른 기업에 판매하여 범위의 경제를 실현시킨다고 하였다[16].

따라서 범위의 경제를 실현하기 위해서, 기업은 시장이나 조직이거나 대출하는 형태로 기업의 경계를 흐리게 하는 전략적 행동의 선택 문제에 이끌리게 된다. 이런 선택 문제에 대해 거래비용을 절약하겠다는 관점에서 기업 다각화 전략을 분석하는 것이 거래비용이론이다.

Case(1) 우선 분할이 불가능한 전문화된 물적자산, 예를 들어 분할 불가능한 특수한 기계 설비를 가진 기업에 대해 고찰하자. 지금 이 기업이 특수한 기계 설비를 토대로 기존의 사업과는 다른 새로운 사업을 전개할 수 있고, 이로 인해 범위의 경제를 실현할 수 있음을 인식한다고 하자.

이 기업은 범위의 경제를 실현하기 위해 새로운 사업을 기업 내

---

16) 이것에 대해서는 Teece(1980)가 상세하게 서술함.

에서 관련적 다각화 전략으로 전개하여 기업의 경계를 확장할 수 있다. 혹은 비슷한 사업을 생각하고 있는 다른 기업에게, 특정 기간만큼 이 특수한 기계 설비를 빌려주고 기업의 경계를 애매하게 할 수도 있다. 게다가 기업은 이 기계 설비를 분할하여 부분적으로 다른 기업에 팔 수 없지만, 특정의 기간(예를 들면 토, 일)만 기계를 사용하는 권리를 팔 수 있을 것이다.

따라서 기업은 이 기계 설비를 이용하여 그 사업을 기업 내에서 전개하여 관련적 다각화를 진행할지 혹은 같은 신사업을 생각하고 있는 다른 기업에 특정의 시간대만 이 기계 설비를 빌려주거나 혹은 특정의 시간대만 기계를 사용하는 권리 자체를 파는 것에 의해서 범위의 경제를 실현할 수 있다.

만일 다각화에 필요한 자금이나 인재를 조달하는 것이 어렵다면 기계 설비를 일정기간만 다른 기업에 빌려주거나, 그러한 사용권 자체를 팔거나 하는 것이 효율적인 전략이 된다. 그러나 만약 기계설비의 대부나 사용권의 매매를 둘러싸고 줄다리기가 전개되고 거래비용이 터무니없이 높다면 스스로 다각화하여 기업의 경계를 확장하는 것이 효율적인 전략이 된다.

예를 들어, 광고 인쇄 회사에 대해 생각해 보자. 인쇄기는 1주일에 5일간 사용된다고 하자. 그러면 1주일에 2일간만 인쇄기가 비게 된다. 이 2일간을 이용하여 주간신문의 인쇄가 가능하다고 하자. 이 경우, 만약 이 광고인쇄회사가 용이하게 자금이나 인재를 조달할 수 있다면, 다각화하여 주간신문의 발행을 시작할 수 있을 것이다. 그러나 만약 그 거래비용이 높다면, 다른 회사와 주간 신문의 인쇄 계약을 체결하거나, 2일간의 인쇄기의 사용권을 다른 회사에 팔 가능성을 추구할 것이다.

이와 같이 분할할 수 없는 물리적 물적자산에 의거해 범위의 경제를 실현할 경우, 기업은 거래비용 절약원리에 따라 다각화하여 기업의 경계를 확장할지, 특정 기간만큼 기계 설비를 대출하고 기업의 경계를 흐리게 할지, 특정 기간만큼 기계를 사용할 권리를 판매하여 기업의 경계를 유지할 것인지 중 하나가 된다.

Case(2) 다음으로 어떤 기술적 노하우를 지닌 기업에 대해 고찰해 보자. 이 기업이 그 기술적 노하우를 토대로 기존 사업과는 다른 새로운 사업을 전개함으로써 범위의 경제가 생겨나는 것을 인식했다고 하자. 이 경우, 범위의 경제를 실현하기 위해서 이 기업은 그 노하우를 토대로 새로운 사업을 기업 내에서 전개해 기업의 경계를 확장할지, 혹은 그 노하우를 시장거래를 통해 다른 기업에 팔 것인지, 혹은 이 노하우를 특정 기간만 다른 기업에 빌려주는 형태로 기업의 경계에 대한 선택을 해야 한다.

여기서 모든 거래 당사자는 기회주의적으로 행동할 가능성이 있기 때문에 기술적 노하우를 시장에서 매매하는 것은 어렵다. 왜냐하면 만약 그 노하우가 특허로 지켜지지 않는다면 지식은 누수되기 쉽기 때문에 시장에서 매매되는 일이 없고 자연스럽게 확산되고 그 수요자는 노하우가 흘러나오기만을 기다리고 있기 때문이다. 또 반대로 노하우 제공자도 잘못된 지식정보를 수요자에게 제공할 가능성도 있다. 그러므로 일반적으로 기술적 노하우를 시장거래를 통해 매매하는 것은 어렵기 때문에 시장에서의 거래비용은 높아진다. 이 경우, 기업 내에서 관련적 다각화를 추진하고, 기업의 경계를 확장함으로써 범위의 경제를 실현하는 것이 효율적인 전략이 된다.

그러나 만약 기술적 노하우 아래에서 다각화를 진행시키는데, 사람·물건·돈 등의 조달을 둘러싸고 너무 거래비용이 높고, 게다가 기술적 노하우를 다른 회사로 이전하는데 그다지 학습이나 경험이 필요 없다면, 그 노하우를 렌탈하거나 혹은 그 노하우 아래에서 프랜차이즈제를 전개하거나 하고 기업의 경계를 전략적으로 애매하게 하는 것이 효율적이 된다.

Case (3) 다음으로 조직적 노하우에 대해 고찰하자. 자동차 업체들이 제2차 세계대전 중 그 조직적 노하우를 이용해 전차를 효율적으로 제조한 것과 같이 오늘날 양조업자가 그 조직적 노하우를 이용해 소프트 드링크를 제조할 수 있다. 이러한 조직상의 지식이 조직적 노하우이다.

어느 기업이 어떤 조직적 노하우 아래에서 새로운 사업을 전개함으로써 범위의 경제를 얻었다는 것을 인식했다고 하자. 이 경우, 이 기업은 범위의 경제를 실현하기 위해서 이 조직적 노하우를 이용하여 관련적 다각화로서 기업의 경계를 확장할 수 있고 그것을 다른 기업에 팔수도 있다. 또한 그것을 다른 기업에 빌려주고 기업의 경계를 흐릴 수도 있다.

여기서 모든 거래 당사자는 기회주의적으로 행동할 가능성이 있기 때문에, 조직적 노하우를 시장에서 판매하거나 혹은 계약을 통해 대출하는 것은 높은 거래비용을 초래할 가능성이 있다. 왜냐하면 조직적 노하우와 같은 지식은 일반적으로 명시적 지식 보다 암묵적 지식이 많고 그것을 가르치는 것도 그것을 배우는 것도 그리고 그것을 빌려주는 것은 지극히 어렵고 그러한 지식의 거래를 둘러싸고 기회주의적 줄다리기가 전개되기 쉽기 때문이다. 따라서 이 경우, 같은 기업 내에서 다각화하여 기업의 경계를 확장함으로써 범위의 경제를 실현하는 것이 효율적이다.

Case(4) 마지막으로 브랜드 이름에 대해 고찰하자. 지금 한 기업이 브랜드 네임을 갖고 이 브랜드 이름을 이용하여 새로운 사업을 전개함으로써 범위의 경제를 얻을 수 있다는 것을 인식하자. 이 경우, 이 기업은 범위의 경제를 실현하기 위해 이 브랜드 네임 하에 신규 사업을 스스로 전개하여 기업의 경계를 확장하든지, 아니면 이 브랜드 네임의 사용권을 다른 기업에 팔거나 혹은 한정된 기간에만 브랜드 네임 사용권을 대여하고 기업의 경계를 애매하게 하는 선택에 쫓긴다.

여기서 모든 거래 당사자는 기회주의적으로 행동할 가능성이 있기 때문에 브랜드·네임의 사용권을 시장거래를 통해 팔아 버릴 경우, 기회주의적 행동이 나타나기 쉽다. 왜냐하면 이 브랜드 구입자는 공급자의 눈을 피해 용이하게 브랜드에 대응하지 않는 열악한 서비스를 제공할 수 있기 때문이다(모럴해저드 문제).

따라서 이 경우 범위 경제를 실현하기 위해서는 관련적 다각화 전략이거나 프랜차이즈제가 효율적인 전략이 될 것이다. 즉, 기업의 경계를 확장하는 전략이나 경계를 애매하게 하는 전략이 효율적이다.

3.5. 다각화를 둘러싼 일본·미국 기업의 거래비용이론 분석

소니의 관련적 다각화

소니는 그동안 다양한 분야에 다각화를 전개하였다. 그 가운데서도 충격적인 다각화의 하나는 1993년의 가정용 게임 업계 진출이었다. 당시 닌텐도가 압도적인 강점으로 게임업계를 지배하고 있어서 진입은 거의 불가능했다. 사실 NEC와 마쓰시타 등 대형 업체도 뛰어들었으나 결국 실패하고 철수했다. 소니만 이 업계 진출에 성공하였고 반대로 한때는 닌텐도를 누르고 소니는 업계 1위를 차지했다.

소니에는 컴퓨터에 관한 기술과 음악 관련 비즈니스에 관한 기술이나 지식이 축적되어 있었다. 그러므로 이것들을 이용해 게임 업계 관련 비즈니스를 전개할 경우, 거기에 「범위의 경제학」이 발생할 가능성이 있다. 따라서 소니에서는 이 범위의 경제를 실현하기 위해서 지식이나 노하우를 다른 회사에 판매하는 형태로 실현될 것인지, 지식이나 노하우를 다른 회사에 렌탈할지, 혹은 타사와 제휴할지, 혹은 자사 내에서 지식이나 노하우를 조직적으로 활용하는지는 선택사항이었다.

일반적으로 지식이나 노하우는 암묵적인 것을 많이 포함하고 있기 때문에 소니가 시장거래를 통해 누군가에게 지식이나 노하우를 판매하기 위해서는 너무나 높은 거래비용이 발생한다. 또한 자체적으로 지식을 이용하고 새로운 비즈니스를 전개하기 위해서 당시 소니 내부의 반대가 매우 강했고 내부 거래비용도 높았다. 그래서 당초 소니는 닌텐도와 제휴하여 게임 업계 관련 비즈니스를 전개하려고 했다. 하지만 닌텐도에 그 계약을 파기당한 탓에 소니는 자체 개발의 길을 선택하게 됐다.

그러나 그 때 소니 본체와는 별개의 조직으로 비즈니스를 전개하기 시작하게 되었다. 이것이 소니·컴퓨터 엔터테인먼트(SCE) 탄생의 역사이다[17].

펩시의 관련적 다각화

1970년대 펩시사는 자사의 펩시 드링크를 주요한 드링크로 판매하는 패스트 푸드점의 전개에 의해 「범위의 경제」가 발생하는 것을 알았다. 이것을 실현하기 위해서 펩시사는 비즈니스 플랜을 다른 회

17) 소니에 대해서는 麻倉(2003)이 상세하게 서술함.

사에 팔아 범위의 경제를 실현하는 것도 가능했다. 또한 이 비즈니스 플랜을 다른 회사와 조인트 벤처라고 하는 형태로 실현할 수 있었다. 더욱이 비즈니스 플랜을 자사 내에서 조직적으로 실현하기 위해서 다각화할 수도 있었다.

여기서 비즈니스 플랜을 다른 회사에 완전하게 팔게 되면 플랜을 구입한 회사는 구입 후 펩시가 아닌 코카콜라도 판매할 가능성이 있기 때문에 다른 회사에 비즈니스 플랜을 팔 경우, 줄다리기가 발생하여 거래비용은 높아져 신중하지 않을 수 없다. 그러므로 펩시사는 다른 회사와 조인트 벤처를 할지, 패스트 푸드점을 스스로 전개해 다각화할지, 혹은 패스트 푸드점을 매수해 다각화할지를 선택해야 했다.

이런 상황에서 펩시사는 1970년대 피자헛과 타코벨을 인수했다. 게다가 RJR 나비스코사가 소매업계에서 철수하고 싶어 했고, 소유했던 켄터키 프라이드 치킨을 매력적인 가격을 붙여 팔기 시작하자 펩시사는 그 가격에 뛰어들었다. 이렇게 펩시는 기업 경계를 확대하여 세계 최대의 패스트 푸드업체로 다각화를 하였다[18].

비관련적 다각화 전략 : 복합기업

다음으로 비관련적 다각화 전략에 대해서도, 거래비용 이론적으로 분석할 수 있음을 분명히 하자. 비관련적 다각화의 결과로 태어나는 비관련적 다각화 기업은 앞서 말한 것처럼 복합기업[19]이라고 불린다. 복합기업은 1960년대에 미국에서 많이 출현하였다. 이런 기업은 과연 경제학적 관점에서 효율적일 것인가.

---

18) 펩시사에 대해서는 Besanko, Dranove and Shanley(2000)가 상세하게 서술함.
19) 콩글로마리트의 거래비용분석에 대해서는 Williamson(1975)이 상세하게 서술함.

이 문제를 거래비용 이론적으로 고찰하기 위해서 많은 자금을 가진 투자가가 이 자금을 운용하기 위해서 주식시장을 통해 다양한 업종의 기업의 주식을 구입해 투자하는 경우에 대해 생각해 보자. 이 경우, 투자가는 제한된 합리성을 가지며 각 기업 경영자는 기회주의적으로 자기 이익을 추구할 가능성이 있다. 이런 상황에서 투자자들은 기업 경영자에 대한 정보를 완전히 얻을 수 없기 때문에 기업 경영자가 투자자의 자금에 무임승차할 가능성이 있다. 그러므로 시장 거래에서는 많은 거래비용이 발생하게 된다.

이에 비해 복합기업의 본사는 다양한 업종의 사업 단위의 정보를 얻고 그 투자 제안을 평가할 수 있고 수익성이 높은 사업에 자금을 재투자 할 수 있다. 이 경우, 자본 시장과 비교해 본사는 사업 단위의 경영자에게 많은 정보를 요구할 수 있다. 때문에 이러한 조직 구조의 아래에서는 투자가의 자금은 무임승차할 기회가 적다.

따라서 거래비용이론으로 보면 복합기업에서는 자금은 보다 효율적으로 운용되고 이러한 의미로 복합기업은 효율적인 거버넌스 구조를 가진 조직디자인이라고 말할 수 있다. 그러나 이 복합기업도 지나치게 조직이 커지면 조직 내 거래비용이 상승하므로 그 효율성에는 한계가 있다고 할 수 있다.

Column 2-8

아메리칸 캔사의 비관련적 다각화

아메리칸 캔사는 전쟁 전부터 식료·음료 메이커 일용에 금속제 용기나 양철통을 오랜 세월 제조해 온 기업이었다. 하지만 1950~60년대 아메리칸 캔사를 둘러싼 환경이 급속히 변화했다.

제관업은 기본적으로 단순한 기술밖에 필요로 하지 않기 때문에 전후, 경쟁이 급속히 격화되었다. 게다가 한편으로 알루미늄·메이커로부터의 전방 통합이 진행되는 동시에 한편으로 식품 메이커의 후방 통합에 의해서 아메리칸 캔사의 점유율은 격감하고 있었다. 게다가 캔 용기의 대체품으로서 플라스틱 용기가 출현해 캔의 용기에 적합하지 않은 용도에도 사용할 수 있었기 때문에 캔의 경쟁력은 없어졌다.

이러한 상황에서 아메리칸 캔사는 1950년대 이후 제관과는 무관한 종이 제품이나 인쇄 등의 분야로 사업을 확대해 갔다. 그리고 1977년에는 음반유통 업체인 픽빅인터내셔널과 그 판매 자회사인 뮤직랜드를 인수했다. 또한 1978년에는 다이렉트 메일회사인 횡거 해트사도 매수했다. 또한 1980년에는 아소시에이티드·매지손사라는 생명보험 회사를 매수하며 파크레이즈 은행의 흡수에도 성공했다.

그리고 1986년 아메리칸 캔사는 마침내 비즈니스의 출발점이었던 제관 사업을 매각해 비관련적 다변화기업 즉 콩그로머리트가 됐다.

*참고문헌 Besanko, Dranove, and Shanley [2000]

연습문제

❶ 왜 기업은 수직적으로 통합하는가. 거래비용이론을 사용하여 설명하시오.

❷ 「범위의 경제」와 「규모의 경제」의 의미에 대하여 설명하시오.

❸ 동태적 역량이란 어떤 능력인지 설명하시오.

❹ 브랜드 네임의 사용권을 다른 기업에 완전하게 팔아 버리면 어떠한 문제가 발생한다고 생각할 수 있는가.

4. 거래비용이론과 다국적기업

2000년 이후, 엔고가 계속되어 일본 기업의 제품이 해외에서 비교적 비싸지면서 급속히 일본 제품은 해외에서 팔리지 않게 되었다. 그래서 많은 일본 기업들은 값싼 노동력을 찾아 해외로 진출하게 되었다. 또한 국내에서도 저출산 고령화 사회가 일어나고 국내 시장이 축소화되면서 수요가 저하되는 가운데 일본 기업은 글로벌화의 이름으로 해외에서 수요를 찾아 오늘날 급속히 다국적화가 진행되었다.

그러나 기업이 다국적화가 진행될 경우 다양한 방법이 있다. 예를 들어 자사 제품을 외국에서 판매하기 위해 현지 기업과 제휴하여 자사 제품을 판매할 수 있다. 해외 자회사를 설립하여 제품을 현지 생산·판매할 수도 있고, 해외 현지 기업들을 인수할 수도 있을 것이다.

이러한 기업의 다국적화 행동에 대해서도 거래비용이론 하에서 체계적으로 분석할 수 있기 때문에 이것에 대해 보다 구체적으로 설명하고자 한다[20].

4.1. 다국적기업론의 계보

경쟁우위론

왜 기업은 다국적화하는가. 이 문제를 둘러싸고 그동안 다양한 논의가 전개되어 왔다. 다음으로 우선 주요한 논의를 간단하게 소개한다. 만일 대상으로 하는 외국 시장이 완전경쟁상태라면, 어떤 기업

20) 다국적기업을 둘러싼 논의는 Douma and Schreuder(2002)가 상세하게 서술함.

도 그 나라에 참가하지 않을 것이다. 왜냐하면 완전경쟁시장에서는 모든 기업의 이익은 제로(0)이기 때문이다. 경쟁시장에서 이익을 획득할 수 있는 한 새로운 기업이 계속 진입하여 이익이 제로(0)인 점에서 신규 진입은 멈춘다. 그 상태가 완전경쟁상태인 것이다.

이러한 신고전학파 경제학적 생각을 보면 기업이 다국적화할 경우, 불완전경쟁상태에 있는 외국시장이 타켓이 된다. 그러나 이 경우 일반적으로 다국적화하는 기업은 현지 기업들에 비해 불리한 조건을 가지게 된다. 그래도 그 핸디캡을 극복할 만큼 강력한 경쟁우위를 갖고 있을 때 기업은 다국적화하고 시장에 뛰어들게 된다. 이것이 Hymer[1976]의 생각이었다.

여기서, 그러한 기업의 우위성이란. (1) 저비용으로 생산할 수 있는 것. (2) 유통면에서 뛰어난 능력을 가지는 것, 그리고 (3) 생산물로 차별화할 수 있는 것이다. 이는 후에 마이클 포터에 의해 전개된 산업 내의 경쟁전략론과 본질이 거의 같다.

내부화 이론

그러나 이런 기업들이 가지고 있는 우위성은 해외에 직접 진출하는 직접투자 형식이 아니라 제품수출 및 제품기술 제휴(라이센싱)에 의해서도 발휘될 수 있다. 왜 기업은 자사의 제품이나 기술 등을 외국 기업에 판매하거나 대출하거나 하는 것이 아니라 직접 해외에 진출하고 자사 제품을 생산하여, 그리고 판매하려고 하는 것인가. 즉, 왜 기업은 모든 활동을 내부화해 다국적화하는 것인가. 이것이 Buckley and Casson[1976, 1985] 등의 내부화론자로 불리는 사람들의 문제제기이다.

이 기업의 다국적화 문제에 대해 내부화론자는 코즈나 윌리엄슨에 의해 전개된 거래비용이론을 토대로 설명하였다. 거래비용이론에 의하면 인간은 완전한 정보를 얻을 수 없고 불완전한 정보 아래에서 합리적으로 행동하려고 하는 제한된 합리성을 가진 존재이다. 더구나 틈만 나면 비록 악덕적이더라도 이기적 이익을 추구하려는 기회주의적 존재이다. 이러한 제한된 합리성을 가진 기회주의적인 인간세계에서 거래할 경우 서로 자신에게 유리하도록 줄다리기가 일어난다. 이 거래상의 낭비가 「거래비용」이다.

이 거래비용을 줄이기 위해 기업은 수출이나 라이센싱이 아니라 직접 다국적화하는 것으로 기업의 다국적화 행동을 설명할 수 있다. 확실히 기업이 해외시장에 진출할 때, 현지기업과 시장거래하는 것도 라이센싱(licensing)과 같은 형태로 기술제휴도 가능하다. 그러나 지역기업과의 시장거래나 기술제휴를 둘러싼 거래비용이 매우 높을 경우, 기업은 직접 투자를 실시하여 다국적화하는 것이 보다 효율적이다. 그러므로 기업은 다국적화한다는 것, 이것이 내부화 이론에 의한 기업의 다국적화에 관한 설명이다.

절충 이론

오늘날 초기의 Hymer의 경쟁우위론과 이 내부화 이론에 「절충론」을 도입하여 기업의 다국적화 행동을 설명하고자 하는 절충 이론이 등장하였다. Dunning[1988]에 의한 설명이다.

그에 의하면 어느 기업이 (1) 외국 기업에 대해서 우위성을 소유해(소유우위) (2) 그 우위성을 해외의 기업에 판매하는 것보다 직접 이용하는 편이 이익을 낳고(내부화 우위) 그리고 (3) 대상국이 그 우위성을 이용하는데 유리한 조건을 제공하는 경우(입지우위) 기업은 다국적화한다는 것이다. 이와 같이 지금까지 기업의 다국적화 행동을 설명하는 이론으로서 여러 가지 논의가 전개되어 왔다. 그러나 기본적으로 거래비용 이론에 기초한 내부화 이론은 아직 주류라고 할 수 있다.

4.2. 다국적기업과 거래비용

거래비용이론을 토대로 내부화 이론을 전개해 온 티스[21)]에 의하면, 다국적기업에는 수직적 다국적화와 수평적 다국적화가 있다. 원료나 중간재를 타국의 자회사에서 생산하고 그것을 본국에서 조립하여 완성시키는 다국적기업은 수직적인 다국적기업이다. 이에 반해 본국에서 생산하는 생산 과정과 같은 생산 과정을 다른 나라에서도 전개하는 다국적기업은 수평적 다국적기업이다.

이들 가운데 수직적 다국적기업은 앞서 설명한 대로 수직적 통합 전략 논리로 설명할 수 있다. 그러므로 아래에서는 수평적 다국적기업에 대해 거래비용이론에 근거하여 설명한다.

일반적으로 수평적 다국적기업은 「규모의 경제」를 실현하기 위해 전개된다. 규모의 경제는 생산의 규모를 확대하면 할수록 평균비용이 저하되어 보다 효율적으로 되는 것을 의미한다. 특히 기업이 다국적화할 경우 무형자산이 가지고 있는 규모의 경제를 이루기 위해 기업은 다국적화 한다고 생각할 수 있다. 즉 무형자산이란 기술적 노하우, 조직적 노하우, 그리고 브랜드 네임 등이다.

그러나 이들의 자산을 둘러싼 규모의 경제는 항상 같은 기업 내

---

21) Teece의 다국적기업의 거래비용이론 분석에 대해서는 Teece(1998)가 상세함.

와 해외에서 실현되는 것은 아니다. 기업은 이 자산이 가져오는 규모의 경제를 해외 자회사를 설립하는 형태로 실현될 수 있을 뿐만 아니라 이 자산 자체를 시장에 팔아 해외 기업에 판매하는 방식으로 규모의 경제를 실현할 수도 있고, 해외 기업과 계약하여 이 자산을 대출해 주는 방식으로 규모의 경제를 실현할 수도 있을 것이다.

따라서 기업이 해외에서 규모의 경제를 실현할 경우 시장이냐 조직이냐 렌탈이냐 하는 선택을 해야 한다. 기업의 경계라고 하는 관점에서 말하면, 기업의 경계를 유지하는 것인가, 확대하는가, 혹은 기업의 경계를 애매하게 하는 것인가, 이러한 선택에 쫓기게 된다. 이 문제는 거래비용이론을 토대로, 다음과 같이 체계적으로 분석한다.

Case (1) 우선, 기술적 노하우에 대해 고찰해 보자. 지금 일본의 자동차 업체가 뛰어난 기술적 노하우를 가지고 있으며 이 기술적 노하우를 미국에서도 이용함으로써 규모의 경제가 가져다 줄 가능성을 알고 있다고 하자.

이 경우 이 기업은 규모의 경제를 미국에서 실현하는 방법은 적어도 3가지이다. 즉, 이 기술적 노하우를 시장거래를 통해서 미국의 자동차 회사에 팔아넘길지, 혹은 미국의 자동차 회사를 매수하여 기업의 경계를 확장해 이 기술적 노하우가 규모의 경제를 실현할지, 혹은 일정한 기간만큼 이 기술적 노하우의 사용권을 미국기업에 대여해주고 기업의 경계를 전략적으로 애매하게 하는 것이다.

여기서 거래 당사자는 기회주의적으로 행동할 수 있기 때문에, 어떤 방법을 선택할지는 실제로 발생하는 거래비용에 의존한다. 만일 미국 기업과의 시장거래가 불확실하고 기술적 노하우의 거래를 둘러싼 거래비용이 높다면 자회사를 통하여 규모의 경제를 실현하는 것이 보다 효율적인 전략이 될 것이다. 그러나 만약 미국에서의 시장거래 상황이 확실하고 거래비용이 낮다면, 그 기술적 노하우의 사용권을 판매하는 것이 효율적일지도 모른다. 또한 모두 거래비용이 높다면, 일정기간만 다른 회사에 기술적 노하우의 사용권을 빌려 주고 기업의 경계를 전략적으로 애매하게 하는 것이 그 기술적 노하우의 규모의 경제를 실현하는 것에 있어서 효율적일 것이다.

Case (2) 다음으로 조직적 노하우에 대하여 고찰하자. 지금 어떤 일본기업이 고유의 조직적 노하우를 가지고 있고 이 조직적 노하우를 이용하여 해외에서 새로운 사업을 전개함으로써 규모의 경제를 얻을 수 있다고 하자.

이 경우 이 조직적 노하우의 규모의 경제를 실현하기 위해서 이 기업은 조직적 노하우를 이용해서 스스로 해외에 진출하여 기업의 경계를 확장하든지, 이 조직적 노하우의 사용권을 외국기업에 팔수도 있고 이 조직적 노하우의 사용권을 특정기간만 대여 하여 전략적으로 기업의 경계를 흐릴 수도 있다.

그러나 모든 거래 당사자는 제한적, 그리고 기회주의적으로 행동할 가능성이 있기 때문에 암묵적으로 관련한 조직적 노하우의 사용권을 시장을 통해 다른 회사에 팔기도 대출하기도 어렵고, 이러한 지식의 거래를 둘러싸고 거래비용은 극단적으로 높아질 것이다. 따라서 이 경우 기업은 조직적 노하우를 토대로 수평적으로 다국적화하고 기업의 경계를 확장하는 것이 효율적이다.

Case (3) 마지막으로 브랜드 이름에 대해 고찰하자. 어떤 호텔회사가 브랜드 네임 하에 외국에서 사업을 전개함으로써 규모의 경제를 얻을 수 있다고 있다고 하자.

이 경우 이 기업은 규모의 경제를 실현하기 위해 다음 선택을 해야 한다. 즉 이 브랜드 네임을 이용하여 다른 나라에서 호텔을 직영하든지, 아니면 이 브랜드 네임의 사용권을 외국 기업에 되팔든지, 특정 기간 동안만 이 브랜드 네임의 사용권을 대여하는 프랜차이즈제를 전개하는가이다.

여기서 모든 거래 당사자는 기회주의적으로 행동할 가능성이 있기 때문에 이 브랜드 네임의 사용권을 다른 기업에 완전하게 매각하는 것은 위험하다. 왜냐하면 브랜드 네임의 구입자는 거래 후에 제공자의 눈을 피해 브랜드 네임에 대응하지 않는 열악한 서비스를 제공할 가능성이 있기 때문이다. 따라서 이 경우, 직영이나 프랜차이즈제에 의해 규모의 경제를 실현하는 것이 효율적 전략이 될 것이다. 즉, 브랜드 네임에 근거해 기업의 경계를 확장하거나 혹은 기업의 경계를 전략적으로 애매하게 하는 것이 효율적이다.

4.3. 일본·미국 다국적기업의 거래비용이론 분석

1980년대에 많은 일본·미국 기업이 아시아 국가에 진출하였다. 미국의 다국적기업은 수직적 분업을 지향하는 다국적기업이 많았다. 당시 미국 기업은 노동 집약적인 전공정을 노동력이 저렴한 개발도상국으로 이관했기 때문에, 해외 공장과 원내 공장의 사이가 수직적 분업 체제가 되었다.

반면에 일본의 다국적기업들은 수평적 분업을 지향하는 다국적기업이 많았다. 일본기업은 당초 해외자회사를 반제품의 공급 공장이라고 평가하고 있었지만 완성품의 생산 거점으로 발전시켰다. 특히 일본 업체들은 수평적인 국제 분업을 펼쳐 일본 내에 일관된 생산

공정을 남길 것을 고집했다.

다음으로 수직적이든 수평적이든 기업이 개발도상국에 진출할 경우 개발도상국 정부 사이에 직접적인 인터페이스를 창출하기 위해 정치적 줄다리기가 벌어진다[22]. 미국 기업들은 개발도상국의 저렴한 노동력, 싼 원료, 그리고 값싼 중간재를 찾아 해외에 진출하였다. 이 때 미국 기업은 이러한 자원을 얻기 위해서 현지 기업과 시장거래 혹은 스스로 해외 자회사를 설립해 조직 내 거래할지가 문제가 된다.

만약 미국 기업이 현지 기업과 시장거래를 전개 한다면 이러한 거래는 지역산업을 활성화시키기 때문에 개발도상국 정부는 미국 기업을 상대로 정치적 줄다리기를 시도하지 않을 것이다. 오히려 거래를 촉진하도록 경제적으로 보조해 줄 수도 있다. 때문에 이 경우, 정부와의 거래비용은 높지 않다.

그러나 미국 기업이 요구하는 원료나 중간재가 매우 특수한 것이거나 품질이 높은 것이거나 할 경우 그러한 재화를 공급해 주는 지역 기업을 찾아내는 것은 매우 어렵다. 또한 비록 찾아냈다 하더라도 그러한 특수한 지역 기업은 줄다리기를 걸어 올 가능성이 있어 거래비용은 지극히 높아질 것으로 예상된다.

반면 만약 미국 기업이 현지 기업과의 거래가 아닌 직접 현지에서 자회사를 설립해 이 자회사를 통해 원료나 중간재를 내부 조달한다면 현지 기업과의 사이에 발생하는 시장거래비용이 절약될 것이다. 그러나 이 경우 현지 자회사는 지역 기업과 경합하고, 그 때문에 지역 기업을 압박하여 게다가 최종 제품에 이르는 생산 기술이나 노

22) Teece(1986)가 상세하게 서술함.

하우 또한 반드시 그 나라에 이전되지 않기 때문에 기술 격차가 고정화된다. 그 때문에, 지역 기업을 옹호하여 국내 기업을 육성하고, 외국의 생산 기술이나 노하우의 획득에 열심인 개발도상국 정부는 미국 기업에 대해서 다양한 규제나 조건을 내세울 가능성이 있기 때문에 정부와의 거래비용은 높아진다.

이런 상황에서 미국 기업이 수직적 다국적화를 진행하고 기업경계를 확장한 것은 당시 아시아 국가의 정부 사이에 발생하는 거래비용 이상으로 지역 기업과의 거래비용이 높았기 때문이라고 추측할 수 있다.

반면에 이러한 정부에 의한 줄다리기를 피하고 정부와의 거래비용을 절약하는 대체적 방법으로 생산기술이나 노하우 자체를 현지 기업에 판매하고 그 노하우 아래 지역 기업이 생산한 제품을 구입함으로써 정부와의 거래비용을 절약할 수도 있다.

그러나 생산기술이나 노하우를 시장거래하는 것은 매우 어렵고 또 그런 노하우를 현지에 정착시키기도 어렵고 시간도 많이 들기 때문에 그런 시장거래에서는 거래비용이 매우 비싸다.

반면 현지인을 고용하여 고유 생산기술과 전 생산과정을 수평적으로 이전하는 것이 정부와의 거래비용을 절약할 수 있다. 특히 정부가 새로운 생산기술의 국내 이전에 강한 관심이 있다면 외국기업을 수평적으로 다국적화하여 취득한 노하우는 현지에 이전하기 쉬어 노하우는 국내에 확산될 수 있다. 그리고 한번 이전하고 나면 기업으로서도 앞으로 저렴한 노동력을 그대로 이용할 수 있게 된다.

그러나 이러한 고유의 생산기술이나 노하우를 이전하려면 막대한 비용과 시간이 필요하다. 이러한 지식은 잘 표현할 수 없는 암묵지의 부분이 많이 있기 때문이다. 일본기업의 경우 생산기술 노하우의 이전비용보다 현지 정부와의 거래비용이 높기 때문에 이를 절약하기 위해 전 과정을 이전하도록 수평적 다국적화를 추진해 간 것이 아닌가 생각된다.

4.4. 다국적기업의 거래비용이론과 동태적 역량이론

앞서 설명한 것과 같이 다국적기업의 연구에서는 주로 어떻게 혹은 왜 기업이 다국적화 할지를 둘러싸고 관심이 모아져 왔다. 이 문제는 사실 본질적으로 기업이 어디까지 커지는가 하는 기업 경계의 문제와 같다. 그러므로 이 문제를 특기로 하는 거래비용이론에 의한 설명이 내부화 이론이라는 이름을 토대로 주류가 된 것이다.

그러나 티스[2014]에 의하면 오늘 대부분의 대기업이 이미 다국적화되어 있기 때문에 어떻게 다국적기업은 해외에서 지속적으로 성장할 수 있을 것인가라는 다국적화 이후의 국제경영 문제가 보다 중요성을 증대시키고 있다. 기업의 다국적화 이후 어떻게 기업은 해외에서 경쟁우위를 지속적으로 유지할 수 있을까. 이러한 문제는 거래비용이론에 근거하는 내부화 이론으로는 충분히 설명할 수 없다.

통상적 역량이론

이러한 국제경영이론 문제는 자원기반이론이나 통상적 역량이론에 근거하여 설명할 수 있다. 예를 들면 어느 기업이 외국에 진출하여 다국적화하고 국내에서 판매한 기존제품을 새로운 상품으로서 외국에 반입하여 판매한다.

여기서 해외의 환경은 국내와는 전혀 다르다. 그러므로 그 상품은 국내에서는 새로운 것이 아니지만 해외에서는 신상품이다. 예를 들면 그러한 신상품을 환경이 다른 외국에서 효율적으로 판매하려면 그것을 가능하게 하는 통상적 역량이 필요하다.

여기서 만일 기업이 그러한 고유한 판매능력을 보유하고 있다면 그 기업은 해외시장에서도 수직적으로 확대하고 직영점을 전개하여 직접 판매활동을 한다. 혹은 특수한 판매 능력을 이미 보유하고 있는 현지기업이 존재한다면 그 지역 기업에 판매를 위탁하는 것도 가능하다. 또한 그런 능력을 가지고 있는 해외 지역 기업을 인수할 수도 있다.

그러나 해외로 반입하는 상품이 너무 혁신적이거나 혹은 혁신적인 상품을 연속적으로 해외에 반입하는 경우, 그러한 상품을 효과적으로 해외에서 판매할 수 있는 능력을 그 기업 자신도 유지하고 있지 않을지도 모른다. 또한 상품이 너무 혁신적이거나 그것을 효율적으로 파는 능력을 가진 지역 기업도 없을지 모른다. 이 경우 기업은 어떻게 효율적으로 그것을 해외에서 생산하고 판매하며 지속적으로 성장할 수 있는가. 그것은 그 기업이 동태적 역량에 의해 결정된다는 것이 티스의 생각이다.

동태적 역량이론

만일 기업이 매우 혁신적인 상품을 해외에서 가지고 들어와 그것을 판매하려고 할 경우, 혹은 그러한 상품을 해외에서 효율적으로 판매하는 능력이 아직 형성되어 있지 않고 또한 판매능력을 가진 지역기업도 존재하지 않을 경우 기업은 어떻게 행동하면 좋은가.

이 경우 필요한 것이 동태적 역량이다. 이는 해외의 이질적인 환경을 적절히 인식하여(Sensing) 그에 대응한 자사의 기존의 자원이나 능력을 재구성하거나 재배치하여 대응하는 능력이며(Seizing), 끊임없이 변혁하는(Transforming) 능력이다. 이러한 일련의 변화에 대응하는 자기 변혁능력이 동태적 역량이다. 필요하다면 자사 내부뿐 아니라 지역 기업을 끌어들여 필요한 자산과 자원을 재구축하여 조직화 하는 능력이기도 하다.

1980년대, 많은 일본 기업이 급속한 엔고를 이용하여 아시아 국가에 진출했다. 이 때 지역에는 일본 제품에 대응할 수 있는 질 좋은 재료나 부품 공급 기업이 존재하지 않는다는 것을 많은 일본 기업은 깨달았다. 이러한 상황에서 일본 기업이 실시한 것은 양질의 재료나 부품을 일본에서 역수입하거나 아시아 여러 나라에 존재하고 있는 뛰어난 일본의 재료, 부품, 금형 기업군과의 거래를 네트워크화하는 것이었다. 또한 지역 기업을 육성하여 보다 효율적으로 교섭 거래하기 위해서 지역기업을 조직화하여 기업 단체의 형성을 촉진하여 오케스트레이션한 일본 기업도 있다. 이러한 변화에 대응하는 자기변혁능력이 동태적 역량이다.

그리고 동태적 역량에 적절한 방향성을 부여하는 것이 <그림 2-20>이 좋은 전략이다. 어떤 제품을 제조하고 어떤 고객을 대상으로 하며 어떻게 경쟁 상대를 방어할 것인가. 이러한 전략에 의해 해외에서 기업이 나아가야 할 길을 찾아 지속가능한 경쟁 우위가 확립되는 것이다. 티스에 의하면 이러한 전략과 동태적 역량은 서로 관계가 있지만 기본적으로 양자는 구별되는 개념이다. 그의 동태적 역량이론 아직 충분히 완성된 것이라고 할 수 없지만 여러 가지 시사점을 우리에게 제공한다.

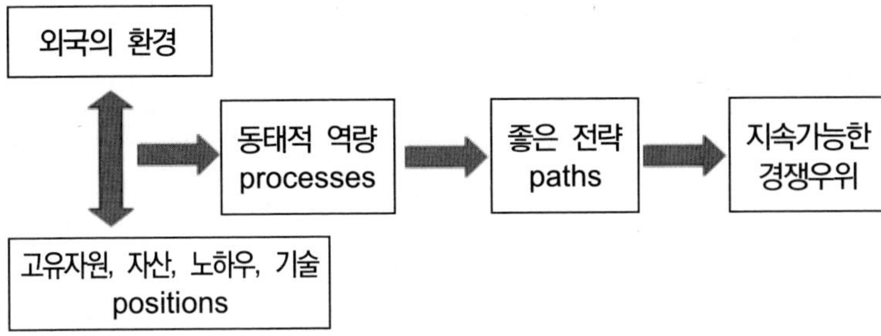

그림 2-20. 동태적 역량과 국제경영

Column 2-9

YKK의 동태적 역량

YKK는 1934년에 창업해 지퍼를 중심으로 하는 비즈니스와 창문·문 등의 건재 비즈니스를 중심으로 성장해 온 글로벌 기업으로서 있다. 현재, 약 4만명의 종업원이 넓게 세계에서 사업을 전개하고 있다.

YKK의 강점은 그 해외 진출에 이르는 다국적화 과정이 아니라 바로 진출 후에 전개되고 있는 국제 경영에 있다. 왜 YKK는 해외에서 강한가. 그 강점을 이론적으로 설명하는 시도는 지금까지 거의 이루어지지 않았다. 그 강점이 동태적 역량과 관련되어 있다는 것을 설명하고자 한다.

YKK의 발전 및 성장을 지탱한 것은 1959년에 시작된 해외전개이다. 이 때 YKK의 고유한 강점 즉 능력은 파스너 전용기계를 일관되게 내제화할 수 있는 기술력이었고 그래서 전용기계를 세계 각국의 제조거점에 설치하여 세계 어디서나 동일상품, 동일품질로 파스너를 제조할 수 있는 능력이었다. 게다가, YKK의 경우 지퍼 전용 기계 뿐만 아니라 가능한 한 재료 개발이나 기계에 편입되는 금형이나 지퍼의 전용 부품의 제조도 자사에서 실시할 수 있는 능력을 가지고 있었다. 이 일관생산 능력이야말로 YKK의 경쟁 우위를 만들어내는 원천이다. 그리고 이 능력 아래 YKK는 당초 전용 기계 설비를 세계 각지에 배치하여 고속·자동화를 진행시켜 개량하여 최고의 시스템을 본부에서 현지에 배치하는 「기술푸쉬형」 경영을 전개하였다.

그러나 YKK는 이런 방식으로는 글로벌 시장에서 싸울 수 없다는 것을 금방 인식하였다. 세계 71개국·지역에 50개 이상의 공장에서 설치되는 지퍼 전용기계가 아무리 기술적으로 우수해도 그것을 현지 오퍼레이터가 효율적으로 사용할 수 없다면 의미가 없다는 것을 재빨리 인식하였다(Sensing). 그래서 신흥국에서도 사용하기 쉬운 제조현장에 적응한 설비개발로 개발 사고를 전환하고 그것을 철저히 실행하였다(Seizing). 게다가 완전히 새로운 것을 제로에서 만들어내는 것이 아니라 생각을 끊임없이 기존 기술의 지속적개선, 개량, 진화를 추진하였다(Transforming). 그리고 필요할 경우 지역산업을 끌어들려 자원이나 자산의 재구축하는 오케스트레이션을 전개해 왔다.

이러한 세계 각국의 거점이 각국의 이질성을 인식하고 끊임없이 고유한 능력을 독자적으로 개량하여 재구성하는 이러한 변화 대응적인 자기변혁 능력이 YKK의 동태적 역량이다. 이것이 지속적 경쟁 우위를 만들어 낸 것이다. 그리고 동태적 역량에 적절한 방향성을 전력으로서 현장에 적용한 것이 본부의 경영층이다. 최근 세계 각지의 고유의 변화에 대응하지 못해 글로벌한 매출을 격감시키고 있는 맥도널사와 비교하면 차이가 뚜렷하다.

연습문제

❶ 왜 기업은 다국적화하는가. 내부화 이론을 사용하여 설명하시오.

❷ 수직적 다국적화와 수평적 다국적화의 차이에 대해 설명하시오.

❸ 왜 다국적기업에 동태적 역량이 필요한가.

5. 거래비용과 기업금융

거래비용이론은 조직디자인 이론이나 경영전략론 분야에 응용되고 있을 뿐만 아니라 기업금융 분야에서도 응용된다. 특히 기업통치와의 관계에서 윌리엄슨은 부채에 근거하여 기업인수 즉 LBO(leveraged buyout)의 분석을 하였다.[23)]

LBO란 레버리지이름으로「레버리지 원리」를 이용하여 작은 기업이 큰 기업을 매수하는 방법이다. 보다 구체적으로 말하면, 적은 자기자금으로 매수 대상 기업의 자산이나 장래의 현금흐름을 담보로 자금을 차입하고 이 자금으로 기업을 매수하는 방법을 말한다. 윌리엄슨에 따르면 지금까지 전개되어 온 LBO에는 성공적인 것과 성공적이지 않은 것이 있고 일반적으로 성공적이라고 하는 LBO는 다음과 같은 특징이 있다. 즉, 매수 대상이 된 기업의 자기자본 비율이 높고 일반적 자산을 많이 보유하고 있다는 점이다.

왜 이러한 기업이 LBO의 대상이 되었는가. 또한 그런 기업을 둘러싼 LBO가 성공적이었을까. 윌리엄슨의 LBO를 둘러싼 거래비용이론 분석을 재구성한다.

5.1. 거래비용이론

윌리엄슨의 거래비용이론에서 모든 인간은 완전 합리적이 아니며 제한된 합리성을 가진다. 게다가 인간은 상대의 약점을 이용하여 비록 나쁘다고 생각해도 자기 이익을 추구하기 위하여 기회주의적인 행동을 취한다. 그러므로 시장거래를 하는 경우 서로 속지 않도록

---

23) Williamson의 LBO분석에 대해서는 Williamson(1989, 1996)을 참조.

거래 당사자 사이에 다양한 줄다리기가 발생하여 거래가 완료될 때까지 다양한 비용이 발생한다. 이들 거래를 둘러싼 일련의 비용을 거래비용이라고 부른다.

윌리엄슨에 의하면, 이 거래비용은 특수한 자산과 관련된 거래에서 보다 높아진다. 특수한 자산과 관련된 거래에서 서로 의존관계에 있기 때문에 부품가격을 둘러싸고 서로 줄다리기가 일어나기 쉽고 거래비용은 높아진다. 이와 같이 자산의 특수성이 높고 거래비용이 너무 높은 경우 비록 자유로운 시장거래에 의해 자원이 보다 효율적으로 배분되어 이용된다는 것을 알아도 시장거래가 성립하지 않을 가능성이 있다. 여기서 자원을 가능한 한 효율적으로 이용하기 위해서 거래비용을 절약하고 나쁜 기회주의적 행동을 억제하는 어떠한 기업지배구조가 필요하다. 이처럼 현존하는 각종 제도, 법, 규칙을 거래비용 절약 제도로 분석하고 설명하는 이론이 거래비용이론이다. 이 이론에 의해 다음과 같이 LBO는 이론적으로 분석된다.

5.2. 자금 조달과 2가지 거버넌스의 방법

윌리엄슨에 의하면 기업이 자본가로부터 자금을 조달하는 것은 그것을 대신하여 자금 제공자에 의한 거버넌스[24]를 받아들이는 것을 의미한다. 예를 들면 차입금으로 자금 조달하는 경우, 기업은 채권자에 의한 어떠한 거버넌스를 받아들여야 한다. 또한 주식을 통한 자금 조달할 경우 기업은 주주에 의한 거버넌스를 받아들인다. 이들 2가지 거버넌스의 특징은 <표 2-3>의 특징과 같다.

---

24) 기업지배구조의 거래비용이론에 대해서는 Williamson(1996), Kikuzawa(2004)가 상세함.

표 2-3. 거버넌스의 특징

자금조달수준		
거버넌스 특징	차입금	주식
계약상 제약	많음	없음
보증	우선적 청구권(청산)	잔여청구권
경영에 개입	없음	포괄적

우선 기업이 차입할 경우 채권자는 계약상 많은 제약을 기업에 강요하는 동시에 그리고 채무불이행이 발생하여 최종적으로 기업이 청산 처리할 경우 채권자는 우선적으로 자산을 처리할 권리를 가진다. 그러나 채권자는 채무불이행이 없는 평상시에는 경영에 직접 개입할 수 없다. 자금을 차입할 경우 기업은 이러한 채권자의 기업지배구조 하에 놓이게 된다.

반면에 주식시장을 통해 자금을 조달하는 경우 기업은 계약상 제약이 없다. 그러나 주주는 기업에 대해 잔여청구권을 갖고, 기업경영에 대해 포괄적으로 여러 가지 방법을 통해 개입할 수 있다. 이렇게 주식을 통하여 자금을 조달하는 경우 기업은 이런 주주의 지배구조 아래 놓이게 된다.

5.3. LBO의 거래비용이론 분석

현재 어떤 기업이 어떤 비즈니스를 전개하기 위하여 폭넓게 어느 기업과도 거래할 수 있는 일반적 자산을 형성할 필요가 있다고 하자. 일반적인 설비나 장치는 만일 채무불이행이 발생하여 기업 자산을 청산처리가 안된다 하더라도 매각하는 것이 비교적 용이하다. 그러므로 그러한 자산은 채권자에게 있어서 자금 회수를 둘러싼 거래비용이 낮다고 생각할 수 있다. 따라서 일반적 자산에 투자하기 위해서 은행에서 자금을 조달할 경우 은행과 기업의 줄다리기는 적고 자금조달을 둘러싼 거래비용은 비교적 낮다고 생각된다.

반면 일반적 자산을 형성하기 위해 주식시장을 이용하여 자금을 조달한다면 주주는 이러한 기업에 굳이 투자하기 위한 특별한 이유를 찾을 수 없다. 그러므로 이 경우 주주와의 자금조달 거래비용이 비교적 높아질 것이다.

이번에는 기업이 어떤 비즈니스를 전개하기 위해 특수한 자산을 형성할 필요가 있다고 하자. 이 경우 매우 특수한 설비나 기계는 채무불이행이 발생할 경우 일반적으로 매각하는 것이 매우 어렵기 때문에 자금회수를 둘러싼 거래비용은 높아진다. 그러므로 특수한 자산에 대한 투자를 위해 기업이 은행에서 자금을 조달할 경우 은행과의 거래는 많아지고 거래비용은 높아질 것이다. 반면 특수한 자산에 투자할 경우 주주는 포괄적인 경영활동에 개입할 수 있고 어느 정도 기업을 통제할 수 있다. 그러므로 이 경우 기업은 주식을 통한 자기자본을 조달하는 것이 거래비용은 낮아질 가능성이 있다.

이상을 도식화하면 <그림 2-21>과 같다. 이 그림의 가로축은 자산특수성을 드러내고 세로축은 자금조달을 둘러싼 거래비용을 나타내고 있다. 그림에서 자산이 일반적일 때에는 부채에 의한 자금조달을 둘러싼 거래비용 곡선은 주식에 의한 자금조달을 둘러싼 거래비용 곡선보다 낮지만 자산이 특수가 되면 반대가 되며 부채에 의한 자금조달을 둘러싼 거래비용 곡선은 주식에 의한 자금조달을 둘러싼 거래비용곡선보다 높아진다.

또한 이 그림에서 자금 회수가 비교적 용이한 일반적 자산을 형성하는 경우에는 부채 중심의 조달 즉 채권자에 의한 기업지배구조를 받아들이는 것이 거래비용을 절약하여 보다 효율적이 된다. 이에 대해 자금 회수가 어려운 특수한 자산을 형성하여 비즈니스를 전개할 때에는 주식 중심의 자금 조달 즉 주주에 의한 기업지배구조를 받아들이는 것이 거래비용을 절약하고 보다 효율적이다.

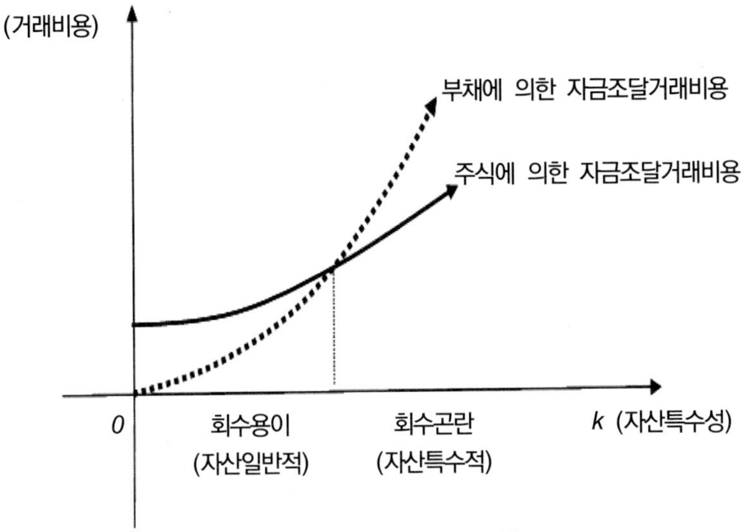

그림 2-21. 자금조달과 거래비용

이와 같이 만일 자산이 일반적임에도 불구하고 자기자본이 부채보다도 많은 자본 구성의 기업이 있다면 <그림 2-21>과 같이 이러한 기업은 거래비용이 높은 비효율적인 자금 조달을 하고 있을 가능성이 있다. 즉, 일반적 자산을 형성하기 위해서 거래비용이 높은 주주로부터 자금을 조달할 가능성이 높다.

따라서 거래비용을 절약하기 위해 부채를 이용하여 그러한 기업을 인수하여 부채중심의 재무구조를 가진 기업으로 구조를 변화시키는 LBO는 효율적이라 할 수 있다. 즉 LBO는 부채를 토대로 일반적 자산을 형성하는 것보다 효율적인 기업으로 변화하게 된다.

이와 같이 왜 자기자본비율이 높고 일반적 자산을 많이 보유하고 있는 기업을 대상으로 한 LBO가 성공적이었는지 이해할 수 있을 것이다. 이것이 거래비용이론에 의한 LBO의 해석인 것이다.

Column 2-9

정크 본드와 드렉셀 파넘 렘버트(Drexel Burnham Lambert)사

1980년대 미국에서 활발하게 전개된 LBO에 관하여 정크 본드(junk bonds)와 드렉셀사가 중요한 역할을 하였다. 정크 본드란 신용평가기관에 의해서 채무불이행 위험이 매우 높다고 판단한 채권이다.

1970년대에 드렉셀사의 마이클 밀켄(M. Milken)은 이러한 정크 본드를 일괄적으로 인수함으로써 신용평가기관이 안전한 투자로 인정하지 않고 일반적으로 팔 수 없었던 정크 본드 시장을 창조해 냈다. 동사는 정크 본드에게 부과하는 수수료를 통상의 4-5배로 하는 것으로 돈을 벌었다. 따라서 미국에서는 많은 기업이 정크 본드 시장에서 후순위채를 발행하기 시작해 급속히 정크 본드 시장은 확대해 갔다. 그리고 이 시장을 이용해 드렉셀사는 정크 본드에 의한 적대적 매수용의 자금 조달도 시작하였다. 이때 매수의 대상이 되는 기업의 현금 흐름을 담보로 하는 채권이라고 하는 형태를 취하고 있었다.

이와 같이 1980년대 미국에서 활발히 전개된 LBO나 탈취에는 정크 본드와 드렉셀 사가 중요한 역할을 하고 있었다. 그러나 이후 드렉셀사는 파산하고 정크 본드 시장의 창조자인 마이클 밀켄도 증권법 위반으로 10년 금고 판결을 받았다. 이러한 이유로 미국의 정크 본드 시장은 급속히 축소해 갔다.

* 참고문헌 Milgrom and Roberts [1992]

연습문제

❶ LBO란 어떤 의미인지 설명하시오.

❷ 특수한 자산을 구입하는 경우보다도 일반적인 자산을 구입하는 경우가 은행은 자금을 빌려 줄 가능성이 높다. 그 이유는 무엇인가. 거래비용이론을 사용하여 설명하시오.

6. 거래비용이론과 조직·전략의 부조리

지금까지 설명한 바와 같이 제한된 합리성을 가진 인간으로 이루어진 세계에서는 거래비용이 발생한다. 그러나 인간은 제도를 구축함으로써 거래비용을 어느 정도 절약할 수 있고 자원은 효율적으로 배분되어 이용될 가능성이 있다. 즉, 제도는 인간의 제한된 합리성을 보완한다.

그러나 거래비용이 너무 높으면 반대로 제도를 구축하는 것보다 아무것도 하지 않는 것이 오히려 효율적이라고 하는 상황에 빠지게 된다. 이때 개별 효율성과 전체 효율성이 일치하지 않는 부조리한 현상이 나타난다. 즉, 개인적으로는 효율적이지만 사회적으로는 비효율적이고 비윤리적(부정)인 부조리한 인간행동이 일어난다. 이러한 부조리한 행동도 거래비용이론에 의해 설명할 수 있다.[25] 이러한 부조리의 몇 가지 사례를 설명해 보자.

---

25) 부조리한 현상의 거래비용 이론 분석에 대해서는 菊澤研宗[2000, 2001a, 2001b, 2002]에 자세하게 서술되어 있다. 이러한 부조리한 현상이 발생할 가능성을 윌리엄슨(Williamson[1996])도 코즈도 눈치 챘다고 생각된다. 윌리엄슨은 이러한 현상을 처치 불가능(irremediable) 상태라고 불렀다. 코즈(Coase [1960])는 거래비용이 어떠한 효과를 가져 오는지를 설명하기 위해서 거래비용이 제로의 경우와 제로가 아닌 경우를 비교해 거래비용이 제로의 경우, 소유권의 배분과는 관계없이 전체 (사회적) 효율성과 개별 효율성이 항상 일치하는(코즈의 정리)하지만 거래비용이 제로가 아닌 경우, 소유권의 배분의 방법에 의해서 전체 효율성과 개별 효율성은 반드시 일치하지 않고, 개인은 전체 효율성을 무시하고 개별 효율성을 추구할 가능성이 있는 것으로 개인적으로는 효율적이지만 사회적으로는 비효율적인 부조리 현상이 일어날 수 있음을 분명히 했다. 또 컴퓨터 자판의 배열이 QWERTY....라고 되어 있는데, 이것은 반드시 효율적인 것은 아니라는 것을 주장한 David [1985]의 논의도 부조리 현상과 관련되어 있다고 생각된다.

6.1. 전략변경을 둘러싼 부조리

어떤 기업이 더 많은 이익을 얻기 위해 얼마나 부정한 경영전략을 선택하고 실행했다고 하자. 인간은 제한된 합리성을 가지기 때문에 당초 선택한 전략이 사회적으로 부정한 것을 눈치 채지 못했다고 하자. 그리고 이 전략을 실행하기 위해서 많은 투자를 실시하여 활동하기 시작했다고 한다.

그러나 그 가운데 이 전략이 부정하고 효율적인 다른 전략이 있다는 것을 깨달았다고 하자. 이 경우, 이 기업은 현재의 부정하고 비효율적인 전략을 바로 포기하고 보다 효율적이고 정당한 전략으로 용이하게 이행할 수 있을까.

거래비용이 발생하는 세계에서는 쉽게 전략을 변경할 수 없다. 이러한 전략을 변경하기 위해서는 막대한 거래비용이 발생하기 때문이다. 예를 들어 기존의 전략을 변경하기 위해서 지금까지 만들어온 수많은 인간관계를 끊을 필요가 있을지도 모른다. 그 때문에 많은 거래비용이 발생할 것이다. 또 기존 전략 아래 그동안 투자한 돈도 회수하지 못하는 매몰비용이 될 것이다. 또한 새로운 전략으로 이행하고 이를 실행하기 위해서는 다시 새로운 사람들 사이에 새로운 인간관계를 형성할 필요도 있다. 그리고 그 때문에 큰 거래비용이 발생할 것이다.

이러한 일련의 거래비용의 발생을 고려하면 기업은 비록 현재의 경영 전략이 비효율적이고 부정한다 하더라도 현상 그대로 있는 것이 보다 합리적이라고 생각할 수 있는 부조리한 세계에 이끌리게 된다. 이 경우 기업은 합리적으로 비효율적이고 부정한 전략에 그칠 가능성이 높다. 이것이 부조리한 조직 행동을 설명하는 거래비용이론의 생각이다. 즉 사회적 비효율이나 부정은 합리적으로 일어날 수 있는 것이다.

6.2. 부조리를 초래하는 1인 경영

마찬가지로, 지금 일인 사장에 의해서 경영되고 있는 기업에 대해 생각해 보자. 이런 기업에서는 사장의 눈치를 보면서도 직원들은 항상 행동하고 있고 직원들은 사장의 의견과 다른 행동을 겉으로 보이지는 않을 것이다.

그러나 어떤 기업이든 현장 직원이 당연히 상층부보다 실제 유행과 트렌드를 잘 이해하고 있다. 직원들은 지금 어떤 상품이 팔릴지 직감적으로 알고 있는 경우가 있다. 그러므로 회사를 보다 효율적으로 경영하고 보다 회사를 발전시켜 나가기 위해서는 기업은 현장의 목소리를 계속해서 수용하고 상층부도 계속해서 방침을 변화시키면서 나아갈 필요가 있을 것이다.

그러나 1인 체제에서는 사원은 결코 본심을 말하지 않을 것이다. 이러한 체제에서는 사원이 적극적으로 의견을 말하고 그 의견을 상층부에 전하기 위해서는 다양한 교섭 거래 과정을 가다듬을 필요성이 있다. 이 과정을 가다듬기 위해서는 너무 거래비용이 높기 때문이다. 이러한 거래비용을 고려하면 비록 회사가 비효율적이고 부정한 상태에 있다 하더라도 직원들은 누구도 적극적으로 발언하지 않을 것이다. 이것이 사원에게 있어서는 합리적이고 효율적인 행동인 것이다. 오히려 논쟁을 하지 않고 회의를 빨리 끝내야 훨씬 효율적인 것이다. 그렇기 때문에 위기 상태에 있는 회사는 변하지 않고 일인 경영 사장에 의한 비효율적인 경영이 합리적으로 유지되어 가게 된다. 이렇게 해서 일인 경영 사장의 기업은 미래에 향후 진화하지 않고 퇴화·도태·도산의 길을 걷게 된다. 이와 같이 부조리한 현상은 구성원의 비합리적인 행동에 의해 발생하는 것이 아니라 멤버의 합리적 행동에 의해 만들어진 현상이라고 할 수 있다. 개별효율성과 전체효율성은 반드시 일치한다고는 할 수 없으며 개인은 전체효율성이 아닌 합리적으로 개별효율성을 선택한다.

Column 2-10

과달카날(Guadalcanal) 전투에서의 일본군의 부조리 분석

태평양전쟁에서의 일본군의 해전패퇴의 전환점이 미드웨이 해전인데 반해 육전패퇴의 우려가 된 것은 남쪽의 고도 Guadalcanal(과달카날) 섬에서의 싸움이었다. 이 섬에서 일본 육군은 근대무기를 구사한 미군에 대해 세 차례에 걸쳐 백병돌격을 반복하여 궤멸하였다.

이 전투에서 선택한 미군의 전술은 근대무기를 구사한 근대전법이었고, 이에 대해 일본군은 나폴레옹과 청일·러일전쟁 이후 터진 총검백병 돌격 전술이었다. 그것은 당시의 군사 차원에서 볼 때 아주 비효율적인 전술이었다.

그러나 당시의 일본 육군은 이러한 백병돌격 전술을 용이하게 포기하고 변경할 수 없는 상황에 있었다. 이 전술은 청일·러일전쟁 이래 오랜 세월과 막대한 비용을 들여 구상되어 온 육군전통전술이었기 때문이다.

예를 들어 전차 개발에 관해 당시 육군은 항상 백병전을 상정해 거대한 중전차가 아니라 오랜 세월 동안 보병주체의 경량전차·중형전차를 개발하고 있었다. 또 총기개발에 대해서도 육군은 백병주의 기초인 수동연발소총 개발에 자금을 투자하고 있었다. 또 조직 문화에 대해서도 정신주의 백병총검주의를 구현한 지도자와 병사를 높이 평가하는 문화를 형성했다. 또한 훈련에 대해서도 백병 돌격의 교육 훈련을 오랜 세월에 걸쳐 실시하고 있었다. 그리고 전투조직에 관해서도 백병전을 기초로 하는 보병 중심의 조직 구성이 이루어졌다.

따라서 만약 일본 육군 전통의 백병돌격 전술을 도중에 변경해 포기하려 한다면 그동안 일본군이 백병돌격 전술에 투자해온 거액의 자금이 모두 회수할 수 없는 매몰비용이 되고 만 상황에 당시 일본 육군은 놓여 있었다. 또 백병전술을 변경하면 이에 반발하는 많은 이해관계자를 설득할 필요가 있어 막대한 거래비용을 부담해야 하는 상황이기도 했다. 더욱이 작전을 변경하면 이 전술 아래 러일전쟁 이후 지금까지 전사한 수많은 병사들의 죽음 자체가 헛되지 않게 되고 매몰비용이 드는 상황이었다.

이런 상황이었기 때문에 설사 백병돌격전술이 비효율적이었다 하더라도 이를 포기하고 거액의 거래비용을 부담하기보다는 그 전술에 은밀한 승리 가능성이 있다면 전술을 바꾸지 않고 그대로 가는 것이 합리적이었다.

이러한 부조리한 전형적 사례가 Guadalcanal 전에서 3회 연속으로 백병돌격를 실시하여 궤멸한 구일본군의 부조리한 행동인 것이다. 이런 부조리한 조직행동은 인간이 비합리적이기 때문에 발생하는 것이 아니다. 오히려 인간이 합리적이어서 벌어지는 일에 유의해야 한다.

* 참고문헌 키쿠자와 [2000], 방위청 방위연수소 전사실 [1969]

6.3. 부조리를 초래하는 이사회

오늘날 기업지배문제의 하나로서 주목받고 있는 이사회의 무기능화에 대해서도 일본에서는 같은 부조리가 발생하고 있다고 생각된다.

예를 들어 오늘날 대부분의 일본기업은 사장의 권력이 강하다. 사장이 인사권을 쥐고 사장이 스스로 판단하고 사임하는 것 외에 사장을 퇴사시키는 절차나 메커니즘은 일본 기업에는 거의 없는 것으로 알려져 있다.

이러한 상황에 있는 일본 기업 이사회에서는 분명히 사장이 내세운 기본전략이나 방침이 비효율적이고 어느 정도 부정적이기 때문에 회사의 운명이 위태롭다는 것을 알 수 있다. 왜냐하면 이사회 임원들이 사장이 내세운 전략이나 방침을 변화시켜 보다 효율적이고 정당한 방향으로 수정시키는 것은 매우 어렵다. 하지만 사장의 의견을 변화시키거나 사장을 해임하기 위해서는 다양한 과정과 절차가 필요하며 거래비용이 너무 높기 때문이다. 특히 자신이 사장에 의해 이사직에 임명되고 사장의 목숨이 걸려있는 경우에는 사장의 의견에 반대하고 방침을 변경하거나 그리고 사장의 해임을 추진하는 과정에 참가하는 것은 엄청난 비용을 부담하게 된다.

따라서 이러한 거래비용을 생각하면, 설령 사장의 독재로 회사가 비효율적이고 부정한 방향으로 나아간다고 해도 현 상태대로 아무것도 하지 않고 있는 것이 이사회 임원에게는 효율적이다. 물론 경우에 따라서는 현재 있는 비용보다 사장 해임에 이르는 비용이 낮은 경우도 있다. 하지만 유감스럽게도 일본에서는 이사회 임원의 반기로 사장이 해임된 사례는 미쓰코시 사건 외에는 거의 없다. 이 사건은, 당시의 오카다 시게코시 사장이 애인인 타케히사 미치와 공모해 회사를 사물화하고 있었던 것이 표면화되어 1982년 9월 22일의 정례 이사회에서 돌연 사장 및 대표이사 해임 동의가 나와 16대 0로 해임이 가결된 사건이다(후일, 오카다와 타케히사는 190억 원의 특별 배임 용의로 체포되어, 오카다는 재판 도중에 사망하여 타케히사는 실형 판결을 받았다). 이와 같이 부조리한 현상은 인간의 비합리성에 의해 발생하는 것이 아니라 합리적으로 창출된다. 즉 개별 효율성과 전체 효율성은 반드시 일치한다고는 할 수 없으며 개인은 전체 효율성이 아닌 합리적으로 개별 효율성을 선택하게 된다.

연습문제

❶ 부조리 현상이란 어떤 의미인가.

❷ 「거래비용」의 개념을 이용해 「부조리 현상」의 구체적 사례를 설명하시오.

❸ 부조리 현상은 어떻게 하면 해결할 수 있는 것인지 의논하시오.

참고문헌

麻倉怜士 [2003]『久多良木健のプレステ革命』ワック。

浅沼萬里 [1984]「自動車産業における部品取引の構造」『季刊現代経済』第58号, 夏号. 38-48頁。

Besanko, D. A., D. Dranove and M. T. Shan1ey [2000] *Economics of Strategy*, 2nd ed., John Wiley & Sons. (奥村昭博·大林厚臣監訳『戦略の経済学』ダイヤモンド社. 2002年)

防衛庁防衛研修所戦史室 [1969]「戦史叢書 南太平洋陸軍作戦(2) – ガダルカナル·ブナ作戦」朝雲新聞社。

Buckley, P. J. and M. Casson [1976] *The Future of the Multinational Enterprise*, Macmillan.

Buckley, P. J. and M. Casson [1985] *The Economic Theory of the Multination Enterprise*, Macmillan.

Coase, R. H. [1937] "The Nature of the firm" *Economica*, 4: 386-405.

Coase, R H. [1960] "The Problem of Social Cost," *Journal of Low and Economics*, 3 : 1-44.

Coase, R. H. [1988] *The Firm, the Market, and the Law*, University of Chicago Press. (宮沢健一·後藤晃·藤垣芳文訳『企業·市場·法』東洋経済新報社, 1992年)

Daft, L. R. [2001] *Essentials of Organization Theory & Design*, 2nd ed., South-Western College. (高木晴夫訳『組織の経営学 一 戦略と意思決定を支える』ダイヤモンド社, 2002年)

David, P. [1985] "Clio and the Economics of QWERTY," *American Economic Review*, 75 : 332-337.

Demsetz, H. [1988] *Ownership, Control, and the Firm*, Basil Blackwell.

Douma, S. and H. Schreuder [2002] *Economic Approaches to Organizations*, 3rd ed., Prentice Hall International.

Dunning, J. H. [1988], "The Eclectic Paradigm of International Production : A Restatement and Some Possible Extensions," *Journal of international Business Studies*, 91(1) : 1-31.

Harreld, J. B., C. A. Q'Reilly and M. L. Tushman [2007] "Dynamic Capabilities at IBM : Driving Strategy into Action," *California Management Review*, 49 : 21-43.

Hymer, S. [1985] *The International Operations of International Firms: A Study of Direct Investment*, MIT Press (unpublished Ph. D. dissertation, 1960). (宮崎義一編訳『多国籍企業』岩波書店, 1979年)

今井賢一·伊丹敬之·小池和男 [1982]『内部組織の経済学』東洋経済新報社。

菊澤研宗 [1995]「日本株式会社の中間組織論一所有権の経済学の応用」佐瀬昌盛·石渡哲編『転換期の日本そして世界』人間の科学社, 256-280頁。

菊澤研宗 [1998]『日米独組織の経済分析一新制度派比較組織論』文民堂.

菊澤研宗 [2000]『組織の不条理一なぜ企業は日本陸軍の轍を踏みつづけるのか』ダイヤモンド社。

菊澤研宗 [2001a]「学者が斬る雪印·三菱自動車で発生した組織の不条理」『週刊エコノミスト』2月 13日。

菊澤研宗 [2001b]「組織の不条理一限定合理性からのアプローチ」『ダイヤモンド·ハーバード·ビジネス·レビュー』6月号, 131-134頁。

菊澤研宗 [2002]「効率重視経営の限界」『TRI-VIEW』6月号, 9-14頁。

菊澤研宗 [2004]『比較コーポレート·ガバナンス論一組織の経済学アプローチ』有斐閣。

菊澤研宗 [2005]「経済理論から考える クラウゼヴイッツかリデル·ハートか」

『ダイヤモンド・ハーバード・ビジネス・レビュー』4月号, 82-95頁。

菊澤研宗 [2008]『戦略学—立体的戦略の原理』ダイヤモンド社。

菊澤研宗 [2009]『組織は合理的に失敗する』日本経済新聞出版社。

菊澤研宗 [2011]『なぜ「改革」は合理的に失敗するのか』朝日新聞社。

菊澤研宗 [2014]「組織の合理的失敗とその回避—取引コスト理論とダイナミック・ケイパビリティ」『三田商学研究』第56巻6号, 87-101頁。

Milgrom, P and J. Roberts [1992] *Economics, Organization, and Management*, Prentice Hall. (奥野正寛・伊藤秀史・今井晴雄・西村理・八木甫訳『組織の経済学』NTT 出版, 1997年)

Riordan, M. H. and O. E. Williamson [1985] "Asset Specificity and Economic Organization," *International Journal of Industrial Organization* 3 : 365-378.

Simon, H. A. [1961] *Administrative Behavior :A Study of Decision-making Processes in Administrative Organization*, 2nd ed., Macmillan. (松田武彦・高柳暁・二村敏子訳『経営行動』ダイヤモンド社, 1965年)

Stigler, G. J. [1951] "The Division of Labor is Limited by the Extent of the Market, *The Journal of Political Economy*, LIX : 185-193.

Teece, D. J. [1980] "Economics of Scope and the Scope of the Enterprise," *Journal of Economic Behavior and Organization*, 1 : 223-247.

Teece, D. J. [1986] "Transactions Cost Economics and The Multinational Enterprise," *Journal of Economic Behavior and Organization* 7 : 21-45.

Teece, D. J. [1998] *Economic Performance and the Theory of the Firm*, Edward Elgar.

Teece, D. J. [2007] "Explicating Dynamic Capabilities: The Nature and Micro-Foundations of (Sustainable) Economic Performance," *Strategic Management Journal*, 28 : 1319-1350.

Teece, D. J. [2009] *Dynamic Capabilities and Strategic Management : Organizing for Innovation and Growth*, Oxford University Press. (谷口和弘=蜂巣旭=西章弘=ステラ·S·チェン訳『ダイナミック・ケイパビリテイ戦略—イノベションを創発し, 成長を加速させる力』ダイヤモンド社. 2013년)

Teece, D. J. [2010] "Forward Integration and Innovation : Transaction Costs and Beyond," *Journal of Retailing*, 86 : 277-283.

Teece, D. J. [2012] "Dynamic Capabilities: Routines versus Entrepreneurial Action," *Journal of Management Studies*, 49 : 1395-1401.

Teece, D. J. [2014] "A dynamic capabilities-based entrepreneurial theory of the multinational enterprise," *Journal of International Business Studies*, 45 : 8-37.

Teece, D. J. and G. Pisano [1994] "The Dynamic Capabilities of Firms," *Industrial and Corporate Change,* 3 : 537-556.

Teece, D. J., G. Pisano and A. Shuen [1997] "Dynamic Capabilities and Strategic Management," *Strategic Management Journal*, 18 : 509-533.

Williamson, O. E. [1975] *Markets and Hierarchies : Analysis and Antitrust Implications*, Free Press. (浅沼萬里·岩崎晃訳『市場と企業組織』日本評論社, 1980年)

Williamson, O. E. [1983] "Credible Commitments : Using Hostages to Support Exchange," *American Economic Review*, 73 : 519-540.

Williamson, O. E. [1985] *The Economic Institutions of Capitalism: Firms, Markets, Relational Contracting*, Free Press.

Williamson, O. E. [1986] E*conomic Organization : Firms, Markets and Policy Control*, Wheatsheaf Books. (井上薫·中田善啓監訳『エコノミックオーガニゼーション―取引コストパラダイムの展開』晃洋書房, 1989年)

Williamson, O. E. [1989] "Transaction Cost Economics, Ch.3, R. Schmalensee and R.D. Willig (eds.), *Handbook of Industrial Organization*, North-Holland. (和田哲夫訳「取引費用の経済学」『郵政研究所月報·1998年5-6月号 : 131-149, 107-129頁)

Williamson, O. E. [1996] *The Mechanisms of Governance*, Oxford University Press.

제3장

대리이론

이제 대리이론(agency theory)이라는 여러 가지 논의를 최대한 쉽게 정리해보자. 기본적으로 대리이론 연구는 크게 두 가지 흐름으로 구분된다. 하나의 흐름은 실증적 대리이론(positive agency theory)이라 불리며, 주로 대리인과 위임자에 의해 전개되는 현실을 해명하는데 큰 관심을 갖는 연구흐름이다. 다른 하나의 흐름은 규범적 대리이론(normative agency theory)이라 불리며, 주로 노벨경제학상의 수상자들인 로스(Ross, 2012년도 수상자), 홈스트롬(Holmstrom, 2016년도 수상자), 마리스(Mirrlees, 1996년도 수상자) 등에 의해 전개된 수리모형의 전개에 큰 관심을 가진 연구흐름이다.

이하 우선 대리이론의 기본원리를 명확하게 해서 이 원리에 근거해서 다양한 현상을 체계적으로 설명해 보자.

1. 대리이론의 기본원리

1.1. 신고전학파 경제학의 기업관

대리이론의 기본원리를 보다 쉽게 이해하려면 우선 신고전학파 경제학과 비교해서, 이 이론을 설명할 필요가 있다. 이를 위해 신고전학파 경제학의 사고방식에 대해 필요한 범위에서 간단히 설명해 보자.

신고전학파 경제학에서는 다양한 가정이 설정되고 있다. 특히 인간의 행동에 관한 가정으로서 아래와 같은 효용극대화 가설과 완전 합리성의 가정이 중요한 역할을 한다.

(NC_1) 모든 인간은 효용을 극대화하고자 한다.

(NC_2) 모든 인간은 완전한 정보수집, 정보처리, 그리고 정보전달 능력을 가지고 있으며, 그 능력을 이용해서 완전하게 합리적으로 행동한다.(전지만이 전능은 아니다).

이러한 완전 합리성의 가정 하에서는 모든 인간이 상대방의 행동을 완전히 알 수 있기 때문에 어느 누구도 다른 사람을 속여 자기이익을 추구할 수 없다.

여기에서 만일 이러한 가정에 따라 구성원에서 기업조직이 구성된다면 기업경영자는 모든 구성원의 행동을 완전히 감시할 수 있다. 그 결과 각 구성원은 가령 각기 다른 고유 목적을 갖고 있더라도 조직내부에서 이를 추구할 수 없다. 그런 구성원은 해고되고 만다. 무엇보다도 구성원은 기업가의 목적, 즉 이윤극대화에 따라 행동할 수 밖에 없다. 이런 강제상황을 피해서 다른 기업으로 전직해도 사태는 여전히 변하지 않는다. 여전히 완전합리적인 다른 기업경영자의 목적에 따라 일하게 될 뿐이다.

따라서 신고전학파 경제학에서는 <그림 3-1>과 같이 기업의 조직행동과 기업가의 행동이 같은 것이다. 즉 기업행동을 이해할 경우 기업가의 행동만 관찰하면 충분하며, 기업조직을 구성하는 각각의 구성원의 행동에 대해 한 사람 한 사람의 행동을 개별적으로 관찰할 필요는 없다.

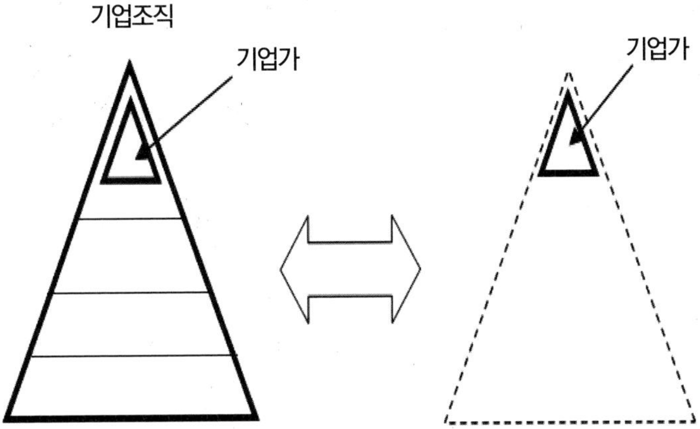

그림 3-1. 신고전학파 경제학의 기업관

1.2. 대리이론의 기본가정과 기초개념

이에 대해 대리이론에서는[1] 신고전학파 경제학의 완전 합리성의 가정이 완화되어, 인간의 행동가정에 관해 아래와 같은 효용극대화

1) 대리이론의 기본에 대해서는 Arrow(1985), Holmstrom(1979, 1982), Jensen and Meckling(1976), Fama and Jensen(1983a, 1983b)에서 상세하게 서술하고 있다. 그 쉬운 설명으로는 Milgrom and Roberts(1992), Douma and Schreuder (1991), 菊澤(1998), Eggertsson(1990)이 있다.

가설과 제한된 합리성의 가정이 도입된다.

(AT_1) 모든 인간은 효용을 극대화하지만 그런 이해는 필요하더라도 서로 똑같진 않다(이해의 불일치가정)

(AT_2) 모든 인간은 정보수집, 정보처리 그리고 정보의 전달능력에 한계가 있으며, 서로 똑같은 정보를 가진 것은 아니다(정보의 비대칭성가정)

이들 가정아래 기업행동을 분석하는 경우 이제 기업가의 행동만 이해하는 것으로 충분하지 않다. 보다 정확하게 주주와 경영자, 경영자와 종업원, 그리고 관리자와 노동자 등과 같이 서로 다른 이해를 가진 주체간의 관계에 주목할 필요가 있으며, 이것에 의해 기업행동을 둘러싼 광범한 현상을 보다 정확하게 분석할 수 있다.

특히 이러한 관계를 보다 정확하게 파악하는 일반 틀(general framework)로서 대리이론에서는 위임자(principal)와 대리인(agent)이란 개념이 도입되었다. 여기에서는 어떤 목적을 달성하기 위해 권한을 위양하는 사람은 위임자, 권한이 위양되어 이를 대행하는 수임자는 대리인이라 부른다. 그리고 위임자가 자신의 목적을 위해 대리인에게 권한을 위양해서 특정한 일을 대행시키는 계약관계를 대리관계라 한다. 대리이론은 이러한 관계를 분석의 기초단위로 한다.

이상과 같이 대리이론은 신고전학파 경제학의 완전 합리성의 가정을 완화하여 제한된 합리성의 입장을 취함으로써 한편에서 그런 설명범위를 확장하고, 다른 한편에서 보다 정확하게 거래계약관계를 분석하기 위해 대리관계라고 하는 틀을 도입한 이론이라고 말할 수 있다.

1.3. 대리이론의 이론적 구상

그래서 이상과 같은 제한된 합리성 가정 하에서는 대리인이 위임자의 이익을 취할 수 있다. 이처럼 상대의 미비한 점을 기회로 악용하여 자기이익을 추구하는 행동을 「기회주의 행동」이라 하며, 이런 행동이 초래하는 비효율적인 자원배분과 이용현상으로서 예를 들면 역선택(adverse selection)이나 도덕적 해이(moral hazard)가 유명하다.[2)]

이들 중에 역선택은 위임자와의 계약이전에 대리인이 숨긴 정보를 가지고 있는 경우에 생기는 비효율적인 현상이며, 진화론이 설명하는 것처럼 뛰어난 것이 살아남는 것은 아니고, 역으로 악화시키지 못하게 하는 것만이 살아남는 현상이다. 예를 들면 보험가입자는 보험계약 이전에 자신의 건강상태에 대해 감춘 정보를 갖고 있다. 보험회사는 이것을 완전히 알아낼 수 없기 때문에 보험료가 비교적 높게 설정된다. 이런 높은 보험료는 건강한 사람들에게는 관심을 끌지 못하지만 건강하지 않은 사람들에게는 여전히 매력적일 것이다. 그 때문에 보험계약을 둘러싸고 건강하지 않은 사람이면 모여드는 비효율적인 현상이 발생한다. 이것이 역선택 현상이다.

이에 대해 도덕적 해이란 위임자와의 계약이후에 대리인이 숨긴 부정으로 비효율적인 행동을 행하는 현상이다. 예를 들면 기업경영자는 계약할 때에 주주의 이해에 따를 것을 약속한다고 생각할지도 모른다. 하지만 계약이후 주주는 경영자의 행동을 완전히 관찰할 수 없기 때문에 경영자는 그것을 기회로 주주의 이익을 무시하고 감춰버린 자기이익을 추구할 가능성이 있다. 이러한 비효율적인 현상이

2) 역선택과 도덕적 해이의 구별에 대해서는 Arrow(1985)에서 상세하게 다루어지고 있다.

도덕적 해이이다.

이처럼 대리관계에서 발생하는 기회주의 행동에 기인해서 초래되는 비효율적인 자원배분과 이용문제를 대리문제(agency problem)라 하며, 이런 비효율을 반영해서 생기는 비용을 대리비용(agency cost)이라 한다. 이런 대리비용의 발생을 사전에 억제하기 위해 다양한 제도가 전개된다는 기본생각으로 현실의 다양한 제도를 설명하고 정책을 전개하는 것이 대리이론이다.

이러한 대리이론의 연구흐름은 현재 크게 두 가지 흐름으로 구별된다.[3] 하나의 흐름은 실증적 또는 재무적 대리이론(positive agency theory)이며, 주로 젠센과 멕크링(Jensen and Meckling)[1976]에 의해 전개된 흐름이다. 이는 주주, 채권자 및 경영자 간의 대리문제를 비수리적으로 실증적으로 분석하는 연구이다

이에 대해 또 하나의 흐름은 규범적 대리이론(normative agency theory)이라 하며[4], 주로 로스(Ross)[1973], 홈스트롬(Holmstrom) [1979, 1982], 마리스(Mirrlees)[1976], 그리고 파마(2013년도 수상자, Fama)[1980] 등에 의해 전개된 흐름이다. 이는 주로 경영자와 종업원간의 대리문제를 수리적으로 분석하는 연구이다.

또한 대리이론은 「정보경제학」과도 깊게 관련되어, 특히 2001년에 노벨경제학상을 공동수상한 애커로프(Akerlof)[1970], 스펜스(Spence)[1973], 스티글리츠(J.G. Stiglitz)[5] 등이 유명하다.

아래에서는 여기에서 분석한 대리이론의 기초를 토대로 다양한

---

3) 이 구별에 대해서는 Jensen(1983)이 자세히 다루고 있다.

4) 규범적 대리이론은 위임자-대리인이론이라고도 부른다.

5) 스티글리츠의 정보경제학에 대해서는 Stiglitz and Greenwald[2003]에서 상세하게 서술함.

이론을 통일적으로 재구성해보자.

연습문제

❶ 왜 신고전학파 경제학에서는 기업행동을 기업가 한 사람의 행동과 똑같다고 보는가.

❷ 대리관계의 구체적인 사례를 열거해보시오.

2. 도덕적 해이와 역선택 모형

2.1. 도덕적 해이와 다양한 제도

대리이론을 이용하면 현존하는 다양한 제도는 대리인의 도덕적 해이현상을 억제하는 제도로서 설명할 수 있다. 이런 이론이 우리에게 친밀한 제도를 설명하는 이론임을 명확하게 해보자.

집의 건축계약과 사후관리

이제 집을 건축한다고 생각해서 가족을 위임자, 건축업자가 대리인인 경우를 생각해보자. 양자의 이해가 반드시 일치하지 않는다. 위임자인 가족은 계약금액으로 가능한 한 좋은 집을 지원해 주길 바란다고 생각한다. 이와 달리 건축업자는 계약금액으로 품질이 떨어져도 값싸게 집을 지을 생각을 한다. 또한 양자 간의 정보도 비대칭적이다. 일반적으로 주택구조, 사용한 재료의 품질, 건축방법에 관한 사적정보는 건축업자측이 일방적으로 많다.

이러한 대리관계 하에서는 대리인인 건축업자는 위임자인 가족의 불만을 틈타(기회) 부실공사를 할 가능성이 있다. 특히 겉으로 보이지 않는 곳에서 부실공사가 이루어질지도 모른다. 또한 필요 이상의 열악한 재료를 사용하는지도 모른다. 그래서 기준이하의 내진구조로 건축되는지도 모른다. 이러한 대리계약관계 하에서는 도덕적 해이가 발생할 가능성이 있다.

이것을 억제하기 위해 가족은 시간 나는 대로 자주 건축현장으로 발길을 옮겨 목수를 감시할 필요가 있다. 그러면 목수가 끊임없이 신경 쓰면서 다과 등을 내놓을지도 모른다. 이러한 감시비용(monitoring cost)이 너무 높기 때문에 10년간의 사후관리(after care)제도가 형성되었다고 해석할 수 있다. 이러한 제도 하에서는 결함이 발견되어 보상을 반복하는 것보다 처음부터 결함이 없는 주택을 건축하는 편이 건축업자에게도 보다 효율적이기 때문이다. 이것은 양자의 이해를 일치시키는 제도라고 말할 수 있다.

미국의 부품공급계약과 제조물책임법

이제 부품공급계약을 둘러싸고 조립업자를 위임자, 납품업자(부품업자)를 대리인으로 하자. 이런 경우 양자의 이익은 반드시 일치하지 않는다. 제조업자는 양질의 부품을 저렴하게 공급받고 싶을 것이다. 이와 달리 납품업자는 가능한 한 높은 가격으로 부품을 판매하고 싶을 것이다. 또한 양자의 정보도 비대칭적이다. 대리인인 납품업자는 부품제조에 관한 사적정보를 많이 갖고 있다.

그런데, 미국에서는 오래 전에, 일반적으로 납품업자가 제조업자에게 공급한 부품에서 불량품이 나오면 그것은 제조업자 측의 책임이다. 제조업자는 어느 납품업자와 계약하는가. 어디까지가 제조업자의 책임이고 어디부터 자유인가. 일단 납품업자와 부품공급계약을 채결하고 나면 불량품에 대한 책임은 제조업자 측에 있다.

이러한 대리관계 하에서 나쁜 납품업자는 비록 부품의 발송전에 불량품이 섞여 들어간 것을 눈치 채면서도 그대로 부품을 제조업자에게 공급해 버릴 것이다. 즉 도덕적 해이현상이 발생한다. 이러한 납품업자의 도덕적 해이행동을 억제하기 위해 제조물책임법(PL법)이 제안되어 시행되고 있다. 즉 제조물에 문제가 있는 경우 무과실이라고 해도 제조업자 측에 책임이 있는 제도이다. 이것은 양자의 이해를 일치시키는 제도의 하나이다.

Column 3-1

일본·미국·독일 고용상황의 대리이론 분석

경영자를 위임자, 종업원을 대리인이라고 하자. 양자의 이해는 반드시 일치하지 않는다. 또한 양자의 정보도 비대칭적이다. 이런 경우 종업원은 입사 후 경영자의 미비한 점을 기회로 도덕적 해이를 일으킬 가능성이 있다. 이러한 비효율적인 현상의 발생은 어떻게 억제할 수 있는가.

미국기업에서 경영자는 계약 전에 종업원이 대학에서 어떤 학부를 졸업하고, 어떤 이력· 직무경력이 있는가. 그리고 어떤 자격을 갖고 있는지의 정보에 대한 관심이 매우 높다. 그 때문에 고매한 이상을 가진 사업과는 무관한 학부에 입학했다는 것은 좋지만 졸업해서 막상 급여가 높은 직을 탐색했다고 해도 소용없다. 안타깝지만 급여가 낮은 직무에서만 채용하지 않을 가능성이 높다. 또한 경영자는 비록 이들 사전정보가 불충분한 탓으로 잘못 고용했다고 해도 통상 기업은 2,3년 계약부터 시작하기 때문에 만일 종업원이 계약 후에 도덕적 해이를 일으킬 인물이라는 점이 알려지면, 기업은 2,3년 후에 계약을 갱신하지 않는다. 이러한 계약관계가 종업원의 계약 후 도덕적 해이를 억제한다고 할 수 있다.

마찬가지로 독일에서도 고용계약을 둘러싸고 종업원은 경영자로부터 미국기업 이상으로 각종 증명서의 제출을 요구받는다. 예를 들면, 경영자는 고용계약에 즈음해서 종업원의 학력증명서, 근무성적증명서, 수공업증명서, 동업조합회원 자격 등을 제출하도록 한다. 자격 중시 나라인 독일에서는 이러한 각종 자격증명서 없이 직장을 얻기가 매우 어렵다. 어떤 의미에서 독일에서 동업자조합이 매우 많은 것은 자격증명서를 발행하기 때문이라고 해도 과언이 아니다. 이러한 채용을 통해서 채용 후의 종업원의 도덕적 해이의 발생을 억제하고 있다.

이에 대해 일본기업에서는 이제까지 채용시즌에 학력, 면접, 간단한 필기시험의 결과 등이 고려되며, 그 중에서도 특히 면접이 중시된다. 그때 어느 대학인지가 중요했지만, 어느 학부출신인가 어떤 자격을 가지고 있는가 하는 점은 반드시 중요하진 않았다. 그 때문에 일본의 대기업에서는 이미 어느 정도 회계에 관한 전문지식을 가진 인재보다도 오히려 회계지식을 전혀 갖지 않은 쪽이 회계경리부문에 배속되기 쉬운 경우도 있었다. 그러한 지식을 갖지 않은 인재가 기업고유의 회계시스템을 마찰 없이 가르칠 수 있다는 것이다. 이처럼 애매한 채용방식 때문에 일본기업에서는 채용후 종업원의 도덕적 해이가 발생할 가능성이 있다. 허지만 이제까지 종신고용이 전제되었기 때문에 출세를 바라는 종업원은 입사후 도덕적 해이를 일으키지 않고 자기통치하고 있다. 그러나 종신고용제도가 붕괴되고 있는 요즘 현상의 채용방법 그대로 종업원의 도덕적 해이를 억제하는 것이 가능할 것인가.

일본의 세금문제와 정보공개법

세금을 둘러싸고 의뢰인인 위임자를 국민으로 하고, 대리인을 관료라고 하자. 이러한 대리관계에서는 양자 간의 이해가 반드시 일치하지 않는다. 국민은 정부가 국민전체의 이익향상을 위해 세금을 이용해주길 바란다. 한편 관료는 사적이익을 추구하는 식으로 세금을 배분하여 이용하는지도 모른다. 정보 또한 비대칭적이다. 세금의 배분과 이용방법에 관해서는 국민보다 관료 쪽이 보다 많은 정보를 갖고 있다.

이러한 상황에서는 대리인인 관료가 숨기고 교묘하게 세금을 낭비하는 식으로 도덕적 해이현상이 발생할 가능성이 있다. 예를 들면, 관료는 공공사업을 둘러싼 업자를 선정한다. 그때 업자는 많은 돈을 쓰는 사람으로서 고위관료를 전략적으로 접대할 것이다. 그런데 이런 접대로 인해 업자와 관료 모두 손해 보진 않는다. 손해 보는 측은 결국 국민이다, 왜냐하면 만일 공공사업을 수주할 수 있으면, 업자는 이런 접대비를 교묘하게 공공사업비에 포함되는 필요경비로 국가에 청구할 수 있어, 그것이 세금에서 지불되기 때문이다.

이처럼 국민의 세금은 숨기고 낭비될 수 있다. 이와 같은 관료에 의한 도덕적 해이를 억제하기 위해 (감사원에 의한) 회계검사제도가 있다. 그리고 오늘날 한층 더 정보공개법 및 공무원의 윤리규정이 제정되고 있다. 이는 양자의 정보의 비대칭성을 완화하려는 제도이다.

2.2. 다양한 역선택 현상

마찬가지로 대리이론을 이용하면 역선택 현상의 발생과 그것을 억제하는 제도와 방법도 설명할 수 있다.

미국의 중고차시장과 사후관리제도

외관상 멋지게 보이지만, 깨물면 시큼한 노란 레몬 때문에, 「레몬시장[6]」이라고 불리는 것이 미국 중고차시장이다. 겉보기에 좋은 차만큼이나 중고자동차일 가능성이 높다는 의미이다. 이러한 시장에서는 전형적으로 역선택이 발생할 가능성이 있다.

예를 들면, 이제 위임자를 중고차구입자, 대리인을 중고차판매업자로 하자. 위임자와 대리인간의 상호이해가 다르고, 게다가 정보도 비대칭적이다. 이러한 상황에서 악덕 중고판매업자는 결함차(lemon)의 외모를 최대한 멋지고 비싸게 판매하려 할 것이다. 구입자는 중고차의 성능을 정확하게 알아낼 수 없기 때문에 결국 이러한 시장에

6) 레몬시장의 경제학으로 노벨상 수상자는 아카로프(Akerlof) [1970]이다.

서는 구입자를 속이는 악덕 판매업자가 남게 된다.

이렇게 중고차시장에서는 이후로 양심적으로 중고차를 판매하는 사람은 없기 때문에 중고차시장에서 퇴출해서, 결함차를 팔려는 악덕업자의 가짜가 시장에 몰리는 역선택현상이 발생한다. 그 결과 중고차를 구입하는 사람이 사라질 가능성이 있다.

이런 경우에는 충분히 탈만한 차조차 이용되지 않기 때문에, 자원의 비효율적인 이용이 발생한다. 이 문제를 해결하기 위해 중고차판매업자에 의해 다양한 사후관리(after care)제도나 보증제도가 형성된다고 해석할 수 있다. 이것이 중고차구입자와 판매업자와의 이해를 일치시키는 제도이다.

업무분담과 해고

이 외에도 대리이론에 의해 임금제도를 둘러싼 조직의 부조리현상을 설명할 수 있다. 예를 들면 이제 경영자를 위임자, 종업원을 대리인으로 하자. 경영자와 종업원 간의 이해는 다르다. 또한 경영자는 종업원의 행동도 완전하게 감시할 수 없다. 이런 의미에서 정보의 비대칭성도 성립한다.

이런 상황에서 이제 불황으로 고민하는 경영자가 인건비의 절약을 강요받는다고 하자. 이런 경영자는 인건비절감문제를 해결하기 위해 특정 사원을 해고하는(lay off) 일이 지나치게 끔찍하다고 보고, 업무분담(work sharing)를 실시해서 한 사람도 해고하지 않고, 전종업원을 대상으로 일률적으로 노동시간과 임금을 삭감할 것이다.

하지만 이런 식의 임금삭감에 의해 무능한 사원은 급여가 여전히 높게 보장되어 있다고 생각하기 때문에 이런 기업에 머물 것이다.

이에 반해 유능한 사원은 이런 임금삭감에 의해 급여가 너무나 낮다고 생각하기 때문에 결국 퇴사하고 다른 기업으로 옮겨 가는 것이 합리적이다.

이렇게 해서 이런 기업에는 무능한 종업원들만 남게 되는 역선택 현상이 발생한다. 노동시장의 유동성이 높은 상황에서는 특정인을 해고할 필요가 있다.

Column 3-2

일본·미국·독일 업무분담의 대리이론 분석

버블 붕괴 후 불황기에 일본에서는 특정 종업원을 해고하지 않고, 전체적으로 노동시간과 임금을 줄이고 일을 모두 공유하는 업무분담제도의 도입이 눈길을 끌었다. 이런 업무분담제도가 어떤 효과를 가져 오는가를 대리이론의 관점에서 고찰하기 위해 이제 경영자를 위임자, 대리인을 종업원으로 하는 대리관계를 생각해보자. 양자 간의 이해는 일치하지 않으며, 양자 간의 정보 또한 비대칭적이다. 게다가 이제 불황 때문에 경영자가 특정 종업원을 해고하지 않고 전체적으로 임금을 낮춰 동시에 일자리 나누기 업무분담정책을 실시한다고 한다. 이런 경우 일·미·독 기업에서는 어떤 일이 일어나는가.

우선, 미국 기업의 경우 불황대책으로 업무분담을 실시한다면 능력이 낮은 종업원에게는 오히려 임금이 높다고 생각하기 때문에 그들은 기업에 남겠다고 할 것이다. 그러나 유능한 종업원에게는 임금이 너무 낮다. 미국의 노동시장에서는 전직이 비교적 쉽기 때문에 유능한 종업원은 회사를 이직하고 전직할 것이다. 이와 같이 미국에서는 불황에 대응해서 업무분담을 전개하면 역선택이 발생할 가능성이 있기 때문에 미국 기업에서 업무분담이 실시되는 경우는 거의 없다.

이에 대해 독일의 경우 해고를 제한하는 법률이 매우 충실한 편이다. 예컨대 불황에서도 종업원을 자유롭게 해고하려면 막대한 거래비용이 든다. 이런 비용을 회피하기 위해 일반적으로 독일에서는 불황에 대해 업무분담이 전개되었다. 그 때문에 독일에서는 미국과 달리 업무분담은 효율적인 방법이다.

일본의 경우에는 IT관련 산업에서는 노동시장의 유동성이 매우 높기 때문에 만일 업무분담을 실시하면, 미국처럼 무능한 종업원에게는 오히려 임금이 높다고 생각하기 때문에 회사에 남으려고 하고, 이에 반해 유능한 종업원에게는 임금이 낮기 때문에 전직하려고 한다. 즉 역선택이 발생한다. 그러나 전통적인 산업내의 기업에서는 의연하게 노동의 유연성이 낮기 때문에 이러한 산업에서는 독일처럼 업무분담을 실시하더라도 그만큼 큰 문제가 일어나지 않는다. 예를 들면 이토츄상사(伊藤忠商事)에서는 IT부문과 기존 부문은 동일한 임금체계 하에 있기 때문에 IT부문에서는 역선택이 발생한 것으로 알려져 있다. 즉 무능한 사람에게는 급여가 높고, 유능한 사람에게는 급여가 낮다고 생각하기 때문에 무능한 사람만 점거해서, 유능한 사람은 독립한다는 현상이 일어난 것으로 알려져 있다.

금리

또한 은행의 금리에 대해서도 똑같이 말할 수 있다. 이제 은행을 위임자, 채무자를 대리인이라고 하자. 양자 간의 이해는 서로 다르며, 양자 간의 정보 또한 비대칭적이다.[7]

이 같은 상황에서 금융이 계약된 은행의 자본비용이 상승했다며, 은행은 평균적인 채무자에 대한 대부로부터도 이익을 얻기 위해 일률적으로 금리를 인상시킨다. 이런 경우 견실한 투자를 행하려는 안전한 채무자에게 이런 금리는 너무나 높기 때문에 이런 은행에서 차

7) 금리의 사례에 대해서는 Milgrom and Roberts [1992]에서 상세하게 서술하고 있다.

입하지 않을 것이다. 이에 대해 리스크가 높은 투자를 행하는 위험한 채무자에게는 여전히 이런 금리는 안전하기 때문에 차입하길 원할 것이다.

이렇게 채무자의 질이 낮아 대출에서 얻게 될 은행의 수익은 결국 저하하는 역선택현상이 발생하는 것이다. 이러한 사태를 피하기 위해서는 일률적으로 금리를 인상하는 것이 아니라 채무자를 개별적으로 평가하여 차등금리를 결정할 필요가 있다.

2.3. 정보발신, 정보선별, 자기선택

그래서 역선택에 대한 대책으로서 두 가지 방법이 있다. 하나는 정보발신(signaling)이며, 다른 하나는 정보선별(screening)이다. 이에 대해서 설명하기로 한다.

우선 한사람의 위임자에 대해 복수의 대리인이 존재한다고 하자. 위임자와 복수의 대리인의 이해는 반드시 일치하지 않는다. 게다가 양자 간에 정보의 비대칭성도 성립한다고 하자. 이런 경우 아무것도 하지 않으면 위임자의 미비한 점에 기회를 이용하여 자신의 이익만을 추구하는 나쁜 대리인들은 위임자와의 거래를 부당하게 유리하게 진행하기 때문에 위임자와 이해가 일치하는 좋은 대리인에게 위임자와의 거래는 상대적으로 불리하다.

(1) 이때 나쁜 대리인으로 오해되지 않도록, 좋은 대리인은 어떤 방법으로든 위임자에 대해 자신에 관한 보다 정확한 정보를 사전에 제공하는 경우이다. 이것이 「정보발신」이다.
(2) 이에 대해 정보가 없는 위임자가 속지 않으려고 사전에 어떤 방법으로 복수의 대리인 중에서 나쁜 대리인과 좋은 대리인을 구

별하도록 하는 것도 가능하다. 이것이 「정보선별」이다.

이러한 연구는 스펜스(Spence) [1973]에 의해 체계적으로 연구되었다. 이하 각각 구체적인 사례를 이용해서 설명해보자.

정보발신

이제 위임자가 기업경영자이고, 고용주라고 하고. 이에 대해 대리인은 복수의 취업희망자들이며, 거기에는 질 높은 노동자와 질 낮은 노동자가 혼재한다고 하자. 게다가 고용자와 피고용자의 이해는 반드시 일치하지 않아서 정보도 비대칭적이라고 하자.

이런 경우 질 높은 노동자는 채용되지 않을지도 모른다. 또한 채용된다고 해도 동일노동조건 하에서는 질 높은 노동자는 성실하게 일을 해도 이득을 보지 못한다. 한편 질 낮은 노동자는 얻는 것이다. 여기서 이러한 비효율적인 현상을 억제하기 위해 사전에 질 높은 노동자는 질 낮은 노동자와 자신들을 차별화하려는 것이다. 예를 들면 고학력이나 과거의 경력을 증명하는 서류나 어떤 자격증명서를 사전에 제출하려 할 것이다. 이것이 정보발신이다.

이런 정보발신에 의해 대리인은 원하는 특성보유자임을 직접 위임자에게 납득시킬 수 있다. 허지만 이러한 정보발신에 의해 정보의 비대칭성을 완화하는 방법은 아래와 같은 조건을 만족할 필요가 있다. 우선 질 높은 노동자에게 정보발신의 이점이 정보발신의 소요경비보다 높을 것, 다음으로 질 낮은 노동자에게 정보발신의 이점보다도 정보발신의 소요비용이 높을 것이다.

정보선별

이번에는 보다 많은 사적정보를 가진 다양한 대리인을 어떤 기준에 의해 구별하기 위해 정보가 적은 위임자는 대리인에 관한 정보를 얻으려 한다. 이러한 모든 노력이 정보선별(screening)이다.

Column 3-3

정보선별로서 학력

2001년에 노벨경제학상을 수상한 스펜스는 학력경쟁을 이론적으로 분석하기 위해 정보선별이론(screening theory)을 전개하였다.

그에 의하면 교육은 능력을 연마하기 위한다기 보다도 개인의 능력을 다른 사람에게 알리기 위한 신호(signal)로 볼 수 있다고 했다. 기업은 노동시장에서 노동자 한 사람 한 사람의 능력을 정확하게 알 수 없다. 그 때문에 노동자는 자신이 얼마나 우수한가를 적극적으로 기업 측에 알릴 필요가 있다. 그때 가장 효과적인 수단이 고학력이다.

스펜스는 일류대학이 일류 인재를 키운다기보다도 반대로 우수한 인재가 자신의 우수성을 시장에 알리기 위해 일류대학에 입학한다고 생각하였다. 과거 일류대학의 학생이지만 교사는 삼류라고 알려진 일본의 상황이 바로 이런 상황이다. 기업에게 노동자나 종업원 1인마다 능력을 하나하나 조사해서 확인하려면 너무나도 비용이 높다. 이러한 상황에서는 고학력은 매우 중요한 신호이다.

* 참고문헌 Spence [1973]

이제 고용자를 위임자, 피고용자를 대리인이이라 하자. 고용자가 노동자를 채용하는 경우 고용자와 피고용자간의 이해가 일치한다는 보증은 없다. 또한 양자의 정보도 비대칭적이다. 이러한 상황에서는 대리인으로서의 피고용자 중에는 생산적인 질 높은 노동자도 비생산적인 질 낮은 노동자도 있을 것이다. 문제는 잘못되어 비생산적인 질 낮은 노동자를 채용하는 경우이다.

이러한 상황을 회피하기 위해 위임자로서의 고용자는 사전에 채용시험, 여신능력의 심사, 자격증명서의 제출을 요구한다. 이것이 정보선별이다.

이처럼 위임자의 사전 정보선별에 의해 각 시험에 합격할 것 같지 않은 대리인이나 자격증명서를 제출할 수 없는 대리인은 이러한 회사를 처음부터 피하고, 시험에 합격할 것 같은 대리인이나 자격증명서를 제출할 수 있는 대리인만이 취직시험에 응시해온 것이다. 이것이 「자기선택」이다.

예를 들면 일본의 방위의과대학교에서는 학생들에게 무료로 교육을 제공해서 졸업 후에 자위관으로서 임관할 것을 요구한다. 이제 위임자를 방위의대, 대리인을 학생들이라 하자. 위임자와 대리인의 이해는 반드시 일치하는 것은 아니다. 방위의대는 정말로 군의관이 되고 싶은 지원자만을 유인하고 싶다. 하지만 학생 중에는 그렇지 않은 사람도 많다. 또한 정보도 비대칭적이다. 이러한 상황에서는 지원자 중에는 자위관이 되지 않지만 무료로 교육을 받고 싶은 지원자가 출현하는 것이다.

여기서 만일 무료로 교육을 받는 대신 군사교련이나 임관의무가 있다는 사실이 사전에 설명되었다면 자위대의 군의관이 되는 것에 무관심한 학생은 지원을 보류하고, 군의관이 되고 싶은 학생만 지원하게 된다. 이것이 자기선택이다. 이에 의해 대리문제가 피할 수도 있다.

연습문제

❶ 도덕적 해이의 구체적 사례를 들어보시오.

❷ 역선택의 구체적 사례를 들어 보시오.

❸ 정보발신의 구체적 사례를 들어 보시오.

❹ 정보선별의 구체적 사례를 들어 보시오.

3. 대리이론과 기업지배구조

3.1. 대리이론의 기업관

오늘날 가장 화제가 되고 있는 하나의 주제는 기업지배구조(corporate governance) 문제이다. 이 문제를 해결하는 가장 유력한 이론으로 보이는 것은 대리이론이다.

흔히 대리이론은 주주를 유일한 절대적 위임자로 하고, 대리인을 경영자로 하는 주주 주권론으로 오해되는 경우가 많다. 특히 이 이론은 미국에서 개발된 것도 있으며, 미국형 주주주권의 기업지배구조를 정당화하는 이론인 것으로 간주되는 경향이 있다.

하지만 이는 잘못 알고 있는 시각이다. 대리이론에 의하면, 기업은 인간이 아니라 경영자를 중심으로 뭉친 다양한 대리관계의 결합체(nexus)[8]로 보인다.

기업 = 대리관계의 결합체

예를 들면, 기업은 <그림 3-2>와 같이 주주와 경영자의 대리관계, 채권자와 경영자의 대리관계, 경영자와 종업원의 대리관계, 경영자와 하청업자의 대리관계, 기업과 고객의 대리관계 등 다양한 대리관계의 결합체인 것으로 보인다.

그 때문에 대리이론의 기업관은 주주일원론이 아니라, 이해관계자에 의한 다원론적 기업관이며, 이들 다양한 이해관계자의 균형상태가 기업이라는 입장에 선다.

---

8) 기업을 계약의 결합체로 보는 기업관에 대해서는 파마와 젠센(Famaa and Jensen) [1983a, 1983b], 젠센과 메클링(Jensen and Meckling) [1976]에 상세하게 서술되어 있다.

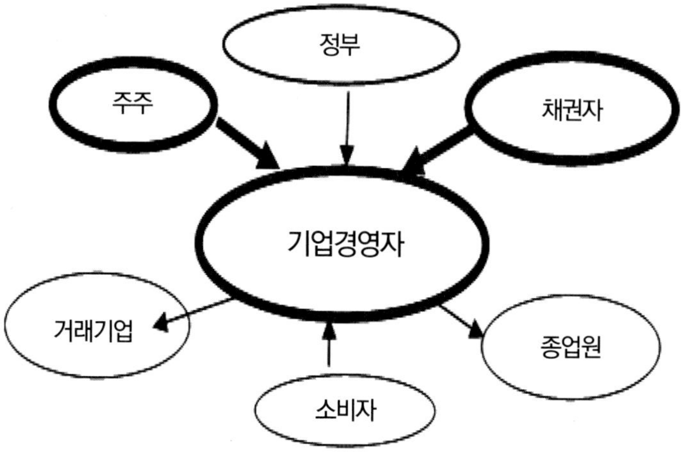

그림 3-2. 약속의 결합체로서 기업

그러나 이러한 다원적 기업관에 서면, 어디까지가 그런 기업경계가 불분명하다고 말할지도 모른다. 왜냐하면 기업을 구성하는 대리관계 중에는 소비자와 경영자와의 대리관계도 포함하기 때문이다. 이것에 대해 대리이론에서는 기업은 경계를 가지는 물리학적 존재가 아니라 어디까지나 기업은 「기업가치」로서 존재하며, 무엇보다도 기업가치는 이들 기업을 둘러싸고 있는 다양한 대리관계의 균형상태를 반영한다는 것이다.

여기서 기업가치는 어떻게 계산되는가. 기존자산의 매각총액, 즉 청산가치를 기업가치로 보는 방법이 있다. 그러나 그것은 도산기업의 가치이며, 생존기업의 가치가 아니라는 비판이 있다. 또한 기업 주가의 시가총액을 기업가치로 보는 방법이 있다. 그러나 이 방법에서는 비상장 기업의 가치가 계산될 수 없다는 결점이 있다. 무엇보다도 오늘날 할인현금흐름(Discounted Cash Flow; 이하 *DCF*)법에 의해 계산된 가치를 기업가치로 보는 것이 일반적이다. 그것은 기업이 장래에 걸쳐 창출하는 자유현금흐름(Free Cash Flow : 이하 *FCF* : 현금)의 현재가치 총액이며, 수학적으로는 기간 FCF를 자본비용으로 할인한 것으로 계산될 수 있다.

예를 들면, 그것은 아래와 같이 간단한 수열계산에 의해 구해진다. 이제 어떤 기업이 창출하는 t기의 *FCF*를 FCF_t라 하자. 더구나 그것이 성장률 g로 증가한다고 하자. 또한 이 기업의 평균자본비용을 r이라 하면, 당해기업이 장래에 걸쳐 계속적으로 창출하는 *FCF*의 현재가치는 다음 식으로 표현할 수 있으며, 이것이 *DCF*에 의한 기업가치(*FV*)이다.

$$FV = \frac{FCF_t}{(1+r)} + \frac{FCF_{t+1}}{(1+r)^2} + \frac{FCF_{t+2}}{(1+r)^3} + \cdots$$

$$= \frac{FCF_t}{(1+r)} + \frac{FCF_t \times (1+g)}{(1+r)^2} + \frac{FCF_t \times (1+g)^2}{(1+r)^3} + \cdots \qquad (1)$$

여기에서 (1)식의 양변에 $(1+g)/(1+r)$를 곱하면, (2)식이 된다.

$$FV \times \frac{(1+g)}{(1+r)} = \frac{FCF_t \times (1+g)}{(1+r)^2} + \frac{FCF_t \times (1+g)^2}{(1+r)^3} + \frac{FCF_t \times (1+g)^3}{(1+r)^4} \cdots \qquad (2)$$

(1)식에서 (2)식을 차감하면 (3)식이 나온다.

$$FV \times \{1 - \frac{(1+g)}{(1+r)}\} = \frac{FCF_t}{(1+r)} \qquad (3)$$

(3)식을 정리하면, 아래의 기업가치의 계산식 (4)가 도출된다.

$$FV = \frac{FCF_t}{(r-g)} \qquad (4)$$

여기에서 (4)식의 분자인 기간 FCF_t는 어느 정도 복잡하다고 하면 기업이 창출하는 기간수익에서 기간비용을 차감해서 얻어지는 기간이익에 대응하는 값이다. 수익은 소비자와의 관계를 나타내며, 만일 그 관계가 좋아지면 수익은 높아지고, FCF_t도 커지기 때문에 기업가치(FV)는 상승할 것이다. 또한 비용은 재료나 부품 등 납품업자와의 관계를 반영하며, 만일 이런 관계가 좋아지면 그 값은 낮아질 것이다. 그 때문에 FCF는 커지기 때문에 기업가치(FV)도 커질 것이다.

게다가 (4)의 분모인 자본비용 r은 주주나 채권자와의 관계를 반영하기 때문에 만일 양자와 좋은 관계에 있다면, r은 작아져서 (4)식에서 기업가치(FV) 또한 커지게 될 것이다. 물론 FCF의 성장률 g가 높아지면 (4)식의 분모가 작아져서 기업가치는 높아진다.

이상과 같이 DCF법에 의해 계산된 기업가치는 기업을 둘러싼 모든 이해관계자와의 관계를 반영하며, 무엇보다도 이해관계자와의 관계가 좋아지면 기업가치 FV도 또한 높아진다는 관계이다. 역으로 말하면, DCF에 의해 계산된 기업가치가 높아지면 기업을 둘러싼 모든 이해관계자와의 관계는 좋기 때문이다.

이상으로부터 기업이 창출하는 FCF의 현재가치총액으로서의 기업가치를 최대화하는 것이 기업의 목적으로 간주해도 좋다. 그러한 기업가치를 높이는 것이 국민전체의 가치를 최대화하는 것이기도 하다. 그래서 만약 기업경영자가 기업가치를 무시하려는 경영을 하면 그러한 반사회적 기업은 사회적 압력에 의해 조만간 도태되고 말 것이다.

이상과 같은 다원적 기업관에 따르면, 기업지배구조의 목적은 기업이 도태되지 않도록 어떻게 경영자에게 기업가치를 높이도록 경영을 시킬 것인가. 어떻게 경영자의 현금흐름의 낭비를 억제하고 경영자에게 자본비용을 낮추도록 경영하게 할 것인가. 대리이론적으로 말하면, 어떻게 경영자의 대리문제발생을 억제할 것인가 하는 문제이다.

특히 기업을 둘러싸고 있는 다양한 대리관계 중에도 중요한 대리관계는 주주와 경영자 간의 대리관계와 채권자와 경영자간의 대리관계이다. 이들 두 가지 대리관계에 있어서 대리인으로서 경영자가 위임자인 주주나 채권자의 미비를 악용해서 부정하게 비효율적인 행동을 행하는 대리문제가 오늘날 주목받는 주요 기업지배구조문제로 해석될 수 있다.

따라서 대리이론적인 관점에서 보면, 이들 두 가지 주요 대리문제를 해결하기 위해 전개되고 있는 다양한 방법이 오늘날 논의되고 있는 기업지배구조 방법인 것으로 해석할 수 있다.

이하에서는 이러한 관점에서 기업지배구조 방법을 이론적으로 정리해보자.

3.2. 주주와 경영자의 대리관계와 기업지배구조

주주와 경영자의 대리문제

먼저 주주와 경영자간의 대리관계에 주목하면, 위임자인 주주와 대리인인 경영자의 이해가 반드시 일치하지 않는다. 한편 주주는 주가최대화나 배당최대화에 관심을 갖는데 반해, 경영자는 자기이익의 추구, 예를 들면 경영자로서의 명성에 강한 관심을 가질 수 있다. 또한 주주는 경영자의 행동을 완전하게 관찰할 수 없는 데 반해 경영자는 기업에 관한 사적정보를 많이 가지고 있을 것이다. 그 때문에 양자 간에는 정보의 비대칭성도 성립한다.

이런 상황에서 경영자는 주주의 이익을 무시하고 경영노력을 게을리 하며, 본래 주주에게 환원해야 할 돈으로 사무실을 사치스럽게 꾸미거나, 접대비로서 불필요한 지출하든가 하는 가능성이다. 또한 자신의 명성을 높이기 위해 불필요하게 많은 종업원을 고용해보든가 불필요하게 큰 자사빌딩을 건설한다든가 할런지도 모른다. 게다가 자신의 사내 정치적 기반을 굳건히 다지기 위해 비효율적인 사업을 전개해서 부하에게 자리를 마련해 주려고 할런지도 모른다. 최악의 경우 재무적 결손임에도 불구하고 자신의 지위를 유지하기 위해 경리부문에 분식결산을 지시하는지도 모른다.

이러한 경영자의 비윤리적으로 비효율적인 행동을 사전에 억제하고, 효율적으로 경영하도록 하기 위해 기업경영자를 통치할 방법이 필요하다. 물론 이러한 방법은 다양하다. 그러나 그런 방법은 대리이론적으로는 주주와 경영자간의 정보비대칭성을 완화해서 양자의 이해를 일치시키지 않으면 안 된다.

예를 들면, 양자의 정보의 비대칭성을 완화하는 방법에는 시가주의회계제도의 도입, 회계감사제도, 기업설명활동(investor relation: IR)에 의한 적극적인 정보제공, 그리고 정보공시나 투명성을 둘러싼 다양한 법제도 등이 있다. 이들에 대해 이해를 일치시킬 방법는 논리적으로 아래의 두 가지 방법으로 구별되며, 그 밖의 것은 있을 수 없다.

(1) 주주와 경영자와의 이해를 일치시키기 위해 주주가 어떠한 제도를 이용해서 경영자를 감시하여 통치하는 감시제도(monitoring system).

(2) 주주와 경영자와의 이해를 일치시키기 위해 주주가 어떤 제도를 이용해서 경영자를 소유경영자화하는 형태로 유인(incentive)

을 주어 경영자에게 자기통치시키는 유인제도(incentive system).

주주에 의한 기업지배구조

이들 가운데 전자의 주주 주도의 지배구조의 방법이란 주주에 의한 감시시스템이다. 그것은 평상시와 유사시로 구분해서 설명할 수 있을 것이다.

먼저 평상시에는 주주가 최고경영진조직(이사회제도)에 주주대표(사외이사)를 보내는 이 제도를 이용해서 정기적으로 기업경영을 감시하고 경영자를 규율할 수 있다.[9)]

이에 비해 유사시에는 주주가 주식시장을 이용해서 주를 재빨리 팔아, 경영자에게 신호(signal)를 보낼 수도 있다. 즉 주식이 팔리면, 주가가 하락하기 때문에 경영자에게 주식발행에 의한 자금조달이 어려워진다. 게다가 주가가 하락함에 따라 신용도 하락하기 때문에 은행에서 자금차입이 이전에 비해 어려워질 것이다. 이와 같이 기업경영자는 자금조달이 어려워지기 때문에 이것이 신호가 되어 경영자에게 압력을 주게 되는 것이다.

그러나 이래도 경영자가 행동을 시정했지만 여전히 경영자의 행동에 문제가 있는 경우 주식은 더 팔려, 기업은 적대적 매수의 위협에 노출되는, 즉 이러한 기업은 이론적으로 계산되는 기업가치 보다도 주가총액이 낮아지기 때문에 올라탈 가능성이 높아진다. 그리고 최종적으로 기업이 올라타 뜯기게 되면, 긴급주주총회가 열려 경영진은 퇴진되고 만다.

---

9) 계층조직의 기업지배구조 기능에 대해서는 파마와 젠센(Fama and Jensen 1983a)에 상세함.

이러한 주식시장에서의 주가저하에 의한 올라 탈 위협이 경영자를 규율함으로써 효율적으로 기업을 경영하도록 하는 것이다. 이런 의미에서 주식시장을 기업통제시장[10]이라 한다. 또한 최악의 경우 주주는 주주대표소송에 의해 법에 소송할 수 있다.

이상과 같이 만일 최고경영조직(top management organization)이나 기업통제시장으로서 주식시장이 사전에 제도상으로서 충분히 기능해서 확립될 수 있다면 주주는 이들 조직형 기업지배구조와 시장형 기업지배구조를 이용함으로써 경영자의 이해를 주주의 이해에 일치시킬 수 있다. 즉 이러한 주주에 의한 감시시스템에 의해 대리문제로서의 기업지배구조문제는 해결될 가능성이 있다고 말할 수 있다.

소유경영자화에 의한 자기통치

이에 비해 이미 한 가지 지배구조방법은 주주와 경영자와의 이해를 일치시키기 위해 어떤 방법에 의해 경영자를 소유경영자화해서 자기통치(self governance)시키는 방법이다. 이것은 주주가 경영자에게 유인을 주는 방법이다.

예를 들면 이러한 소유경영자화의 방법으로서 오늘날 잘 알려지고 있는 것은 자사주구입선택권(stock option)제도이다. 경영자에게 일정한 가격으로 일정 수의 자사주를 구입할 수 있는(구입을 거부할 수도 있는) 권리를 보수로 주어지면, 경영자는 항상 주가를 높이려고 의식적으로 경영하여 자기통치하려 할 것이다.

또한 경영자 자신에 의한 자사매입, 즉 management buyout(MBO)

---

10) 주식시장이 기업통제(corporate control)시장으로서 기능하는 것에 대해서는 젠센(Jensen) [1986, 1988, 1998, 2000]이 상세하게 서술하고 있다.

도 똑같은 효과를 갖는다. 경영자가 현재 경영하고 있는 기업의 자산이나 수익력을 담보로 해서 자금을 차입하고, 그 자금으로 경영자가 지금 경영하고 있는 기업자체의 주식을 사들이면, 기업은 경영자의 소유가 되기 때문에 경영자는 자기통치하려고 하는 인센티브를 갖게 된다. 이러한 인센티브시스템에 의해 경영자의 대리문제는 사전에 억제될 가능성이 있다고 말할 수 있다.

3.3. 채권자와 경영자의 대리관계와 기업지배구조

채권자와 경영자의 대리문제

이번에는 위임자로서의 채권자와 대리인으로서의 경영자 간의 대리관계에 주목하면, 먼저 채권자와 경영자간의 이해는 원칙적으로 일치하지 않는다. 이것을 부채에 의한 투자 예를 이용해서 설명해 보자.

경영자는 일반적으로 부채를 이용해서 고위험·고수익사업(high risk·high return)에 투자하기를 좋아한다. 왜냐하면 만일 고위험 고수익 사업이 성공해서 보다 많은 이익을 얻을 수 있다면 주주는 경영자가 보다 많은 보수를 얻는 것을 인정하기 때문이다. 또한 예컨대 사업에 실패해서 도산지경에 이른다고 해도 주주와 경영자도 모두 유한책임이 있기 때문에 출자액에 대해서만 책임을 진다는 것, 즉 주식이 휴지조각일 뿐, 최악의 경우에도 자택까지 팔 필요는 없다. 그 때문에 부채이용을 둘러싼 경영자와 주주의 이해는 일치하여 보다 위험한 사업에 관심을 갖는 것이다.

이에 대해 채권자는 부채를 고위험 고수익 사업에 이용하는 것을 매우 싫어한다. 왜냐하면 예컨대 위험이 높은 사업이 성공해서 기업이 고이익을 창출한다고 해도 채권자는 약정이자와 원금밖에 얻을 수 없기 때문이다. 역으로 만일 그런 사업에 실패할 경우 채권자는 대손의 위험에 처해진다. 그 때문에 채권자는 저위험 저수익 사업을 좋아한다.

이와 같이 채권자와 경영자간의 이해는 원칙적으로 일치하지 않는다. 게다가 채권자는 경영자의 행동을 관찰할 수 없다. 경영자는 기업에 관한 사적정보를 많이 가지고 있기 때문에 채권자와 경영자 사이에는 항상 정보의 비대칭성도 성립한다.

이와 같은 상황에서는 경영자는 채권자의 이익을 무시하고 감춰진 부채를 고위험사업에 이용할 가능성이 있다. 또한 최악의 경우 분식결산하는 경영자가 채권자의 불비의 기회를 악용하여 부채를 주주에게 배당지급에 전용할 가능성도 있다.

이러한 비효율적인 현상을 사전에 억제하고 이해관계자의 이익을 조정하고 그리고 경영자에게 효율적으로 자금을 이용하기 위해 지배구조제도가 필요한 것이다. 그러한 방법은 다양하지만, 이론적으로는 채권자와 경영자와의 정보비대칭성을 완화하여 양자의 이해를 일치시키지 않으면 안 된다.

이들 가운데 양자의 정보비대칭성을 완화하는 방법으로는 시가주의 회계제도의 도입, 회계감사제도, IR에 의한 적극적인 정보제공, 그리고 정보공시나 투명성을 둘러싼 다양한 법제도 등이 있다. 이에 대해서 이익조정의 방법은 아래와 같이 두 가지 방법으로 구별된다.

(1) 경영자와 채권자간의 이해를 일치시키기 위해 채권자가 어떤 제도를 이용해서 경영자를 통치하는 방법
(2) 경영자와 채권자간의 이해를 일치시키기 위해 채권자가 어떤 제도를 이용해서 동시에 주주가 되어 경영자를 통치하는 방법

채권자에 의한 기업지배구조

이들 중에서 전자의 방법은 특정의 거대한 채권자, 예를 들면 은행이 기업에 대량으로 자금을 대부해주는 것에 의해 감시하는 조직형 기업지배구조방법이다. 이런 방법에 의하면, 대채권자는 기업이 흑자를 계속해서 낼 것 같은 평상시에는 직접 개입하지 않으려 한다. 분명히 대채권자로서 은행은 자금공급을 둘러싼 사전에 기업의 투자사업를 평가하든지, 신용분석을 행하든지, 또는 사후적으로 대부계약조항에 따라 경영활동이나 재무상황을 감시할 수도 있다. 허지만 평상시에는 대부분 기업경영에는 개입하지 않는다.

물론 평상시에는 기업경영자가 채권자를 헛되이 불안하게 하는 채권자의 감시비용을 높이면, 그 비용은 높은 대부이자라는 형태로 역으로 경영자에게 억지로 떠맡을 가능성이 있다. 그 때문에 경영자는 자본비용을 절약하기 위해 (주주들에게 잘 경영하고 있다고 증명하는) 확증행동(bonding), 즉 경영자는 자신의 결백을 나타내려고 자발적으로 자신을 속박하려는, 예를 들면 경영자가 적극적으로 재무제표를 공표하든가, 자발적으로 은행에서 임원을 받아들이든가 자발적으로 모든 구좌를 은행에 집중하든가와 같은 행동은 확증행동으로 해석할 수 있을 것이다.

하지만 기업이 적자를 내고 위험한 상태에 빠지는 유사시에는 거대한 채권자는 적극적으로 기업에 개입하여 기업을 통치하려고 한다. 예를 들면 채권자는 기업에 인재를 파견하여 재무상태를 바로 정상화하거나 최악의 경우에는 채권자로서 기업을 청산처리하거나 다른 기업에 흡수 합병시켜 버린다.

이와 같이 특정의 채권자에 의한 조직형 기업지배구조[11]에 의해 채권자와 주주에 따른 경영자의 이해는 조정되어, 대리문제의 발생은 사전에 억제될 가능성이 있다. 이런 전형적인 사례로 일본기업에서는 주거래은행(main bank)에 의한 기업지배구조를 들 수 있다.

채권자 겸 주주에 의한 기업지배구조

이것에 대해 이제 한 가지 방법은 만일 채권자임과 동시에 주주인 존재를 허용하는 제도가 있다면, 예를 들면 주식도 사채도 구입할 수 있는 연금기금이나 주식을 취급하는 것과 함께 자금대출도 가능한 독일의 유니버셜 뱅크(Universal Bank)와 같은 제도가 있다면, 이러한 채권자임과 동시에 주주인 존재에 의해 채권자의 이해와 주주의 이해에 따른 경영자와의 이해가 조정될 수 있다.

이런 경우 평상시에는 채권자임과 동시에 주주인 연금기금이나 유니버셜 뱅크는 주주대표로서 기업의 최고경영층조직에 참가해서 주주의 입장으로부터 조직형 기업지배구조를 전개할 수 있다. 하지만 유사시에는 유니버셜 뱅크나 연금기금은 채권자대표로서 기업통치에 관계한다. 예를 들면 독일의 유니버셜 뱅크는 문제가 작으면, 인재를 파견해서 재무상태를 좋게 해서 기업을 재건하려들지만, 최악의 경우에는 기업을 청산처리하거나 주식시장을 이용해서 다른 기업에 매수자금을 대출해서 흡수합병시키거나 하는 엄밀한 시장형 기업지배구조를 이용하는 것도 가능하다.

이와 같은 채권자겸 주주의 존재에 의한 지배구조방법에 의해 채권자와 경영자간에 발생하는 대리문제는 사전에 억제시킬 가능성이

---

11) 부채에 의한 지배구조효과에 대해서는 젠센(Jensen) [1986, 1988]에서 상술되고 있다.

있다.

이상으로서 기업지배구조의 방법을 둘러싼 대리이론 분석을 정리하면, <그림 3-3>과 같이 체계적으로 정리할 수 있다.

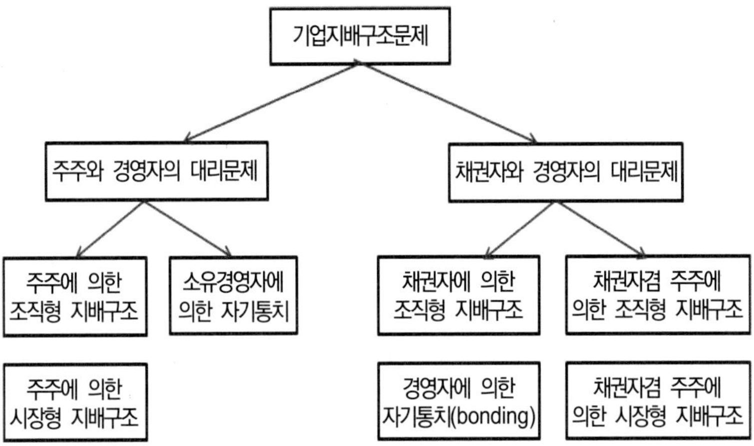

그림 3-3. 기업지배구조의 다양한 방법

3.4. 일본·미국·독일의 전통적 기업지배구조의 대리이론 분석

전통적인 미국형 기업지배구조

대리이론을 토대로 전통적인 미국형 기업지배구조를 분석해 보자. <표 3-1>은 전후 미국기업의 자본구성이며, 이 표에서 미국기업은 잘 알려진 바와 같이 자기자본 중심의 재무구조이었다. 그 때문에 만일 미국기업에서 대리문제가 발생한다고 하면, 그것은 주로 주주와 경영자 간의 이해대립에 기인하는 문제라고 생각한다.

표 3-1. 미국제조업의 자본구성(%)

	1955년	56년	57년	58년	59년	60년	61년	62년	63년	64년	65년	66년
자기자본	66.7	63.9	65.1	66.4	65.6	65.6	64.8	64.2	63.6	63.0	60.8	58.8
부 채	33.3	36.1	34.9	33.6	34.4	34.5	35.2	35.8	36.4	37.0	39.2	41.2

	67년	68년	69년	70년	71년	72년	73년	74년	75년	76년	77년	78년
자기자본	58.2	56.2	56.8	53.8	53.6	53.2	52.1	53.2	53.7	53.8	53.1	51.8
부 채	41.8	43.8	43.4	46.2	46.5	46.8	47.9	46.8	46.3	46.2	46.9	48.2

출처 : 일본은행 『국제비교통계』(1963, 1971, 1981년)에 의해 작성

이 문제의 발생을 억제하기 위해 미국에서는 그동안 주주 주도의 기업지배구조가 전개되었다고 생각한다[12]. 이러한 주주 주도의 통치방법은 아래와 같이 평상시와 유사시로 구분하여 설명할 수 있다.

우선, 평상시에는 주주가 감시시스템으로서 최고경영진조직을 이용해서 정기적으로 기업경영을 감시할 수 있다. 보다 구체적으로 말하면 미국에서는 만일 기업을 둘러싼 어느 정도 큰 문제가 없으면 주주는 최고경영층조직에 많은 주주대표를 보내어 기업경영을 잘하는지 정기적으로 감시할 수 있다.

예를 들면, <그림 3-4>와 같이 주주는 주주총회에서 이사회 구성원을 선출하고, 이사회는 기업의 기본전략이나 계획을 결정한다. 다음으로 그런 기본전략이나 기본계획은 최고경영자(CEO)나 최고재무책임자(CFO) 등의 각 담당자(officer)로 구성된 임원에 의해 집행된다. 그리고 그 결과를 다시 이사회가 감시하고 주주총회는 최종보고서를 논의하는 것이다.

12) 미국형 기업지배구조에 대해서는 젠센(Jensen) [1988], 菊池·平田(2000), 吉森(2001), 菊澤(1998), 稲上ほか(2000), 佐久間(2003)에 상세하게 서술되어 있다.

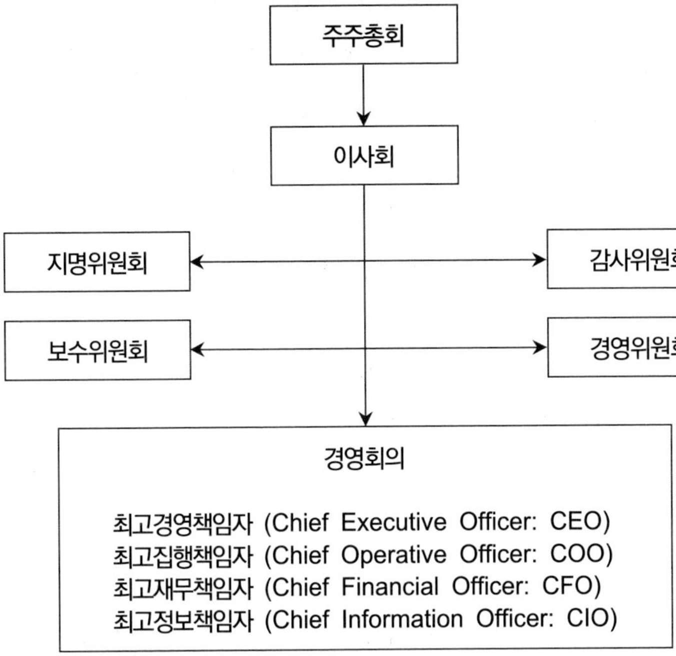

그림 3-4. 미국형 최고경영진조직

게다가 당시 이사회의 개최가 곤란하기 때문에 미국에서는 일반적으로 계획업무나 감사업무는 수명의 이사들로 구성된 지명위원회, 보수위원회, 경영위원회, 감사위원회 등의 각종 위원회에 위임된다. 특히 미국에서는 각 기업의 감사위원회의 배후에는 그런 감사내용을 엄밀하게 심사하는 미국증권위원회(SEC : Securities and Exchange Commission)가 감시의 눈길을 떼지 않고 있다.

이러한 조직구조 속에서 주주는 자신들의 이해를 가능한 한 기업경영에 반영하기 위해 그동안 이사회 구성원의 반수 이상을 자신들의 목숨이 걸렸던 사외이사로 구성해온 것이다. 또 중요한 감사위원회, 지명위원회, 보수위원회 등 각 위원장도 또한 상외이사가 차지하는 것이 미국에서는 주식상장의 기본조건으로 되어 있다.

그러나 미국에서는 기업경영이 악화되어 위기의 적자결산, 채무 불이행, 예기한 불상사가 발생할 경우 주주는 방대한 주식시장을 이용해서 경영진과의 이해 조정을 도모한다.

특히 경영자와 직접 이해조정이 어려운 소수의 주식밖에 보유하지 않은 주주(일명, 소액주주)는 위기를 민감하게 감지한 경우 바로 보유주식을 시장에 팔려고 한다. 그 결과 주가는 떨어지고 기업의 신용은 낮아지기 때문에 경영자는 자금조달이 어려워진다. 이것이 주주로부터의 최초 신호가 되어 경영진에게 규율을 주게 되는 것이다.

그럼에도 불구하고 여전히 기업경영에 변화가 보이지 않으면 주가는 아래로 곤두박질해서 결국 시장의 기업가치가 이론적으로 계산된 바람직한 기업가치 이하가 된다. 이때 유력한 투자자는 기업을 매수해서 경영진을 축출할 수 있으면 확실히 기업가치가 상승할 것으로 믿기 때문에 그러한 기업은 적대적 매수의 위협에 노출된다. 이런 타는 기계의 위협에 의해 경영진은 규율잡아, 주주의 이익을 지향했던 경영으로 궤도 수정된다. 이러한 시장에 의한 기업지배구조가 1980년대의 미국형 기업지배구조의 특징이었다.

전통적인 일본형 기업지배구조

다음으로, 전통적인 일본기업이 이제까지 어떤 대리문제를 가지고 있는지를 명료하게 하기 위해 일본기업을 둘러싼 이익대립 상황을 명시해보자. 이를 위해 일본기업의 자본구성에 주목하면, <표 3-2>와 같다. 표에서 분명한 것처럼 일본기업의 재무구조는 전통적으로 부채중심이며, 차입경영이었다.

특히 일본기업은 부채의 대부분을 은행에 의존하였으며, 장기간 기업에 자금을 계속 공급한 은행을 주거래은행(main bank)이라 한다. 이 점에서 일본기업을 둘러싸고 발생하는 대리문제는 은행과 경영자간의 이해대립에서 기인한 문제였다고 말할 수 있다.

표 3-2. 일본제조업의 자본구성(%)

	1980년	81년	82년	83년	84년	85년	86년	87년	88년	89년
자기자본	20.9	22.8	25.1	26.5	27.6	29.6	31.3	32.9	34.8	36.4
부　　채	79.1	77.2	74.9	73.5	72.4	70.4	68.7	67.1	65.2	63.6

출처 : 일본은행 『국제비교통계』(1992년)에 의해 작성

이러한 대리문제의 발생을 사전에 억제하기 위해 일본에서는 주거래은행에 의한 기업지배구조[13]가 발전할 수 있었다. 이러한 은행에 의한 일본형 지배구조와 독일의 유니버셜 뱅크에 의한 독일형지배구조간의 차이는 어디에 있는가. 독일의 경우 후술한 바와 같이, 유니버셜 뱅크가 기업의 주식을 얼마나 보유하든 전혀 문제되지 않는데 반해, 일본에서는 은행이 보유할 수 있는 주식은 법적으로 전주식의 5%이내로 제한되고 있다. 따라서 독일에서는 은행이 대주주로서 기업을 지배하는 경우 제약이 뒤따른다.

이상의 차이를 고려해서 일본의 주거래은행제에 주목하면, 평상시에는 주거래은행은 주주대표로서 임원을 파견하더라도, 기업경영에 거의 간섭하지 않는다. 주거래은행은 안정주주로서 주식을 파는 것은 아니고, 기업에 대해 익명동업자(silent partner)로서 존재하고, 대부분 기업지배구조의 주체로서 적극적인 행동을 하지 않는다.

---

13) 일본형 기업지배구조에 대해서는 吉森(2001), 菊池·平田(2000), 菊澤(1998), 稲上ほか(2000), 佐久間(2003)에서 상세하게 서술되어 있다.

그렇다면 일본에서는 적극적인 주주가 있었다는 것인가. 1980년대까지 일본기업의 주식보유상황에 주목하면, 일본에서는 미국과 달리 개인의 주식보유율은 낮고, 기본적으로 법인에 의해 주식은 보유되어왔다. 게다가 법인도 또한 상호 주식보유를 해서 상호 안정주주로서 주를 팔아치울 것은 아니고, 기업경영에 직접 개입하는 것은 없었다. 그 때문에 주거래 은행 뿐만 아니라 다른 법인의 주주도 또한 익명동업자로서 존재하고 있었던 것이며, 그들이 최고경영진조직을 이용해서 적극적으로 기업통치에 관계 같은 것은 거의 없었다.

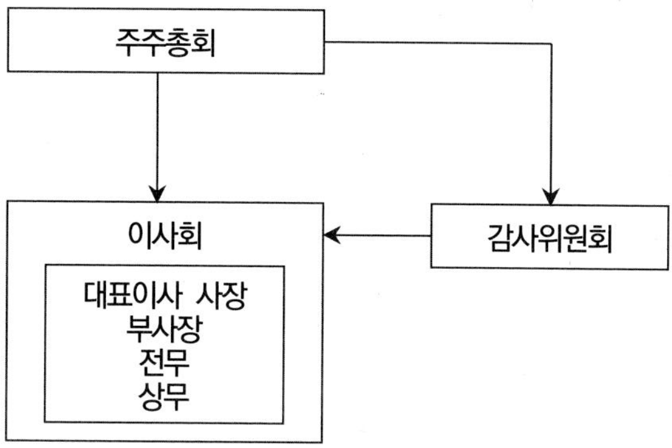

그림 3-5. 일본형 최고경영층조직

이러한 주주나 은행의 행동을 경영자 자신도 잘 알고 있으며, 경영에 개입시키지 않기 위해 경영자는 적자를 내지 않도록 자기통치(self governance)를 행한다. 이러한 평상시의 일본형 지배구조에 대해서 보다 구체적으로 설명하면, 일본기업의 전통적인 최고경영층조직은 <그림 3-5>와 같이 주주총회에 의해 이사회 구성원이 임명되며, 한층 더 감사역이 임명된다. 게다가 이사회에 의해 대표권과 업무집행권을 가진 대표이사가 결정된다.

이러한 구조를 가진 최고경영층조직은 아래와 같이 기능한다. 먼저 이사회에 의해 기본전략이나 계획이 결정된다. 다음으로 대표권 및 집행권을 가진 대표이사장(회장)에 의해 기본전략이나 계획이 구체적으로 집행된다. 그리고 그런 집행과정 및 결과는 한편으로 효율성과 적법성의 관점에서 이사회가 감사하고, 다른 한편으로 적법성의 관점에서 감사회가 감사를 실행한다. 그리고 그런 결과보고가 주주총회에서 이루어지고 논의된다.

이런 최고경영층조직을 이용하면, 대주주로서의 주거래은행은 조직적으로 기업을 통치할 수 있다. 허지만 실제로는 주거래은행은 임원을 파견하지만, 최고경영층조직을 이용해서 적극적으로 기업을 통치하는 것은 대부분 하지 않았다. 익명동업자 혹은 안정주주로서 존재하며, 기업경영에 적극적으로 개입하진 않는다.

무엇보다도 평상시에는 <그림 3-5>처럼 일본에서는 사장을 중심으로 부사장, 전무, 상무 등으로 구성되는 상무회 혹은 그것에 유사한 경영회의가 설치되어 그러한 회의에서 실질적으로 기본전략이나 기본계획이 결정되어 집행되는 경우가 많다.

게다가 사장은 이사임원과 간사임원의 인사를 쥐고 있고, 그래서 사장이 이사회나 감사회에 의해 적절하게 감시되지 않는다. 무엇보다도 이사회는 단순히 사장중심의 상무회나 경영회의의 결정사항을 승인하는 장으로서 이용될 뿐이다. 그렇기 때문에 일본에서는 이사의 수는 억제되지 않고 증가하며, 게다가 이사회의 직속 위원회제도 거의 발달하지 않았다.

이와 같이 상무회나 경영회의를 지배하고 있는 사장은 분명히 주거래은행으로부터 임원을 받아 주거래은행에게 많은 정보를 제공하고 있지만, 적자를 내지 않는 한 주거래은행은 적극적으로 경영에 개입하지 않는 다는 것을 잘 알고 있으며, 그 때문에 경영자는 평상시에는 적자를 내지 않는 것처럼 자기통치하고 있다. 이러한 주거래은행의 존재를 전제로 한 자기통치시스템(self governance system)이 평상시의 일본형 지배구조시스템이다.

게다가 일본에서는 기업이 예기한 경영부진에 빠져 적자를 내거나 채무불이행이 발생하거나 하는 유사시에는 막대한 자금을 대출하는 주거래은행은 도산의 공포에서 적극적으로 감시를 강하게 필요로 하면 직접 기업경영에 개입한다.

특히 주거래은행은 기업의 거래결제구좌를 자사에 집중시킴으로써 기업의 현금흐름(cash flow)이나 경영내용을 감시한다. 그리고 만일 어느 수준을 하회한다면 기업의 투자계획에 조건을 붙여 임원을 파견해서 감시를 강화했다.

최악의 경우 주거래은행은 문제기업에 대해 긴급융자나 인적지원 등과 같이 명시적으로 경영에 개입했다. 게다가 기업 측의 요청이 있으면, 적극적으로 채무연기와 채권포기를 하거나 혹은 막대한 구제비용을 부담하면서까지 기업의 재건을 시도했다.

하지만 일본경제의 장기침체에 의해 은행은 과거처럼 존재감이 어떤 지배구조의 주체가 아니었다. 은행이 이러한 상황이 되었기 때문에 기업경영자도 또한 자기통치하는 인센티브를 상실하였다. 게다가 이러한 기업경영자에게 규율을 주려는 활동적인 주주도 없었다. 이와 같이 일본기업을 둘러싼 지배구조주체는 매우 애매한 상태에 있다.

이런 기업지배구조 주체의 불명확함을 타개하기 위해 그동안 다양한 기업지배구조 개혁이 진행된 특히 정부는 미국류의 주주주권의 기업지배구조를 도입하기 위해, 그동안 다양한 법개정을 진행하고 왔다. 그 일환으로서 2003년 4월 시행의 상법개정에서는 기업은 종래의 일본류 감사회 설치회사 방식과 미국류의 위원회를 중심으로 했던 위원회 등 설치회사 방식을 자유롭게 선택할 수 있는 것이었다. 또한 2006년 5월 시행의 신회사법에서는 기업에 대해서 내부통제시스템의 구축의 기본방침을 결정하는 것이 의무되어, 게다가 주주총회에서 이사회의 해임결의의 요건에 대해서 종래의 특별결의로부터 보통결의로 완화된다.

게다가 이런 회사법에서는 유한회사가 폐지되어 주식회사로 단일화되어, 최고경영층 조직의 한 방식으로서 (1) 전통적인 감사회 설치회사, (2) 미국식 위원회 설치회사, 그리고 (3) 새로 이사회를 설치하지 않는 회사의 3가지 종류로부터 선택가능하다.

이들 가운데 이사회를 설치하지 않는 회사는 (구)유한회사의 시스템을 인계받은 형태이며, 이사회는 아니지만 각 이사가 업무를 집행함과 동시에 (2인 이상인 경우 과반수에서 업무를 결정한다), 각 이사가 대외적으로 회사를 대표한다(단 대표이사를 정할 수도 있다).

전통적인 독일형 기업지배구조

다음으로 독일의 상황에 대해서 고찰해 보자. 독일연방통계국이 집계한 1980년대의 서독기업의 자본구성은 <표 3-3>이다. 이 표에서 분명한 거처럼 독일기업은 전통적으로 일본기업과 마찬가지로 자기자본보다도 부채가 많은 재무보고를 형성하고 있다. 게다가 독일에서는 채권시장이 거의 발달하지 않아 독일기업의 기업지배구조의 담당자로서 은행이 중요한 역할을 다하였다.

표 3-3. 독일제조업의 자본구성 (%)

	1980년	81년	82년	83년	84년	85년	86년	87년	88년	89년
자기자본	31.7	28.2	28.7	29.3	30.1	31.6	33.9	27.9	28.3	27.5
부 채	68.3	71.8	71.3	70.7	69.9	68.4	66.1	72.1	71.7	72.5

출처 : 일본은행 『국제비교통계』(1992년)에 의해 작성

특히 독일기업의 자기자본을 구성하는 주식보유구조에 주목하면, 독일에서는 개인보다도 비금융법인, 생명보험, 그리고 은행 등의 법인에 의한 주식보유비율이 높다. 특히 비금융법인의 주식보유비율은 높으며, 은행의 주식보유비율은 10%로 의외로 낮다. 그 때문에 소유관점에서 보면 독일기업의 지배구조의 담당자로서 주주인 비금융법인이 중요한 위치에 있다.

이상으로부터 종래 독일기업을 둘러싸고 채권자로서의 은행과 주주로서의 비금융법인에 따른 경영자와의 이해대립에 바탕을 두고 대리문제가 발생할 가능성이 있으며, 독일에서는 이런 문제를 해결하는 형태로 지배구조제도가 전개될 가능성이 있다.

이러한 대리문제의 발생을 사전에 억제하는 제도로서 독일 고유의 유니버셜뱅크 제도가 주목받는다. 이런 제도아래에서는 은행은 (1) 예금·대출업무, (2) 유가증권의 인수·매각업무, (3) 유가증권의 기탁 및 의결권의 행사같은 기탁업무를 할 수가 있다. 그 때문에 독일의 유니버셜뱅크는 기업의 채권자임과 동시에 주주인 것이다. 그리고 이들 두 가지 입장을 사용하는 것에 의해 채권자와 주주의 이해에 따른 경영자와 사이의 이해를 조정해서 대리문제의 발생을 사전에 억제할 수 있는 가능성이 있다.

그러나 은행의 주식보유비율은 비교적 작다. 그렇지만 이것은 어디까지나 겉으로만 그럴싸하게 보이는 유니버셜 뱅크의 기탁업무에

주목하면, 이런 업무아래 지금까지 독일의 비금융기업은 유니버셜 뱅크로부터 주식을 구입해서 그대로 유니버셜 뱅크에 의결권을 기탁하는 경우가 많았다.

심지어 유니버셜 뱅크는 지배하에 있는 자본투자회사를 통해서 생명보험 및 기금 등의 자금을 유가증권에 운용해서 그 의결권을 행사하는 경우도 많았다. 물론 직접 유니버셜 뱅크가 특정기업의 주식을 많이 보유하는 형태로 많은 의결권을 갖는 경우도 있다.

이처럼 독일에서는 채권자와 주주에 따른 경영자 간의 대리문제를 해결하기 위해 대채권자이며 동시에 실질적인 대주주이기도 한 유니버셜 뱅크[14)]가 전개되었다. 특히 독일은행, Dresdner은행, 그리고 Comertz은행이라는 3대 유니버셜 뱅크가 독일기업에 막대한 영향을 미칠 수 있기 때문이다.

이상과 같은 양면적인 입장을 이용해서 독일의 유니버셜 뱅크는 이제까지 기업을 둘러싸고 그만큼 큰 문제가 없는 평상시에는 주주대표를 최고경영층조직으로 보내, 기업경영을 정기적으로 감시해서 통치할 수 있다.

보다 구체적으로 말하면, 독일형 최고경영자층 조직은 독일공동결정법에 따라 <그림 3-6>처럼 경영의 최고의사결정기관인 감사회의 구성원이 자본가대표와 노동자대표로부터 구성되어 그 수는 동수이다.

이들 대표 중에 자본가대표는 주주총회에 의해 임명되고, 노동자대표는 노동자에 의해 선출된다. 게다가 감사회에 의해 경영을 구체적으로 집행하는 집행회의 구성원이 임명된다. 다만 독일공동결정법에 의해 감사임원은 집행임원을 겸임할 수 없다.

---

14) 독일형 기업지배구조에 대해서는 吉森(2001), 菊池·平田(2000), 菊澤(1998), 稲上ほか(2000), 佐久間(2003)에서 상세하게 서술되어 있다.

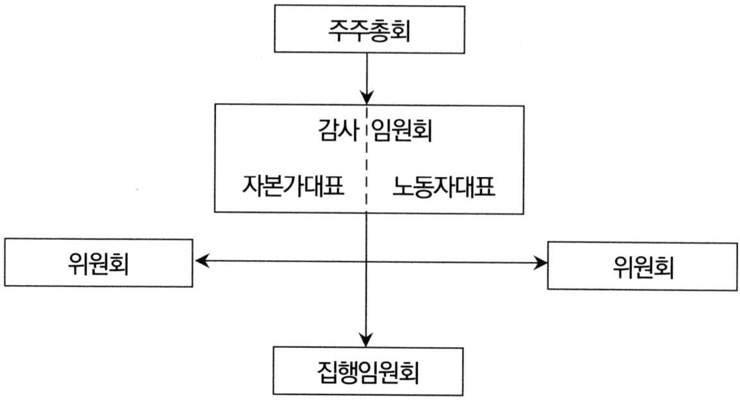

그림 3-6. 독일형 최고경영층 조직

게다가 <그림 3-6>과 같이 독일에서는 일반적으로 감사위원회 구성원에 의해 각종 위원회가 형성되며, 감사위원회의 기능을 보완하는 것이다. 이런 위원회 구성원도 또한 감사위원회와 마찬가지로 동수의 자본가대표와 노동자대표 구성원에 의해 구성된다.

이러한 구조를 갖는 독일형 최고경영층조직은 아래와 같이 기능한다. 우선 감사위원회에서 위원회의 조언을 받으면서 기본전략이나 계획이 결정된다. 다음으로 이런 기본전략이나 계획에 따라 집행위원이 업무를 집행하는 것이다. 끝으로 업무집행에 의해 창출되는 결과는 감사위원회의 도움을 받으면서 다시감사위원회에 의해 감사받는 것이다.

이러한 감사위원회와 집행위원회에 의한 2층의 최고경영층조직을 이용해서 독일의 유니버셜 뱅크는 지금까지 많은 자본가대표감사위원회, 특히 감사위원회 회장을 보내고 정기적으로 기업경영을 감시할 수 있다. 그리고 이런 조직제도를 이용해서 업무를 집행하는 집행위원회의 행동을 감시하여 그런 인사권을 장악한다는 형태로 직접적으로 경영자를 통제(control)할 수 있다.

그렇지만 기업이 경영부진에 빠져 위기적인 적자를 내고 그리고 채무불이행 등의 유사가 발생할 때에는 사태는 변화한다. 이런 경우 유니버셜 뱅크 등의 은행은 주주대표로서가 아니고 이번은 채권자로서 채권회수를 염두에 두거나 엄밀한 기업지배구조를 전개한다.

특히 기업이 채무불이행을 일으킨 경우 유니버셜 뱅크는 인재를 파견해서 재무상태를 건전화하려고 하지만 최악의 경우 기업을 직접 청산처리하는 것도 드물지 않다. 또한 문제있는 기업을 타기업과 합병해서 간접적으로 기업을 청산처리하는 것도 있다.

이처럼 유사시의 경우에는 유니버셜 뱅크는 채권자로서 엄밀한 기업지배구조를 전개한다. 이러한 은행에 의한 기업의 청산처리의 위협이 기업경영자에게 규율을 줄 수 있기 때문이다.

보론 C Jensen and Meckling의 대리이론의 수학모형

대리문제의 모형에 의한 설명

젠센과 메클링(Jensen and Meckling) [1976]에 의해 전개된 실증적 대리이론모형[15]을 간략하게 소개하기로 하자.

먼저, 비공개회사의 소유경영자에 대해 생각해보자. 그는 두 가지 상반된 목적을 가진다. 즉 기업가치와 직무혜택(업무상의 소비)의 양자를 최대화하는데 관심이 있다고 하자. 여기서 기업가치란 기업

15) 이런 젠센과 메클링의 수학모형에 대해서는 Douma and Schreuder(1991)에도 상술되고 있다.

이 창출하는 FCF의 현재가치이다. 직무혜택, 즉 낭비란 예를 들면 회사전용기를 구입하는 것이나 호화로운 방법으로 사무실을 꾸미기나 근무시간 줄이기와 같이 다양한 형식을 취한다.

물론 회사전용기를 구입하는 일이 매우 직무혜택, 즉 낭비라고 말할 수 없다. 만일 회사전용기의 구입에 따른 장점이 정기항공편을 이용하는 것에 따른 장점보다 크면 그것은 경영자의 직무혜택이 아니다. 그러나 전용기 구입에 따른 장점이 크지 않음에도 불구하고 경영자로서의 위신과 개인적 쾌적함 때문에 전용기를 구입하는 것은 직무혜택이며, 낭비이다.

이런 사례를 통해 만일 경영자가 직무혜택에 자원을 쓴다면, 그는 기업가치를 최대화시킬 수 없다. 직무혜택에 많이 쓰면 쓸수록 그만큼 기업가치는 하락한다. 만일 그가 직무혜택로서 백만 불을 쓸 수 있다면 그는 백만 불만큼 기업가치를 하락시킨 셈이다.

<그림 3-7>에는 「직무혜택 소비의 현재가치」가 횡축, 「기업가치」는 종축에 나타나고 있다. 기업가치와 직무혜택의 현재가치의 합계는 일정하다. 그 때문에 <그림 3-7>에 의해 만일 경영자가 C_5를 소비한다면 기업가치는 V_5가 된다. 직선 V_0C_0는 V와 C의 모든 가능한 조합을 나타낸다. 이 직선은 경영자가 선택할 수 있는 V와 C조합의 집합이며, 예산제약이라 한다. <그림 3-7>에서는 예산제약 V_0C_0은 기울기 −1를 갖는다. 기업가치 최대화에만 관심을 가지며, 어떤 형태의 직무혜택의 소비에도 관심을 갖지 않는 경영자는 직무상 아무 것도 소비하지 않기 때문에 C는 0이 되며, 기업가치는 최대 V_0가 된다.

경영자가 선택하는 C와 V값은 그의 효용함수에 의존한다. <그림 3-7>의 곡선 U_3상의 모든 점은 경영자에게 동등한 효용을 나타

낸다. 마찬가지로 곡선 U_1상의 모든 점도 경영자에게 동등한 효용을 나타낸다. 그러나 곡선 U_1상의 점은 곡선 U_3상의 점보다 높은 수준의 효용을 나타내며, 게다가 곡선 U_2상의 점은 보다 높은 효용수준을 나타낸다. 그러나 경영자는 예산제약 V_0C_0이 있기 때문에 효용수준 U_2에는 이를 수 없다. 따라서 이런 경우 경영자는 점 P_1을 선택해서 자신의 효용을 최대화할 수 있다. 즉 그에게 최적 직무혜택은 C_1이며, 기업가치는 V_1이 된다.

이런 점에서 직무혜택을 1달러 증가해서 얻는 한계효용의 상승이 부 1달러 감소에 의해 발생하는 한계효용의 감소와 같다. 즉 그 이상 직무혜택을 많게 해서 효율을 높여도 역으로 기업가치의 감소에 의한 그의 부 감소 쪽이 더 크게 되어 효용이 낮은 무차별곡선상의 조합된다. 마찬가지로 그 이하로 직무혜택을 억제하여 효용을 내려도, 기업가치의 증가에 의한 그의 부 증가에 의해 그 이상의 효용증가가 없기 때문에 효용이 낮은 무차별곡선상의 조합이 된다.

그래서 <그림 3-7>의 U_1, U_2 및 U_3를 무차별곡선이라 부른다. 왜냐하면 이들 곡선은 경영자에게 동등한 효용을 나타내기 때문이다. 따라서 경영자는 같은 무차별곡선상의 점에 관해 무차별하다. 우리는 기업의 전주식을 소유한 경영자를 다루고 있기 때문에 기업가치와 직무혜택 간의 그의 상충관계(trade off)를 결정하기 위해서는 <그림 3-7>의 정보만으로 충분하다.

이제 소유경영자가 소유하는 전주식을 1로 해서, (1-α)부분을 외부에 판매하고 경영자는 주식의 α부분을 소유한다고 하자. 예를 들면, α가 0.7이라고 하자. 이는 경영자가 전주식의 30%를 외부에 판매하여 현금화해서 70%의 주식을 자신이 보유하고 있다는 의미이다. 게다가 경영자와 주주의 이해는 일치하지 않고 정보도 비대칭적이라고 하자.

이런 상황에서 만일 경영자가 직무혜택에 대해 1달러를 지출한다면, 기업가치는 1달러 만큼 내려갈 것이다. 이때 기업가치 1달러 저하 중에 경영자의 개인적 부의 감소는 70센트로 외부주주의 부가 30센트 감소하는 것이다. 즉 경영자는 직무혜택 1달러에 의해 얻는 한계효용의 상승이 개인적 부는 70센트의 감소로 얻는 것이다. 그 때문에 그는 필연적으로 직무혜택에 의해 많은 자원을 지출한 것이다.

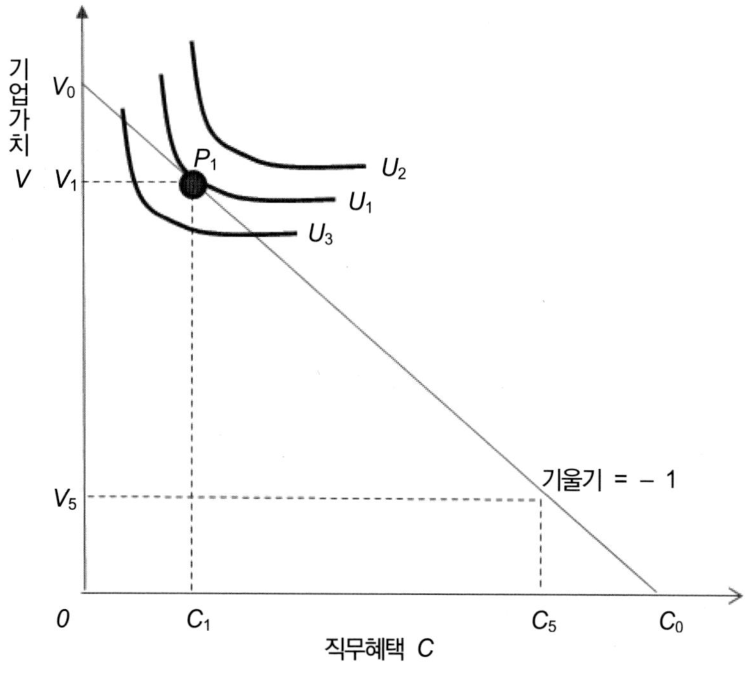

그림 3-7. 최적 직무혜택과 기업가치의 조합

경영자가 어느 정도 많은 직무혜택에 지출하지만 지출여부는 그가 선택할 수 있는 개인적 부와 직무혜택의 가능한 조합의 집합에 의존한다. 이런 집합은 그가 외부자에게 판매하는 주식에 대해 매길 수 있는 가격에 의존한다. 게다가 이 가격은 경영자가 주식을 판매한 후에 그가 직무혜택에 의해 많이 소비하는 것을 외부자가 사전에 알고 있는지에 의존한다. 가정에 의해 양자의 정보는 비대칭적이기 때문에 외부자는 경영자가 그 주식을 판매한 후 더 많이 소비한다는 것을 모른다고 하자.

이런 경우 <그림 3-8>에서 외부주주는 주식 30%에 대해 기꺼이 V_1의 30%를 지불한다. 이에 대해 경영자는 개인적 부 70센트에 대해 직무혜택 1달러를 교환할 수 있기 때문에 경영자가 직면하는 예산제약은 −0.7의 기울기를 갖는다. 또한 그 예산제약은 점 P_1을 지난다. 이 점에서 경영자는 C_1을 소비하고, 그리고 그의 부는 V_1이다(구체적으로 그는 V_1의 30%를 현금으로 갖고, V_1의 나머지 70%를 주식으로 보유한다.). 따라서 경영자가 직면하는 예산제약은 <그림 3-8>의 직선 L이다. 직선 L은 점 P_1를 지나며 기울기는 −0.7이다.

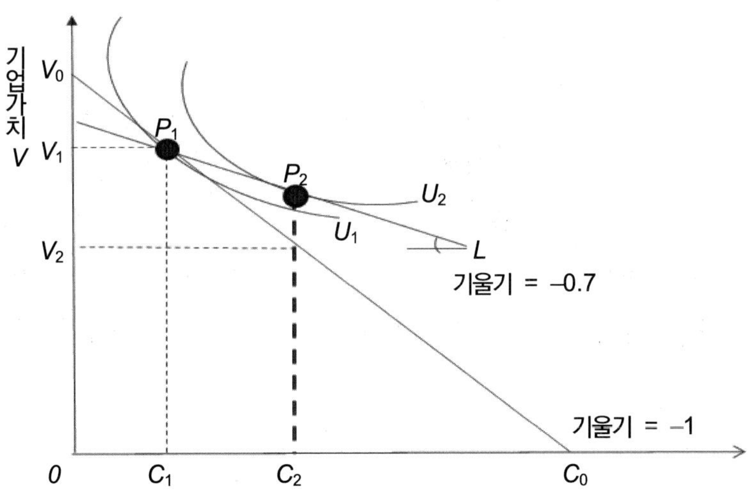

그림 3-8. 정보비대칭성과 기업가치

점 P_2에서 예산제약 L에 접하는 무차별곡선 U_2가 존재한다. 이 점에서 경영자는 C_2를 소비한다. 이때 기업가치는 V_2로 내려간다.

이렇게 외부주주들은 자신의 주식에 대해 V_1의 나머지 30%를 지불한 후에 자신의 주식이 V_2의 30% 가치가 되지 않다는 것을 안다. 이런 현상이 도덕적 해이현상이며, 대리문제라는 상황이다.

정보비대칭에 의한 대리문제의 해결

이제 회계정보나 다른 방법의 경우에 의해 경영자와 외부자 간에는 정보의 비대칭성이 없으면 어떤 일이 일어나는가. 그 때문에 경영자가 직무혜택을 늘리지 않는 것으로 여길 정도로 외부주주가 소박하지 않다고 한다. 경영자가 주식을 매각하자마자 소비를 증대시킨다는 점을 사전에 외부주주가 알고 있고, 게다가 경영자의 무차별곡선의 정확한 모양도 알고 있다.

이런 상황에서는 외부주주가 <그림 3-9>의 V_0C_0상의 점 P_3를 찾아낸다. 점 P_3를 지나는 무차별곡선은 기울기 −0.7을 가진 직선에 점 P_3에서 접한다. 외부주주는 바로 그러한 점 P_3가 존재하는 것을 알아낼 것이다. 따라서 외부주주는 점 P_3에 있어서 직무혜택에 추가적으로 1달러를 지출하는 경영자의 한계효용이 개인적 부를 70센트 얻는 한계효용에 같다는 점을 이해할 것이다. 그 때문에 그들은 주식에 대해 V_1의 30%가 아니라 V_3의 30%밖에 지불하지 않을 것이다.

만일 그들이 V_3의 30%를 지불한다면, 경영자의 예산제약은 −0.7의 기울기를 가진 직선 M이다. 이런 경우 경영자의 직무혜택은 C_3로, 기업가치는 V_3이고, 외부자는 주식을 구입하는데 손해를 보지도 이득을 보지도 않을 것이다. 이렇게 정보가 대칭적인 경우 주주는 경영자에게 속지 않으며, 경영자는 주주를 속여 비효율적으로 자원을 이용할 수 없게 된다.

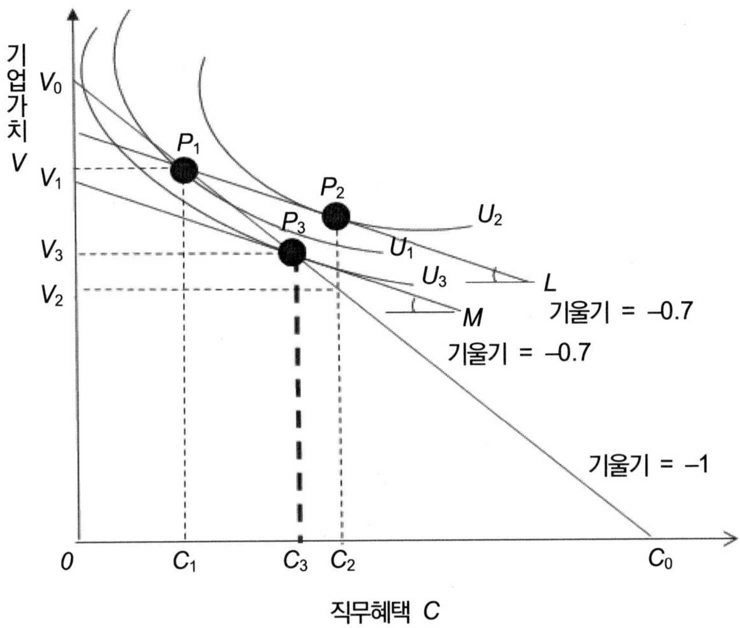

그림 3-9. 정보의 대칭성과 기업가치

그래서 경영자가 외부에 주식 30%를 판매하는 경우, 경영자의 개인적 부는 V_3이다. 이 총액 중 그는 현금으로 30%부분을 보유하고, 70%부분을 주식으로 보유하는 것이다. 그의 부는 $(V_1 - V_3)$ 감소한다. 이에 대해 그의 직무혜택의 현재가치는 $(C_3 - C_1)$ 증대한다. 그 결과 그의 효용수준은 저하하고, 그는 무차별곡선 U_1에서 U_3로 이행하는 것이다. 그 때문에 뭔가 다른 이유가 없으면 경영자는 주식의 일부를 팔려고 하지 않을 것이다. 그 이유는 예를 들면, (1) 경영자가 다른 것에 현금을 사용할 수 있도록 그가 주식 대신 현금으로 자신의 부 일부를 갖는 것을 선호하는지 혹은 (2) 경영자가 자신의 개인적 부만으로는 대출할 수 없는 투자기회를 찾아낸 방법이다.

이해일치에 의한 대리문제의 해결

지금까지 분석에서는 외부주주가 어떤 방식으로 경영자를 감시할 수 있는가를 무시하였다. 실제 외부주주는 경영자의 행동을 감시할 수 있고, 어느 정도 양자 간의 이해를 일치시킬 수 있었다. 예를 들면 주주는 외부의 공인회계사에 의해 장부를 감시할 수 있으며, 이사회를 설치함으로써 경영자를 감시할 수 있었다.

그러나 경영자의 행동을 감시하는 데에는 비용이 발생한다. 감시에 돈을 사용하므로서 외부주주는 경영자의 직무혜택을 억제할 수 있다. 그들이 감시에 많이 지출하면 할수록 그만큼 그들은 경영자의 행동을 잘 감시할 수 있고, 그만큼 경영자의 직무혜택을 삭감할 수 있으며, 기업가치를 상승시킬 수 있다.

이러한 감시에 의해 외부주주는 경영자의 행동을 컨트롤할 수 있으며, 이해를 일치시킬 수 있다. 만일 정보가 대칭적이어서 감시가 없다면 <그림 3-10>에 의해 기업가치는 V_3이며, 경영자의 직무혜택은 C_3이다. 그러나 외부주주가 감시비용을 부담하는 것에 의해 경영자의 직무혜택을 한층 더 적은 C_4까지 절감할 수 있으며, 기업가치를 V_3에서 V_4로 높일 수 있다. 그 때문에 자신들의 지분을 높일 수 있기 때문에 외부주주는 감시하려는 유인을 갖게 된다.

그렇지만 감시에는 비용이 들기 때문에 주주에게는 기업에 요구할 수 있는 가치를 줄이게 된다. 그 때문에 감시비용(monitoring cost)을 부담하면서 경영자의 직무혜택 C를 서서히 억제하는 경우 기업가치 V는 <그림 3-10>의 S선처럼 체감하게 된다. 즉 예산제약선 V_0C_0는 SC_0가 된다. V_0C_0와 SC_0의 차이가 장래감시비용의 현재 시장가치 MB이다.

만일 외부주주가 감시에 의해 소유경영자의 직무혜택을 C_4까지 삭감할 수 있으면 소유경영자도 그것을 바람직하다고 생각할 가능성이 있다. 왜냐하면 그것이 기업가치를 V_4에 높이기 때문이며, 게다가 무차별곡선은 U_3에서 U_4로 상승하기 때문이다. 그러한 상황에서는 외부주주가 부담하는 최적감시비용은 MB이다.

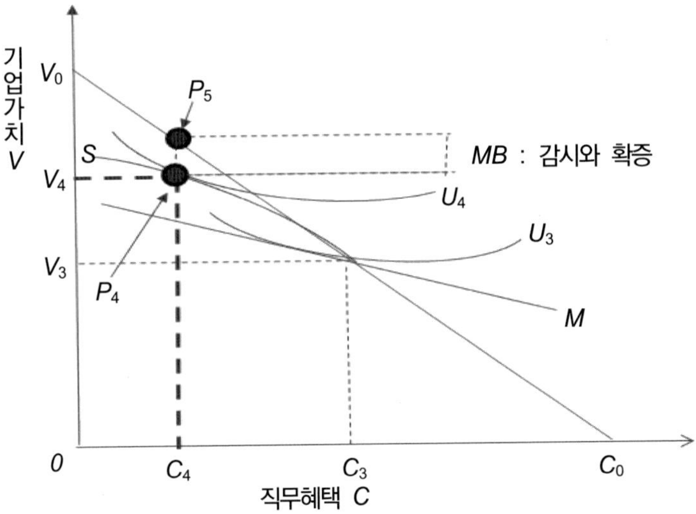

그림 3-10. 감시와 확증 및 기업가치

그러나 이 같은 일을 소유경영자 자신이 외부주주에 대해 자신의 직무혜택을 C_4만큼 제한한 것을 보상하기 위해 경영자원을 시용하여 수행할 수 있다. 이것이 확증비용(bonding cost)이며, 자기구속비용이다. 이런 행동은 자신이 부정을 하지 않았다는 계약을 자발적으로 체결하는 형식을 취할 수도 있고 자발적으로 외부에서 이사를 받아들이는 형식을 취할지도 모른다.

이러한 비용은 이번에는 경영자에게 전가되는 것이기 때문에 경영자의 부는 <그림 3-10>의 SC_0와 같은 곡선이 될 것이다. 이때, 경영자측은 MB만큼 확증비용을 부담하면 된다. 이런 경우 일방으로 경영자의 직무혜택은 C_3에서 C_4로 감소하여, 한편 기업가치는 V_3에서 V_4로 상승하는 것이다.

이러한 확증활동(bonding activity)은 경영자에게 해당 비용을 부담하지만 바람직한 행동이다. 왜냐하면, 직무혜택의 감소보다도 기업가치의 상승에 따른 장점이 더 크기 때문이다. 게다가 확증에 의해 경영자의 무차별곡선은 U_3에서 U_4로 상승하는 것이다. 따라서 그는 확증을 행하려는 유인을 가질 것이다.

이상과 같이 대리문제가 어떻게 발생하고, 정보의 대칭성에 의해 혹은 이해를 일치시키는 감시나 확증에 의해 어떻게 해서 대리문제가 해결되는가가 단순한 수학적 도형 모형에 의해 설명할 수 있다. 이것이 젠센과 메클링의 모형이다.

연습문제

❶ 대리이론에서는 기업은 어떤 존재로 가정되는가.

❷ 기업지배구조(corporate governance)란 어떤 의미인가.

❸ 미국형 시장에 의한 지배구조란 어떤 것인가.

❹ 일본의 주거래은행제도에 대해서 설명하라.

❺ 독일 유니버셜 뱅크에 대해서 설명하라.

4. 대리이론과 조직형태

4.1. 계약의 결합체로서의 기업조직

대리이론이 조직형태의 문제에 응용가능하다는 점을 보여준 것은 파마와 젠센(Fama and Jensen) [1983a][16]이다. 그들이 다룬 문제는 왜 소유와 경영이 분리된 복잡한 기업조직과 소유와 경영이 일치된 단순한 기업조직이 공존하는 것인가이다.

이 문제에 접근하기 위해 그들은 기업조직을 계약의 결합체(nexus of contract)[17]로부터 구성된 것으로 보았다. 특히 기업조직을 둘러싼 중요한 계약으로서 위들은 3가지 권리를 둘러싼 계약에 주목하였다. 먼저 제1계약이란 기업수입에서 필요한 모든 것을 차감하고 남은 잔여이익을 얻을 권리, 즉 「잔여청구권」을 둘러싼 계약이다. 게다가 이 계약은 이익이 항상 불확실성에 근거해서 위험을 수반한다는 의미로 위험배분(risk sharing)을 둘러싼 계약이기도 하다.

다음으로 제2, 제3의 계약이란 기업의 의사결정과정에 관련된 권리에 대한 계약이다. 즉 <그림 3-11>과 같이 기업의 의사결정과정은 아래와 같이 4가지로 구분된다.

(1) 발안 : 경영자원의 이용을 둘러싼 제안을 행하는 과정

(2) 승인 : 실행 가능한 발안을 선택하는 과정

(3) 실행 : 승인된 의사결정을 실행하는 과정

(4) 감시 : 업적을 측정해서 보수를 주는 과정

---

16) 이하는 파마와 젠센의 논문(Fama and Jensen, [1983a, 1983b])의 요약이다.

17) 대리이론에서는 기업을 계약의 결합체라 본다. 이 점에 대해서는 Jensen and Meckling(1976), Fama and Jensen(1983a)에 상술되어 있다.

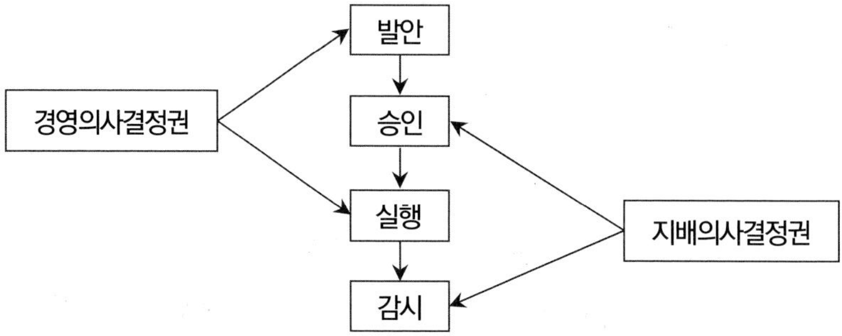

그림 3-11. 의사결정 과정과 권한

이들 중에서 파마와 젠센은 (1) 발안 (3) 실행을 둘러싼 의사결정권을 「경영의사결정권」, (2) 승인과 (4) 감시를 둘러싼 의사결정권을 「지배의사결정권」이라고 각각 불렀다. 이들 경영의사결정권과 지배의사결정권을 둘러싼 계약이 제2와 제3의 계약이다.

이상과 같이 파마와 젠센에 의하면, 기업조직은 적어도 잔여청구권, 경영의사결정권, 그리고 지배의사결정권을 둘러싼 계약으로 구성된 계약의 결합체라고 보았다.

4.2. 조직형태의 분석

그래서 이와 같이 기업조직을 계약의 결합체로 보는 경우, 기존의 다양한 기업조직은 기본적으로 단순한 조직과 복잡한(錯綜) 조직으로 분석된다.

이들 중에서 단순조직이란 잔여청구권, 경영의사결정정권, 지배의사결정권이 특정인에게 집중된 기업조직이다. 이러한 조직에서는 다양한 의사결정에 필요한 정보는 모두 특정 대리인에게 집중된다. 예를 들면, 이런 조직의 사례로서 고전적 기업가기업, 미공개주식기업, 소규모 제조업 등을 들 수 있다.

이에 대해 복잡한 조직이란 잔여청구권으로부터 경영의사 결정권이 분리되고, 심지어는 경영의사 결정권에서 지배의사 결정권이 분리된 기업조직이다. 이런 조직에서는 의사결정에 필요한 여러 가지 특수한 정보가 조직의 모든 수준의 대리인에게 분산되어 있다. 예를 들면, 대규모 공개주식회사나 거대 비영리기업 등이 이런 복잡한 조직의 예이다.

이와 같이 기업조직은 기본적으로 단순한 기업조직과 복잡한 기업조직으로 구별되지만, 문제는 왜 이것들이 존재하며, 공존하고 있는가이다. 바꿔 말하면, 왜 기업은 공통의 조직형태로 집중해 나가지 않는가. 이 문제에 대해 대리이론에 의하면, 이들 조직형태는 어느 쪽도 효율적인 자원배분 시스템으로서 분석가능하며, 그 때문에 공존 가능한 것이다.

4.3. 조직형태의 대리이론 분석

우선 왜 단순한 조직이 효율적인 자원배분 시스템인가. 이것을 대리이론에 근거해서 설명하기 위해 이제 어느 투자가 어떤 기업의 주식을 구입해서 해당 기업조직의 주주 즉 잔여청구권자가 된 것으로 하자.

이 경우 주주가 위임자, 의사결정을 행하는 경영자는 대리인이다. 이때 주주와 경영자 간에는 아래와 같은 대리문제가 발생할 가능성이 있다. 즉 주주와 경영자가 추구하는 이익은 반드시 일치하는 것은 아니며, 게다가 주주와 경영자가 가진 정보도 비대칭적이기 때문에 경영자는 주주의 미비에 취약점을 이용하여 기업의 자산을 비효율적으로 이용할 가능성이 있다.

여기에서 <그림 3-12>와 같이, 만일 경영자가 경영의사결정권과 지배의사결정권을 함께 보유하고 있다고 하면, 잔여청구권자로서 주주는 이 경영자의 비효율적인 행동을 통제할 수 있는 통제기구(control mechanism)를 전혀 갖추지 않았다. 그 때문에 주주는 경영자의 기회주의 행동을 억제할 수 없다. 즉 모든 의사결정권을 가진 경영자로부터 잔여청구권만을 분리해서 주주에게 귀속시킨다는 점, 거기에 대리문제가 발생하여 그것을 해결하는 방법을 잔여청구권인 주주는 가질 수 없다는 점이다.

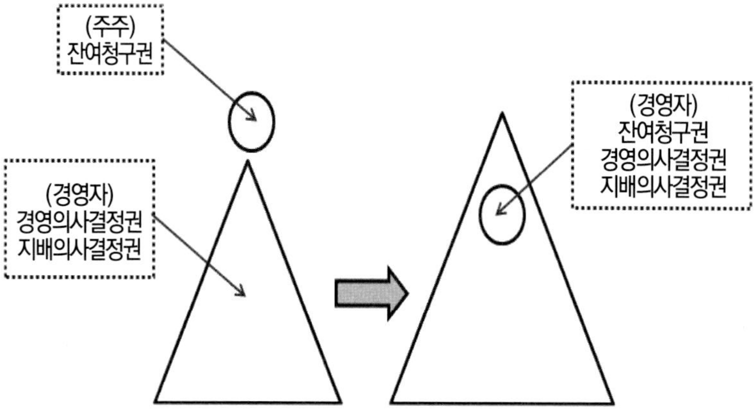

그림 3-12. 단순한 조직과 권한배분

따라서 이러한 대리문제의 발생을 사전에 억제하기 위해서는 <그림 3-12>와 같이 처음부터 기업의 잔여청구권을 경영자에게 귀속시킨다는 점, 즉 잔여청구권, 경영의사결정권, 지배의사결정권을 경영자에게 집중적으로 귀속시켜 주는 것이 경영자의 대리문제를 억제하는 효율적인 방법의 하나이다. 왜냐하면 이것에 의해 이해를 둘러싼 갈등(conflict)과 정보의 비대칭성의 문제는 해소되고 그 때문에 대리문제의 발생은 사전에 억제되기 때문이다. 이런 의미에서 모든 권리를 보유하고 있는 인물에 의해 경영되는 단순한 기업조직은 대리이론적으로 말하자면 효율적인 자원배분 시스템으로 본다.

이에 대해 엉켜진 복잡한 조직은 어떤가. 먼저 이러한 조직에서는 대리인인 많은 종업원에게 고정급을 줄 필요가 있으며, 게다가 거대자산을 이용해서 적극적으로 사업을 전개하기 때문에 막대한 자본이 필요하다. 이런 거대자본을 한 사람에게 부담시키는 것은 너무 위험이 높기 때문에 다수의 주주에게 투자되어 위험을 분산시킨다. 이것이 자금의 효율적인 조달이다.

한편 이런 다수의 주주가 기업의 잔여청구권, 경영의사결정권, 지배의사결정권 모두에 관여하면 모든 주주의 의사를 통일시키기 위한 조정비용(coordinating cost)는 매우 높아진다. 그 때문에 그런 비용을 절약하기 위해 잔여청구권자로서의 주주로부터 경영의결정권과 지배의사결정권을 분리한다는 점, 즉 주주와 경정자를 분리시키는 것이 효율적인 자원배분과 이용으로 이어진다.

그러나 이 경우 <그림 3-13>과 같이 주주와 경영자 간에 아래와 같은 대리문제가 발생할 가능성이 있다. 즉 주주와 경영자의 이해는 반드시 일치하지 않고 게다가 주주와 경영자가 가진 정보는 상호 비대칭적이기 때문에 경영자는 주주의 이익을 무시하고 기회주의행동을 할 가능성이 있다는 것이다.

이에 대해서 <그림 3-13>과 같이 복잡한 조직에서는 더욱 경영의사결정권으로부터 지배의사결정권을 분리시키는 다양한 제도가 전개되며, 이런 제도에 의해 잔여청구권자로서 주주의 이익을 무시하는 경영자의 기회주의 행동, 즉 대리문제의 발생이 사전에 억제되는 것이다.

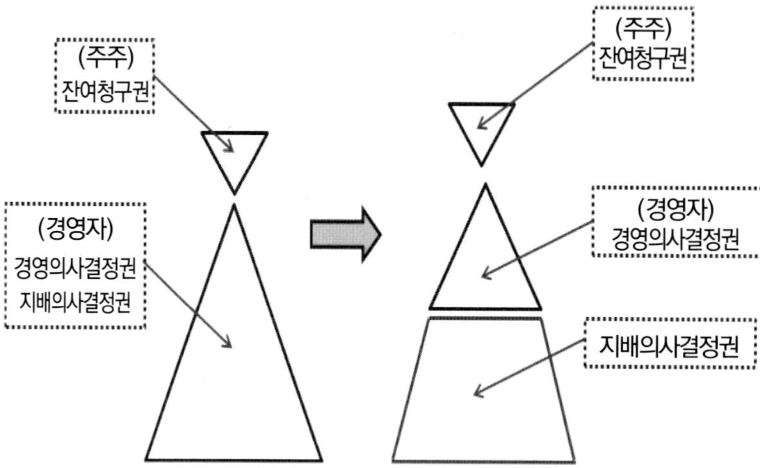

그림 3-13. 복잡한 조직과 권한배분

예를 들면, 이런 제도로서 복잡한 조직에서는 의사결정의 계층시스템, 즉 계층조직구조가 전개된다. 계층조직에서는 보다 높은 수준의 대리인이 보다 낮은 대리인의 발안이나 업적을 승인하고, 감시하고 그 업적을 평가하는 형이며, 경영의사결정과 지배적 의사결정이 분리된다. 이런 계층조직에서는 수준의 의사결정자가 잔여청구권자로서의 주주이익을 희생시켜 자신에게 유리한 기회주의 행동만을 행하기란 매우 어렵다. 그 때문에 이런 계층조직하에서는 자원이 효율적으로 배분되어 이용된다.

또한 이런 복잡한 조직에서는 대리인 간에 비공식적인 상호감시 시스템이 전개된다. 이런 상호감시 시스템 하에 구성원들 간에 경쟁이 발생하여 이에 의한 인적자원이 효율적으로 이용되어 생산성이 상승한다. 이런 생산성의 상승은 주주로서의 잔여청구권자의 이익에 일치한다.

게다가 복잡한 조직으로 보이는 이사회제도는 이사회가 중요한 의사결정을 승인하고, 감시하고, 중요한 의사결정 대리인을 선택하고, 해고하고, 보수를 줄 권리를 갖는 제도이다. 이러한 제도하에서는 최고수준의 경영의사 결정자와 지배의사 결정자의 공모가 불가능하며, 이것에 의해 주주와 경영자 간의 대리문제가 해결된다.

이와 같이 복잡한 조직에서는 <그림 3-13>과 같이 주주와 경영자의 분리에 의해 생긴 대리문제는 잔여청구권, 경영의사 결정권, 지배의사 결정권을 상호 분리시키는 것처럼 다양한 조직상의 제도에 의해 해결되며, 이런 의미에서 볼 때, 복잡한 조직 역시 효율적인 자원배분 시스템이라고 말할 수 있다.

이상에서 살펴 본바와 같이 대리이론에 의하면, 단순한 조직도 복잡한 조직도 각각 고유의 대리문제의 발생을 사전에 억제해서 자원을 효율적으로 배분해서 이용하는 시스템으로서 설명할 수 있다. 그 때문에 이들 두 가지 조직형태는 공존가능하다고 말할 수 있다.

4.4. 신탁, 대리문제, ERISA법

제2차 세계대전 후 대규모 스트라이크(strike) 등의 노사분규를 받아, 1947년에 통칭 태프트-하틀리법(Taft-Hartley Act)이라고 부르는 미국노사관계법(Labor Management Relations Act)이 제정되었다. 동 법률 302조 5항에 노동자에 대한 의료·연금 등 급부를 위한 신탁기금에 대한 갹출이 규정되어 이에 의거해서 연금제도는 태프트-하틀리신탁이라고 부르며 연금운영을 둘러싼 노사동수의 대표에 의한 기금관리가 정해졌다.

동 법률 하에서 탄광노동자를 대상으로 한 UMWA(United Mine Workers of America) 복리연금기금이 형성되고, 노사 각 1명 및 중립자(기금관리자를 겸무) 3명부터 그 관리조직은 구성되었다. 그 중에서도 특히 노조위원장인 조합측 수탁자가 기금운영의 실무를 관장하였다. 이 기금의 재원은 탄광사업주가 채광 1톤당 지불하는 일정액의 부금으로 이루어지고 그 운용과 급부를 위한 설계는 수탁자로서의 기금이 대폭 재량권을 갖게 되었다.

특히 수탁자이며 기금운영의 실권을 쥔 노조위원장은 이 부금을 조합이 지배하는 은행의 무이자예금으로서 약 20년에 거쳐 체류시키고, 또한 조합이 조직된 탄광기업으로부터 석탄을 구입한다는 조건으로 전력회사의 주식을 구입하였다.

이러한 전력주에 대한 투자에 수반하는 석탄매출 증가가 고용을 확대하고, 게다가 그것이 부금의 증가에 연결되어 수익자를 유리하게 하는 면이 있다고 생각하였지만, 실제로는 전력주 투자나 무이자예금은 모두 조합조직과 탄광기업의 사업주에게 장점이 있었을 뿐, 수익자에게는 이점이 거의 없었다.인의

태프트-하틀리법은 수탁자인 기금의 엄격한 수탁자책임(信認義務)을 경감시켜주는 것은 아니며, 본래 수탁자는 수혜자만 완전해진 충실의무를 지울 수 있는 것을 규정하였다. 수탁자는 수익자에 환원하기 위해 수익을 낳기 위한 신탁재산을 투자하는 의무를 지고 있는 것이었지만, 무이자예금은 수익자는 아니고, 은행 나아가서 그 모체인 조합에게 유리해질 것이었다.

이상으로부터 자금을 예금으로서 체류시켜 투자하지 않았다는 것은 푸르던트맨 규칙(prudent man rule)에 의해 신탁의 수익을 최대화한다는 수탁자의 신인의무에 대한 중대한 위반이었다. 또한 전력주의 구입도 주로 조합 및 탄광사업자의 이익이 되기 때문에 노사수탁자의 자기거래라 불러야 할 것이며 신인의무에 위반하였다.

이런 사실이 발각되었기 때문에, 1970년에 수급자측이 수탁자와 조합을 신인의무위반으로 제소하여 판결도 「신탁기금은 당해사업주에 관련노동자와 가족에 대한 급부만을 위한」 이용될 수 있다고 해서 신인의무위반이 인정되었다. 구체적으로 무이자예금에 대해서는 주의의무(수익을 도모하는 의무), 전력주투자에 관해서는 충실의무(자기거래의 금지)의 관점에서 신인의무위반이 된 것이다.[18]

이 사례에서는 위탁자 겸 수익자로서의 연금수급권자인 종업원이 그들의 이익대표로서 노동조합위원장을 수탁자인 기금에 보내고 있었다. 그러나 노조위원장은 종업원의 이해를 대표했던 것이 아니라 사실은 노동조합의 이해를 대표하였다. 그 때문에 위임자인 종업원과 대리인인 노조위원장의 이해는 불일치했던 것이며, 정도도 비대칭적이었다. 이런 상황에서 노조위원장은 자신들의 이익만을 우선시하여 기금운용을 했을 뿐이다.

이 사례에서는 무엇이 문제인가. 대리이론적으로 말하면, 이 사례에서는 잔여청구권만 수익자인 종업원이 보유하고 경영의사결정권과 지배의사결정권의 양방이 수탁자인 노동조합위원장에게 집중되어 있기 때문에 대리문제가 발생했다고 말 할 수 있다. 즉 수익자는 지배의사결정권을 갖지 못한 것이다.

이러한 문제를 해결하고, 신탁목적의 명확화와 엄격한 운용을 규정하기 위해 1974년 ERISA(Employee Retirement Income Security Act)법이 제정되었다. 동법에서는 기업연금제도의 관리나 운용을 행하는 것을 수탁자와 인정해서 수탁자에게 신의의무를 부과해서 가입자(수익자)의 이익을 도모할 수 있는 충실의무의 준수를 수탁자에

18) 이 사례에 대해서는 伊藤(2004)을 참조.

게 요구하였다. 이것은 수탁자에게는 경영의사결정권만 부여하고 수급자 및 감독관청에 지배의사결정권이 있기 때문에 신탁관계에 있어서 권한의 배분을 최적화하는 것이었다고 할 수 있을 것이다.

연습문제

❶ 대리이론에 의하면, 기업은 어떤 의사결정의 계약결합체로 보여지는가.

❷ 대리이론에 의하면, 왜 중소기업과 마찬가지로 대기업도 효율적인 형태가 되는가.

5. 대리이론과 인사노무

여기에서는 대리이론이 인사노무론 분야에 응용될 수 있는 점을 설명해보자. 이 분야에서는 일반적으로 수학적인 규범적 대리모형이 전개되지만, 여기에서는 수학적 표현을 사용하지 않고, 규범적 대리이론 연구의 핵심을 소개해보자.

우선 경영자를 위임자, 종업원을 대리인으로 하는 기업 내의 대리관계에 대해서 살펴보자. 이런 경우 경영자와 종업원에 관해 아래의 가정이 성립한다. 경영자와 종업원은 동시에 효용최대화지만, 양자의 이해는 반드시 일치하지 않는다(AT_1). 또한 경영자는 종업원의 행동에 관한 정보를 완전히 입수할 수 없기 때문에 경영자와 종업원이 가진 정보도 반드시 대칭적이지 않다(AT_2).

이런 상황에서 종업원은 경영자의 이익에 반해 노력을 해태하고, 비효율적으로 자원을 이용할 가능성이 있다. 규범적 대리이론에서는 이러한 비효율적인 사태를 사전에 회피하고, 종업원에게 효율적으로 자원을 이용하게 만들어 해태하지 않기 위한 인센티브시스템으로서 보수제도를 분석한다. 게다가 보수제도는 위험을 수반하는 수익을 종업원에게 배분하는 제도이기도 하기 때문에, 그것은 인센티브시스템임과 동시에 위험배분제도(risk sharing system)란 점에 주의하지 않으면 안된다.

이하 어떤 보수제도가 인센티브시스템이며 한편 최적위험배분제도인가를 고찰하기 위해 상기의 가정을 아래와 같이 단계적으로 분석 고찰한다.[19]

---

19) 이하의 논의는 주로 Douma and Schreuder(1991)에 기초하고 있다. Besanko,

(AT_{20}) 정보의 대칭성 사례

: 위임자가 대리인의 노력수준을 완전히 관찰할 수 있는 경우

(AT_{21}) 정보의 비대칭성 사례

: 위임자가 대리인의 노력수준을 완전하게 관찰할 수 없는 경우

(AT_{22}) 정보의 일부 대칭성 사례

: 위임자가 대리인의 노력수준에 관해 신호를 관찰할 수 있는 경우

5.1. 정보의 대칭성 사례

우선, 기업의 기대수익이 종업원의 노력수준에 비례해서 커진다고 하자. 또한 종업원이 기업에 잔류하는 최저유보임금액이 상승한다면 종업원은 보다 노력한다. 여기에서 경영자의 관심은 기업의 기대수익에서 종업원의 보수를 차감해서 남은 차액, 즉 기대이윤극대화해서 자신의 기대효용을 최대화하는 일이다.

그러나 경영자와 종업원의 이해가 반드시 일치하지 않기 때문에 (AT_1), 종업원은 경영자의 이익에 반해 숨어서 해태할지도 모른다. 그럼에도 불구하고 여기에서는 가정 AT_{20}에 의해 경영자는 종업원의 행동을 완전히 감시할 수 있고, 게다가 경영자는 자신의 기대이익을 최대로 만들어줄 종업원의 최적노력수준과 그런 노력에 대해 지불할 수 있는 최저유보임금이 어느 정도의 금액인가를 완전히 계산할 수 있고, 그것을 완전히 표현하여 종업원에게 전달할 수 있다.

이런 상황에서는 종업원이 최적노력수준 이상의 노력을 행할 때

Dranove and Shanley(2000) 및 Milgrom and Roberts(1992)에도 알기 쉬운 설명이 이루어지고 있기 때문에 참고하기 바람.

에는 최저유보임금을 지불한다. 그보다 적은 노력수준일 때에는 일체 임금을 지불하지 않는 보수제도가 효율적인 제도이다. 종업원은 이런 보수계약을 회피하고 다른 기업으로 이동해도 정보가 대칭적인 세계에서는 다른 기업에서도 완전히 같은 보수계약이 제시될 것이다. 그 때문에 종업원은 이런 보수제도하에서 자신의 노력수준을 최적노력수준으로 향상하도록 강제된다. 이런 의미에서 이런 보수계약은 「강제계약」이라 한다.

Column 3-4

강제계약

강제임금계약에 가까운 계약을 이행한 것은 청바지 진의 리바이 스트라우스(Levi Strauss)사이다. 이 회사에서는 노동자가 진을 만들 경우 그것이 불량품 여부를 꽤 정확하게 분별할 수 있다. 그래서 관리자와 노동자 간의 정보의 비대칭성은 비교적 적다. 이러한 노동 상황이기 때문에 이 회사에서는 진 한 벌을 만드는데 일정 임금이 결정되며, 불량품에는 일체 임금을 지불하지 않는다는 임금계약이 노동자 사이에 체결되어 있다.

* 참고문헌 Besanko, Dranove and Shanley [2000]

그런데, 이러한 강제계약 하에서는 한편으로 종업원은 최저기대보수에 대한 기대효용을 획득하고, 다른 한편에서 경영자는 이를 제약조건으로 해서 자신의 기대효용을 최대화라는 상태이다. 이런 상태에서는 제약조건인 종업원의 기대효용을 늘리면, 그만큼 조건은 엄격하기 때문에 경영자의 최대기대효용은 감소한다. 일반적으로 다른 사람의 효용을 낮출 수 없게 하여 어떤 사람의 기대효용을 그 이상 높일 수 없는 상태를 파레토최적이라 한다. 따라서 이러한 보수제도하에 놓인 상태는 일종의 파레토 최적상태라고 할 수 있다.

5.2. 정보의 비대칭성 사례

예비적 고찰

이제 경영자와 종업원의 이해가 일치하면(AT_1), 게다가 경영자가 종업원의 행동을 완전히 관찰할 수 있는(AT_{21}) 경우에 대해 분석해 보자. 이런 경우 경영자는 종업원의 노력수준을 완전히 관찰할 수 있기 때문에 그것을 기초로 한 보수제도, 예를 들면 「出來高(성과유인)임금계약」은 거래나 매출 총액에 근거한 제도로서 비효율적인 보수제도이다. 왜냐하면 경영자는 종업원의 노력수준을 둘러싼 정보를 완전하게 입수할 수 없기 때문에 종업원은 경영자의 미비된 취약점을 이용하여 도덕적 해이를 일으킬 가능성이 있기 때문이다.

Column 3-5

出來高(성과유인) 임금제도

Sears사의 각 자동차 수리 센터의 매니저들은 일단 出來高(성과유인) 보수제도 하에 놓여 있었다. 그러나 회사는 제한된 합리적이기 때문에 각 수리 센터의 매니저 행동을 완전하게 관찰할 수 없다. 이러한 정보의 미비된 취약점을 이용하여 한 수리 센터 매니저가 고객에게 불필요한 수리를 해준 현상이 일어났다. 즉 약간의 수리도 대수리하여 고객한테 거액의 요금을 청구하는 도덕적 해이가 일어났기 때문이다.

마찬가지로 어떤 증권회사에서는 세일즈맨에게 인센티브를 주기 위해 매출액 보수제도를 설정하였다. 이 제도는 매출이 많으면 많은 만큼 보수도 많아지는 일종의 出來高(성과유인) 임금제도이다. 그러나 회사는 이런 임금제도하에서 세일즈맨이 어떻게 행동하는가를 충분히 관찰할 수 없었다. 그 결과 많은 세일즈맨들은 큰 주문을 획득하기 위해 믿을 수 없는 행동을 할 수 있게 되었다.

이상과 같이 정보가 비대칭적 상황에서는 出來高(성과유인) 임금제도가 비효율적인 임금제도가 될 가능성이 높다.

* 참고문헌 Besanko, Dranove and Shanley[2000]., Milgrom and Roberts[1992]

이와 같이 정보가 비대칭적인 경우 아래의 두 가지 극단적인 보수계약이 가능하다.

(1) **임금계약** : 수익의 크고 작음과 무관하게 종업원은 항상 고정임금을 얻고, 나머지를 경영자가 얻는 계약

(2) **지대계약** : 수익의 크고 작음과는 무관하게 경영자는 항상 고정이익을 얻고, 나머지를 종업원에게 주는 계약

여기에서 「임금계약」은 종업원이 노력하든 안 하든 항상 일정임금이 지불되기 때문에 이런 계약은 종업원에게는 노력하는 인센티브가 0인 보수제도이다. 이에 비해 「지대계약」은 종업원이 노력하면 노력한 만큼 나머지가 커지기 때문에 종업원에게는 노력하는 인센티브가 100%인 보수제도이다.

그러나 배분하는 수익은 불확실해서 적자일 가능성이 있다. 이 경우 보수계약에 의거해 어느 한쪽이 빚을 지더라도 지불하지 않으면 안 되는 위험을 부담하게 된다. 이런 위험을 고려하면 「임금계약」은 항상 일정한 임금을 얻는 종업원의 위험은 0이며, 경영자가 모든 위험을 부담하는 위험배분제도라고 볼 수 있다. 한편 「지대계약」은 항

상 일정한 이익을 얻는 경영자의 위험은 0이 며, 모든 위험을 종업원이 부담하는 위험배분제도이다.

이들 2가지 보수계약 중 가정된 상황에서는 어느 쪽이 더 효율적인 인센티브시스템인가. 어느 쪽이 보다 효율적인 위험배분제도인가. 이 문제에 대해 답하기 위해 위임자와 대리인의 위험에 대한 태도에 의존한다.

위험에 대한 태도는 논리적으로 위험회피형, 위험중립형, 그리고 위험선호형의 태도로 분석된다. 이중에서 위험회피형 사람이란 위험을 부담할 경우 할증금(프레미엄)을 요구하는 사람들이다. 위험선호형 사람이란 돈을 지불해서라도 위험을 부담하려는 사람들이며, 바로 도박꾼들이다. 위험중립형 사람이란 위험을 부담하더라도 할증금을 요구하지 않는 사람들이다.

일반적으로 대리인모형에서는 위임자인 경영자는 비교적 유복하기 때문에 위험을 분산할 수 있는 것으로 간주하고 위험중립형 사람으로 가정된다. 이에 비해 대리인인 종업원은 위험중립형이거나 위험회피형으로 가정된다.

어쨌든 이러한 정보비대칭성 하에서 얻게 되는 위임자와 대리인의 총효용은 위임자가 대리인의 행동을 완전하게 관찰할 수 있는 경우에 비해 낮다. 그 때문에 정보의 대칭성상황하에서 설치된 효율적인 보수제도는 「최선해(first-best solution)」라 하며, 정보의 비대칭성 하에서 설치된 근사적으로 효율적인 보수제도는 「차선해(second-best solution)」라 한다. 그리고 이들 간의 차이는 정보의 비대칭성이 초래하는 비효율적, 즉 대리비용으로 간주된다.

아래에서는 어떤 보수제도가 보다 효율적인가를 명확하게 하기 위해 구체적으로 대리인의 위험에 대한 태도를 고려해서 분석한다.

위험중립형 대리인

우선 경영자와 종업원이 함께 위험중립형인 경우에 대해 고려해보자. 이런 경우 「임금계약」을 체결하면, 종업원은 어느 정도 노력해도 임금이 증가하지 않기 때문에 종업원은 노력하려는 인센티브를 전혀 갖지 않는다. 물론 정보의 비대칭성 정도에 따라 손을 떼는 가능성이 있어 경영자의 이익은 필연적으로 감소한다. 그 때문에 이러한 「임금계약」을 체결한다는 것은 경영자에게는 효율적이지 않다.

Column 3-6

임금계약

항상 일정한 임금을 받는 「임금계약」이 비효율적이라는 점을 보여주는 예는 많다. 예를 들면 국가가 방위산업기업으로부터 무기를 조달하는 경우, 일반적으로 원가가산 일정이익을 올려주는 원가연동형 계약이 체결되었다. 이러한 임금계약하에서 방위산업기업은 경비절감노력을 해도 전혀 이점이 없고, 효율적인 생산을 하려는 인센티브도 전혀 없다. 그 때문에 방위산업기업은 비효율적인 생산을 전개하는 것이다.

또한 일용직노동도 1인당 10만 원으로 결정되기 때문에 일용직 노동자는 노력하는 인센티브를 그만큼 갖지 않는다. 그 때문에 본래 1일 3인으로 충분한 일임에도 불구하고, 10인도 일용직이 필요하거나 한다.

이에 대해 「지대계약」에 대해서 고찰해보자. 이 경우 위험은 모두 종업원이 부담한다. 그런데 가정된 상황에서는 종업원이 위험중립형이기 때문에 위험부담에 대해 종업원은 할증임금을 전혀 요구하지 않는다. 그래도 이런 보수계약에서는 종업원이 노력하면 한만큼 경영자에게 지불되는 일정금액을 차감하고 남은 것이 커지므로 종업원은 노력하려는 인센티브를 갖는다.

특히 「지대계약」과 같은 보수계약하에서는 경영자가 일정한 기대효용을 제약조건으로서 종업원은 자신의 기대효용을 최대화하려고 노력할 것으로 생각된다. 이러한 보수계약하에서는 제약조건인 경영자의 기대효용이 커지면 그만큼 조건은 엄격해지기 때문에 종업원의 최대기대효용은 상대적으로 감소한다. 이와 같이 다른 사람의 효용을 떨어뜨리지 않고서는 어떤 사람의 기대효용을 증대시킬 수 없는 상태는 일종의 파레토최적이라고 하는 상태이다. 따라서 여기에서 가정한 상황에서는 「지대계약」이 최적인 보수제도라고 할 수 있다.

위험회피형 대리인

다음으로 경영자가 위험중립형으로 종업원이 위험회피형인 경우에 대해 살펴보자. 이 경우 종업원은 위험을 좋아하지 않기 때문에 위험부담이 증가하면, 종업원은 그에 대응해서 보다 많은 할증임금을 경영자에게 요구한다.

여기에서 경영자가 종업원과 「임금계약」을 체결하면, 위험은 0이지만, 종업원은 노력하든 안 하든 임금은 일정하기 때문에 종업원은 노력하는 인센티브를 갖지 않을 것이다. 그래도 숨어서 수법을 이용할 것이다. 그 때문에 전체로서 기업의 기대수익은 감소하여 경영자의 기대이익은 상대적으로 감소한다. 따라서 이러한 「임금계약」은 경영자에게는 효율적인 보수계약은 아니다.

이에 대해 이번에는 「지대계약」에 대해 고찰해보자. 이런 경우 종

Column 3-7

중간적인 보수계약

Columnn 2-5에서도 소개했지만, 프랜차이즈제의 전형적인 사례로서 맥도널드사가 있다. 프랜차이저(체인본점)인 맥도널드사와 프랜차이지인 출점자(체인점) 사이에 어떤 보수계약이 이루어지고 있는가. 일반적으로 프랜차이지인 출점자는 프랜차이저인 맥도널드사한테 매월 일정지불금으로서 매출의 몇 %를 지불하는 계약이 체결되는 것으로 알려져 있다.

이러한 보수계약은 고정적인 부분과 변동적인 부분으로 구성되어 있다는 의미에서 중간적인 보수계약이라고 본다.

업원은 노력하는 것에 의해 보다 많은 임금을 얻을 수 있기 때문에 종업원 노력하는 인센티브를 갖는다. 그러나 동시에 이런 보수계약에서는 모든 위험을 종업원이 부담하기 때문에 위험회피형 종업원은 높은 할증임금을 경영자에게 요구할 것이다. 그 때문에 이런 보수계약 하에서는 경영자의 기대이익은 역으로 감소할 가능성이 있다.

따라서 여기에서 가정한 상황에서는 경영자는 보다 많은 기대효용을 얻기 위해 「임금계약」도 아니고 「지대계약」도 아닌 중간형의 보수계약, 예를 들면, 고정임금부분과 변동임금부분을 조합한 것 같은 보수계약을 결합시킴으로써 자신의 기대이익을 높이는 것이 보다 효율적이라고 할 수 있다.

5.3. 정보의 일부 대칭성 사례

예비적 고찰

끝으로, 경영자와 종업원의 이해가 일치하면(AT_1), 게다가 경영자가 종업원의 노력수준을 직접 관찰할 수 없지만 종업원의 노력수준에 관한 신호(signal)를 얻을 수 있는 경우($A\,T_{22}$)에 대해서 고찰해 보자. 예를 들면 종업원이 시간측정기(time recorder)로 직무의 시작과 끝을 기록함으로써 경영자는 종업원의 취업시간을 알 수 있는 경우도 있다.

이러한 불완전정보 하에서는 종업원과 「出來高(성과유인) 임금계약」을 체결하는 것은 기본적으로 비효율적이며, 위험하다. 경영자는 종업원의 노력수준에 관하여 노력의 양이나 결과에 관해 관찰할 수 있어도 그 질이나 과정에 대해서는 관찰할 수 없기 때문이다. 그 때문에 이런 보수계약 하에서는 종업원은 경영자의 눈을 속이려고 나쁘게 행동할 가능성이 있다. 따라서 出來高(성과유인) 임금계약은 경영자에게는 효율적이지 않다. 어떤 보수제도가 효율적인 것인가. 이하에서는 이에 대해 고찰하기로 한다.

위험중립형 대리인

먼저 경영자와 종업원이 동시에 위험중립적인 사례에 대해 살펴보자. 이런 경우 경영자는 가능한 계약으로서 「임금계약」을 종업원과 체결할 수 있다. 그러나 이런 보수계약 하에서는 종업원의 임금이 항상 일정하기 때문에 종업원은 기본적으로 노력하려는 인센티브를 갖지 않는다. 경영자는 종업원의 행동을 둘러싼 불완전 정보로서 신호가 입수되지 않기 때문에 이런 미비의 취약점을 이용하여 종업원은 노력하지 않을 것이어서 기업의 전체수익이 낮아지게 된다. 그 때문에 경영자에게 이런 「임금계약」은 효율적인 보수계약이 되지 않는다.

이 경우 경영자가 일정한 이익을 획득하고, 나머지를 종업원에게 주는「지대계약」이 경영자에게 효율적이다. 왜냐하면 이에 의해 종업원은 노력할 인센티브를 갖기 때문이며, 게다가 종업원은 위험중립형이기 때문에 예컨대 위험이 부과되더라도 그것에 대응하는 높은 할증임금을 경영자에게 요구하지 않기 때문이다.

위험회피형 대리인

다음, 종업원이 위험회피형인 사례에 대해 고찰해보자. 먼저 만일 경영자가「임금계약」을 종업원과 체결한다면, 종업원은 얼마나 노력해도 일정한 임금밖에 얻을 수 없기 때문에 종업원은 노력하는 인센티브를 갖지 않는다. 물론 경영자는 종업원의 노동수준을 둘러싼 불완전정보로서의 신호가 입수되지 않기 때문에 종업원은 노동의 질에 관계되는 것은 하지 않으려는 가능성이 있다. 이런 경우 기업수익전체는 저하되기 때문에 경영자에게 이런「임금계약」은 효율적인 보수계약이라고 말할 수 있다.

Column 3-8

최근 프로야구선수의 보수

일부 고정 임금으로 일부 **出來高(성과유인)**에 따른 보수제도의 사례로서 주목받는 것이 프로야구선수의 계약이다. 최근 많은 선수가 고정적인 연봉과 시즌 중의 성과에 따른 **出來高(성과유인)** 보수를 결합한 계약을 갱신하는 사례가 많다고 본다. 이는 구단 측이 이전에 비해 프로야구선수가 보다 위험회피형이 되어가고 있는 점을 고려하여 연봉을 인센티브시스템으로 이용하기 시작했다는 점을 의미하는지도 모른다.

이에 대해 이번에는 반대로 「지대계약」에 대해서 살펴보자. 이런 보수계약에서는 종업원이 노력함으로써 보다 많은 임금을 얻을 수 있기 때문에 종업원은 노력하려는 인센티브를 갖는다. 그러나 동시에 이런 보수계약 하에서는 모든 위험을 종업원이 부담하기 때문에 위험회피형 종업원은 높은 할증임금을 경영자에게 요구하게 된다. 그 때문에 이것에 의해 경영자의 이익은 크게 감소할 가능성이 있다.

따라서 여기에서 가정된 상황에서는 경영자가 보다 많은 기대이익을 얻기 위해 고정임금과 불완전정보로서의 신호에 근거해서 변동임금을 조합함으로써 기대이익을 높일 수 있다.

5.4. 연구의 확장

그래서 이제까지의 논의는 1인의 위임자와 1인의 대리인 간의 단순한 위임자-대리인모형이었으며, 게다가 그것은 1기간모형이었다. 이런 단순모형은 한층 더 복수 대리인모형[20]과 복수기간[21]으로 확장된다. 이들 확장모형의 본질을 이제까지의 논의를 근거해서 이하에서 가능한 만큼 간단하게 설명해 보자.

복수 대리인모형

먼저 한사람의 토지소유자가 자신의 토지를 몇 개로 분할하여 농산물을 재배하는 몇몇 사람에게 대출한 사례에 대해 고찰해보자. 토지소유자는 분할된 토지의 날씨조건이 같다는 점을 알고 있다. 이런

20) 복수 대리인모형에 대해서는 Mookherjee(1984), Malcomson(1986)에 상술되어 있다.

21) 복수기간 모형에 대해서는 Lambert(1983), Malcomson and Sprinnewyn(1988), Radner(1981)에 상술되어 있다.

경우 토지소유자가 위임자이고, 복수의 사용자가 대리인이다. 게다가 토지소유자와 복수의 사용자가 추구하는 이해는 반드시 일치하지 않고 토지소유자는 복수의 사용자의 행동을 전혀 관찰할 수 없다고 하자. 이런 경우 사용자에 의해 토지소유자의 토지는 비효율적으로 이용될 가능성이 있다. 토지를 효율적으로 이용하도록 하기 위해 토지소유자는 어떠한 보수계약을 복수의 사용자와 사전에 체결할 필요가 있는가. 이것이 문제이다.

우선 몇몇 사용자가 위험회피형이고, 나머지 사용자가 위험중립형인 사례에 대해 고찰해보자. 이들 중에 위험중립형 사용자와의 사이에 「임금계약」을 체결하면 그들은 노력수준과는 무관하게 고정적 임금을 얻기 때문에 그들은 노력할 인센티브를 갖지 않을 것이다. 또한 그들과 노력수준에 근거하여 보수계약을 체결하면 토지소유자는 그들의 행동을 관찰할 수 없기 때문에 사용자는 하지 않을 가능성이 있다. 무엇보다 위험중립형 사용자는 위험을 부담해도 토지소유자에게 할증임금을 요구하지 않기 때문에 이런 경우 「지대계약」을 체결하는 것이 효율적이다.

이에 대해 남은 위험회피형 사용자에 대해서 토지소유자는 「강제적 계약」을 전개할 수 있다. 즉 토지소유자는 기후조건이 동일하다면 위험중립형 사용자의 성과를 기초로 해서 만일 위험회피형 사용자의 수익이 의험중립형 사용자보다 많으면 위험중립형과 같은 보수를 주고 만일 그 수익이 적으면 보수는 일체 지급하지 않는다는 계약이다.

다음으로 모든 사용자가 위험회피형이라고 하자. 이런 경우 「지대계약」을 체결하면, 모든 위험이 사용자에게 배분되기 때문에 그들은 높은 할증임금을 요구할 것이다. 한편 「임금계약」을 체결하면,

그들은 고정임금을 받기 때문에 노력하려는 인센티브를 갖지 않는다. 이런 경우 모든 사용자 평균수익을 기준으로 해서 그것을 각자의 수익을 비교하여 그 차이가 사용자의 노력수준을 나타낸 신호로 볼 수 있다. 따라서 이런 경우 각 사용자의 수익과 이 평균수익을 기초로 하는 일부 변동적인 중간적 보수계약을 체결하는 것이 효율적이다.

복수 기간모형

이번에는 복수기간이라는 조건에서 1인의 경영자와 1인의 종업원이 복수 계약모형에 대해 고찰해보자. 여기에서도 경영자와 종업원의 이해는 반드시 일치하지 않고, 경영자는 종업원의 행동을 완전히 관찰할 수 없는 것으로 하자.

이런 경우 종업원의 노력수준기준에 의한 出來高(성과유인) 보수계약은 비효율적이다. 왜냐하면 경영자는 종업원의 행동을 전혀 관찰할 수 없기 때문에 복수기간에 걸쳐 경영자는 속을 가능성이 있기 때문이다.

또한 이러한 상황에서 「임금계약」을 체결하더라도 경영자는 종업원의 행동을 관찰할 수 없고 동시에 종업원은 일할 인센티브도 없기 때문에 이런 보수계약 하에서도 복수기간에 걸쳐 종업원은 숨어서 나태해질 가능성이 있다. 여기에서 만일 종업원이 위험중립형이라고 한다면 「지대계약」이 효율적인 보수계약이다.

이에 대해 만일 종업원이 위험회피형이라면 「지대계약」에서는 모든 위험이 종업원에게 배분되기 때문에 복수기간에 걸쳐 종업원은 높은 할증임금을 경영자에게 요구해서 이어지는 것이다. 또한 「임금계약」은 종업원에게 노력하는 인센티브를 주지 않기 때문에 이런 보수계약도 효율적이지 않다.

따라서 이런 경우 경영자는 당기의 수익과 과거 전기간의 수익을 기초로 한 일부 고정, 일부 변동적인 중간형 보수계약을 종업원과 채결하는 것이 보다 효율적이다. 이러한 보수구조는 분명히 당기만의 것보다도 효율적이다.

5.5. 일본·미국·독일 임금제도의 대리이론 분석

여기에서 전개한 논의에 근거해서 일본, 미국 및 독일의 임금제도에 대해 고찰해보자. 먼저, 미국기업의 임금제도는 일반적으로 노동자와 사무직원에서는 임금체계가 상이한 사례가 많다. 일반적으로 노동자는 出來高(성과유인) 임금이 많고, 그 때문에 노동자의 인센티브가 높지만 그 위험부담비용도 높다. 이에 대해 사무직원의 임금체계는 기본적으로 직무급이며, 미국에서는 동일직무 동일임금이 기본원칙이다. 그 때문에 급료를 대폭 인상하기 위해서는 전직밖에 없다. 이러한 임금제도는 종업원의 인센티브는 낮지만 위험부담비용도 낮은 제도라고 할 수 있다.

그런데 문화인류학자 홉스테드(Hofstede)[1994]에 의하면, 세계 각국 사람들에 비해, 미국인은 비교적 위험 회피적이진 않은 국민성을 가진 것으로 확인되었다. 이런 관점에서 보면, 사무직의 임금체계 직무급이며, 그것은 미국인의 경우 반드시 최적임금제도라고 할 수 없다.

이러한 이유도 있어 미국에서는 1980년대에 전통적인 직무급에서 성과주의 임금제도를 도입한 기업이 증가하였다. 특히 금융관련비지니스에 성과임금제도를 도입해서 성공한 기업들이 많다고 보고되었다. 이런 임금제도는 인센티브가 높지만 위험부담비용도 높은 제도이다. 그리고 이 제도는 바로 미국인다운 것이라고 말할 수 있을 것이다.

이에 비해 독일의 임금제도는 산업별 협정임금제도이며, 업계공통의 기준(base)인 기본임금체계가 매년 노동조합과 경영자조합 간에 동의한다. 게다가 급여표는 기본적으로 직무급이다. 그 때문에 미국과 마찬가지로 동일직무 동일임금이 원칙이다. 이러한 임금제도는 인센티브는 낮지만 위험부담비용도 낮다. 게다가 이런 임금체계 하에서는 산업 내 어느 기업에서도 급여는 거의 동일하기 때문에, 업계 내에서 전직하더라도 임금이 크게 변화하는 것은 아니다.

그런데 홉스테드의 연구에 의하면, 독일인은 다른 나라와 비해 위험회피적이어서 위험을 회피하는 국민인 점이 확인되었다. 분명히 위험을 회피하기 위해 독일인은 항상 법률·규칙을 명확히 해서 다른 사람의 실패가 자신에게 미치지 않게 하려는 경향이 있다. 이러한 독일인에게 바로 전통적인 직무급제도는 독일인답다고 할 수 있을 것이다. 그 때문에 이런 임금제도는 당분간 변화하지 않을 것이다.

끝으로 일본기업의 임금제도는 일부 연공을 중심으로 하는 애매한 통합급이며, 일부 집단적 변동보너스로 구성되어 있다. 연공부분은 인센티브가 낮지만, 위험부담비용도 낮은 부분이다. 한편 집단적 변동보너스 부분은 어느 정도 인센티브를 주지만 어느 정도 위험부담비용도 높다.

그런데 홉스테드의 연구에 의하면, 일본인은 위험회피형이어서 위험을 혐오하는 국민이란 점이 확인되었다. 독일인과 달리 일본인은 위험회피형이기 때문에 집단적인 애매함을 구사하는 것이다. 역할의 명확화를 추구해서 발생하는 친구들의 갈등(conflict)을 매우 혐오한다. 그 때문에 총합급과 변동보너스로 구성된 종래의 애매한 임금제도는 매우 일본인답다고 말할 수 있다.

이것들에 관계없이 1990년대 이후 많은 일본기업은 미국식 성과주의 임금제도에 관심을 가지고 성과임금제도로 이행한 기업도 있다. 그러한 제도는 분명 인센티브도 높지만 위험부담비용도 높다. 그 때문에 위험회피형인 일본사람의 경우 최적제도라고 할 수 없다. 그럼에도 불구하고 그러한 제도가 채용되는 것은 불황대책으로서의 위험소멸이라는 다른 목적이 있었던 것이 아닌가 생각된다.

연습문제

❶ 보수제도가 인센티브시스템이라는 점과 함께 위험배분제도라고 알려져 있다. 이 의미에 대해서 설명하시오.

❷ 5급 공무원시험에 합격한 사람이 어느 부처에 들어간 후 어느 지위까지 승진하는 것으로 알려져 있다. 이러한 승진제도는 어떤 효과를 갖는다고 생각하는가.

❸ 성과임금제도는 비효율적인 행동을 일으킬 가능성이 있다. 왜 그런가. 사례를 들어 설명하시오.

6. 대리이론과 기업지배구조

6.1. 자본구성론을 둘러싼 간략한 역사

대리이론을 처음 재무분야에 응용한 사람은 젠센과 매클링(Jensen and Meckling)[1976]이다. 그들의 논의가 재무분야에 다양한 영향을 주었지만, 그 중에서 가장 큰 한 가지 영향은 자본구성론을 둘러싼 그들의 논의이다.

상식적으로 말하면, 무차입경영(부채 없는 기업)이 가장 좋은 기업의 재무상태라고 생각될지도 모른다. 그러나 이는 반드시 잘못된 생각이었다. 예를 들면, 이제 해리포터(Harry James Potter)의 소설 번역권이 우연히 5,000만 원에 구입할 수 있는 사업기회를 만났다고 하자. 이때 수중에 자금이 없고, 게다가 무차입 경영이야말로 최선의 아이디어를 토대로 이런 사업기회를 방치할 것인가. 만일 은행에서 자금차입이 가능하다면 차입해서라도 이 사업기회를 획득한 쪽이 이익을 얻을 수 있을 것이다.

이런 점에서 종래 전통적인 재무분야에서는 기업에게 최적자금의 조달방법, 즉 부채와 자기자본 간에는 최적자본구성비가 존재하며, 그것이 재무분야의 상식이었다. 특히 자본비용(capital cost), 즉 배당이나 이자 등의 자본조달에 필요한 비용을 최소화해줄 최적자본구성이 존재한다고 생각하게 된 것이다.

그러나 이런 전통적인 사고에 대해 근대경제학의 방법에 따라 모딜리아니-밀러(Modigliani and Miller)[1958, 1963]에 의해 전개된 이른바 MM이론에 의하면 완전경쟁시장상황에서는 기업에게 최적자본구성은 존재하지 않는다는 점, 또한 법인세가 부과되는 상황에서는 부채비율이 높은 만큼 기업의 자본조달이 효율적이라 언급한 귀결이 이르게 됨으로써 전통적인 경영재무론자는 혹독한 비판을 받았다.

이러한 논쟁 상황에서 대리이론에 근거하여 다시 최적자본구성이 존재한다고 설명한 것이 젠센과 메클링이다.[22] 이하 이러한 문제 상황을 염두에 두고 그들의 재무분야에의 대리이론의 응용을 재구성해보자.

6.2. 대리관계와 대리비용

이제 젠센과 메클링에 의해 전개된 실증적 대리이론은 거래관계를 의뢰인인 위임자와 수임인인 대리인으로 이루어진 대리관계로 분석한다. 게다가 위임자와 대리인의 이해는 반드시 일치하지 않으며, 양자의 정보도 비대칭적이라고 가정된다.

이런 상황에서는 대리인은 위임자의 미비한 취약점을 이용하여 악의적으로 자기이익을 추구할 가능성이 생긴다. 즉 위임자의 이익을 무시하고 대리인은 해태하거나 노력하지 않을 가능성이 있다. 이렇게 부도덕적으로 비효율적인 현상으로서 오늘날 도덕적 해이현상이나 역선택현상이 잘 알려져 있다. 이들 현상은 대리문제이며, 그런 비효율성을 반영한 비용이 대리비용(agency cost)이다.

그들에 의하면 대리비용은 한층 더 감시비용(monitoring cost), 확증비용(bonding cost), 잔여손실(residual loss)로 구별된다[23]. 이들 비

---

22) 젠센과 메클링의 자본구성에 관한 논의는 Jensen and Meckling(1976)에 기술되어 있기 때문에 관심 있는 독자는 참고하시기 바란다,

23) 대리비용은 Jensen and Meckling(1976)에서는 감시비용, 확증비용, 잔여손실 3가지로 구별되고 있지만, 최근 젠센의 저서(Jensen [2000])에서는 이에 더해 위임

용 중에 감시비용은 위임자가 대리인의 행동을 감시함으로써 발생하는 비용이다. 예를 들면 위임자인 주주가 대리인인 경영자를 감시하기 위해 주주총회나 감사회 및 이사회를 설치하는데 필요한 비용이다.

그렇지만 위임자는 가능하면 감시비용을 어떤 방법으로든 비효율적인 대리인에게 귀속시키려 할 것이다. 예를 들면 위임자로서 은행은 대부이자를 높이는 형식으로 감시비용을 대리인인 차입자에게 귀속시키려 할지도 모른다. 그리고 대리인에게 이 비용이 너무 높은 경우에는 스스로 비효율적인 행동을 회피하여 자신을 속박하고 자신의 결백을 위임자에게 나타내려할지도 모른다. 예를 들면 은행으로부터 임원을 받아들일 수도 있고, 공인회계사에게 감사를 받고, 그 결과를 공표할 수도 있다. 이때 발생하는 비용이 확증 또는 자기구속비용이다.

게다가 대리인의 자기이익을 추구하는 의사결정과 부를 최대화하려는 위임자의 의사결정 사이에는 메울 수 없는 근본적인 차이가 있으며, 이런 차이에 의해 발생하는 위임자의 부 감소가 있다. 이 감소가 바로 잔여손실이다.

이상과 같은 3가지 비용이 대리비용이라는 비용이며, 이들 대리비용을 절약하기 위해 여러 가지 지배구조제도가 설계된다고 하는 견해에서 현실의 다양한 제도를 분석하는 실증적 대리이론인 것이다.

이러한 대리이론을 이용하면 3.1절에서 나타낸 바와 같이 기업은 아래와 같이 분석한다. 기업이란 경영자를 중심으로 복수의 대리관계에서 구성되는 계약의 결합체(nexus of contract)로 본다.[24] 즉 주주

자와 대리인과의 계약비용(contract cost)도 포함시켜 4가지로 구별되고 있다.

24) 이러한 기업의 견해에 대해서는 젠센과 메클링(1976)을 참조.

와 경영자, 채권자와 경영자, 경영자와 종업원, 경영자와 거래기업, 경영자와 소비자라는 대리계약의 결합체로 기업을 이해할 수 있다.

이들 기업을 구성하는 복수의 대리관계 중에서도 특히 기업지배구조의 관점에서 중요한 관계는 주주와 경영자의 관계와 채권자와 경영자의 관계이다. 왜냐하면 경영자가 주식을 통해 자기자금을 조달하는 경우 경영자는 주주에 의한 지배를 받아들인다는 의미이며, 경영자가 은행에서 자금을 조달하는 경우에는 경영자가 채권자에 의한 지배를 받아들인다는 의미이기 때문이다.

오늘날 기업지배구조문제(corporate governance problem)로서 넓게 주목받고 있는 것은 바로 이들 2가지 대리관계에서 경영자의 도덕적 해이현상이다. 이하 이들 2가지 대리관계를 보다 상세하게 살펴보자.

6.3. 자기자본조달을 둘러싼 대리비용

우선 자기자본을 둘러싼 주주와 경영자의 대리관계에 주목하면, 양자의 이해가 반드시 일치하지 않으며, 양자 간에는 분명 정보의 비대칭성도 성립한다. 따라서 벌과 민스(Berle and Means)가 주장한 바와 같이, 경영자는 주주의 미비점을 이용하여 비효율적으로 행동할 가능성이 있다.

예를 들면, 경영자는 자신의 명성을 높이기 위해 주주의 이익을 무시하고 필요이상으로 많은 종업원을 고용할지도 모른다. 또한 필요 이상으로 사무실을 호화롭게 치장하고, 불필요하게 많은 신규 사업을 전개할지도 모른다. 이러한 비효율을 반영해서 발생하는 비용이 자기자본을 둘러싼 대리비용이다.

그런데 거대기업의 경영자가 끊임없이 그러한 비효율적인 행동을 취하는 것은 아니다. 왜냐하면 주주가 경영자의 비효율적인 행동을 억제하기 위해 사전에 어떤 지배제도를 전개하기 때문이다. 예를 들면 주주는 이사회제도, 회계감사제도, 기업매수 등의 기업통제시장(corporate control market)을 통한 압력 등을 이용해서 경영자를 지배할 수 있다. 또한 스톡옵션(stock option)제도 등과 같은 보수제도에 의해 경영자를 마치 소유자인 것 같은 상태로 두고 자기통제(self control)시킬 수 있다.

그러나 예컨대 이런 지배제도가 전개된다 해도 그 제도설계에 비용이 들기 때문에 감시비용과 확증비용은 0이 되지 않는다. 또한 주주도 완전히 경영자를 지배할 수 없는 한 잔여손실도 0이 되지 않는다. 이제 <그림 3-14>와 같이 종축에 대리비용 (AC)을 두고, 횡축에 부채비율(부채/총자본×100)을 두면, 일반적으로 자기자본에 의한 자본조달이 증가하지 않는 한 자기자본을 둘러싼 대리비용(SAC)이 증가한다고 할 수 있다.

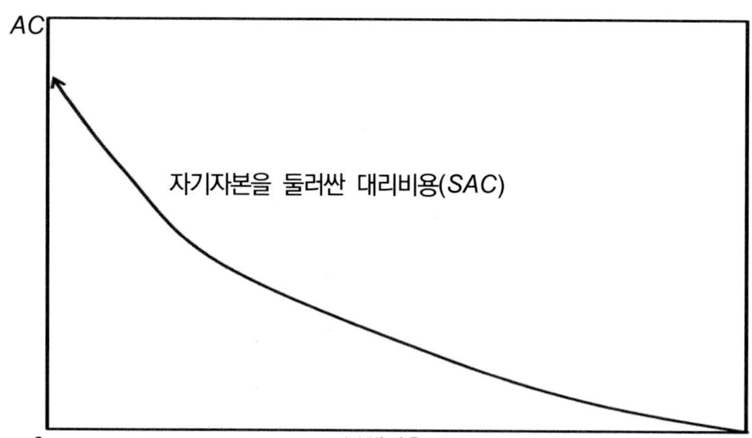

그림 3-14. 자기자본을 둘러싼 대리비용

6.4. 부채조달을 둘러싼 대리비용

기업을 둘러싸고 이제 한 가지 중요한 대리관계는 부채를 둘러싼 채권자와 경영자의 관계이다. 여기에서도 양자의 이해는 일치하지 않으며, 정보도 비대칭적이기 때문에 대리비용이 발생하는 것이다.

특히 채권자와 경영자의 이해대립은 원리적이다. 경영자는 위험한 투자에 성공하려면 주주의 승인을 얻고 막대한 이익을 얻을 수 있고, 실패해도 출자금에 대응하는 금액만큼 책임을 감당하면 된다. 즉 유한책임을 지게 된다. 그 때문에 경영자는 부채를 위험한 투자에 사용할 가능성이 있다. 이에 대해 채권자는 예컨대 고위험·고수익 투자가 성공하더라도 약정이자와 원금밖에 얻을 수 없기 때문에 이러한 위험투자를 싫어한다. 이와 같이 채권자와 경영자의 이해는 원리적으로 일치하지 않는다. 게다가 채권자와 경영자 사이에는 정보의 비대칭성도 성립한다.

이러한 상황에서 경영자는 채권자의 이익과 달리 감춰진 위험이 높은 투자를 감행할지도 모르고 경영자는 조달한 부채를 착복할지도 모른다. 또한 최악의 경우 부채를 배당 지불하는데 전용해버릴지도 모른다. 이처럼 부채에 의한 자본조달에서는 경영자가 채권자의 이해를 무시하고 비효율적이면서 동시에 부정하게 자금을 이용할 가능성이 있기 때문에 대리비용이 발생한다.

그러나 경영자가 항상 그러한 비효율적으로 행동하진 않는다. 왜냐하면 채권자는 경영자의 비효율적인 행동을 억제하기 위해 사전에 어떤 지배제도를 전개하기 때문이다. 예를 들면, 일반적으로 채권자는 대출(loan)에 대해 담보를 설정해 놓는다. 또한 경영자의 자산매각을 억제하거나 대출에 대한 보증조치를 정한 대출조항을 명기하기도 한다. 게다가 결제계좌를 만들게 해서 거래를 감시하기도 한다.

그렇지만 예컨대 이런 지배제도가 전개되더라도 이들 제도설계에 비용이 들기 때문에 부채를 둘러싼 감시비용과 확증비용은 0으로 한다. 게다가 채권자가 완전히 경영자를 지배할 수 없는 한, 잔여손실도 0으로 한다. 일반적으로 부채에 의한 조달이 많으면 많은 만큼 <그림 3-15>와 같이 부채를 둘러싼 대리비용(DAC)도 증가한다.

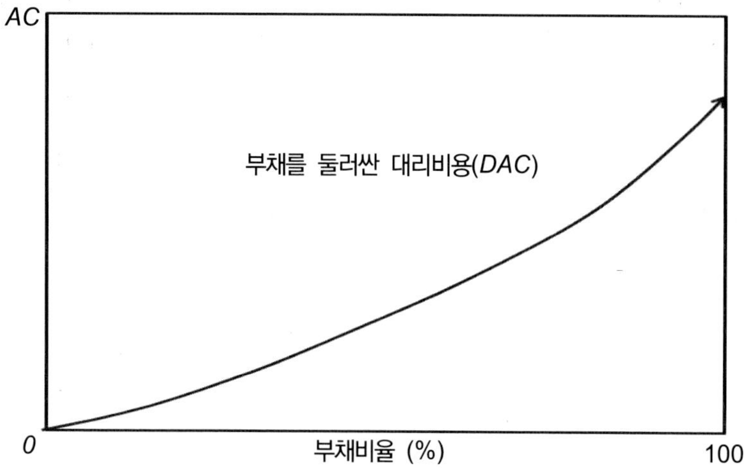

그림 3-15. 부채를 둘러싼 대리비용(DAC)

6.5. 최적자본구성의 대리이론 분석

이상에서 어떤 지배제도를 구축하느냐에 따라 이들 2가지 대리관계가 발생시키는 총대리비용(TAC)을 최소화할 수 있는가. 이것이 기업지배구조의 중심문제이다.

대리이론에 의하면, 주주나 채권자도 동시에 제한된 합리적이기 때문에 주주만으로 혹은 채권자만으로 충분히 기업을 지배할 수 없다. 물론 이해가 대립하는 이들 주주와 채권자를 굳이 병존시켜 양자에 의한 기업지배구조를 전개함으로써 경영자는 보다 강한 규율로 보다 효율적으로 기업지배구조를 할 수 있다. 이 점을 <그림 3-16>을 이용해서 설명해보자[25].

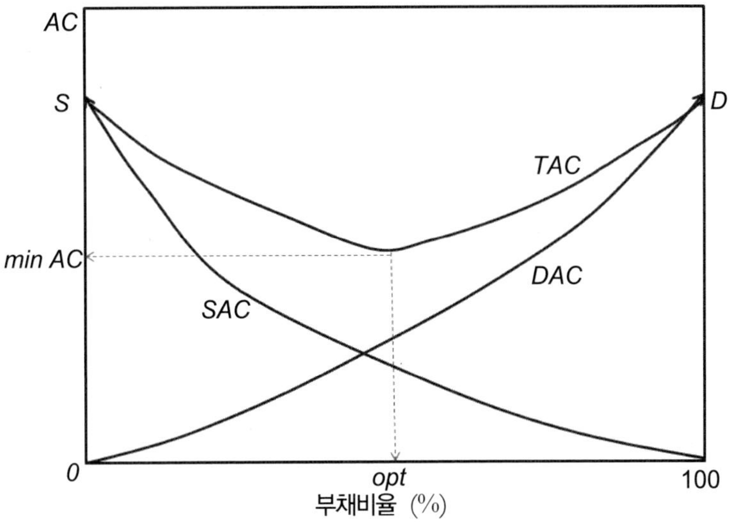

그림 3-16. 최적자본구성과 대리비용

이제 종축에 비효율을 나타내는 대리비용 (AC)를 두고, 횡축에 부채비율을 두자. 횡축 왼쪽 끝은 부채 0이며, 오른쪽으로 이동함에 따라 부채비율이 상승하고, 최종적으로 오른쪽 끝에서는 부채비율은 100%로 자기자본비율이 0이 되는 것으로 한다.

여기에서 부채가 0일 때 자기자본비율은 100%이기 때문에 예컨대 주주에 의한 효과적인 지배가 전개된다고 해도 이미 설명한 바와 같이 자기자본을 둘러싼 대리비용 (SAC)은 최대가 되고, 그것은

25) 이러한 자본구성의 그림에 대해서는 Jensen and Meckling(1976)을 참조.

<그림 3-16>의 점 S로 표시된다. 이에 대해 그림의 왼쪽 끝에서는 부채가 0이 되기 때문에 부채를 둘러싼 대리비용 (DAC)은 0이다.

이제 서서히 자기자본을 줄이고 부채비율을 높이면, <그림 3-16>처럼 자기자본이 감소하기 때문에 대리비용 (SAC)도 감소한다.

여기에서 왜 자기자본을 둘러싼 대리비용 (SAC)이 체감하는가 하면 처음에는 주주만에 의해 지배했지만 부채비율의 증가와 함께 이해가 대립하는 채권자가 통제의 주체로서 참여했기 때문에 그에 영향을 주어 주주가 통제를 강하게 한 것이라고 생각되기 때문이다.

이에 대해 부채비율은 증가하기 위해 부채를 둘러싼 대리비용 (DAC)은 서서히 증가한다. 여기에서도 왜 부채를 둘러싼 대리비용이 증가하는 것으로 하면 이해가 대립하는 주주가 통제의 주체로서 처음부터 존재하고 있기 때문에 그에 영향을 주어 채권자는 통제를 강화하기 때문이다. 그리고 최종적으로 부채비율 100%이다. 부채를 둘러싼 대리비용 (DAC)은 최대가 되며, 그것은 <그림 3-16>의 점 D로 나타난다.

이들 2가지 비용을 더한 비용이 총대리비용 (TAC)이다. <그림 3-16>과 같이 총대리비용 (TAC)을 최소화하는 기업지배구조의 관점에서 본 최적자본구성 (opt)이다.

이것은 주주와 채권자를 지배주체로 병존시킴으로써 대리비용이 최소화된 다는 의미이다. 즉 지배구조 주체는 모두 제한된 합리적이기 때문에 주주가 단독으로 지배하는 것보다도 혹은 채권자가 단독으로 지배하는 것보다도 양자를 병존시킴으로써 총대리비용은 최소화될 수 있다는 의미이다. 게다가 양자는 이해가 대립하기 때문에 2가지 주체를 병존시킴에 따라 상호 통제를 강하게 하는 효과가 발생하고, 그 때문에 2개의 곡선 SAC와 DAC는 저감하고 체증하는 것이다.

6.6. 최적자본구성과 LBO

젠센과 메클링(Jensen and Meckling)[1986, 1988]에 의하면, 최적자본구성은 기업에 따라 다르다. 일반적으로 주주에 의한 기업지배구조보다 채권자에 위한 기업지배구조는 기업에게 부채를 상환하고, 이자를 지불하고 게다가 채무불이행이 발생하면 기업은 청산처리될 가능성이 있기 때문에 경영자에게 강한 규율을 주는 엄격한 지배구조라고 부른다.[26)]

이 점을 고려하면 수익성이 높은 투자기회를 많이 가진 신흥산업 내 기업보다도 신규투자기회를 그 정도 많이 갖지 않은 성숙산업 내 기업에서는 자유롭게 이용할 수 있는 현금, 즉 자유현금흐름(free cash flow)이 많이 발생하여 그것이 경영자에 의해 비효율적으로 부정하게 이용될 가능성이 높다. 즉 성숙산업내의 기업에서는 대리문제가 발생하기 쉽다고 할 수 있다.

따라서 성숙산업에서는 가능한 한 부채비율을 높여 채권자중심의 기업지배 구조를 전개하면, 경영자는 자유현금흐름을 장래의 부채상환·이자지급에 충당해야하기 때문에 그것을 염두에 둔 효율적인 경영이 전개되어 자유현금흐름을 둘러싼 비효율적인 이용은 억제된다.

따라서 일반적으로 성숙산업 내의 기업에서는 부채비율이 높은 자본구성이 최적이며, 채권자중심의 기업지배구조가 유효하다고 할 수 있다. 이에 대해 투자기회가 많은 신흥산업 내의 기업에서는 부채비율이 낮은 자본구성이 최적이며, 주주중심의 다소 달콤한 기업지배구조가 유효하다고 볼 수 있다.

그러나 성숙산업 내의 기업의 경우 현재 부채비율이 낮아 자기자

26) 부채의 지배구조효과에 대해서는 Jensen(1986, 1988)에 상술되어 있음.

본이 충실하고, 더구나 매년 안정된 자유현금흐름이 축적되는 경우, 예컨대 이론적으로 부채비율이 높은 자본구성이 최적이라는 결론이 나오지만, 경영자에게는 이런 부채중심의 자본구성으로 굳이 이행하려는 인센티브는 전혀 존재하지 않을 것이다. 따라서 이러한 대리이론에 의한 자본구성의 분석은 일견 무의미한 것으로 생각된다.

그렇지만 이러한 자유현금흐름을 유효하게 이용할 수 없고, 모아서 저축하는 cash 캐시카우(cow)라 불릴만한 기업에서는 이미 서술한 바와 같이 자유현금흐름을 둘러싸고 경영자의 대리문제가 매우 발생하기 쉽기 때문에 LBO, 즉 부채에 의한 적대적 매수의 대상이 되기 쉽고, 매수 후 결과적으로 부채중심의 자본구성으로 이행하고 만다는 것이 젠센의 생각이다[27]. 이런 의미에서 이제까지 LBO는 많은 비판을 받았지만 매수의 대상에 따라서는 매우 효과적인 기업매수기법이며, 유효한 기업지배구조의 방법이라고도 볼 수 있다.

6.7. 일본·미국·독일의 자본구성과 기업지배구조

미국에서는 종래 기업은 자기자본비율이 높았다. 그 때문에 미국에서는 주주와 대리문제가 중심이며, 자기자본조달을 둘러싼 대리비용이 높아질 가능성이 있고, 이런 비용을 절약하기 위해 전통적으로 주주중심의 지배가 전개되어 왔다.

그러나 <표 3-4>와 같이 1980년대 이후 부채비율이 급등하였다. 2000년대에 들어오면, 부채비율이 약간 하락했지만 여전히 45%로 높고, 최근에는 자기자본비율이 55% 상황이다. 따라서 미국기업을 둘러싸고 주주와 경영자 간의 대리문제가 발생함과 동시에 채권자와 경영자 간에도 대리문제가 새롭게 발생할 가능성이 있다.

---

27) LBO를 둘러싼 논의에 대해서는 菊澤(2004)에 상술됨.

표 3-4. 미국제조업의 자본구성 (%)

	1990년	1991년	1992년	1993년	1994년	1995년	1996년	1997년
자기자본	40.2	40.1	37.0	36.4	37.5	38.5	39.3	39.5
부 채	59.8	59.9	63.0	63.6	62.5	61.5	60.7	60.5

출처 : 일본은행 「국제비교통계」(1999년)에서 작성

결국 미국에서는 이 문제를 고려한 새로운 기업지배구조 시스템이 모색되고 있다.

이와 관련해서 구체적인 움직임으로 이제까지 미국에서는 전통적으로 기업은 주주의 소유라고 하는 기업소유에 관한 명확한 인식이 있었다. 그 때문에 기업의 목적은 이윤극대화이며, 기업가치 최대화가 당연한 것이었다. 그런데 최근에는 기업은 기업을 둘러싼 이해관계자(stake holder)의 것이라는 생각이 점차 받아들여지기 시작하였다. 그 때문에 요즘에는 단기 이윤극대화 및 기업가치 최대화가 아니라 지속가능한 이익 및 장기적인 기업가치의 향상이 기업의 목적이라는 생각도 지지를 받기 시작하였다.

이에 대해 독일에서는 종래 기업은 부채중심의 재무구조이었다. 그래서 독일기업을 둘러싸고 채권자와 경영자간에 대리문제가 발생할 가능성이 있고, 이것을 억제하기 위해 전통적으로 유니버셜 뱅크에 의한 기업지배구조가 전개되었다.

그러나 <표 3-5>에서 보는 바와 같이 독일기업의 자기자본비율은 상승하여 2000년대에 와서 이런 경향은 지속되고 있으며, 최근의 부채비율은 약 49%, 자기자본지율이 51% 상황이다. 그 때문에 독일에서는 채권자와 경영자의 대리문제를 고려하여 전통적인 기업지배구조시스템 뿐만 아니라 주주와 경영자의 대리문제도 고려한 미국식 주주에 의한 기업지배구조 시스템도 적극적으로 도입되고 있다.

표 3-5. 독일제조업의 자본구성 (%)

	1990년	1991년	1992년	1993년	1994년	1995년	1996년
자기자본	48.5	48.2	49.0	49.6	50.3	50.8	50.4
부 채	51.5	51.8	51.0	50.4	49.7	49.2	49.6

출처 : 위와 같음

이와 관련한 구체적인 움직임으로 2002년 독일에서는 기업경영자가 지켜야할 「독일 기업지배구조 규범(Deutscher Corporate Governance Kodex)」이 책정되어 공표되었다. 이 지배구조규범에는 법적 구속력이 없다. 그러나 기업은 이 규범을 따라야 하며, 따르지 않을 경우에는 그 이유를 설명할 의무가 있다.

동 규범의 내용은 한편으로 전통적인 은행에 의한 조직적 기업지배구조를 강화할 뿐만 아니라 다른 한편으로 주주에 의한 시장적 기업지배구조도 강화한다는 내용이다. 더구나 매년 그 내용은 검토되고 수시 개정되는 구조로 되어 있다.

끝으로 일본기업은 종래 부채비율이 높은 재무구조이었다. 그 때문에 채권자와 경영자의 대리문제가 중심이었으며, 이 문제를 해결하기 위해 주거래은행에 의한 기업지배구조가 발달하였다.

그런데 <표 3-6>에서 보는 바와 같이, 최근에는 독일기업과 마찬가지로 자기자본비율이 높아 2000년대에 와서도 이런 경향이 지속되어 최근의 부채비율은 약 51%, 자기자본비율은 49% 상황이다. 그 때문에 채권자와 경영자 간의 대리문제를 고려했던 전통적인 기업지배구조시스템뿐만 아니라 오늘날 주주와 경영자 간의 대리문제도 고려하는 미국식 주주에 의한 기업지배구조 시스템도 도입하기 시작하였다.

표 3-6. 일본제조업의 자본구성 (%)

	1990년	1991년	1992년	1993년	1994년	1995년
자기자본	30.6	31.2	61.6	31.0	32.3	32.6
부 채	69.4	68.8	38.4	69.0	67.7	67.4

	1990년	1991년	1992년	1993년	1994년	1995년
자기자본	34.1	34.9	44.4	44.7	45.5	46.2
부 채	65.9	65.1	55.6	55.3	54.5	53.8

출처 : 위와 같음, 「일본경영지표」(일본경제신문, 각 년도판)에서 작성

보다 구체적으로는 주주에 의한 기업지배구조를 강화하기 위해 2014년 일본판 스튜어드십 코드(stewardship code)인 「"책임 있는 기관투자가"의 제원칙」이라는 기관투자가의 바람직한 자세를 규정하고 있다. 그것은 투자기업의 기업가치를 향상시켜 수익자의 수익을 최대화한다는 것을 목적으로 한다.

이를 위해 기간투자가는 (1) 수익자 책임수행의 방침을 공표하고, (2) 이익상반의 관리에 관한 방침을 공표할 것. 또한 (3) 투자기업의 경영을 감시하고, (4) 수탁자 활동 강화시기와 방법의 지침을 설정할 필요가 있다는 점. 더 나아가 (5) 다른 투자가와 협동하고, (6) 의결권행사의 방침과 행사결과를 공표하여야 한다는 점, 끝으로 (7) 수탁자 행동과 의결권행사활동의 정기적 보고를 하여야 한다는 7가지 원칙으로 구성되어 있다.

또한 2015년에는 일본판 기업지배구조규정(corporate governance code)도 제정되었다. 이 규정은 상장기업 경영자의 바람직한 자세를 규정하는 것이며, 크게 5가지 기본원칙으로 구성되어 있다. (1) 주주의 권리·평등성을 확보할 것, (2) 주주이외의 이해관계자와 적절한

협동을 할 것, (3) 적절한 정보공시와 투명성을 확보할 것, (4) 이사회는 경영진을 감시하는 책무를 부담할 것, (5) 주주와 대화를 가질 것이라는 원칙으로 구성되어 있다.

특히 이사회에 대해서는 사외이사를 2명 이상 두고, 사외의견을 반영하기 쉽게 할 것이 요구되고 있다. 또한 세계전역으로 사업을 전개하는 기업에서는 이사회의 1/3 이상을 사외이사로 구성 촉진 등, 합리적으로 공정한 기업지배구조가 이루어질 것이 요구되고 있다.

이들 2가지 규정은 동시에 법적 구속력은 없다. 그러나 독일 기업지배구조규범과 마찬가지로 기업은 이들 원칙을 실시하든가 실시하지 않을 경우에는 그 이유를 설명할 것이 의무화 되어 있다.

이상으로부터 최근 일본, 미국, 독일 기업의 재무구조는 비슷하며, 기업지배구조시스템을 둘러싸고 일본, 미국, 독일이 상호 배우는 시기가 온 것으로 생각된다.

연습문제

❶ 대리비용은 3가지로 구별된다. 각각에 대해 설명하시오.

❷ 부채에 의한 지배구조는 엄격한 지배구조로 알려져 있다. 왜 그런가.

❸ 대리이론에 의하면, LBO는 효율적인 기업지배구조의 한가지로 보인다. 왜 그런가.

7. 대리이론과 조직의 부조리

이제까지는 대리이론을 토대로 도덕적 해이현상과 역선택현상을 개별적으로 발생하는 현상으로 설명하였다. 그러나 이러한 현상은 연속해서 발생하는 것도 있다[1]. 이때 사태는 부조리한 것이다. 즉 개별효율성과 전체효율성의 불일치가 발생한다. 대리이론은 이런 부조리한 조직현상도 분석하는 이론으로서 새롭게 해석된다는 점을 설명해보자.

7.1. 부조리를 둘러싼 대리문제

대리이론에서는 이제까지 서술한 바와 같이 사람과 사람 간의 거래관계는 위임자(의뢰인)와 대리인(수임자)으로 이루어진 대리관계로서 분석된다. 일반적으로 위임자와 대리인은 각각 다른 사적이익을 추구하며, 동시에 제한적으로 합리적이기 때문에 서로 갖고 있는 정보도 다르다.

이와 같이 이해가 일치하지 않기 때문에 정보가 비대칭적인 대리관계 아래에서는 개별효율성과 전체효율성이 반드시 일치하지 않는 부조리 현상이 일어난다. 즉 대리인은 위임자에게 숨긴 수법을 이용하여 배신하고 해태한다는 도덕적 해이현상이 일어난다.

그러나 위임자는 완전히 비합리적인 것은 아니기 때문에 이러한 대리인의 합리적인 비효율이나 합리적인 부정을 억제하기 위해 다

1) 도덕적 해이와 역선택이 연속해서 발생할 가능성에 대해서는 菊澤(2000)에 상술되어 있다. 또한 어떤 현상은 도덕적 해이로서도 역선택 현상으로서도 해석될 수 있다는 점을 서술하고 있는 것은 Milgrom and Roberts(1992)이다.

양한 감시제도를 사전에 도입할 수 있다. 그런데 설정된 제도에 의해서는 대리인의 부정하게 비효율적인 행동(도덕적 해이)이 완전하게 억제되는 것은 아니다. 반대로 위임자가 도입한 제도에 의해 좋은 대리인은 사라지고 부정으로 비효율적인 대리인만이 살아남는 역선택현상도 발생할 수 있다.

이런 경우 위임자나 대리인 모두 각각 개별적으로는 효율적인 행동을 하지만 전체로서는 전적으로 비효율적인 현상이 되고 만다는 점, 즉 개별적 효율성과 전체효율성이 일치하지 않는 부조리현상이 발생할 수 있다.

7.2. 볼보를 둘러싼 부조리

자동차회사는 자동차를 판매하기 위해 다양한 경쟁우위전략을 만든다. 어떤 자동차회사는 속력(speed)에 특화할 수도 있다. 또 다른 자동차회사는 저가에 특화할 수도 있다.

이런 가운데 철저한 안전성에 특화한 회사가 볼보사이다[2]. 볼보사는 이제까지 안전한 차를 만든다는 점에서 명성을 쌓은 회사이다. 그 때문에 볼보는 안전의식이 높은 운전자에게 지지를 받아왔다. 특히 자녀가 있는 중산층 부부가 주요 구입자이다.

그런데 워싱턴 DC의 교차점에서 일시정지를 가장 많이 무시한 차량이 사실 볼보이었다. 그 비율은 워싱턴 DC의 자동차 총수에서 차지하는 볼보의 비율을 크게 상회하였다. 안전의식이 높다고 알려진 볼보의 운전자가 왜 안전성을 무시한 것처럼 운전했을까.

이 현상을 대리이론에 근거해서 설명해보자. 이제 볼보사를 위임

2) 이 사례는 Milgrom and Roberts(1992)를 참조하기 바람.

자, 구입자를 대리인으로 하자. 양자의 이해는 반드시 일치하지 않는다. 또한 정보도 비대칭적이다.

구입자는 볼보를 운전하지만 예컨대 사고가 났더라도 안전의식을 가지고 있다. 그 때문에 볼보를 구입한 후 일반차량을 운전할 때에는 (불안하기 때문에)하지 않을 것 같은 운전을 (자신만 안전하다는 의식 중에 무모하게 운전) 할지도 모른다. 즉 도덕적 해이가 발생할 수 있다.

이러한 위험한 구입자의 수를 증가시키지 않기 위해 볼보사는 그만큼 값싼 차를 제공한 것은 아니다. 물론 볼보는 고급차이다. 그 때문에 아무나 구입할 수 있는 차가 아니다. 특히 안전성에 관심을 가지고 그것에 많은 돈을 낼만한 부유한 사람들이 볼보를 구입한다.

그렇지만 이런 (심리적) 요인이 역선택을 일으킬 수도 있다. 즉 자신이 (신중하고) 안전한 운전자라고 자각하고 있는 사람에게 볼보는 너무 값비싸고 그만큼 매력적인 자동차가 아니다. 이에 비해 자신의 운전매너가 나쁘다는 점을 자각한 사람에게 볼보는 매력적이고 게다가 가격도 그만큼 높지 않은 차이다. 이렇게 매너가 나쁜 구입자가 볼보를 구입할 가능성이 있다.

이처럼 볼보사는 한편으로 사람들에게 안전성을 팔고, 다른 한편으로 매너가 나쁜 운전자를 배출한다고 하는 부조리현상을 일으킨다고 볼 수 있다. 볼보사도 구입자도 각각 효율적으로 행동하고 있다. 그러나 사회전체로서는 비효율이 발생할 가능성이 있다.

7.3. 논뱅크(비은행권 금융기관)와 나쁜 회수

일본에서는 한때 논뱅크[3]의 채무회수방법을 둘러싼 사회문제가 제기되었다. 논뱅크는 빌려준 돈을 회수하기 위해 폭력적인 행동으로 나오거나 재판소를 이용해서 일반적인 금융기관과는 다른 비합법적인 회수방법을 구사하였다. 그 때문에 동업계를 둘러싼 이미지는 나빠지고 많은 사람들이 이 업계를 비판적으로 보았다. 그런데도 이 업계는 아직 도태되지 않고 의연하게 생존하고 있다. 왜 그런가.

이제 논뱅크를 위임자, 대리인을 차주기업가라 하자. 기업가는 차입계약 이전에 자신의 경제 상태에 관해 숨긴 정보를 갖고 있다. 한편 논뱅크는 기업가의 경제 상태를 완전히 알 수 없다. 그 때문에 양자 간에는 정보의 비대칭성이 성립한다.

또한 논뱅크는 기업가에 대해서 위험한 투자가 아니라 원금과 이자를 변제받을 수 있는 정도로 견실한 투자를 행하길 바랄 것이다. 이에 대해 기업가는 빚의 근원에 의해 위험한 투자를 행하는 것에 관심을 가질 수 있다. 그 때문에 양자의 이해도 다를 가능성이 충분하다.

이런 상황에서 차입계약 후 기업가는 논뱅크와의 계약내용을 무시하고 숨어서 위험한 투자를 행할 수 있다. 적자를 숨기기 위해 차입금으로 주주에게 배당을 할지도 모른다. 최악의 경우 변제불능일 가능성도 있다. 이처럼 계약 후 대리인이 위임자에게 숨어서 나쁜 행동을 수행하려는 도덕적 해이현상이 일어날 가능성이 있다.

그렇지만 위임자가 완전히 비합리적인 것은 아니기 때문에 가능한 한 대리인의 도덕적 해이를 억제하려 할 것이다. 위임자인 논뱅크는 대손에 이를 최악의 사태를 가능한 하는 회피하려 들 것이다.

---

3) 이것은 은행이 아니면서 소비자에게 융자해 주는 금융기업으로서, 논뱅크(nonbank) 또는 선데이은행(sunday bank)이라고도 한다. 미국, 일본 등에서는 신용판매회사, 크레디트카드회사, 소비자금융회사, 슈퍼마켓, 백화점에서 고객들에게 현금서비스를 하고 있다. 은행법의 규제를 받지 않으며 일요일에도 영업을 하는 곳이 많아 이런 이름이 붙었다.

그리고 이를 위해 예컨대 대손되었더라도 피해를 최소화하기 위해 처음부터 넓게 일반적으로 대출금리를 비교적 높게 설정해서 다른 자금이용자들도 이익을 얻을 수 있는 행동을 취하는 것이 합리적이다.

그런데 일률적으로 설정된 높은 이자는 경제적으로 건전한 기업가에게 너무 높기 때문에 이런 고금리는 건전한 기업가에게는 매력이 없다.

따라서 경제적으로 건전한 기업가는 이런 고금리에 대해 차입계약을 하지 않을 것이다. 이처럼 고금리가 불건전 기업가에게는 또한 싸게 보이며, 그 결과 고금리에 근거한 차입계약이 불건전한 기업가에게는 매력적인 것이다.

이상과 같이 경제적으로 건전한 기업가는 비은행과의 차입계약을 회피하고, 불건전한 기업가만 이런 차입계약을 체결한다는 역선택 현상이 발생한다. 이러한 현상은 개개인들이 합리성을 추구하지만 전체로서는 비효율적인 부조리 현상의 하나이다.

Column 3-9

임팔(Imphal)을 둘러싼 일본군의 부조리 분석

일본 육군역사상 최악의 작전으로 알려진 임팔(インパール)작전은 부조리 사례로서 분석될 수 있다. 임팔 작전이란 태평양전쟁말기 제15군 사령관 무타구치렌야(牟田口廉也)중장에 의해 제안된 작전이며, 버마를 방위하기 위해 수동적으로 적을 기다리기 보다는 버마에서 인도방면의 임팔에 침공하는 것이 바람직하다는 능동적 방위구상의 근거로 전개된 일본군 최대작전의 하나이었다.

이 작전을 수행하기 위해서는 대 군대가 다리 없는 친드윈 강(Chindwin River)을 건너 험하고 미개한 아라칸 산맥(Arakan Yoma)을 넘을 필요가 있었다. 당초부터 이 작전은 보급이 이어지지 않으면 많은 병사가 식량부족과 탄약부족으로 무모하게 죽어갈 것이 예상되어 많은 작전참모들이 이런 주정뱅이 같은 작전에 반대하였다. 그럼에도 불구하고 이 작전은 실행되어 예상했던 대로 수만 명의 일본군 장병이 굶주리고 병들어 무모하게 죽었다. 많은 사람들이 반대한 이 작전이 왜 실행되었는가. 그런 결정에 이른 과정은 비합리적이었던 것일까

임팔 작전에서는 먼저 위임자인 대본영과 대리인인 버마 현지군의 무타구치 중장 사이에 이해의 불일치가 있었다. 일본국내에 있던 대본영은 전쟁 전체를 전망하고, 전체적인 관점에서 어떻게 해서 효율적으로 인적 물적자원을 배분할 것인가에 관심이 있고, 본래 이 임팔 작전에 대해 많은 자원을 배분하고 싶진 않았기 때문이다. 이에 비해 버마의 무타구치 중장은 이런 곤란한 작전을 어떻게 해서든 성공했을 경우 개인적인 명예를 얻으려는 의욕이 지나치게 강했다.

게다가 대본영과 제15군사령관 무타구치 사이에 정보의 비대칭성도 성립하였다. 대본영은 전쟁 상황의 악화와, 자원 부족사실까지 숨겼으며, 구타무치 중장도 본래부터 불가능한 작전의 실태를 숨기고 있었다.

이러한 상황에서는 무타구치 중장 주도의 제15군이 대본영의 명령을 무시하고 마음대로 작전을 시작해버린 것은 아닐까 하는 도덕적 해이가 발생할 가능성이 있다. 사실 무타구치는 일단 상관의 명령 없이 일중전쟁의 발단이 된 노구교(盧溝橋)사건을 일으킨 인물이었기 때문이다.

이러한 무타구치중장의 도덕적 해이를 방지하기 위해 대본영이 낼 수 있는 명령은 작전실행에도 없는 「작전실시준비명령」이라는 매우 애매한 명령이었다. 이 애매한 「준비명령」상태가 오래 지속되는 가운데 한편으로 자원배분의 효율성에 관심을 가진 사람들은 이 작전을 실행하기에는 너무나도 높은 비용을 발생시키기 때문에 이런 명령아래에서는 작전은 실행되는 것이 아니라고 생각했지만 감히 반대의견을 내지 못하게 했다. 다른 한편 정치적 개인적 이해를 가진 사람들의 경우에는 역으로 이 작전을 중지하는 것은 너무나도 비용이 높다고 생각하고 이런 작전을 실행하기 위해 큰 소리를 내어 무대에 올라온다.

그래서 작전준비 명령 하에 한편으로 이 작전에 반대하는 사람은 무대를 내려가고, 다른 한편으로 이런 무모한 작전을 실행하려는 사람들이 차례차례 무대에 등장한다는 역선택 현상이 일어난다. 그리고 결과적으로 성공 불가능한 비효율적인 임팔 작전이 승인되어 실행된다.

이와 같이 비효율적인 조직행동은 인간의 비합리성에 의해 발생하는 것이 아니며, 물론 인간의 합리성에 의해 생길 가능성이 있다. 전체로서는 비효율적이며 비윤리적이지만 개개인에게는 매우 합리적이며 효율적이다. 이런 부조리 사례의 하나가 일본군의 임팔 작전이었다.

* 참고문헌 菊澤 [2000]

연습문제

❶ 대리관계가 초래하는 부조리 사례에 대해서 구체적인 사례를 들어 보시오.

❷ 어떻게 해서 대리관계가 초래할 부조리를 회피할 수는 없지만, 토론하시오.

참고문헌

Akerlof, G. A. [1970] "The Market for 'Lemons': Quality Uncertainty and the Market Mechanism, *Quarterly Journal of Economics*, 84 : 488-500.

Alchian, A. A. and H. Demsetz [1972] "Production, Information Costs, and Economic Organization, *American Economic Review*, 62 : 777-795.

Arrow, K. J. [1985] "The Economics of Agency, in J. W. Pratt and R. Zeckhauser (eds.), *Principals and Agents : The Structure of Business*, Harvard Business School Press.

Besanko, D. A., D. Dranove and M. T. Shan1ey [2000] *Economics of Strategy*, 2nd ed., John Wiley & Sons. (與村昭博·大林厚臣藍訳「戰略の經濟字」ダイヤモンド社, 2002年)

Douma, S. and H. Schreuder [1991] *Economic Approaches to Organizations*, Prentice Hall International. (岡田和秀·渡部直樹·丹沢安治·菊澤册宗

訳『組織の經繹字入門』文眞堂, 1994年)

Eggertsson, T. [1990] *Economic Behavior and Institutions*, Cambridge University Press. (竹下公視訳『制度經繹濟學 — 制度と經濟行動(上·下)』晃洋書房, 1996年)

Fama, E. F. [1980] "Agency Problems and the Theory of the Firm," *Journal of Political Economy*, 88 : 288-307.

Fama, E. F. and M. C. Jensen [1983a] "Separation of Ownership and Control," *Journal of Law and Economics*, 26 : 301-326.

Fama, E. F. and M. C. Jensen [1983b] "Agency Problems and Residual C1aims," *Journal of Law and Economics*, 26 : 327-350.

Hofstede, G. [1994] *Cultures and Organizations : Software of the Mind*, Profile Business.

Holmstrom, B. R. [1979] "Mora1 Hazard and Observability," *Bell Journal of Economics*, 10 : 74-91.

Holmstrom, B. R. [1982] "Mora1 Hazard in Teams," *Bell Journal of Economics*, 13 : 324-340.

稲上毅·連合總合生活研究所編 [2000]『現代日本のコーポレート·ガバナンス』東洋經濟新報社。

伊購義久 [2004]「信託開係のエージェンシー理論分析」中央大學國際會計研究科 修士論文。

Jensen, M.C. [1983] "Organization Theory and Methodology, *The Accounting Review*, 58 : 319-339.

Jensen, M.C. [1986] "Agency Costs of Free Cash Flow : Corporate Finance and Takeovers, *American Economic Review*, 76 : 323-329.

Jensen, M.C. [1988] "Takeovers : Their Causes and Consequences," *Journal of Economic Perspectives*, 2 : 21-48.

Jensen, M.C. [1998], *Foundations of Organizational Strategy*, Harvard University Press.

Jensen, M.C. [2000] *Theory of the Firm: Governance, Residual Claims, and Organizational Forms*, Harvard University Press.

Jensen, M.C. and W.H. Meckling [1976] "Theory of The Firm : Managerial

Behavior, Agency Costs and Ownership Structure," *Journal of Financial Economics*, 3 : 305-360.

菊池敏夫·平田光弘編 [2000]『企業統治の國際比較』文眞堂。

菊澤研宗 [1998]『日米獨組織の經濟分析 − 新制度派比較組織論』文眞堂。

菊澤研宗 [2000]『組織の不條理 − なぜ企業は日本陸軍の轍を踏みつづけるのか』ダイヤモンド社。

菊澤研宗 [2003]「ドイツの企業統治」佐久間信夫編 [2003]『企業統治耕造の國際比較』ミネルヴァ書房. 107-135頁。

菊澤研宗 [2004]『比較コーポレート·ガバナンス論 − 組織の經濟學アプローチ』有斐閣。

Lambert, R. [1983] "Long-Term Contracts and Moral Hazard," *Bell Journal of Economics*, 14 : 441-452.

Malcomson, J. M. [1986] "Rank-Order Contracts for a Principal with Many Agents," *Review of Economic Studies*, 53 : 807-817.

Malcomson, J. M. and F. Sprinnewyn [1988] "The Multiperiod Principal-Agent Problem," *Review of Economic Studies*, 55 : 391-407.

Milgrom, P and J. Roberts [1992] *Economics, Organization, and Management*, Prentice Hall. (奧野正寬·伊購秀史·今井晴雄·西村理·八木甫『組織の經濟學』NTT出版, 1997年)

Mirrlees, J. [1976] "The Optimal Structure of Incentives and Authority within an Organization," *Bell Journal of Economics*, 7 : 105-131.

Modigliani, F. and M. H. Miller [1958] "The Cost of Capital, Corporation Finance, and the Theory of Investment," *American Economic Review*, 48 : 261-297.

Modigliani, F. and M. H. Miller [1963] "Corporate Income Taxes and the Cost of Capital : A Correction," *American Economic Review*, 53 : 433-443.

Mookherjee, D. [1984] "Optimal Incentive Schemes with Many Agents," *Review of Economic Studies*, 51 : 433-446.

Radner, R. [1981] "Monitoring Cooperative Agreements in a Repeated Principal-Agent Relationship," *Econometrica*, 49 : 1127-1148.

Ross, S. A. [1973] "The Economic Theory of Agency : The Principal's Problem," *American Economic Review*, 63 : 134-139.

佐久間信夫編 [2003]『企業統治構造の國際比較』ミネルヴァ書房。

Spence, A. M. [1973] *Market Signaling : Informational Transfer in Hiring and Related Screening Processes*, Harvard University Press.

Stiglitz, J. E. and B. Greenwald [2003] *Towards a New Paradigm in Monetary Economics*, Cambridge University Press. (內購純一·家森 信善訳『新しい金驅論－信用と情報の經濟學』東京大學出版会. 2003年)

吉森賢 [2001]『日米歐の企業經營 － 企業統治と經營者』放送大學教育振興会。

제4장

소유권이론

20세기 후반부터 신고전학파 경제학의 한계를 넘어 신제도학파 경제학의 이름으로 거래비용이론, 대리이론, 정보경제학 등의 다양한 접근법이 전개되어 왔다. 가장 이해하기 어려운 접근법은 소유권이론(theory of property rights)이다. 이 이론은 1991년 노벨 경제학상을 수상한 Coase, Alchian, Demsetz 등에 의해 전개되었으며 일본에서는 「재산권이론」이나 「소유권이론」라고 불리는 경우도 있다. 여기에서는 「소유권이론」이라 부르며 그 기본원리를 분명히 하고 그 원리에 근거하여 다양한 현상을 설명하고자 한다.

1. 소유권이론의 기본원리

1.1. 신고전학파 왈라스 모형의 이론적 기초

먼저 소유권이론[1]의 기본 원리를 설명하기 위해서 신고전학파 경제학의 대표인 왈라스(L. Walras)의 일반 균형 모형을 간단하게 비교해 보자.

우선 왈라스의 일반균형 모형에서는 인간에 대해서 아래와 같은 효용극대화 가설과 완전 합리성을 가정하고 있다.

(NC_1) 모든 인간은 효용극대화한다.

(NC_2) 모든 인간은 완전한 정보처리 및 정보전달 능력을 가지며 완전히 합리적으로 행동한다.

이러한 가정에 의하면 인간은 효용을 높이기 위해 완전하게 합리적으로 행동하고 재화의 공급자로서 혹은 재화의 수요자로서 시장에서 재화를 교환 거래하려고 한다. 그리고 만약 시장에서 수요와 공급이 일치하지 않는다면 가격이 변화하고 수요와 공급이 조정되게 된다.

예를 들어 공급보다도 수요가 많다면 가격은 상승한다. 이 가격 상승에 의해서 재화를 효율적으로 이용할 수 있는 수요자는 가격이 상승해도 여전히 그 재화를 계속 수요할 것이다. 한편 효율적으로 재화를 이용할 수 없는 수요자는 이 가격 상승에 의해 시장에서 퇴출된

1) 소유권이론에 대해서는 Alchian(1977), Demsetz(1964, 1967, 1988), Coase (1960), Furubotn and pejovich(1972), Milgrom and Roberts(1992), Pejovich(1995)이 구체적이므로 참조, 또한 소유권이론을 역사에 응용한 것이 1993년 노벨경제학상을 수상한 North(1990)와 Libecap(1993)이 있다. 소유권이론에 관한 최근의 일본문헌으로는 시미즈, 호리우치(2003)이 있다.

다. 이렇게 하여 수요와 공급이 일치할 때까지 가격은 상승한다.

반대로 만약 수요보다 공급이 많다면 가격은 하락한다. 이 가격 하락에 의해 재화를 효율적으로 생산할 수 있는 공급자는 가격이 하락해도 더욱 재화를 공급하려고 할 것이다. 한편 효율적으로 생산할 수 없는 공급자는 이 가격 하락에 의해 판매할 수 없기 때문에 시장에서 퇴출된다.

이와 같이 가격의 변화에 의해 수요와 공급이 조정되고 수요와 공급이 일치함으로써 재화가 교환된다. 이 경우 재화를 가장 효율적으로 이용할 수 있는 사람에게 재화가 배분되어 이용된다. 다시 말해 모든 사람에게 주어진 자원을 최대의 효용을 가지고 있는 이용하는 상태가 된다. 이러한 시장 메커니즘이 작동되기 위해서 지금까지 시장거래는 효율적 자원배분 시스템이라 여겨져 왔다. 이것이 일반균형이론에 의해 그려지는 효율적 자원배분 시스템으로서 시장경제이다.

1.2. 소유권의 기본가정과 기초개념

이에 비해 소유권이론에서는 신고전학파 경제학의 「완전 합리성」의 가정이 느슨하여 아래와 같은 「완전 합리성」의 가정이 도입되었다.

(PR_1) 모든 인간은 효용극대화한다.

(PR_2) 모든 인간은 정보수집, 정보의 처리계산, 정보의 전달능력에 한계가 있어 제한된 합리성으로 밖에 행동할 수 없다.

이러한 제한된 합리성을 가진 인간은 한정된 정보 능력 하에서 자신의 효용을 극대화하기 위해서 재화의 교환 거래를 실시한다. 그러나 이 경우, 인간은 제한된 합리성을 가지기 때문에 시장거래를 통해 재화가 효율적으로 배분되어 이용될 보증은 없다. 재화는 시장 거래를 통해 효율적으로 이용되는 경우도 있고 비효율적으로 이용되는 경우도 있다. 그러므로 제한된 합리성의 가정을 도입함으로써 어떤 경우도 분석되어 이론의 설명 범위는 확장할 수 있다.

특히 소유권이론에서는 효율성 및 비효율을 낳는 원인으로 자원을 둘러싼 소유관계로 분석한다. 그리고 인간이 교환 거래하려고 하는 것은 표준적인 경제학에서 말하는 재화나 서비스 그 자체가 아니라 보다 엄밀하게 재화나 서비스가 더 다양한 특성, 성질, 그리고 속성에 관한 「소유권(property rights)」[2]을 분명히 한 점에 소유권이론의 특징이 있다.

예를 들어 텔레비전을 구입하는 경우 우리가 구입하는 것은 텔레비전이 아니다 라는 것에 주의해야 한다. 구입하는 것은 주로 텔레비전이 가진 수신 영상 기능을 둘러싼 소유권이지 물리적 물체로서의 텔레비전이 아니다. 그러므로 바로 구입한 텔레비전이 나오지 않는다면 우리는 단순한 물리적 물체로서의 텔레비전을 판매점에 돌려주려 할 것이다. 또 우리가 냉장고를 구입할 때도 우리가 구입하는 주로 그 냉각기능을 둘러싼 소유권이지 금속으로서의 속성이 아니다. 그렇기 때문에 방금 구입한 냉장고의 냉각 기능이 작동하지 않는다면 우리는 곧바로 그것을 판매점에 돌려주러 할 것이다. 이처럼 소유권이론으로는 시장에서 거래되는 것은 물건 자체가 아니라 사실은 재화가 가진 다양한 속성을 가진 소유권이다.

여기서 소유권이론의 가장 중요한 개념인 「소유권」을 일반적으로 정식화하면 다음과 같은 세 가지 권리를 포함한 권리의 매개체[3]이

2) 소유권이론을 명확히 서술한 것은 Demsetz(1967)이다.

라고 할 수 있다.

(1) 재화의 특질을 배타적으로 사용하는 권리
(2) 재화의 특질이 낳는 이익을 획득하는 권리
(3) 다른 사람에게 이러한 권리를 팔 권리

그러나 소유권이론에서 「소유권 개념」은 법률상 사용되는 정의에 비해 탄력적으로 사용된다. 예를 들어 기업조직 내의 어떤 직무에 따르는 멤버는 경영자원으로서 사람·물건·돈 그리고 정보를 사용할 권리를 갖는다. 이러한 권리 또한 소유권이론에서는 「소유권」으로서 취급된다. 또한 「소유권」은 다음과 같은 특징을 가지고 있다[4].

(1) 소유권은 분할되거나 통합되기도 한다.
(2) 소유권은 강화되거나 희박화되거나 한다.
(3) 소유권은 사람에게 귀속되거나 제거되거나 한다.

이상과 같이 소유권이론은 신고전학파 경제학의 완전 합리성의 가정을 완화하고, 제한된 합리성의 가정을 도입함으로써 한편으로는 그 설명 범위를 확장하거나 거래를 둘러싼 재화의 소유권을 보다 정확하게 분석하려는 이론이라 할 수 있다.

1.3. 소유권이론의 기본원리와 이론적 구상

만약 모든 사람이 완전 합리적이라면 재화의 다양한 특질은 비용을 들이지 않고 인식할 수 있고 게다가 그 소유권을 비용을 들이지

---

3) 소유권의 정의에 대해서는 Eggertsson(1990), Alchian and Demsetz(1972), Barzel(1989)가 상세하게 서술함.

4) 소유권의 특징에 대해서는 Alchian(1997) 및 Eggertsson(1990)가 상세하게 서술함.

않고 누군가에 귀속시킬 수 있다. 이러한 완전 합리적 세계에서는 모든 재산의 소유권의 귀속은 명확하다. 그러므로 어떤 재화를 이용함으로써 발생하는 긍정적·부정적 효과는 항상 그 소유권자에게 명확히 귀속된다. 이러한 세계는 모든 효과나 결과가 외부로 흘러가는 일이 없기 때문에 「내부화 된 세계」로 불린다.

이러한 내부화 된 세계에서는 소유권자는 효용극대화를 위해 재화가 창출되는 부정적 효과를 피하고 긍정적 효과가 발생할 수 있도록 가능한 한 재화를 효율적으로 이용하려고 할 것이다. 그리고 어떻게든지 잘 이용할 수 없는 경우에는 그 재화를 시장에 팔아 그 돈으로 이용할 수 있는 재화를 구입하려고 한다.

따라서 소유권이 명확하고 내부화된 완전 합리적 세계에서는 개개인이 가능한 한 자원을 효율적으로 이용하려고 노력하는 동시에 노력을 해도 재화를 이용할 수 없는 경우에는 시장을 이용하여 팔게 된다. 이렇게 자원은 능력 있는 사람들에게 배분되어 효율적으로 낭비 없이 이용된다. 이와 같이 시장경제 시스템은 사실 소유권 제도라는 법적 제도 없이는 성립되지 않는다는 것을 알 수 있다.

그러나 실제적으로는 인간은 완전하지 않고 제한된 합리성을 가졌다. 그렇기 때문에 비용을 들이지 않고는 재화의 다양한 특질을 인식하고 그 소유권을 누군가에게 명확하게 귀속시킬 수 없다. 오히려 현실 세계에서는 재화가 가진 다양한 특징이 완전히 인식되지 않아 재화의 소유권 귀속이 불분명한 경우가 많다. 이러한 세계에서 재화를 이용함으로써 발생하는 긍정적·부정적 효과는 그 이용자에게 귀속되지 않고 긍정적·부정적 효과의 「외부성(externalities)」으로서 전혀 관계없는 사람들에게 귀속될 가능성이 있다[5].

예를 들어 전력회사가 화력발전을 고객에게 공급하기 위해 배연을 배출하여 이를 위해 인근 세탁소가 보다 많은 노동을 투입하는 영향은 부정적 외부성이다. 또 한 공장의 폐수를 하천에 흘려 하천에서 어업하는 사람들의 어획량을 감소시키는 공해도 부정적 외부성이다. 이러한 외부성이 발생하는 세계에서 자원을 이용함으로써 발생하는 긍정적·부정적 효과는 그 자원의 이용자에게 귀속되지 않기 때문에 이용자는 애써서 부정적 효과를 회피하려고 하지 않으며 시장을 이용하여 재화를 팔려고도 하지 않는다. 그러므로 이러한 세계에서는 자원은 비효율적으로 계속 이용되게 된다.

이상과 같이 시장거래에 의해 자원을 효율적으로 배분하기 위해서는 긍정적·부정적 외부성을 내부화시킬 필요가 있다. 그리고 자원의 소유권을 명확하게 누군가에게 귀속시키는 어떠한 소유권 제도를 형성할 필요가 있다. 그러나 인간의 능력은 한정되어 있기 때문에 재화가 가진 다양한 특질을 명확히 하고 그 소유권을 누군가 귀속시키기에는 비용이 많이 든다. 이 비용을 고려하면 소유권을 명확히 하고 그것을 누군가에게 귀속시키는 것이 항상 효율적이라고 할 수 없다. 오히려 소유권을 불명확하게 하는 것이 비용이 낮은 경우도 있다.

예를 들어 일본 영토를 둘러싸고 아직 영유권이 확실치 않은 독도나 조어도(센카쿠열도)가 있다. 그 주변의 해저에는 석유자원이 존재한다고 한다. 그러나 소유권이 불명확하기 때문에 그러한 자원

---

5) 여기서 외부성이란 상호작용하는 사람들이 만들어내는 긍정적·부정적 효과를 자신에게 귀속시키지 않고 다른 사람에게 귀속시키는 효과를 의미한다. Coase에 의하면 「외부성이란 어떤 사람의 의사결정이 그 의사결정에 관여하지 않는 누군가에 영향을 주는 것이라 정의하고 있다. 여기서 만약 A가 B로부터 무엇을 구입할 때 A가 구입하는 의사결정은 B에 영향을 주지만 이것은 『외부성』이라고 볼 수 없다. 그러나 A와 B의 거래가 거래 당사자가 아닌 C,D,E에게 예를 들면 소음 등에 영향을 미치는 결과를 초래하는 경우에는 C,D,E에 영향을 『외부성』이라 부른다」 (Coase[1988], p.24).

을 효율적으로 이용할 수 없다. 이들 자원을 효율적으로 이용하기 위해서는 이들 섬의 소유권을 명확히 할 필요가 있다. 그러나 그것을 명확히 하려면 가까운 나라 특히 중국과의 사이에 분쟁이 일어날 가능성이 있고 그 비용은 너무 크다. 따라서 이러한 경우 영유권을 명확하게 하지 않고 애매하게 두는 편이 효율적이다.

이상과 같이 소유권을 둘러싸고 다음과 같은 원리가 성립되게 된다[6].

(1) 만일 외부성을 내부화하기 위해 소유권을 명확히 누군가에게 귀속시킴으로써 발생하는 편익이 그렇게 하는 비용보다 크다면 소유권을 명확히 누군가에게 귀속시키는 어떤 제도나 방법을 전개하고 이러한 제도를 정책적으로 전개하는 것이 효율적이다.

(2) 그리고 만일 소유권을 명확히 함으로써 발생하는 편익보다 비용이 더 크다면 외부성이 발생한다 하더라도 소유권을 명확히 하지 않는 편이 효율적이다.

이러한 원리를 토대로 기존의 다양한 제도를 설명하거나 정책을 전개하는 이론이 소유권이론인 것이다.

연습문제

❶ 소유권이론의 「소유권」의 의미에 대해 설명하시오.

❷ 외부성이란 무엇인가. 구체적 사례를 들어 설명하시오.

❸ 소유권이 명확해지면 왜 효율적으로 자원은 배분되고 이용되는가.

---

6) 이러한 소유권이론의 원리에 대해서는 Demsetz(1967)가 상세하게 서술함.

2. 소유권이론과 환경문제

2.1. 코즈의 사회적 비용론

소유권, 소유권 구조, 그리고 소유권 시스템이 경제활동에 있어서 중요한 역할을 담당한다고 처음으로 밝힌 것은 코즈[7]이다. 코즈에 의하면 거래비용이 제로(0)인 완전 합리적인 세계에서는 재화의 소유권이 누구에게 어떻게 할당되던지 결과적으로 자원은 효율적으로 배분되어 이용된다. 그러나 실제로는 거래비용이 발생하기 때문에 소유권이 누구에게 어떻게 할당하느냐에 따라 자원은 효율적으로 이용되거나 비효율적으로 이용되기도 한다. 코즈의 선구적인 논의를 여기에서 Polinsky가 이용한 공해문제의 수치예[8]를 이용하여 설명한다. 동시에 소유권이론이 오늘날 주목받고 있는 환경문제에 어떻게 응용할 수 있는지 살펴보고자 한다.

먼저 연기를 배출하고 있는 공장이 있어 그 연기가 인접한 5명의 주민의 세탁물을 더럽힌다고 하자. 주민 5명은 지금까지 각각 75달러의 손해를 입고 총액 375달러의 피해를 입고 있다고 한다. 지금 지역주민과 공장 사이에 분쟁이 발생하고 재판을 받고 있다고 하자. 이 연기에 의한 손해는 아래의 두 가지 방법에 의해 해결된다고 하자.

(1) 연기차단장치를 150달러로 공장 굴뚝에 설치한다.
(2) 각 주민이 실내 건조기를 각각 50달러, 총액 250달러에 구입한다.

따라서 효율적인 해결법은 375달러의 손해를 150달러로 줄일 수

7) Coase의 고전적 논문은 Coase(1960)이다.
8) Polinsky의 사례는 Polinsky(1989)에 있다.

있는 연기차단장치를 공장에 설치하는 것이다. 이러한 효율적인 해결이 법원 판결에 의해 즉 맑은 공기를 얻을 권리를 주민에게 할당하는가, 혹은 공기를 자유롭게 오염시켜도 좋은 권리를 공장에 할당하는가 하는 법적 권리(공기의 소유권)의 할당 문제와 관련하는 것이 다음과 같이 설명된다.

소유권이 문제가 되지 않는 경우

만일 재판소가 맑은 공기를 얻을 권리를 주민에게 할당하는 판결을 내린다면 공장 측은 아래의 세 가지 선택사항을 하게 된다.

(1) 세탁물이 더럽혀진 주민에게 손해배상으로 375달러를 직접 지불한다.
(2) 연기차단장치를 150달러로 굴뚝에 설치한다.
(3) 각 주민을 위해 실내건조기 5대를 250달러에 구입하여 각 주민에게 준다.

이 경우 공장 측은 분명히 최소비용 해결방안 (2)을 선택할 것이다. 이에 대해 만약 법원이 공기를 오염시켜도 된다는 권리를 공장에 할당하는 판결을 내린다면 이번에는 주민들이 다음과 같은 3가지 선택을 해야 한다.

(1) 주민들은 375달러의 손해를 그대로 받아들인다.
(2) 주민이 150달러를 내고 연기차단장치를 구입하여 공장에 설치한다.
(3) 주민이 실내건조기를 각자 구입해 총 250달러를 지불한다.

이 경우 주민 측은 최소비용 해결방안 (2)을 선택할 것이다.

이상과 같이 공기의 소유권이 어느 쪽에 할당되는지와 관계없이 즉 법원의 판결과는 관계없이 결과적으로 자유로운 교섭 거래를 통해 가장 효율적인 방안을 선택한다. 따라서 이 경우 재판관의 판결은 큰 문제가 아니라고 말할 수 있다. 이러한 귀결을 이끌어 내기 위해서는 다음과 같은 가정을 주의해야 한다.

(NC_1) 모든 인간은 효용극대화한다

(NC_1) 모든 인간은 완전한 정보수집, 처리 그리고 전달능력 하에서 완전 합리적으로 행동한다.

이러한 완전 합리성의 가정을 위해 주민들은 비용을 들이지 않고 자유롭게 집합하고 정보를 수집하고 공장측과 교섭 거래할 수 있다. 즉, 거래비용이 들어가지 않는 것이다. 여기서부터 코즈의 정리로서 다음과 같이 말할 수 있다. 만약에 거래비용이 제로(0)라면 소유권의 분배와는 관계가 없고 즉 누가 최초에 소유하고 있거나 자유로운 거래를 통해 자원을 효율적으로 배분되어 이용되는 것이다. 그러나 여기에서 주의해야 할 것은 거래비용이 제로(0)일 때 소유권의 배분은 효율적 자원의 배분(allocation)에는 영향을 주지 않지만 소득의 분배(distribution)에는 영향을 준다는 점이다. 즉 만일 주민들에게 맑은 공기를 얻을 권리가 주어진다면 공장측은 연기차단장치를 구입하기 위해 공장측의 소득에서 150달러를 지불하게 된다. 그러므로 공장측의 소득은 감소한다. 반면에 만약에 공장에 공기를 오염시켜도 좋은 권리가 주어진다면 주민은 연기차단장치를 구입하기 위해 자신의 소득에서 150달러를 지불하게 된다. 따라서 이러한 경우 주민들의 소득은 줄어든다. 이처럼 자원의 효율적 배분에는 영향이 없지만 소득분배는 변화하게 된다.

소유권이 문제가 되는 경우

그러나 실제로 인간은 완전히 합리적이지 않다. 인간은 다음과 같은 제한된 합리성의 가정에 따른다.

PR_1 모든 인간은 효용극대화한다.

PR_2 모든 인간은 정보의 수집, 처리, 그리고 전달능력에 한계가 있으며 한정된 정보 능력 안에서만 합리적으로 행동할 수 있다.

따라서 분쟁중의 당사자 사이의 교섭거래에서는 막대한 거래비용이 발생한다. 예를 들면 주민과 공장 측이 교섭하려면 300 달러의 거래비용이 든다고 하자. 여기서 만약 재판소의 판결에 따라 주민 측에 공기를 자유롭게 사용할 권리가 주어진다면 공장 측은 다음과 같은 3개의 선택사항에 이끌리게 된다.

(1) 375달러의 손해배상을 지불한다.

(2) 150달러로 연기차단장치를 구입하여 설치한다.

(3) 300달러의 거래비용을 들여 주민과 협상하여 실내건조기를 250달러로 구입하여 주민에게 전달한다.

이러한 경우 공장 측은 (2) 연기차단장치를 구입하여 설치하므로 이 판결은 사회적으로 보면 효율적인 자원의 이용으로 본다. 이에 대하여 만약에 법원의 판결에 의해 공장 측에 자유롭게 공기를 이용하는 이익이 주어진다면 주민은 다음과 같은 3개의 선택사항에 이끌린다.

(1) 각 주민이 총액 375달러의 비용을 부담한다.

(2) 총 300달러의 거래비용을 들여 주민들이 공장 측과 협상을 벌여 150달러의 연기차단장치를 구입하여 공장에 설치한다.

(3) 각 주민이 50달러로 그리고 총액 250달러로 실내 건조기를 구입한다.

이 경우 주민들은 자신들에게 최소 비용이 되는 (3) 실내건조기를 구입하는 것을 선택한다. 그러나 이것은 사회적으로 보면 최소비용이 되지 않는 비효율적인 해결이 된다. 이상과 같이 거래비용이 제로(0)가 아닐 때 공기를 자유롭게 이용할 권리를 주민에게 주는 것이 사회적으로 효율적 자원의 배분과 이용하는 것이며 공기를 오염할 권리를 공장 측에 인정하는 것은 사회적 비용의 관점에서 보면 비효율적인 자원 이용으로 본다.

이처럼 만약에 인간이 사회적으로 효용이 극대화되고 제한된 합리성이라 하면 거래비용이 발생한다. 그리고 이러한 거래비용에 의해 소유권의 할당 다음으로 사회적 비용이 최소가 되는 해결이 되거나 이루어지지 않거나 한다. 즉 거래비용이 발생하는 경우 소유권의 할당에 의존하여 경제 상태가 변화하는 것을 의미한다. 이와 같이 어떤 상황에서는 자유로운 시장거래만으로는 해결할 수 없고 법이나 국가에 의한 소유권 구조나 소유권 시스템의 재구성이 필요하다. 이것이 코즈가 논의한 중요한 결과이다.

2.2. Demsetz에 의한 북미 인디언의 토지소유제 발생의 소유권이론 분석

이상과 같은 코즈의 논의로 촉발되어 Demsetz는 자원을 효율적으로 이용하기 위해서는 소유권의 배분이 중요하다는 것을 일찍부터 주목하였다. 특히 그는 재화나 자원을 이용함으로써 발생하는 긍정적·부정적 효과가 당사자들에게 귀속되지 않고 다른 사람에게 귀속되는 외부성과 소유권의 관계에 주목하여 재화나 자원의 소유권을 명확히 함으로써 외부성이 내부화된다고 생각하였다.

그러나 외부성을 내부화하는 데는 비용이 든다. 비용의 크기에 따라 소유권을 명확히 하고 외부성을 내부화하는 것이 항상 효율적이라고는 말할 수 없다. 무엇보다도 소유권을 명확히 하고 외부성을 내부화함으로써 생겨나는 편익이 비용보다 클 때 소유권 시스템이 출현한다는 것이 Demsetz의 소유권이론의 기본원리이다.

그리고 Demsetz는 이러한 원리를 북미 인디언으로 볼 수 있는 토지소유제도의 사례[9]를 응용하였다. 보다 구체적으로 말하면 북미 인디언을 둘러싸고 북부의 산림지대에 사는 인디언에게는 토지소유권의 전통이 있고 남서부 평원지대에 사는 인디언에게는 그러한 사실이 없다는 문화인류학적 쟁점을 소유권이론을 이용하여 이론적으로 설명하였다. 다음은 Demsetz의 논의를 소개하고자 한다.

먼저 유럽과의 비버(Fiber) 모피무역이 시작되기 전에 북구 삼림지대에 사는 인디언들은 토지를 공유하고 의복에 필요한 정도의 모피를 얻기 위해 비버를 포획하였다. 그러나 유럽과의 모피무역이 시작되면서 북부 인디언들에게 비버의 모피 가치는 급속히 높아졌다. 그리고 이러한 모피무역이 발전함에 따라 인디언들은 모피동물을 남획하기 시작하면서 승승장구하였다. 이윽고 모피동물은 멸종위기, 즉 공유지의 비극으로 이어졌고 그 부정적 효과는 그 남획자가 아니라 인디언 전체에 부정적 외부성으로 귀속되게 되었다.

이러한 자원의 비효율적인 이용을 피하고 부정적인 외부성을 내부화하기 위해 결국은 북부 인디언 내에 토지가 각 인디언에게 할당되고 사냥은 각자가 소유한 토지로 한정되었다. 따라서 남획에 의해

9) Demsetz의 사례는 Demsetz(1967)에 있는 사례이다.

서 만들어진 긍정적·부정적 효과는 그 토지의 소유자 자산에게 직접 귀속되어 남획에 의한 부정적 외부성은 내부화되어 모피 동물이라고 하는 희소자원은 보다 효율적으로 이용되게 되었다.

예를 들어 어떤 인디언은 자신의 땅을 2개로 나누어 각각 1년마다 수렵지를 바꾸고 자원을 효과적으로 이용하였다. 또 다른 인디언들은 자신이 소유한 땅 가운데 가장 비버가 서식하는 지역을 마치 은행처럼 취급하고, 평소에는 그 밖의 영역에서 수렵을 하고, 비버를 포획할 수 없을 때만 은행으로서의 지역에서 사냥하고, 포획이 많을 경우 은행으로서의 지역에 비버를 놓치는 방식으로 효율적으로 수렵을 했다.

반면 왜 남서부 평원지대에 사는 인디언에게는 땅을 둘러싼 소유제도가 전개되지 않았을까. 우선 남서부 평원에는 삼림에 사는 모피 동물처럼 상업적으로 가치가 있는 동물은 없었다. 오히려, 평원 동물은 비교적 넓은 범위에서 방목할 필요가 있었다.

이런 상황에서는 남서부 인디언의 공유지를 굳이 제각각 분할하고 그 소유권을 명확히 함으로써 얻을 수 있는 장점이 그로 인해 발생하는 비용보다 적을 것으로 예측된다. 그러므로 남서부 인디언에게는 토지를 둘러싼 소유권을 개인에게 할당할 필요가 없었다.

이상과 같이 소유권이론에 의하면, 한편으로 북부의 인디언에게는 토지의 사유제가 전개되고 다른 한편으로 남서부의 인디언에서는 그것이 전개되지 않았다는 사실은 결코 서로 모순되는 사태도 아니고 우연도 아니다. 그것은 문화인류학적 현상이 아니라 경제 합리적 현상이었다고 할 수 있다. 이것이 Demsetz의 소유권이론에 의한 분석이다.

2.3. 쓰레기 문제를 둘러싼 행정 행동의 소유권이론 분석

이상과 같은 소유권이론에 의해 소유권이론으로 최근 급속히 주목받고 있는 쓰레기 문제를 둘러싼 상황을 분석할 수 있다.

예를 들어 지금 쓰레기 처리장에 있는 쓰레기를 둘러싸고 있는 거대한 고무제의 비닐·시트의 일부가 찢어져, 쓰레기 처리장에서 새어 나오는 쓰레기의 폐수에 의해서 지하수가 오염되어 주민의 음료수가 오염된 지역이 있다고 하자.

그 주민은 쓰레기 소유권이 행정에 귀속된다는 것을 분명히 하고 행정 책임을 지게하고 조속히 쓰레기 처리장을 다른 지역으로 이전시키기 위해 소송을 제기했다고 하자. 이에 대해 행정측은 만약 그 쓰레기 소유권을 인정하고 그 책임을 지고 쓰레기 처리장을 이전시켜 새로운 쓰레기 처리장을 찾으려 한다면 막대한 비용이 발생한다는 것을 알고 있다. 특히 쓰레기 처리 담당 행정관료는 통상적으로 정기적으로 배치 전환되어 담당직무의 임기가 3년 정도라고 하면, 3년 동안 쓰레기 처리장의 이전 프로젝트를 계획하고 실행하는 비용은 매우 클 것이다.

이러한 상황에서 비록 행정측이 재판에 패배하여 쓰레기 처리장의 이전을 명령받았다 하더라도 그 명령에 따르는 것은 너무나 비용이 높다. 오히려 명령을 위반하여 벌금을 계속 지불하는 편이 더 비용이 싸다고 하는 부조리한 사태가 발생한다.

이와 같이 제한된 합리적인 세계에서는 비윤리적이지만 아무것도 하지 않는 편이 오히려 경제학적으로 효율적이 되는 부조리한 현상이 발생할 가능성이 항상 존재한다. 이러한 부조리한 현상은 인간의 비합리성에 의해 생겨나는 것이 아니라 오히려 인간이 어느 정도 합리적이기 때문에 발생하는 현상이라고 할 수 있다.

또 다른 관점에서도 쓰레기 문제를 분석할 수 있다. 오늘날 일본에서는 세금을 토대로 행정이 쓰레기 처리를 하고 있다. 이러한 쓰레기 처리제도는 언뜻 합리적인 제도인 것 같지만 소유권이론으로 보면 사실은 긍정적·부정적인 외부성을 창출하는 비효율적인 제도임을 알 수 있다. 즉 이와 같은 제도 하에서 같은 세금을 지불하는 사람들 가운데 쓰레기를 보다 많이 내는 사람은 긍정적 외부성을 획득하고 쓰레기를 적게 내는 사람은 부정적 외부성을 피하게 된다. 그러므로 이 제도 하에서 쓰레기를 적게 내는 사람은 손해를 보고 쓰레기를 많이 내는 사람은 득이 되므로 쓰레기는 줄지 않고 오히려 증가하게 된다.

이러한 비효율적인 상태를 개선하기 위해서 외부성을 내부화할 필요가 있다. 즉, 쓰레기를 많이 버리는 사람은 많은 비용을 부담하고 쓰레기를 적게 버리는 사람은 적은 비용을 부담하는 제도설계가 필요하다. 그러기 위해서는 쓰레기 소유권을 행정에 귀속시키는 것이 아니라 개인에게 귀속시키는 제도가 필요하다. 예를 들어 이미 일부 지역에서 시행되고 있는 쓰레기를 버리는 경우에 필요한 쓰레기봉투를 유료로 한다고 하는 정책이다.

그러나 쓰레기의 소유권 제도를 둘러싼 근본적 개혁을 실시하려면 비용이 들어간다. 이 비용이 크기 때문에 아직 충분한 대책이 이루어지지 않고 있다는 것이 일본의 현실이다. 하지만 향후 세계 표준이 변화하면 이대로 있는 비용이 오히려 높아질 수 있기 때문에 앞으로 제도의 변화가 발생할 가능성이 충분하다.

2.4. 공해 환경문제를 둘러싼 일본·미국·독일 소유권이론 분석

소유권이론에 의하면 공해·환경·쓰레기 문제를 둘러싸고 소유권을 명확하게 하는 것이 효율적인 자원의 이용과 배분에 이르게 된다. 이러한 관점에서 오늘날 일본·미국·독일의 환경 문제를 둘러싼 상황은 어떠한 상태에 있는지 고찰해 보자.

독일의 상황

독일에서는 1960년대 공해문제가 발생하였다. 라인강에 물고기 시체들이 떠오르고 산성비로 인해 숲은 고갈되기 시작하였고 야외에 놓인 역사적 예술작품도 용해하기 시작했다. 독일 정부는 당시 철저한 공해 대책을 펼쳤다. 특히 독일 정부는 법률로 인해 공해 문제를 해결하려 했다. 게다가 독일에서는 장래를 내다보고 재빨리 학교 교육에 공해 환경 문제를 도입하였다. 이러한 정부의 적극적인 정책의 구체적 방법은 다양했지만 그 본질은 모두 쓰레기나 공해를 둘러싼 소유권을 가능한 한 명확히 하는 것이었다. 이로 인하여 쓰레기와 공해를 많이 내는 사람은 그만큼 비용도 부담하기 때문에 독일 사람들의 환경 의식은 급속히 높아졌다.

오늘날 독일은 환경 선진국으로 꼽힌다. 이런 일관된 독일 정부의 소유권을 명확화하는 정책 아래 독일 기업은 환경 문제에 강한 체질을 형성하였고 교토의정서(京都議定書)를 놓고 독일은 다른 선진국을 상대로 강력한 규제 조건을 전략적으로 내세웠다. 환경문제에 대한 독일의 방식은 오늘날 국가관리주의로 불린다. 이 같은 정부의 적극적인 개입으로 독일에서는 쓰레기를 둘러싼 소유권을 명확하게 하고 앞으로도 환경문제 선진국으로 활약할 것이다.

미국의 상황

마찬가지로 미국에서도 1960년대 공해 문제가 발생하였다. 뉴욕시의 광화학 스모그, 클리블랜드의 하천 오염, 오대호 오염 등이 발생했다. 그러나 미국은 독일처럼 정부가 적극 개입하여 문제를 철저하게 처리한 것은 아니었다. 미국의 경우 주(州)에 따라 공해·환경문제에 대한 대응방법이 다르다. 예를 들어 캘리포니아주는 예전부터 물이나 에너지문제에 시달려왔기 때문에 환경문제에 대해 매우 열심히 대응하고 있다.

그러나 일반적으로는 유럽 국가에 비해 환경 공해 문제에 대한 대처는 늦어지고 있다. 따라서 공해 환경 문제를 둘러싸고 강한 규제가 가해지면 미국은 약한 입장에 내몰리게 된다. 이 때문에 교토의정서 비준에 대해 미국은 소극적인 태도를 보이면서 결국은 조인하지 않았다.

이처럼 미국 정부의 대응이 늦어지고 있지만 오늘날 미국에서는 민간 투자자들이 환경 문제에 강한 관심을 갖고 있다. 환경문제에 적극적으로 대응하고 있는 기업에 투자가의 관심이 있어 환경문제에 열심인 기업에 투자하려고 하는 움직임, 즉 사회적 책임투자(SRI: Socially Responsible Investment)가 높아지고 있다. 이런 움직임은 바로 민간 주도의 미국다운 모습을 보여주는 것이다. 또한 미국에서는 배출권 매매를 중개하는 비즈니스도 활발하다. 그러나 쓰레기를 둘러싼 소유권의 명확화는 늦어져 공해·환경 문제를 둘러싼 자원배분의 효율화는 늦어지고 있다고 할 수 있다.

일본의 상황

마지막으로 일본에서도 1960년대에 공해 문제가 발생하여 미나마타병, 이타이이타이병, 요쓰카이치 천식 등이 주목받았다. 그러나 일본은 독일과 달리 정부가 철저하게 개입하여 문제를 처리하는 일은 없었다. 경제계의 강력한 요청이 있어 관민 협조노선 하에서 정부는 어디까지나 경제성장과 협조할 수 있는 정도로 공해대책을 실시하였다. 그러나 1970년대만 되면 OECD가 공해문제를 조사하여 다시 일본의 공해대책이 뒤처지고 있는 것이 지적되었다. 게다가 1970년대에는 오일쇼크가 발생하여 정부는 한편으로 기업의 에너지 절약화를 진행하면서 다른 한편으로 공해 환경 대책을 실시하지 않으면 안 되는 어려운 문제에 직면했다. 이 어려운 문제도 관민 협조 노선 아래에서 어느 정도 해결하였기 때문에 일본은 높은 평가를 받고 있다.

그러나 이러한 관민 협조 노선에 근거하는 환경 문제의 해결 속도는 늦어져 최종적으로 조인했지만 일본은 교토의정서(京都議定書)를 둘러싸고 적극적으로 비준할 수 없는 상황에 있었다. 오늘날 일본에서는 쓰레기를 둘러싼 소유권 명확화도 서서히 진행되고 있지만 아직도 유럽 국가들에 비해 뒤처지고 있다.

이상과 같이, 국가 주도형의 독일, 민간 주도형의 미국, 관민 협조형의 일본 간에는 환경 문제 해결의 속도에 차이가 보인다.

연습문제

❶ 코즈의 정리란 어떤 정리인가 설명하시오.

❷ 소유권이론에 따르면 소유권 제도는 어떻게 발생하는가.

❸ 행정이 세금대로 쓰레기를 처리하는 방법은 한계가 있다. 이유가 무엇인가.

3. 소유권이론과 기업조직

소유권이론은 그동안 여러 분야에 응용되어 왔으나 조직론 분야와는 직접적으로 연관된 것은 아니었다. 그러나 소유권이론은 기업조직의 분야에서도 충분히 응용이 가능한 이론이다. 다음으로 소유권이론이 기업조직에도 응용될 수 있다는 것과 소유권이론이 조직의 경제이론이라고 불릴 수 있는 이론임을 밝히고자 한다.

3.1. 기업형태의 소유권이론 분석

경제학에서는 기업은 생산 규모를 거대화하여 유리한 상태로 이끌어 가는 것을 「규모의 경제」라 한다. 만약에 규모의 경제가 작용한다면 소규모 기업은 살아남을 가능성이 없다. 그러나 실제로 다양한 형태로 중소기업이 생존하고 있고 대기업과 공존하고 있다. 소유권이론에서는 다양한 기업조직 형태의 차이를 소유권 배분의 차이라고 설명하고 있다. 게다가 유일하고 효율적인 소유권 배분은 존재하지 않는다고 생각한다. 상황에 따라 효율적인 소유권 배분이 다르기 때문에 다양한 기업조직이 공존 가능해진다. 이러한 관점에서 다양한 기업형태를 설명하고자 한다.

파트너십 기업

우선 파트너십 기업[10]이란 멤버가 정보, 지식, 물적자산, 이익 등을 공유하는 기업이다. 예를 들면 변호사 그룹, 의사 그룹, 회계사

10) 파트너십에 관한 분석은 Demsetz(1967),Eggertsson(1990)가 상세하게 서술함.

그룹 등이 형성하고 있는 기업조직이다. 이러한 기업에서는 1명의 멤버가 많은 정보나 지식을 획득하더라도 정보나 지식은 공유된다. 또한 한 명의 구성원이 많은 이익을 얻어도 그 이익은 공유된다. 즉, 기업을 둘러싼 소유권이 공유되는 형태로 소유권이 배분된다는 점에 이런 종류의 기업의 특징이 있다. 이러한 소유권의 배분을 토대로 한 기업에서는 멤버들 사이에 긍정적·부정적 외부성이 발생한다. 즉 노력하여 지식·정보·이익을 획득하는 멤버는 부정적인 외부성이 발생하고 지식·정보·이익을 획득하지 않는 멤버는 긍정적인 외부성이 발생한다.

일반적으로 긍정적·부정적인 외부성이 발생하는 세계에서는 자원이 비효율적으로 이용될 가능성이 있다. 그러나 소유권이론에서 보면 외부성을 내부화하기 위해 자산·지식·이익의 소유권을 개개인에게 명확하게 할당하는 것이 항상 효율적이라고는 할 수 없다. 오히려 소유권을 개인에게 귀속시키지 않고 공유하는 것이 오히려 효율적일 경우도 있다.

예를 들어 방목을 하는 집단은 토지와 이익을 공유하고 있다. 이런 집단에서는 분명하게 긍정적·부정적 외부성이 발생한다. 그러나 외부성을 내부화하기 위해 토지 소유권을 개인에게 할당하면 방목할 수 없다. 이 경우 토지나 이익을 공유하고 파트너십 형태를 취하는 것이 보다 효율적이다.

그러나 이러한 기업형태 그대로 멤버가 증가하면 상호 멤버의 행동을 충분히 감시할 수 없게 된다. 이러한 상황에서는 타인의 성과에 무임승차하는 멤버가 많이 출현한다. 또한 성실하게 일하고 많은 이익을 획득하는 멤버도 그 이익이 자신에게 귀속되지 않기 때문에 일하는 유인은 저하된다. 이러한 소유권 구조를 가진 기업조직은 비효율적이기 되기 때문에 이 형태는 절대적으로 효율적인 형태라고 할 수 없다.

기업가 기업

이 문제를 해결하는 기업 형태가 단순 계층조직으로서의 기업가 기업이다. 이 형태의 효율성은 A. Alchian and H. Demsetz에 의해 전개된 팀생산 이론[11]에 의해 설명할 수 있다.

Alchian and Demsetz은 다음과 같은 팀 생산이라고 부르는 생산관계가 성립할 때 조직이 형성된다고 생각하였다. 즉 팀생산이란 (1) 개개인이 따로 일하는 것보다 함께 일하는 것이 보다 생산성이 높은 상황이며 (2) 또는 한사람의 공헌도를 분리하여 측정하는 것이 어려운 관계이다.

이러한 생산관계에서는 각 멤버의 공헌도를 정확하게 측정할 수 없기 때문에 각 멤버는 서로 게으름을 피우는 유인을 가지고 있다. 따라서 이러한 비효율적인 행동을 억제하기 위해서 멤버를 감시하는 감시역(모니터)이 필요하다.

그러나 이 전문 감시역도 게을리 할 가능성이 있기 때문에 다시 그 감시역을 감시하는 감시역이 필요하게 되어 무한히 후퇴하게 된다. 이러한 문제를 해결하고 감시역의 태업을 없애기 위해 감시역에게 다음과 같은 권리 즉 「소유권」을 주면 된다. 즉 멤버에게 임금을 지불한 후에 남는 잔여 이익을 얻을 권리 즉 잔여 청구권, 멤버와의 계약을 개정할 권리, 그리고 이러한 권리 자체를 팔수 있는 권리 등

11) 팀생산의 이론에 대해서는 Alchian and Demsetz(1972)가 상세함.

이다.

이와 같이 만일 이러한 일련의 권리가 감시역에게 주어지면 그는 효율적으로 멤버를 감시할 것이다. 이 또한 효율적으로 멤버를 감시함으로써 멤버의 노력을 촉진하고 게으름을 억제할 수 있다면 그는 보다 많은 잔여 이익을 얻을 수 있기 때문이다. 그리고 그가 잘 관리하지 못한다면 보다 잘 감시할 수 있는 사람에게 이 기업 자체를 매각할 수 있다.

Alchian and Demsetz에 의하면 이러한 권리를 가지고 모든 계약에 있어서 공통의 당사자가 되는 소유 경영자가 감시역이 되어 종업원을 관리하는 효율적인 자원배분 시스템이 고전적인 기업가 기업이다. 이와 같이 중소기업도 자체 효율적인 자원배분 시스템으로 대기업과 공존할 수 있다.

주식회사

그러나 기업의 소유권을 명확하게 누군가에게 귀속시키는 것이 항상 효율적인 자원배분을 유도하는 것은 아니다. 반대로 비효율적인 경우도 있다. Demsetz에 의하면 소유권 확대에는 한계가 있고 최적의 소유권 규모가 있다고 한다.[12)]

그리고 기업을 둘러싼 소유권을 제한함으로써 자원을 효율적으로 배분하려는 시스템이 주식회사 제도이다.[13)] 많은 주주들로 구성된 거대 주식회사에서는 모든 주주가 직접 기업경영 의사결정에 참가할 경우 이들 다수의 주주사이의 의사결정을 조정하는 비용은 매우

12) 소유권의 최적 규모에 대해서는 Demsetz(1967)가 상세하게 서술함.
13) 주식회의 분석에 대해서는 Demsetz(1967,1988,1995)를 참조.

높아지게 되어 비효율적이다. 이러한 비효율을 해결하기 위해 간접적으로 통제할 권리를 유지하면서도 전략적 의사결정에 관한 권리나 경영자원을 직접 이용할 권리를 경영자에게 넘겨주는 식으로 주주 소유권을 제한하는 것이 효율적인 자원배분을 유도하게 된다.

또 만약 경영자의 의사결정의 실패에 의해 회사가 도산하고 부채에 의한 책임이 모두 주주에게 무한히 추궁된다면 이러한 부정적 외부성 때문에 경영자는 투자자로부터 자본을 효율적으로 조달할 수 없을 것이다. 즉, 자본가는 누구든지 주식을 구입하지 않을 것이다. 이러한 외부성을 내부화하기 위해 도산할 경우 출자액에 대한 책임만지면 된다는 유한책임의 형태로 주주의 소유권을 제한하는 주식회사 제도에 의해 자본은 효율적으로 조달되게 된다. 즉 투자가는 주식을 구입하게 된다.

게다가 주식을 자유롭게 판매할 수 있는 크기로 분할되지 않으면 경영자의 의사결정에 의해 초래되는 주주에 대한 외부성은 극히 커진다. 만일 주식이 다른 주주의 허가 없이 자유롭게 매각할 수 있고 매매하기 쉬운 크기라면 주식시장이 발전하고 이 주가 변동이나 적대적 매수에 의한 위협에 의해서 경영자와 주주와의 이해는 조정되고 경영자의 의사결정에 의해 초래되는 주주에 대한 외부성도 최소화하게 된다.

이처럼 소유권이론으로 볼 때 중소기업과 마찬가지로 주식회사에서도 기업의 소유권이 적절히 제한되어 배분되고 있기 때문에 자원이 효율적으로 배분되는 제도로 볼 수 있다.

Column 4-1

기업의 소유구조와 효율성

벌리와 민즈(A. A. Berle and G. C Means)는 현대 거대 기업에서는 주식이 분산되어 소유자인 주주와 경영자가 분리되고, 주주는 경영자를 감시하는 유인을 잃어 경영자도 주주의 완전한 대리인이 될 수 없기 때문에 기업은 이익이 최대화할 수 없다고 주장했다.

이에 대해 1980년의 미국 대기업 511개의 회사를 분석한 것이 H. Demsetz and K. Lehn이다. 그들의 연구에 의하면 주식총수에서 차지하는 상위 5대주주의 점유율은 1.27-87.14%로 폭넓게 분포되고 그 평균은 24.81%였다. 왜 어느 기업의 소유 구조는 분산되어 있으며 다른 기업은 집중하고 있는 것일까.

Demsetz and Lehn은 Berle and Means의 주장에 반해 각 기업이 효율성을 추구하고 있기 때문이라고 주장했다. 즉, 집중함으로써 보다 많은 이익을 얻을 수 있는 상황에 놓여 있는 기업의 소유 구조는 집중하고 분산에 의해서 보다 많은 이익을 얻을 수 있는 기업의 소유 구조는 분산한다고 하는 것이다.

예를 들면 거대 기업이 효율성을 추구하려고 하면 그 소유 구조는 일반적으로 분산화된다고 생각할 수 있다. 기업이 커지면 투자가의 리스크는 비싸지기 때문이며, 또 대기업에서는 주식의 소유 비율을 높이는 비용이 비교적 비싸지기 때문이다. 또한 정부에 의해 규제되고 있는 기업의 소유구조도 분산한다. 이러한 기업의 행동범위는 정부에 의해 대폭적으로 제한되어 있기 때문에 효율성 추구를 위해 주주와 경영자가 선택할 수 있는 경영의 폭이 좁고 그 때문에 주식을 집중하는 메리트가 없기 때문이다.

이상과 같이 거대 기업을 둘러싸고 오늘날, 소유와 지배의 분리라고 하는 현상 자체는 용인되고 있다. 그러나 소유 구조가 분산되어 있는 기업이 Berle and Means가 주장한 것처럼 비효율적이 될지, 혹은 Demsetz and Lehn이 주장한 것처럼 효율성을 추구하기 위해 소유 구조가 분산되었는지를 둘러싸고는 논쟁적인 상황에 있다.

* 참고문헌 Berle and Means [1932], Demsetz and Lehn [1985]

공기업·고유기업

다음으로 공기업 혹은 국유기업은 소유권이론에서 소유권이 국민에게 극단적으로 널리 분산되어 있기 때문에 소유주체가 매우 애매하고 소유권의 귀속이 불분명한 기업제도라고 할 수 있다.

이러한 기업은 종업원에 의한 자산 이용에 의해 발생하는 긍정적·부정적 효과를 귀속시키는 최종적인 소유주체가 매우 애매하고 불명확하다. 긍정적·부정적 효과는 국민 한명에게 명확하게 귀속되지 않는다. 그러므로 국민 한 명 한 명이 국유기업이나 공기업을 감시하고 통치하려는 유인은 작다.

마찬가지로 공기업이나 국유기업의 공무원도 노력하여 긍정적 효과를 낳는다 하더라도 공무원의 보수제도 하에서 그 효과는 한 명 한 명에게 귀속되지는 않는다. 또 비록 부정적 효과를 내더라도 결국 국민 세금으로 보전될 가능성이 높다. 그러므로 누구나 부정적 효과를 피하고 긍정적 효과가 나타나도록 자원을 효율적으로 이용하려 하지 않을 것이다.

게다가 경영자원을 둘러싼 소유권의 귀속이 불분명하기 때문에 공기업이나 국유기업에서는 비록 부정적 효과를 내는 사업이 있어도 부정적 효과가 자신들에게 귀속되지 않으므로 멤버에게는 이를 굳이 매각하여 부정적 효과를 줄이고 긍정적 효과를 거두려는 유인은 없을 것이다. 최악의 경우에 부정적 효과를 세금으로 보전하려 할 것이다.

마찬가지로 비록 긍정적 효과를 내는 사업이 있어도 멤버에게는 긍정적 효과가 자신들에게 귀속되는 일이 없기 때문에 그 사업을 보다 효율적으로 전개하려고 하는 유인은 없다. 따라서 그런 사업이 매물로 나와도 매입할 일도 없을 것이다.

이상과 같이 소유권이론으로 보면 공기업이나 국유기업은 그 소유권의 귀속이 애매하고 불명확하기 때문에 본질적으로 비효율적인 자원배분을 실시하는 기업 제도라고 말할 수 있을 것이다.

다양한 기업형태

이상과 같은 소유권이론 분석을 토대로 Picot and Wolff [1994]는 다음과 같이 다양한 기업 형태를 정리했다. 우선 기업을 소유한다는 것은 소유자가 다음과 같은 권리를 보유하는 것을 의미한다.

(1) **지배권** : 기업을 지배하는 권리

(2) **잔여 청구권** : 수입에서 비용을 빼고 남는 잔여 이익을 청구할 수 있는 권리

(3) **양도권** : 기업을 둘러싼 모든 권리를 매매할 수 있는 권리

그리고 이러한 권리할당에 의해 개인의 의사결정은 영향 받아 지배되고, 그리고 기업 형태가 결정된다.

예를 들어 주식회사는 지배권을 경영자가 가지고 잔여청구권과 양도권을 주주가 가진 제도로 분석된다. 또한 본서의 3장의 3-4항에서 설명한 것처럼 독일에서 볼 수 있는 노자(勞資)공동결정기업은 기업의 지배권을 주주대표와 노동자대표가 갖고 잔여청구권과 양도권을 주주가 가진 제도로 간주된다. 더욱이 국유기업은 지배권을 경영자가 가지고 잔여청구권과 양도권이 국가에 귀속되는 제도가 된다. 이와 같이 소유권이론에 의해서 기업 형태를 체계적으로 분석할 수 있을 가능성이 있기 때문에 이것들을 정리한 것이 <표 4-1>[14]이다.

표 4-1. 다양한 기업형태의 소유권 배분

관점	정태적			동태적
기업형태	소유권의 배분			소유권의 이행가능성
	지배권	잔여 청구권	양도권	
파트너십 기업	파트너	파트너	파트너	제한된 이행가능성
1인소유자에 의한 기업	기업가	기업가	기업가	무제한 이행가능성
주식회사	경영자	주주	주주	무제한 이행가능성
공동결정법에 따른 독일 회사	경영자와 종업원	주주	주주	제한된 이행가능성
비영리기업	멤버대표	—	—	제한된 이행가능성
국유기업	경영자	국가	국가	제한된 이행가능성
행정기관	국가공무원	—	—	이행 불가능

3.2. 조직 문화의 소유권이론 분석

조직 문화

소유권이론이 조직 문화 발생의 연구에도 응용할 수 있는 가능성을 설명한 것이 G. R. Jones[15]이다. 그의 연구를 소개하고자 한다. 먼저 모든 조직원은 제한된 합리성을 가지고 자기 이익을 추구한다. 이러한 멤버들로 이루어진 조직에서 각 멤버는 자신의 효용을 높이기 위해 줄다리기를 하기 때문에 맴버 사이를 조정하고 감시하기 위해서는 비용이 많이 든다. Jones는 이 비용을 「거래비용」이라 하며 거래비용을 얼마나 절약하는지가 조직의 기본문제라고 하였다.

14) <표 4-1>은 Picot and Wolff(1944)를 토대로 함.

15) 조직 문화의 소유권이론분석에 대해서는 Jones(1983)이 상세하게 서술함.

그리고 이 거래비용을 절약하기 위해서 조직원의 행동을 서로간에 어떻게 규정하여 조정하는 것이 문제가 된다. 조직 멤버간의 거래를 규정하고, 각 멤버에게 할당되는 자원 이용에 대해 특수한 권리를 그는 「소유권」이라고 한다.

여기서 조직 문화를 조직원들의 공유 가치, 공통의 규범, 그리고 공통의 기대라고 하자. 이때, 조직 멤버 간의 거래 패턴이나 조직 멤버가 의존하는 예측 가능하고 정해진 수속이나 행동을 결정하고 있는 것이 고유의 규범이나 가치이며 그것이 조직 문화라고 할 수 있다.

이러한 의미에서 조직 문화는 Jones에 의하면 기업이 조직 내 거래비용을 절약하려고 하는 방법의 결과로서 생기는 것이며 그 때문에 조직 문화의 발생과 특징은 조직멤버간의 거래행동을 규정하는 소유권 시스템 즉 조직 내의 자원이용을 둘러싼 소유권 구조에 의존한다고 생각한 것이다. 다음으로 이러한 관점에서 3가지 이념형, 즉 생산 문화, 관료 문화 그리고 전문직인 문화를 분석할 수 있다.

생산 문화의 분석

어떤 기업의 생산 과정이 예측 가능하고 정해진 수속이나 행동을 할 경우 효율적인 생산 방법이란 생산 과정을 가능한 한 기계화하고 노동을 철저히 표준화하여 단순화하고, 그리고 자본 집약적인 생산 시스템을 형성하는 것이다. 이 경우 근로자의 생산기능 수준은 낮더라도 별 문제가 없고 돈을 들여 근로자를 교육할 필요는 없다. 더구나 이런 단순 노동자를 감시하기는 비교적 쉽다. 그 때문에 이러한 자본 집약적이고 단순한 생산 관계에서는 조직 내의 노동자 1명 한사람의 소유권 즉 직무권한을 굳이 명확하게 할 필요는 없다고 생각한다.

그러나 실제로는 모든 노동자는 기회주의적이고 관리자는 제한된 합리성을 가지기 때문에 한편으로 노동자는 게으른 강한 유인을 가지고 있으며 다른 한편으로 관리자는 그러한 행동을 놓칠 가능성이 있다. 특히 조직 내의 불명확한 소유권 구조에서는 열심히 노력하고 일을 하더라도 그것이 노동자에게 추가적 보수가 되는 보증은 없다. 또한 업무를 둘러싼 소유권이 불분명하기 때문에 노동자들이 경영자에 의해 지나치게 일하게 될 가능성도 있다. 그러므로 불명확한 소유권 구조에서는 노동자는 방해를 하려고 하는 유인을 가지게 된다.

따라서 자본집약적인 생산관계에 있어서 노동자의 기회주의적 행동을 억제하고 관리자가 관리하기 쉽도록 하기 위해서 노동자의 결근이나 일에서 이탈하는 시간을 최소화하는 면밀한 가이드라인이나 규정 및 공통의 규범이나 원칙이 필요하다. 그리고 이러한 규범 체계나 원칙 체계가 대량 생산 조직에서 볼 수 있는 조직 문화로 특징지을 수 있다. 이러한 대량생산 문화는 조직 내 거래비용을 절약하기 위해 디자인된 소유권 시스템(직무권한체계)의 명확화의 결과라고 할 수 있다.

관료 문화의 분석

다음으로 생산관계가 역할별로 분화되어 전문 능력이나 전문 기능을 가진 사람들에게 의존하는 노동 집약적인 조직에서는 모든 종업원이 자기 이익을 추구하고 관리자는 제한된 합리성을 가지므로 종업원의 행동을 완전하게 감시하는 것은 어렵고 모니터링 비용이 매우 높아진다. 또한 이러한 노동 집약적인 조직에서는 인적자본은 전문적이고 특수하기 때문에 단기 고용계약을 반복하면 줄다리기가 일어나기 쉽고 고용을 둘러싼 거래비용은 지극히 비싸지게 된다.

이러한 거래비용을 절약하기 위해 관료제로 불리는 소유권 구조가 전개될 수 있다. 관료제는 종업원의 권리와 의무를 목적 합리적으로 정합적으로 세분화하여 이를 각 종업원에게 명확하게 할당하고 이를 통해 종업원의 게으름을 자제시키는 합리적 규칙과 절차의 시스템이다. 다양한 규칙이나 엄밀한 절차는 직접적인 감독을 대신하는 형태로 모니터링 비용을 절약하는 자기지배구조다. 또한 다양하고 영속적으로 보유되는 권리·권한에 의해서 종업원은 자신의 역할에 대해 명확한 기대를 형성할 수 있어 이것들이 계약을 둘러싼 교섭 비용을 절약한다. 또한 안정된 고용 관계에 의해서 종업원은 조직에 대해서 특수한 투자를 실시하는 유인을 가지게 된다.

그러나 이러한 규칙이나 수속이 너무 많아 엄밀하게 종업원에게 적용하면 조직은 반대로 경직화 되고 비효율적이 된다. 종업원은 규칙이나 수속의 변혁에 대해서 보수적이 되어 효율적으로 환경의 변화에 적응할 수 없게 된다. 이런 약점을 지닌 조직 문화가 관료 문화다.

전문직 문화의 분석

다음으로 업무가 본질적으로 합리적으로 세분화되지 못하고 복제가 어렵다는 의미로, 조직 내의 업무가 일정하지 않고 생산 관계가 전문직인 한 사람에게 강하게 의존하는 조직이 있다. 그러한 조직에서는 종업원은 자기 이익을 추구하고 관리자는 제한된 합리성을 가지기 때문에 조직 내의 모니터링 비용이나 조정 비용은 높아진다. 특히 의사나 변호사와 같은 전문직적인 업무는 본질적으로 합리적으로 세분화할 수 없고 그 멤버 1인 한 사람의 행동을 관찰하고 평가하는 것도 어렵다. 또한 연구개발을 담당하는 연구자나 기업의 기획 담당자 역시 그 행동을 감시하고 평가하기는 어렵다.

이런 감시와 평가 비용을 절약하기 위해 파트너십 제도가 전개될 수 있다. 여기에서는 각 멤버가 잔여 청구권자로서 기능하고 잔여 이익을 배분하기 위해 어떠한 이익 배분 시스템이 전개된다. 또한 각 멤버의 잔여 이익은 다른 조직 멤버의 행동에 의존하므로 각 조직 멤버가 다른 멤버를 감시하는 상호 감시 시스템이 형성되고 이러한 상호 감시를 촉진하기 위해 조직에서는 다양한 권리의 내용이 명확해질 것이다.

이러한 조직 내의 소유권 구조 하에서 발생하는 것은 수직적인 계층적 모니터링 시스템이 수평적 상호모니터링 시스템으로 치환되어 관료적 원칙이나 절차가 전문직적인 규범이나 가치로 치환되는 형태로 특징지어지는 전문직인 문화이다. 이는 Jones에 의한 조직 문화의 소유권이론 분석이다.

3.3. 미국·일본·독일 조직 문화의 발생

미국의 대량 생산조직 문화

G. Hofstede는 다국적기업인 IBM 사원을 대상으로 방대한 데이터를 수집하여 다변량 해석을 구사하여 국민문화를 특징짓는 인자[16]를 찾아냈다.

그에 의하면 미국인의 문화는 개인주의적이며 불확실성 회피도가 약한 문화로서 특징지어진다. 이는 미국 기업의 종업원은 다소 위험

16) Hofstede(1994)가 상세하게 서술함.

을 감수하면서도 자신의 능력과 이익을 추구하는 국민으로 해석할 수 있다. 이러한 국민성을 가진 조직에서는 자신의 능력을 알아보기 위해 어느 정도 명확한 직무규정과 제도가 요구된다. 자신이 과연 이 직장에 맞는가. 이것을 판별하기 위해서는 어느 정도 명확한 제도나 명확한 직무 규정이 필요하다.

한편, 이러한 미국 기업을 둘러싼 미국 사회는 비계급 사회이며 언어나 양복으로 계층을 식별할 수 있는 사회는 아니다. 대중소비사회이다. 그러므로 표준화된 상품이 항상 팔릴 가능성이 있으며 1인 승리가 항상 일어날 가능성이 있는 사회이기도 하다. 이러한 사회에 대응하고 미국에서는 대량생산 시스템이 발달해 왔으며 게다가 각 멤버의 직무내용이 너무나 불명확하면 노동자는 게으른 유인을 가지기 때문에 관리자에게 있어서 관리하기 쉽도록 어느 정도 명확한 규정이나 제도가 전개되어 왔다고 말할 수 있다.

이상과 같이 미국에서는 멤버의 국민성과 사회 환경으로부터 일정정도 명확한 제도나 명확한 직무 규정에 의해 특징지어지는 「대량 생산조직 문화」가 형성된 것은 아닌가라고 말할 수 있다.

독일의 관료조직 문화

G. Hofstede에 따르면 독일인의 문화는 개인주의적이고 불확실성 회피도가 어느 정도 높은 문화로 특징지어진다. 이는 독일인이 집단적 모호성에서 오는 불확실성과 무책임성 문제를 회피하려는 국민임을 의미한다. 그들은 자기 책임은 지지만 남의 실패에 대해 책임을 지는 것을 극도로 싫어한다. 그러므로 독일인은 애매함이 없고 엄밀한 원칙 설정을 강하게 지향하여 타인의 책임을 지려고 하지 않

는다.

한편, 독일 기업을 둘러싼 독일 사회는 미국과 달리 계급사회이며 변화가 적은 사회이기도 하다. 계급에 따라 입는 옷과 자동차, 음식의 차이가 있기 때문에 시장은 세분화되어 있어 혼자 이겨내기 어렵다. 그러므로 안정된 다품종 소량 생산이 가능하고 업무는 속인화되어 원칙 또는 표준화가 어려운 노동집약적 생산 시스템이 형성되었다. 이러한 생산 시스템에서는 감시가 어렵고 종업원은 태업하기 쉽기 때문에 엄밀한 직무 규정과 책임제도에 따른 자기지배 시스템이 필요하다.

이상과 같이 독일에서는 멤버의 국민성과 사회 환경으로부터 매우 명확하게 직무가 규정되어, 조직 멤버도 엄밀한 규칙이나 원칙을 지향하는 「관료조직 문화」가 발달해 왔다고 말할 수 있다.

일본의 애매한 조직 문화

G. Hofstede에 의하면 일본인의 문화는 집단주의적이고 불확실성 회피도가 높은 국민으로서 특징지어지고 있다. 일본에서는 사람들이 개인주의적 명확성에서 오는 대립이나 불확실성을 회피하려는 경향이 있음을 의미한다. 그러므로 일본인은 집단주의적으로 애매한 원칙이나 규칙을 요구하게 된다.

한편, 기업을 둘러싼 일본의 사회 환경은 비계급사회에서 변화의 속도가 매우 빠르고 따라서 신속한 다품종 소량 생산이 요구되는 사회이다. 그러므로 미국과 같이 하나의 업무를 전문으로 하는 단순기능공으로 구성된 생산시스템에서는 조립 과정이 너무 길고 복잡하고 거래회수가 매우 많아지기 때문에 거래비용은 매우 비싸진다. 오히려 각 구성원의 직무를 중복시켜 애매한 직무규정이 애매한 책임제도를 전개함으로써 이러한 변화가 격렬한 사회에도 대응할 수 있는 구조로 되어 있다.

이상과 같이 일본에서는 멤버의 국민성과 사회 환경에서 애매한 직무규정에 의해 특징지을 수 있는 「애매한 조직 문화」가 발달했다고 할 수 있다.

3.4. 조직구조의 소유권이론 분석

조직구조와 소유권

다음으로 기업조직을 자원분배 시스템으로 간주함에 따라 조직구조를 소유권 이론적으로 분석할 수 있다. 우선 기업가는 (1) 기업 내의 사람·물건·돈, 그리고 정보 등의 경영 자원을 자유롭게 이용할 권리, (2) 그것들이 낳는 이익을 얻는 권리, 그리고 (3) 이러한 권리 자체를 팔 권리를 가지고 있다.

그러나 기업이 거대화하면 기업가의 정보의 수집, 처리, 그리고 전달능력은 한정되어 있기 때문에 기업가는 이윤극대화하기 위해서는 이러한 소유권의 일부분인 (1) 경영 자원을 사용할 권리를 권한으로서 누군가에게 위임하여 조직적으로 경영자원을 이용하는 편이 훨씬 효율적이다.

특히, 직무권한을 체계화하고 각 직무권한을 멤버에게 명확하게 귀속시킨다면 멤버의 경영자원 이용에 의해 창출되는 긍정적·부정적 효과는 그 멤버에게 귀속되므로 경영자원은 효율적으로 이용되게 된다. 그리고 만일 그 멤버가 부정적 효과밖에 낼 수 없을 경우에는 그 멤버는 퇴직하여 다른 일자리를 찾고 그 대신에 긍정적 효과를 가져오는 구성원이 그 직무에 임하게 된다. 그러므로 이러한 조직에서는 효율적으로 자원은 이용되게 된다.

그러나 조직 내에서 직무권한을 명확히 누군가에게 귀속시키는 것이 항상 효율적이라고는 할 수 없다. 왜냐하면 직무권한을 명확히 누군가에게 귀속시키는 절차는 비용을 수반하기 때문이다. 특히 환경의 변화에 대응해 직무권한체계를 자주 변화시킬 필요가 있는 조직에서는 그 엄밀한 재구성에는 막대한 변혁·조정 비용을 수반하므로 직무권한을 명확히 규정하여 멤버에게 귀속시키는 소유권 구조보다도 오히려 처음부터 직무권한을 두도록 한다.

이상을 고려하여 다음 4가지 관점에서 보다 구체적으로 조직의 소유권 구조[17]에 대해 분석해 보자.

견고한 소유권 구조와 유연한 소유권 구조

(A) 소유권의 귀속

우선 경영자원을 사용할 권리를 다양한 권한으로 분화하여 인간에게 귀속시킬지 혹은 권한을 직무나 지위에 귀속시키고 거기에 인간을 할당하는지에 따라 조직의 소유권 구조는 다르다. 직무권한이 멤버 자신에게 귀속되는 속인적인 소유권 구조에서는 멤버의 자원 이용에 의해 발생하는 긍정적·부정적 효과는 그 멤버에게 명확하게 귀속되므로 각 멤버는 부정적 효과를 피하고 긍정적 효과를 창출할 수 있도록 자원은 효율적으로 이용될 것이다.

이에 반해 환경변화에 끊임없이 적응하려는 조직이 이러한 소유

17) 이하 분석은 kikuzawa (1997)의 상세한 서술을 참조.

권 구조를 가지면 반대로 비효율적이다. 이는 환경변화에 대응하여 직무권한체계를 재편성할 경우 높은 변혁과 조정비용을 수반하기 때문이다. 따라서 이러한 조직에서는 환경의 변화에 대응하여 직무권한체계를 재편성하는 경우 높은 변혁·조정비용을 수반한다. 따라서 이러한 조직에서는 권한을 멤버가 아니라 오히려 직무·지위에 귀속시키는 비속인적인 소유권 구조가 보다 효율적이다.

(B) 소유권의 내용

직무권한내용이 명확하게 규정되어 있는지 또는 애매하게 규정되어 있는가에 따라 조직의 소유권구조는 다르다. 만일 모든 직무권한이 명확하게 세분화되어 엄밀하게 규정되어 있는 소유권 구조를 갖는다면 멤버의 자원을 이용하여 초래되는 긍정적·부정적 효과는 그 멤버에게 명확하게 귀속되므로 자원은 효율적으로 이용될 것이다.

이에 대하여 환경변화에 끊임없이 적응하려는 조직이 이러한 소유권 구조를 갖는다면 오히려 비효율적이다. 이는 환경변화에 대응하여 끊임없이 명확하게 직무 권한 내용을 변화시킬 필요가 있으며 그 변혁·조정 비용은 매우 크기 때문이다. 그러므로 이러한 조직에서는 각 직무권한내용을 항상 애매하게 해 두는 것이 효율적이다.

(C) 소유권 보유기간

멤버의 직무권한 보유기간의 장·단기에 따라 조직의 소유권 구조는 다르다. 만약 조직이 장기적으로 직무권한을 멤버로 보유시키는 소유권 구조를 갖는다면 멤버의 자원 이용이 가져오는 긍정적 효과는 결과적으로 그 멤버에게 귀속되므로 자원은 효율적으로 이용될 것이다.

이에 반해 환경변화에 끊임없이 적응하려는 조직이 이러한 소유권 구조를 가진다면 반대로 비효율적이다. 이는 환경변화에 대응하여 직무권한체계를 재편할 경우 장기적으로 직무권한을 보유하는 각 멤버로부터 직무권한을 거론하기 위해서는 막대한 교섭비용을 수반하기 때문이다. 그러므로 이러한 조직에서는 직무권한의 보유기간이 짧은 소유권 구조가 효율적이다.

(D) 소유권 배분의 정당성

직무권한 배분이 어떻게 정당화되는지에 따라 조직의 소유권 구조는 다르다. 만약 조직 멤버가 공적 자격에 맞추어 직무권한이 부여된다면 이로 인해 직무권한의 배분이 공적으로 정당화되는 소유권 구조라면 멤버의 자원 이용이 초래되는 긍정적·부정적 효과는 그 멤버에게 귀속되므로 자원은 효율적으로 이용된다.

표 4-2. 조직의 소유권구조

소유권 구조	견고한 소유권 구조	유연한 소유권 구조
(A) 권한 귀속	(A^+) 인간의 권한을 귀속	(A^-) 직무·지위에 권한을 귀속
(B) 직무권한내용	(B^+) 명확한 규정	(B^-) 애매한 규정
(C) 직무보유기간	(C^+) 장기	(C^-) 단기
(D) 직무배분의 정당성	(D^+) 공적	(D^-) 공적

이에 반해 환경변화에 끊임없이 적응하려는 조직이 이러한 소유권 구조를 가지면 반대로 비효율적이다. 이러한 조직에서는 새로운 혁신적인 직무가 끊임없이 발생할 가능성이 있으므로 그에 대응한 공적 자격을 갖춘 인재를 찾아내기 위해서는 높은 탐색 비용이 수반되기 때문이다. 그러므로 이러한 조직에서는 직무권한을 유연하게 사적으로 배분하는 소유권 구조가 효율적이다.

이상을 정리하면 <표 4-2>와 같다. 여기에서 기호 $A^+ B^+ C^+ D^+$로 특징짓는 조직구조는 견고한 소유권 구조라고 부르며 장점을 변화가 없는 안정된 상태에 강한 것이다. 이 구조에서는 각 멤버가 주어진 자원을 이용함으로써 발생하는 긍정적·부정적 효과는 그 멤버에게 명확하게 귀속되고 멤버는 부정적 효과를 피해 긍정적 효과를 추구하도록 자원을 효과적으로 이용하게 된다. 만약 효율적으로 이용하지 못한다면, 멤버는 퇴직 대신 보다 효율적으로 이용할 수 있는 멤버가 입사한다. 따라서 이러한 명확하고 강한 소유권 구조를 가진 조직에서는 자원은 효율적으로 이용되어 자본이익률(이익/총자본×100)은 높아진다고 말할 수 있다.

그러나 이러한 조직의 약점은 변화에 취약하다는 것이다. 이런 소유권 구조에서는 끊임없이 새로운 생산기술을 도입하려면 모든 직무체계와 권한체계를 변화시킬 필요가 있으며 이를 멤버들에게 다시 한번 명확하게 귀속시킬 필요가 있다. 그래서 변화비용이 많이 들어간다. 이러한 비용 때문에 신기술도입에 부정적인 경우가 많다. 그러므로 이러한 조직은 일반적으로 신기술이 가져오는 생산성의 상승률은 낮아진다고 할 수 있다.

이에 대해 기호 $A^- B^- C^- D^-$특징이 붙여지는 소유권 구조는 유연한 소유권 구조라고 부를 수 있으며 약점은 안정된 상태에 약한 점이다. 이러한 소유권 구조에서는 각 구성원은 자원 이용에 의해 발생하는 긍정적·부정적 효과가 자신에게 명확하게 귀속되지 않으므로 누구나 부정적 효과를 피하고 긍정적 효과를 얻으려고 노력하지 않는다. 그러므로 부정적 효과를 내는 멤버가 있어도 그 결과가 그 멤버에게 귀속되지 않기 때문에 퇴직하는 유인도 없다. 그러므로 자원은 능력이 없는 멤버에 의해서 비효율적으로 계속 이용되어 자본 이익률은 낮아질 가능성이 높다.

그러나 이런 조직은 변화에 강하다. 새로운 생산 기술을 도입하는 경우, 특별히 크게 변화할 필요가 없다. 원래 구조가 애매하기 때문에 변혁 비용이 적어 신기술을 도입하기 쉬운 구조가 되고 있다. 그러므로 이러한 조직에서는 신기술이 가져오는 생산성의 상승률은 높다고 말할 수 있다.

3.5. 일본·미국·독일 조직구조의 소유권이론 분석

여기서 설명한 조직의 소유권 구조 모형을 이용하여 일본·미국·독일의 기업조직을 분석해 보자.

미국형 기업조직

먼저 미국형 기업조직에서 권한은 사람에게 귀속되는 것이 아니라 권한은 지위나 직무체계에 귀속된다(A^-). 직무권한은 수직적이던지 수평적이던지 세분화되어 있고 더욱이 각 직무권한내용은 명확하게 규정되어 있다(B^+). 그러므로 방금 채용된 근로자라도 직장에 가면 어느 정도 작업을 할 수 있는 체제이다. 또한 사무직원에 대해서도 감독방법에 관한 많은 규범이 명시되어 세부적으로 매뉴얼화되어 있다. 또한 노동자가 그 직무권한체계에 편입되는 계약기간은 일반적으로 2,3년이며 문제가 없으면 갱신되는 구조로 되어 있다(C^-). 그리고 이 직무권한체계에 피고용자가 포함되는 경우 한편으로 피고용자는 자신이 가진 자격이나 경험에 근거하여 일자리를 찾고 한편으로는 고용자도 자격이나 경험을 충분히 고려하여 사람을 채용하므로 직무권한체계에 편입하는 것은 공적으로 정당화되어 있다고 할 수 있다(D^+). 이와 같이 미국형 기업조직의 소유권구조는 <표 4-3>과 같이 A^-, B^+, C^-, D^+에 의해 특징지을 수 있으며 불완전하며 견고하고 유연한 소유권 구조라고 말할 수 있다.

이와 같이 만일 미국형 조직의 소유권 구조가 견고한 구조라면 멤버의 자원 이용에 의해서 만들어지는 긍정적·부정적 효과는 그 멤버에게 명확하게 귀속되므로 멤버는 주어진 자원을 효율적으로 이용할 것이다. 예를 들면 이러한 소유권 구조에서는 부정적 효과가 발생할 때 그것이 어느 직무의 누구의 책임인지에 대해서는 명확해지기 때문에 멤버는 관리자의 눈을 피해 게으르거나 타인의 성과에 무임승차하는 것이 어려워진다. 그러므로 이러한 견고한 소유권 구조에서는 자원은 일정 정도 효율적으로 이용된다.

표 4-3. 일본·미국·독일 조직의 특징

	견고한 구조	유연한 구조	미국	독일	일본
A(권한귀속)	A^+(인간에 권한)	A^-(직무, 지위에 귀속)	A^-	A^+	A^-
B(내용)	B^+(명확)	B^-(애매함)	B^+	B^+	B^-
C(기간)	C^+(장기)	C^-(단기)	C^-	C^+	C^-
D(정당성)	D^+(공적)	D^-(사적)	D^+	D^+	D^-
장점	변화가 없는 경우 이익률이 높음	변화가 없는 경우 이익률이 낮음	변화가 없는 경우 이익률 상승 억제	변화가 없는 경우 이익률이 높음	변화가 없는 경우 이익률이 낮음
단점	변화에 약함 생산성 상승률이 낮음	변화에 강점 생산성 상승률이 높음	변화에 강점 생산성 상승률이 높음	변화에 약함 생산성 상승률이 낮음	변화에 강함 생산성 상승률이 높음

그러나 멤버가 가진 권한을 얼마나 명확하게 규정하고 더구나 그 권한 배분이 아무리 공적으로 정당화되어도 미국형 조직의 소유권 구조는 멤버의 직무권한 보유기간이 짧고 항상 누군가에게 교체될 가능성이 있으며 더구나 권한이 사람이 아니라 직무나 지위에 편입되어 있다는 의미에서 불완전한 견고한 소유권구조이기도 하다. 그러므로 이러한 소유권 구조에서는 멤버의 자원 이용에 의해서 발생하는 긍정적·부정적 효과는 그 멤버가 아니고 다음에 그 직무를 담당하는 멤버에 귀속될 가능성이 있어 외부성이 생길 가능성이 있다. 이와 같이 만일에 자원 이용에 의한 긍정적·부정적 효과가 자신에게 귀속되지 않을 가능성이 있다면 멤버가 자원을 효율적으로 이용하는 유인은 저하한다. 그러므로 미국형 기업조직은 효율적으로 자원을 이용하여 이익을 낳는 조직으로서는 한계가 있다고 말할 수 있다.

하지만 미국형 기업조직의 소유권 구조는 견고함과 동시에 유연한 구조이기도 한다. 이러한 소유권 구조에서는 환경의 변화에 대응하여 어느 정도 신기술을 도입하여 생산성을 높일 수 있다. 왜냐하면 고용이 단기적이고 권한이 속인적이지 않기 때문에 신기술의 도입에 대응하여 새로운 인재를 적은 변혁·조정 비용으로 고용할 수 있기 때문이다.

그러나 이런 미국형 소유권 구조는 일반적으로 직무권한체계가 명확히 규정되어 각 권한이 명확하게 회원에게 배분된다는 의미에서 불완전한 유연한 구조이기도 하다. 그러므로 새로운 생산기술을 도입할 때마다 직무권한체계의 엄밀한 재편성이 필요하며 이를 위해 막대한 변혁·조정 비용이 수반된다. 게다가 새로운 직무의 담당자가 필요할 때 그러한 공적인 자격을 가진 인재를 찾아내는 데 많은 탐색 비용이 따른다. 따라서 이러한 불완전하고 유연한 소유권

구조에서는 환경변화에 대응하여 끊임없이 생산성을 높이는 데 한계가 있다고 할 수 있다.

이상과 같이 미국형 조직은 비판적으로 말하면 그 소유권 구조가 불완전하지만 견고하고 유연한 구조이기 때문에 이익을 추구하는 자원배분 시스템이라 할지라도 환경변화에 적응하여 생산성을 높이는 효율성에는 한계가 있다고 말할 수 있다. 반대로 호의적으로 말하면 미국형 기업조직은 어느 정도 효율적으로 자원을 이용하는 시스템인 것과 동시에 환경에 적응해 생산성을 높일 수 있는 균형 잡힌 자원배분 시스템이라고 할 수 있다. 그러므로 미국 기업은 호황기에 수요가 공급을 크게 초과할 경우 불완전한 소유권 구조 때문에 노동자에게 잔업을 강요할 수 없고 결국 가격을 올림으로써 이익을 확대하려 한다. 반면 불황기에 수요가 공급을 하회하면 유연한 소유권 구조를 이용하여 철저한 일시적 해고를 수행하여 이익의 저하를 회피하려 한다.

독일형 기업조직

다음으로 미국형 기업조직의 한계를 넘어 철저한 효율적 자원배분 시스템을 전개하여 이익을 추구하려는 조직이 독일형 기업조직이다. 독일 기업에서는 미국 기업 이상으로 직무는 엄밀하게 분화되어 그 내용도 명확하게 규정되고 있다(B^+). 특히 독일 기업에서는 생산 공정이 면밀하게 분할되어 그 분할된 공정에 전문 능력을 가진 인재가 할당된다. 그렇기 때문에 각 멤버는 공장 내에 자신의 영역을 가지고 하청 일을 하게 된다. 게다가 독일 기업에서는 위로는 이사로부터 아래로는 도제에 이르기까지 국가 자격이 중요한 의미를 가진다. 즉 독일에서는 마이스터 자격 제도가 대표인 것과 같이 수직적으로나 수평적으로 분화된 직무·직업의 국가 자격 체계가 전개되고 있으며 기업에서는 이러한 공인의 직무·직업 자격을 가진 멤버에게 그만한 권한이 할당된다(A^+). 그러므로 독일 기업에서는 직무권한의 배분이 국가자격에 의거한다는 의미로 그 분배는 공적으로 정당화되고 있다고 할 수 있다(D^+). 그리고 일반적으로 이들의 각종 국가자격을 획득하기 위해서는 어느 정도의 준비기간이 필요하기 때문에 고용기간도 비교적 길어지는 경향이 있다(C^+). 이상과 같이 독일형 기업조직 소유권구조는 <표 4-3>과 같은 A^+, B^+, C^+, D^+에 의해 특징지을 수 있는 견고한 소유구조라고 말할 수 있다.

이와 같이 독일형 기업조직의 소유권 구조가 견고한 소유 구조라면 각 멤버의 자원 이용으로 초래되는 긍정적·부정적 효과는 각 멤버에 틀림없이 귀속되게 된다. 그러므로 각 구성원은 타인의 성과에 무임승차하거나 방만한 비효율적 행동을 피하고 오히려 직무수행에 대해 책임과 자부심을 갖고 주어진 자원을 효율적으로 이용하게 된다. 독일형 기업조직은 견고한 소유권 구조 하에서 철저하게 외부성을 내부화하여 이익을 추구하는 효율적 자원분배 시스템이라고 말할 수 있다.

그러나 각 직무권한이 회원에게 명확하게 귀속되고 멤버가 직무수행에 대해 강한 자부심과 자신감을 갖고 마치 각 멤버가 하청업체처럼되는 견고한 독일형 소유권구조는 환경변화에 적응하여 새로운 기술을 계속 도입하기 어렵다. 이러한 소유권구조에서는 멤버가 자신의 직무관할 내에서는 타인의 간섭을 일절 허용하지 않는 상황이 되고 설령 신기술 도입의 의사결정이 상층부에서 이루어진다 하더라도 그것을 실행하는 단계에서 많은 마찰과 대립이 발생하고 변혁·조정비용이 들어간다. 또한 독일기업의 소유권 구조는 공인된 직무·직업 체계에 의존하고 있으며 그 체계가 유효한 이상 인적 자원은 효율적으로 이용된다. 그러나 신상품이나 신기술에 의해서 소멸하거나 태어나는 직종이 있기 때문에 직무·직업의 국가 자격 체계는 항상 재검토가 필요하다. 이러한 재검토는 통상적으로 정부나 업계 전체를 끌어들이기 때문에 막대한 변혁·조정비용을 수반한다. 따라서 이러한 공인의 직무·직업자격체계에 의존하는 견고한 소유권 구조를 가지고 있는 독일형 기업조직은 새로운 생산 기술의 언제나 소극적이다.

이상과 같이 독일형 기업조직은 그 견고한 소유권 구조 하에서 외부성을 철저히 내부화하여 주어진 일정한 자원을 효율적으로 배분하여 이익을 높이는 조직이다. 그러나 환경변화에 적절히 적응하면서 생산성을 높이는 자원배분 시스템이 아니다. 그리고 이런 소유권 구조 때문에 독일 기업은 호황기에 수요가 증가하여도 쓸데없이 일자리를 늘려 생산성을 높이려 하지 않는다. 독일 기업들은 항상 수요가 공급을 초과하도록 활동해 극단적으로 말하면 호황기 공급부족은 손님을 기다리게 하는 것으로 대처하게 된다.

일본형 기업조직

마지막으로 독일과 달리 미국형 기업조직의 다른 한계를 넘어서 환경 변화에 적응하면서 철저하게 생산성을 높이려는 조직이 일본형 기업조직이다. 일본형 기업조직에서는 미국이나 독일과 달리 직무는 기능적으로 명확하게 분화되어 있지 않으며 그 내용도 명확히 규정되어 있지 않다(B^-). 비록 각 직무가 메뉴얼화 되어 있어도 그 매뉴얼은 형해화하여 각 멤버는 겹치는 일을 하고 있는 경우가 많다. 게다가 일본 기업에서는 장기 고용이 일반적이지만 멤버는 기업 내에서 수년마다 배치 전환되어 그 직무 보유기간이 짧고 (C^-) 사내 교육을 통해 다기능공이나 제너럴리스트로 육성된다. 한편 구조적으로는 어느 정도의 계층적 연공서열 원리가 있으며 그 연공서열에 권한이 귀속되고 거기에 멤버가 포함된다 (A^-). 그리고 그 편입은 미·독기업과 같이 공적자격에 근거하지 않고 그 기업내에서만 유효하다는 의미로 사적인 정당성 밖에 없다(D^-). 이와 같이 일본형 기업조직은 구조적 불가변성과 기능적 유연성을 가진 시스템으로 소유권 구조는 <표 4-3>과 같이 A^- B^- C^- D^-에 의해 특징짓는 유연한 소유권 구조라고 할 수 있다.

이상과 같이 만약에 일본형 기업조직의 소유권 구조가 유연한 구조라면 멤버의 자원이용에 의해 초래되는 긍정적·부정적 효과는 그 멤버에게 명확하게 귀속되지 않기 때문에 외부성이 발생한다. 특히 부정적 효과가 발생할 때 각 직무권한이 서로 복잡하게 중복되기 때문에 부정적 효과를 귀속시키는 주체를 특정화하는 것이 매우 어렵다. 이처럼 유연한 일본형 소유권 구조에서 부정적 효과가 발생할 때 이를 귀속시키는 주체를 명확하게 특정할 수 없기 때문에 결국은 무책임하게 된다. 그리고 이와 같은 무책임한 부정적 외부성은 조직내에 있기 때문에 미·독형 조직에 비해 기업의 이익률은 낮아진다.

그러나 이러한 유연한 소유권 구조에서는 각 조직 멤버가 애매하게 서로 중복되는 일을 하고 있기 때문에 신지식이나 신기술이 도입된다 하더라도 높은 변혁·조정비용을 수반하는 일 없이 비교적 용이하게 대응할 수 있어 보다 생산성이 높은 새로운 상태를 형성할 수 있다. 즉, 일본형 기업조직은 유연한 소유권 구조 하에서 환경의 변화에 적응하여 미세한 조정이 가능하여 실질적으로 지금까지 다품종 소량 생산, 상품의 고생산성, 고품질, 고기능화, 그리고 소프트화를 효율적으로 실현한 것이다. 그리고 이것에 의해 얻을 수 있는 이익은 긍정적 외부성으로서 멤버 전체에 환원되게 된다.

이상과 같이 일본형 기업조직은 그 유연한 소유권 구조 때문에 주어진 생산 기술 하에서 이익성을 추구하려고 하면 부정적인 외부성이 많이 발생하는 무책임하고 비효율적인 자원배분 시스템이 된다. 무엇보다도 일본형 기업조직은 이 유연한 소유권 구조 하에서 끊임없는 환경변화에 대응하고 신지식과 신기술을 도입하여 가속도적으로 생산성을 상승시키는 동태적 효율성을 창출하는 자원배분 시스템이라 할 수 있다. 그러므로 일본 기업은 호황기에 수요가 많아지면 손님을 기다리지 않고 잔업으로 탄력적으로 수요를 대처할 수 있고 불황에는 멤버를 해고하지 않고 적자를 감수하면서도 생산을 둘러싸고 철저한 합리화가 추진된다.

연습문제

❶ 기업가 기업은 왜 효율적인 기업형태인가.

❷ 주식회사는 왜 효율적인가.

❸ 일본 기업에서는 멤버의 직무가 상호 불명확하고 겹쳐있다. 이러한 조직의 효율성과 비효율성에 대해 설명하시오.

4. 소유권이론과 경영전략

소유권이론을 기업조직이나 경영전략론에 응용한 연구로서 가장 주목받고 있는 것은 Hart[1990, 1995]이다. 그는 기업 간 통합과 비통합 문제를 분석함으로써 기업의 경계문제에 접근하였다.

왜 기업과 기업들이 통합하는 것인가. 왜 기업과 기업은 통합하지 않는 것인가. 이 문제는 지금까지 윌리엄슨에 의해 거래비용이론을 토대로 설명하였다. 그러나 거래비용 이론에 의한 설명은 통합전의 상태를 분석한 것이며 통합 후의 기업 상태를 고려한 분석은 아니다. 따라서 통합 후의 소유권 상태를 고려하면서 통합할지를 결정할 필요가 있음을 설명하는 이론이 Hart에 의해 전개된 신소유권이론이다. Hart의 논의를 간단히 설명한다.

4.1. 잔여통제권으로서 소유권

Hart의 논의에서 기본적으로 인간은 효용을 극대화 하고 게다가 인간은 한정적으로 정보수집, 처리 그리고 전달 능력에 한계가 있기 때문에 그 능력 내에서만이 합리적으로 행동할 수 없는 것으로 가정한다.

이러한 제한된 합리적인 인간이 효용을 극대화하기 위해서 현재 어떤 자산의 사용을 둘러싸고 계약을 한다고 하자. 이 경우 거래당사자들은 서로 제한된 합리성을 가지므로 자산의 사용을 둘러싸고 완전한 계약을 체결할 수 없다. 계약은 항상 불완전계약이 된다. 실제로 계약 후 자산이 사용되는 단계에 있어 사전계약에서는 명기되지 않았던 사태가 일어날 가능성이 있다.

예를 들어 어느 자동차 업체가 부품 업체와 1년간에 걸쳐서 1개월 1000 개의 부품의 공급을 계약했다고 하자. 하지만 계약 후 예상과 달리 자동차 수요가 급증하여 자동차 회사들이 계약보다 많은 부품을 부품업체에 요구하는 경우는 종종 일어날 수 있다.

이 경우, 일반적으로 자산의 소유자가 최종적으로 자산을 통제할 수 있는 권리를 갖는다. 여기서는 부품 업체는 부품 제조 설비의 소유권을 보유하고 있기 때문에 만약의 사태에 대응하여 부품 공급량을 늘릴지는 이 회사가 결정권을 가진다.

Hart는 이러한 권리에 주목하여 잔여 통제권(residual control rights) 통제 잔여권(residual rights of control), 잔여권력(residual powers)이라고 부르며 이를 소유권의 특징이라 하였다[18]. 왜냐하면 이러한 권리는 자산사용을 둘러싸고 타인의 사용을 배제할 수 있는 권리이기 때문이다. 이러한 권리가 Hart의 신소유권이론의 핵심 개념이다.

이와 같은 관점에서 Hart는 기업이라는 것을「물적자산의 소유권의 총체」,「잔여 통제권의 총체」로 본다. 물론 Hart는 기업 내의 인적자본의 중요성도 충분히 인식하고 있다. 그러나 현대처럼 노예제도가 폐지되고 있는 세계에서는 기업의 인적자본은 소유할 수 없기 때문에 물적자산의 소유권에만 주목하지 않을 수 없었던 것이다.

기업 = 물적자산의 소유권 총체

물론 Hart가 주장하듯 물적자산의 소유는 직접적 또는 간접적으로 기업 내의 인적자본에 영향을 미친다. 그러니 그의 기업관은 결코 인적자본의 존재나 영향을 무시하지는 않는다. 오히려 기업 내의

---

18) 이러한 권리에 대해서는 Hart(1995, p.6, 30)에 상세하게 서술함. 또 Hart의 논의는 伊藤·林田·湯本 [1992]에 상세하게 서술함.

인적자본은 물적자산과 상호 밀접한 관계가 있으며 물적자산의 소유권을 획득함으로써 어느 정도 인적자본도 간접적으로 통제가 가능하다.

예를 들어 어떤 기업이 다른 기업을 매수한다고 하자. 이 경우 매수한 기업은 형식적으로는 피매수기업의 물적자산의 소유권만을 획득하는 것이지 인적자본의 소유권은 획득할 수 없다. 그러나 일반적으로 인적자본과 물적자산과의 사이에는 특수한 관계가 있다. 따라서 물적자산의 소유권이 다른 기업에 인수된다고 해서 당장 인적자본인 종업원은 그 기업을 그만두지는 않는다. Hart에 따르면 종업원은 물적자산과의 사이에 특수한 관계를 형성하고 있기 때문에 종업원을 쉽게 기업을 그만둘 수 없다고 생각한다.

이와 같이 기업을 물적자산의 소유권의 총체, 물적자산의 잔여 통제권을 총체적으로 보는 시각은 결코 기업 내의 인적자본을 무시하는 것이 아니라는 것이 Hart의 기업관이다.

4.2. 통합전략의 소유권이론

만약 기업의 물적자산의 잔여 통제권에 주목한다면 제한된 합리성을 가진 인간은 자신의 효용을 높이기 위해 물적자산에 대해 다음과 같은 행동을 취할 것으로 예상된다.

(1) 거래관계에 있는 2개의 기업을 둘러싸고 각각의 기업이 각각의 물적자산에 대해서 관계 특수적인 투자를 실시한다면, 2개의 기업의 전체 수익은 증가한다. 간단히 말하면 자산 특수한 투자를 하면 이익은 증가한다.

(2) 거래관계에 있는 2개의 기업을 둘러싸고 물적자산을 보다 많

이 소유한 기업일수록 사후적인 이익 배분을 둘러싼 협상을 유리하게 진행할 수 있다. 그러므로 투자하고자 하는 유인은 높아진다. 간단히 말하면 물적자산의 소유권을 많이 가질수록 투자 유인은 높아진다.

이로 인해 기업의 통합 전략에 대해 기본적으로 다음과 같이 말할 수 있다. 왜냐하면 2개의 기업 간의 통합은 항상 효율적이라고 할 수 없다. 반면 통합하는 측의 기업 경영자의 물적자산의 소유권은 증가하기 때문에 그 투자 유인은 높아진다. 그러나 한편 통합되는 측의 기업 경영자는 물적자산의 소유권을 잃게 되므로 투자 유인을 상실한다. 만일에 통합 측의 유인의 높아지면서 장점이 통합되는 측의 유인의 감소에 의한 단점보다도 높으면 통합하는 것이 효율적이다. 반대의 경우에는 통합하지 않는 것이 효율적이다.

보다 구체적으로 Hart는 아래와 같은 결론을 도출하였다(보론 D 참조).

(1) 만약 2개의 기업의 물적자산이 서로 보완적인 것이라면 통합에 의해 한쪽의 기업의 특수한 투자에 의해 전체의 수익은 증대한다. 게다가 투자가 낳는 수익은 2개의 기업 사이에 줄다리기 없이 증대한다. 따라서 2개의 기업의 물적자산이 서로 보완적인 경우 2개의 자산은 공통의 통제 하에 놓이게 됨에 따라 보다 효율적으로 투자가 이루어지며 수익도 증가한다.

(2) 반대로 2개의 기업의 자산이 서로 독립적이고 통일적으로 소유하는 효과를 기대하지 못한다면 통합하여 특수한 투자를 하여도 수익은 증가하지 않는다. 게다가 물적자산의 소유권을 상실한 비통합기업은 투자를 하여도 수익은 적으므로 특수한

투자를 실시하는 유인은 없다. 그러므로 이러한 경우 통합한 측의 기업의 투자액이 일정하게 유지된다고 해도 통합된 측의 기업의 투자액은 감소하므로 전체 이익은 감소하게 된다. 따라서 자산이 서로 독립인 경우 비통합이 보다 좋은 선택이 된다.

(3) 어떤 물적자산이 가치를 낳기 위해 특정 인간의 참여가 필요할 때 그 인간은 그 물적자산에 있어서 필수불가결한 인적자본이라고 할 수 있다. 지금 어떤 기업의 인적자본이 그 물적자산에 있어서 필요 불가결한 것이라면 거래 상대 기업에 있어서는 상대에게 통합되던지 상대를 통합하던지 서로 분리되어 있던지 투자는 동일하다. 반면에 필수적인 인적자본을 보유하는 기업은 소유권이 증가하면 투자 유인은 높아진다. 따라서 전체적인 관점에서 통합이 보다 효율적이다.

4.3. GM과 피셔 보디사의 합병

Hart의 소유권이론을 토대로 제 2장의 거래비용이론에서 취급한 같은 사례 즉 1920년대 발생한 제너럴 모터스(GM)와 차체를 공급한 피셔 보디사의 합병에 대해 분석해 보자[19].

이러한 사례의 핵심은 당시 피셔 보디사는 차체의 공급을 둘러싸고 10년간의 장기 계약을 GM과 맺고 있었다. 그러나 1920년대에 GM의 자동차의 수요가 예상외로 급증하여 GM은 대량생산을 결정했다. 이 결정에 따라서 GM은 피셔 보디사와 계약하고 있는 차체의 공급 가격이 비교적 비싸다고 인식하였다. 따라서 GM은 차체가격

19) 이 사례에 대해서는 Hart(1990, 1995), 특히 1995(p.7, pp.29-33)에 상세하게 서술함.

의 재협상을 요구하는 동시에 GM의 공장 근처에 피셔 바디사의 공장을 설립하도록 피셔 보디사에 요청하였다. 그러나 피셔 보디사는 이를 거부하였기 때문에 그후 GM은 피셔 보디사를 매수하였다.

이러한 GM의 행동은 소유권이론에서 다음과 같이 분석할 수 있다. 먼저 GM과 피셔 보디사는 함께 효용을 극대화하기 위해 거래계약을 맺고 있었다. 그러나 양사는 제한된 합리성을 가지며 동시에 정보수집, 처리, 전달 능력은 한정되어 있기 때문에 양사 사이에 교환된 계약은 불완전한 계약이었다. 그러므로 일어날 수 있는 모든 사태를 계약상에서 명기하지 못하고 예측할 수 없는 사태가 발생할 경우 물적자산의 소유권 즉 잔여 통제권을 가진 자가 최종적으로 결정권을 갖고 있었다.

구체적으로 말하면 당시 피셔 보디사는 금속제의 차체를 제조하는 물적자산의 소유권을 보유하고 있었다. 또한 차체생산의 스피드, 1일당 교체 수, 그리고 기계설비의 유지 관리에 대한 잔여 통제권도 보유하고 있었다. 따라서 차체를 증산하기 위해서는 피셔 보디사의 허가를 받아야 했다. 이러한 상황에서 당시 GM은 차의 수요가 급속히 높아져 이에 대응하기 위해서 대량생산을 결정하였다. 이때 GM은 피셔 보디사와 계약한 차체 가격이 비싸다는 느낌이 들어 재협상을 요구하였으나 이 협상은 난항을 겪었다.

여기서 GM이 피셔 보디사를 자회사로 통합한다면 GM은 피셔 보디사의 자산 잔여 통제권을 획득하게 된다. 그러므로 차체증산 요구가 거부된다면 GM은 피셔 보디사의 경영진을 해임하고 직접 공장을 관리하고 누군가를 고용할 수 있다. 혹은 일시적으로 직접 피셔 보디사를 조업할 수도 있고 GM은 피셔 보디사의 경영진을 위협할 수 있다.

물론 인수·통합에 의한 부정적 효과도 발생한다. 만약 GM이 피셔 보디사를 통합한다면 피셔 보디사의 경영진은 GM과의 협상력을 가질 수 없기 때문에 그들은 보다 효율적인 생산으로 이끌기 위한 특수한 투자에 대한 유인을 잃을 것이다. 그러나 그 이상으로 GM에 있어서 통합에 의한 장점이 있었다고 생각된다.

또한 GM과 피셔 보디사의 물적자산은 상호 보완적이다. 따라서 통합할 경우 GM의 자산 특수한 투자는 전체의 수익을 증가시키고 이 투자가 창출하는 수익 또한 피셔 보디사와 줄다리기 하지 않고 GM이 획득할 수 있었다. 이와 같이 GM은 통합 후의 장점을 고려하면서 피셔 보디사를 매수하여 통합하는 전략에 나온 것이라 생각할 수 있다.

Column 4-2

분사화의 비효율설과 효율설

버블 경제 붕괴 후 사업부제 조직을 채용한 일본 기업 중에는 사업부 일부를 분사하여 자회사 하겠다는 움직임이 활발하였다. 이러한 분사화의 움직임을 둘러싸고 오늘날 분사화는 비효율을 낳는다는 비효율설과 분사화에 의해서 효율성을 얻을 수 있다는 분사화 효율설이 전개되고 있다.

분사화 비효율설에 의하면 분사화에 의해서 모회사와 자회사의 상호 연계성이나 자회사 사이에 상호 연계성이 약해지기 때문에 분사화는 비효율성을 초래한다고 한다. 또한 분사화에 의해서 모회사에 의한 통제가 느슨해져 자회사가 그룹 전체의 목적과는 다른 목적을 추구할 가능성이 높기 때문에 분사화는 비효율을 초래한다는 것이 분사화 비효율설이다.

이에 비해 소유권이론에 의하면 사업부제 조직에서는 수시로 직무 전환이 반복되기 때문에 사업 부장을 포함한 조직 멤버가 명확한 소유 의식을 가지지 못한 것에 대해 분사화는 멤버에게 비즈니스를 둘러싼 소유권을 명확히 하기 때문에 멤버는 관계 특수한 투자를 실시하는 유인이 높아져 이것에 의해서 보다 효율적인 자원의 이용이 이루어지게 되는 것이 분사화 효율설이다.

오늘날 이러한 설을 둘러싸고 실증 연구가 진행되고 있지만 한편으로 분사화에 의해서 실적을 내리고 있는 기업이 있는 것과 동시에, 한편으로 분사화에 의해서 실적을 높이고 있는 기업이 병존하고 있다.

*참고문헌 이토·하야시다[1997], 이토·키쿠타니·하야시다[1997]

보론 D Hart의 신소유권이론의 수학모형

Hart [1995]의 제2장의 신소유권이론의 수학 모형에 대해 쉽게 설명하고자 한다. 이 모형로 인해 이론적 구상이 더욱 명확해질 것이다.

▶ Hart의 불완전계약 모형

기본전제

지금, 2개의 기업 M_1과 M_2이 있고 각각 자산 a_1과 a_2를 보유하여 그것을 이용하여 비즈니스를 한다. <그림 4-1>과 같이 기업M_2과 자산 a_2를 이용하여 1개의 부품을 생산하여 기업 M_1에게 공급한다. 그리고 그 부품을 이용해 기업 M_1은 자산 a_1을 토대로 생산물을 만들어 완성품으로서 시장에 판매한다.

이러한 거래관계는 2기간에 걸쳐 실행된다. 우선 제0기에서 관계 특수적 투자가 이루어지고 다음의 제1기에서 부품이 공급된다. 자산은 제0기 시점에 이미 설치되었으며 특수한 투자를 실시함으로써 자산은 보다 생산적이다.

양사는 기간 중에는 대칭적인 정보를 보유하고 양사의 비용과 편익은 불확실성이 없다. 그러나 양사는 모두 제한된 합리성을 가지므로 기업M_1이 필요로 하는 부품의 형태에 대해서는 불확실성이 있고 제0기에서는 기업 M_2는 사전에 기업 M_1이 어떤 부품을 필요로 하는지 모른다. 이 불확실성은 제1기에 해결되어 기업 M_1이 필요로 하는 부품이 무엇인가를 밝혀낸다.

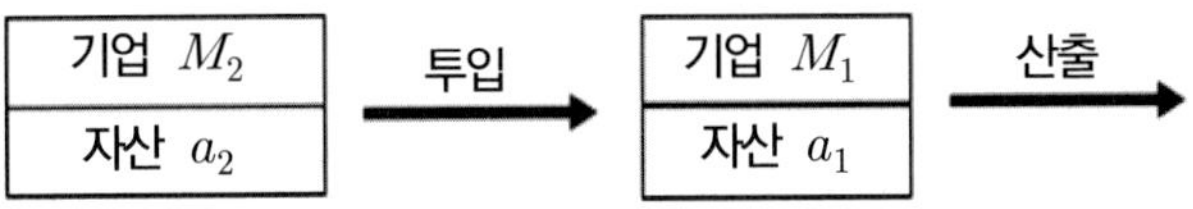

그림 4-1. 2개의 기업관계

이와 같이 어떤 부품이 필요한지 모르기 때문에 기업 M_1과 기업 M_2는 사전에 장기 거래계약을 맺을 수 없다. 이와 같이 부품 가격도 사전에 설정할 수 없다. 따라서 양사는 부품의 유형과 가격을 둘러싸고 제1기에 있어서 제로부터 교섭하게 된다.

더욱이 양사는 제 0기에 투자를 할 때에 재협상을 둘러싸고 합리적인 기대를 갖고 있다고 하자. 특히 양사는 포괄적인 계약을 체결하지 않더라도 서로 가능한 행동을 분석하여 기대수익을 정확히 계산할 수 있다. 양사는 동시에 리스크 중립적이며 각각 자신과 상대에게 있어서 효율적이고 자산으로도 구입할 수 있을 만큼 많은 부를 가지고 있다고 한다. 단순화 때문에 이자율을 0으로 한다.

또한 양사는 제한된 합리성을 가지므로 제0기에서는 계약상 자산 a_1과 자산 a_2의 특수한 사용방법을 모두 명확히 할 수 없다. 명확하게 하기 위해서는 너무 비용이 비싸다. 그러므로 자산 a_1과 자산 a_2를 소유한 자는 각각의 자산의 통제권을 가질 뿐만 아니라 각각의 자산에 대한 잔여 통제권도 보유한다. 바꿔 말하면 자산의 소유자는 자산을 자유롭게 사용할 수 있는 것으로 한다.

여기서 2개의 기업 M_1과 M_2를 둘러싸고 아래의 세 가지 주요 소유관계에 초점을 맞추고 어느 소유 하에서 투자의 유인이 높고 보다 효율적인 투자가 이루어질 수 있는지에 대해서 분석한다.

(1) 비통합 : 기업 M_1이 자산a_1을 소유하고 기업 M_2가 자산신호를 소유한다.

(2) 타입 Ⅰ의 통합 : 기업 M_1이 자산 a_1과 a_2를 소유한다.

(3) 타입 Ⅱ의 통합 : 기업 M_2이 자산 a_1과 a_2를 소유한다.

완전 계약

우선 제0기에서 이루어지는 기업 M_1의 투자액을 i라 한다. 그리고 기업 M_2와 거래가 이루어질 경우 기업M_1의 수익을 $R(i)$라 한다. 마찬가지로 기업 M_2의 투자액을 e라 하고 그 비용을 $C(e)$라 한다.

지금 양사가 완전 합리적이고 마치 1개의 조직과 같이 양사의 정보가 대칭적이고 게다가 양사의 이해도 일치하여 완전한 거래계약이 체결된다고 하자. 이 때 2개의 회사 전체가 창출하는 순이익은 다음과 같다. 여기에서 M_1의비용은 M_2의 수익이 되므로 이것은 아래의 식에서 소거된다.

$$R(i)-C(e)-i-e$$

이 경우 최적인 투자액 i^*과 e^*는 i과 e로 각각 미분하여 각각 아래의 조건을 충족시키는 i과 e가 된다.

$$R'(i)=1$$
$$-C'(e)=1$$

이것이 완전거래 계약 하에서의 최적 투자액 i^*과 e^*의 조건이다.

불완전 계약

이번에는 기업 M_1과 기업 M_2가 모두 제한된 합리성이라 한다. 그 때문에 양사의 계약은 필연적으로 불완전계약이 된다. 지금 기업 M_1과 기업 M_2의 거래액을 p라 할 경우 그것이 기업 M_1에 있어서 비용이 되므로 M_1의 사후적인 투자액 i의 공제전 이익은 다음과 같다.

$$R(i)-p$$

한편 기업 M_2 의 사후적인 투자액 e의 공제전 이익은 기업 M_1에 대한 매출액 p에서 비용$C(e)$을 뺀 것이다.

$$p-C(e)$$

다음으로 기업 M_1과 기업M_2의 사이에 거래가 이루어지지 않을 경우에 대해서 생각해 보자. 이 경우 기업 M_1과 기업M_2의 사이의 거래가 이루어질 경우에 비해 최종적인 산출량이 변화하여 외부로의 매출액도 변화한다. 이 경우 기업 M_1의 수익을 $r(i)$이라 한다. 이에 비해 기업 M_1은 기업 M_2에서 부품을 조달하지 않기 때문에 넓은 외부시장으로부터 부품을 시장가격으로 조달하게 되어 그 총액을 q라 한다. 그러므로 기업 M_1의 투자액 i의 공제전 이익은 다음과 같다.

$r(i) - q$

한편, 기업 M_2도 부품을 M_1에 판매하지 않고 부품을 시장가격으로 판매하여 그 매출액을 q라 한다. 또한 기업 M_1과 기업 M_2 사이에 거래가 없는 경우의 기업 M_2 비용을 $c(e)$라 하면 기업 M_2의 투자액 e의 공제전 이익은 다음과 같다.

$q - c(e)$

여기서 2개의 기업 M_1과 M_2의 자산을 둘러싸고 3개의 소유관계에 대해서 생각해보자. A, B를 각각 기업 M_1과 기업 M_2가 소유하는 자산의 집합이라 하면 3개의 소유관계는 다음과 같이 수학적으로 표현할 수 있다. 단 ϕ는 공집합을 나타낸다.

(1) 비통합 $A = \{a_1\}$ $B = \{a_2\}$

(2) 타입 I 의 통합 $A = \{a_{1,} a_2\}$ $B = \{\phi\}$

(3) 타입 II 의 통합 $A = \phi$ $B = \{a_1, a_2\}$

이러한 정의를 토대로 2개 기업의 사후적인 이익배분에 대해서 생각해보자. 먼저 기업 M_1과 기업M_2에서 거래가 이루어질 경우 2사의 투자액의 이익 합계는 다음과 같다.

$$[R(i) - p] + [p - C(e)] = R(i) - C(e) \tag{1}$$

다음으로 양사 사이에 거래가 없는 경우 2사의 투자액의 이익합계는 다음과 같다.

$$[r(i;A) - q] + [q - c(e;B)] = r(i;A) - c(e;B) \tag{2}$$

여기서 다음 3가지를 가정한다.

가정 1. M_1과 M_2가 거래하는 것이 이익의 합계가 크다. 식으로 나타내면 모든 i,e에 대해서 아래의 부등식이 성립한다. 이 식에 의해 투자 i와 e가 관계 특수적이라고 표현한다.

$$R(i) - C(e) > r(i;A) - c(e:B)$$

가정 2. 관계특수성은 한계적인 의미에도 해당된다고 하자. 즉 투자에 의한 한계수입은 인적자본 및 접근할 수 있는 물적자산이 많으면 많을수록 증대된다. 보다 구체적으로 말하면 기업 M_1이 기업 M_2의 인적자본과 물적자산 a_1과 a_2의 양쪽에 모두 연결될 경우 기업 M_1의 한계투자수입 R'은 가장 높고 다음으로 M_1이 M_2의 인적자본에는 연결할 수 없지만 물적자산 a_1과 a_2에 연결될 경우 한계수입 $r'(i;a_1,a_2)$이 높고 다음으로 물적자산 a_1에만 연결될 경우의 한계수입 $r'(i:a_1)$이며 마지막으로 인적자본과 물적자산에도 연결되지 않을 경우의 한계수입 $r'(i;\phi)$이 가장 낮아지며 기업 M_2기업도 동일하다. C'와 c'는 부(-)의 수(e가 증가하면 비용이 작아진다)이므로 이와 같은 상황은 다음과 같이 나타낸다.

모든 $0<i<\infty$에 있어서 $R'(i) > i'(i:a_1,a_2) \geq r'(i:a_1) \geq r'(i;\phi)$

모든 $0<e<\infty$에 있어서 $|C'(e)| > |c'(e;a_1,a_2)| \geq |c'(e;a_2)| \geq |c'(e;\phi)|$

단 $|C|$는 C의 절대값을 의미하고 $r'(i;A) \equiv \partial r(i;A)/\partial i$, $c'(e;B) \equiv \partial c(e;B)/\partial e$라 한다.

가정 3. 임의의 소유권 배분에 있어서 R은 엄밀히 凹로 r은 凹 또한 i에 대해서 미분이 가능하며 C는 엄밀하게 凸 c는 凸 또한 e에 대해서 미분이 가능하다고 하자.

$$R^{'} < 0, R^{''} < 0, C^{'} < 0, C^{''} > 0, r^{'} \geq 0, r^{''} \leq 0, c^{'} \leq 0, c^{''} \geq 0$$

다음으로 기업 M_1과 기업 M_2의 양사의 이익배분은 어떻게 결정되는가. 양사의 거래에 의해 발생하는 사후적 장점은 양사가 거래할 때 이익과 거래하지 않을 때 이익의 차이는 다음 식이 된다.

$$(R-C)-(r-c) \tag{3}$$

양사는 앞에서 설명한 것과 같이 정보가 대칭적이며 재협상을 둘러싸고 합리적인 기대를 가지고 있다. 그러므로 양사의 사후적인 이익배분은 내쉬 협상해[20]에 의해 50:50이 된다고 생각하자. 이 때 기업 M_2가 기업 M_1에 대한 판매액 p은 시장가격에서의 판매액 q에 양사가 거래를 했을 경우의 장점이 1/2를 더한 액수가 된다.

---

20) Hart의 논의는 아래의 내쉬 협상해를 토대로 전개하고 있다. 내쉬 교섭해는 예를 들면 다음과 같은 교섭문제에 대하여 해이다. 현재 두 명의 플레이어 A, B가 교섭한다고 한다. 만약에 두 명이 협조하지 않고 교섭을 중단한다면 A는 V_a의 이득을 획득하고 B는 V_b의 이득을 얻는다. V_a와 V_b는 위협점(Threat point)라 한다. 이것을 기준점으로서 만약에 두 명이 협조하여 교섭이 성립한다면 두 명에 대한 이득 합계는 Y가 된다. 협조한 결과로서 A의 이득 U_a와 B의 이득 U_b는 각각 어느 정도가 되는 것일까. 이러한 문제에 대해서 내쉬는 최종적으로 합의에 이르는 해는 다음과 같은 4가지 조건을 공리로서 충족시킨다는 것을 생각하였다. (1) 불변성, (2) 효율성, (3) 대칭성, (4) 해와는 관계없는 선택에서의 독립성 등의 조건이다. 이러한 조건의 자세한 설명은 전문서적에 양보하고 그 가운데 특히 중요한 것은 「대칭성」과 「효율성」의 조건이다. 이것은 두 명의 플레이어가 서로의 이익이 같아지기(대칭성)위해서 또는 최대가 되기 (효율성) 위해서 해를 선택하는 것을 의미한다. 따라서 교섭문제에 대한 내쉬 교섭해는 아래와 같이 A, B가 협조하여 얻어지는 최대이익(효율성)을 50:50에 절반(대칭성)을 의미한다.

$$.\ U_a = \frac{1}{2}(Y - V_a - V_b) + V_a$$

$$U_b = \frac{1}{2}(Y - V_a - V_b) + V_b$$

$$p = q + \frac{1}{2}(R - r) - \frac{1}{2}(c - C) \tag{4}$$

여기서 기업 M_1과 M_2의 이익의 배분을 각각 π_1과π_2라 하면 식(4)에서 각각 다음과 같다.

$$\pi_1 = R - p = e - q + \frac{1}{2}(R - C) - \frac{1}{2}(r - c) \tag{5}$$

$$\pi_2 = p - C = q - c + \frac{1}{2}(R - C) - \frac{1}{2}(r - c) \tag{6}$$

더욱이 기업 M_1과 기업 M_2의 투자액 i과 e를 고려한 이후 각각 순이익을 생각하면 식(5)과 식(6)에서 각각 투자액 i와 e를 빼고 얻을 수 있는 순이익은 아래의 식으로 나타낼 수 있다.

$$\pi_1 - i = r - 1 + \frac{1}{2}(R - C) - \frac{1}{2}(r - c) - i \tag{7}$$

$$\pi_2 - e = q - c + \frac{1}{2}(R - C) - \frac{1}{2}(r - c) - e \tag{8}$$

여기서 기업 M_1과 기업 M_2의 양사는 각각 순이윤극대화하는 최적의 투자수준 i^{**}과 e^{**}를 선택한다. 이러한 최적 투자수준 i^{**}과 e^{**}는 식(7)을 i에 대해 미분하고 식(8)을 e에 대해서 미분하여 얻을 수 있는 조건을 충족시키는 i^{**}과 e^{**}가 된다.

$$\frac{1}{2}R'(i) + \frac{1}{2}r'(i;A) = 1 \tag{9}$$

$$-\frac{1}{2}C'(e) - \frac{1}{2}c'(e;B) = 1 \tag{10}$$

이것이 불완전계약 하에서의 최적 투자 i^{**}과 e^{**}의 조건이 된다. 즉 차선의 해(second best)이다.

▶ 과소 투자가 되는 차선의 해

이러한 식(9)과 (10)은 각각 차선의 해로서 투자수준 i와 e가 소유권의 배분 A와 B에 의존한다는 것을 나타낸다. 이러한 식을 2개의 기업 M_1과 M_2의 자산 a_1과 a_2에 관한 3개의 소유권의 배분 방식에 따라 표시하면 다음과 같다.

(1) 비통합 : M_1이 a_1을 소유하고 M_2가 a_2를 소유하는 소유권 배분 방식

$$\frac{1}{2}R'(i_0)+\frac{1}{2}r'(i_0;a_1)=1 \tag{11}$$

$$-\frac{1}{2}C'(e_0)-\frac{1}{2}c'(e_0;a_2)=1 \tag{12}$$

(2) 방식 Ⅰ의 통합 : M_1이 a_1과 a_2를 모두 소유하는 소유권 배분 방식

$$\frac{1}{2}R'(i_1)+\frac{1}{2}r'(i_1;a_1,a_2)=1 \tag{13}$$

$$-\frac{1}{2}C'(e_1)-\frac{1}{2}c'(e_1;\phi)=1 \tag{14}$$

(3) 방식 Ⅱ의 통합 : M_2가 a_1과 a_2를 모두 소유하는 소유권 배분 방식

$$\frac{1}{2}R'(i_2)+\frac{1}{2}r'(i_2;\phi)=1 \tag{15}$$

$$-\frac{1}{2}C'(e_2)-\frac{1}{2}c'(e_2;a_1,a_2)=1 \tag{16}$$

이것에 대하여 완전계약에 있어서 최적투자 i^*, e^*의 조건은 다음과 같다.

$$R'(i) = 1$$
$$-C'(e) = 1$$

가정 2에서 각각이 소유한 인적자본과 물적자산량이 많으면 투자 i와 e가 증대하는 것이 <그림 4-2>와 같다.

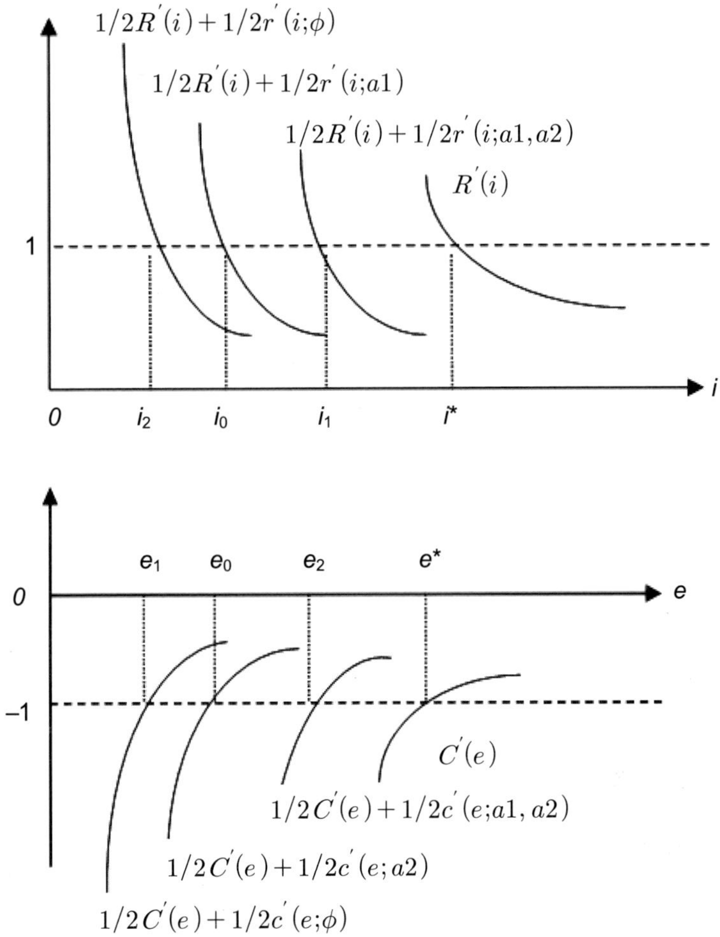

그림 4-2. 인적 물적자산의 소유와 투자의 관계

$$R^{'}(i) > r^{'}(i;a_1,a_2) \geq r^{'}(i;a_1) \geq r^{'}(i;\phi) \geq 0$$

$$-C^{'}(e) > -c^{'}(e;a_1,a_2) \geq -c^{'}(e;a_2) \geq -c^{'}(e;\phi) \geq 0$$

이상으로부터 i와 e의 투자 수준에 대해서 아래의 부등식 (17), (18)이 성립한다. 이는 불완전 계약에서 차선의 해 투자수준 i^{**}과 e^{**}는 항상 최적 투자수준 i^{*}와 e^{*}에 대해서 과소투자가 되는 것을 의미한다. 이를 직감적으로 설명하면 이렇다. 만일에 기업 M_1이 조금만 투자 i를 증가시키면 전체의 수입은 $R^{'}(i)$만 증가하게 되지만 기업 M_1의 몫은 $\frac{1}{2}[R^{'}(i)+r^{'}(i:A)]$ 증가하지 않고 나머지는 M_2의 것이 된다. 이러한 상황에서 기업 M_1은 M_2를 고려하지 않고 자신만을 위해 생각하고 행동하기 때문에 투자는 최적수준보다 적어진다.

$$i^{*} > i_i \geq i_0 \geq i_2 \tag{17}$$

$$e^{*} > e_2 \geq e_0 \geq e_1 \tag{18}$$

더욱이 이 식은 어느 한쪽이 다른 쪽의 자산을 소유할 때 투자 유인이 가장 높고 다음에 각각 분리되어 자산을 소유하고 있는 상태 그리고 가장 투자 유인이 낮은 것은 자산을 상대에게 빼앗기는 것을 나타내고 있다.

▶ 차선의 해 소유권의 해

마지막으로 보다 좋은 차선의 해가 어떻게 선택될 수 있는지를 설명한다. 양사에 의해 가장 좋은 투자액이 선택되지 않더라도 차선의 해로서 순이익의 합계가 커지는 것과 같이 보다 좋은 투자액에 가까운 자산을 둘러싼 소유권 배분이란 어떤 것일까. Hart는 차선의 해로서 소유권의 배분에 대해 고찰하여 다음과 같은 몇 가지 명제를 도출하였다.

(A) 만일 기업 M_2의 투자판단 θ가 (M_1의 투자판단 i) 비탄력적이면 방식 Ⅰ의 통합(방식 Ⅱ의 통합)이 최적이다.

기업 M_2가 어떤 소유권 구조이든지 50:50 내쉬협상해에 따라 같은 투자수준 $e=\bar{e}$을 선택할 때 이러한 기업 M_2의 투자판단은 「비탄력적」이라 부른다. 이 때 기업 M_2의 투자는 $e_2=e_0=e_1=\bar{e}$(일정)이 되는 것에 비해 기업 M_1의 투자는 $i_1 \geq i_0 \geq i_2$가 된다. 또한 기업M_1이 모든 자산을 보유하는 방식I의 통합이 차선의 해로서 최적 소유권의 배분이 된다. 이는 투자결정이 유인에 영향을 미치지 않는 기업에게 소유권을 주는 의미가 없다는 것이다. 반대로 기업 M_1의 투자판단 i가 비탄력적이면 모든 자산의 통제권을 기업 M_2에게 주는 것이 차선의 해의 최적 소유권 배분이다.

(B) M_2의 투자(M_1의 투자)가 상대적으로 비생산적인 경우 방식 Ⅰ의 통합(방식 Ⅱ의 통합)이 최적이다.

기업 M_2의 투자수준 e가 기업 M_1에 대한 관계성에 있어서 중요하지 않은 경우 그 투자를 「비생산적」이라 부르기로 하자(기업 M_1에 대해서도 동일) 이러한 경우 투자 e가 비생산적이며 중요하지 않는 기업 M_2에 자산의 소유권을 부여해도 의미가 없다. 그러므로 기업 M_1이 모든 자산을 소유하는 방식 I의 통합(기업 M_2가 모든 자산을 보유하는 방식 II의 통합)이 차선의 해로서 최적이 된다.

(C) M_1의 자산과 M_2의 자산이 독립적이라면 비통합이 최적이다.

2개의 자산 a_1과 a_2가 상호독립적인 것을 $r'(i;a_1,a_2) \equiv y'(;a_1)$ 및

$c'(e;a_1,a_2) \equiv c'(e;a_2)$라고 정의한다. 이러한 경우 투자 i에 대해서는 비통합과 방식 Ⅰ의 통합이 같기 때문에 e의 조건에서 $e_0 \geq e_1$가 된다. 반대로 투자 e에 대해서는 비통합과 방식 Ⅱ의 통합이 같기 때문에 i의 조건에서 $i_0 \geq i_2$가 된다. 따라서 이 경우 비통합이 차선의 해로서 최적이 된다.

이를 보다 구체적으로 설명하면 기업 M_2에서 M_1으로 자산 a_2의 소유권을 이동할 경우 양자가 합의에 이르지 못한 불완전 계약 상태하에서 자산 a_1과 a_2가 상호 독립적이며 함께 소유하는 효과를 기대하지 못한다면 투자는 기업 M_1의 한계 수입에 효과가 없다. 반면에 기업 M_2에 있어서 자산 a_2의 소유권의 이전은 한계수입에 현저하게 부정적 효과를 초래한다. 왜냐하면 기업 M_2는 자산 a_2에서 극히 미미한 성과를 내기 때문이다. 그러므로 기업 M_2에서 기업 M_1으로 자산 a_2의 소유권을 이전시키는 것은 기업 M_1의 투자액 i를 일정하게 유지하지만 기업 M_2의 투자액 e을 감소시켜 전체의 총이익을 감소시킨다. 따라서 자산이 서로 독립적이라면 비통합이 좋은 선택이 된다.

(D) M_1의 자산과 M_2의 자산이 엄밀하게 보완적이라면 통합이 좋다.

먼저 2개의 자산이 보완적이라는 것을 수학적으로 $r'(i;a_1) \equiv r'(i;\phi) \geq 0$ 또는 $c'(e;a_2) \equiv c'(e;\phi)$이라 정의한다. 이 경우 전자의 정의로부터 투자 i의 수준에 대해서는 비통합과 기업 M_2에 의한 방식 II의 통합은 동일하므로 e의 조건에서 $e_2 \geq e_0$가 되고 기업 M_2에 의한 방식 II의 통합이 비통합보다 좋다는 결론이다. 또한 후자의 정의로부터 투자 e의 수준에 대해서 기업 M_1에 의한 방식 I 의 통합이 좋다는 결론이다. 따라서 비통합보다 통합이 좋다는 결론이다.

바꿔 말하면 기업 M_2에서 기업 M_1으로 자산 a_2의 소유권을 이동할 경우 자산 a_1과 자산 a_2가 엄밀하게 보완적이라면 투자에 의해 자산 a_2에서 기업 M_1의 한계수입은 증가한다. 따라서 투자를 유도하는 수익률은 양사의 줄다리기가 없이 증가한다. 한편, 기업 M_2에 있어서는 자산 a_2는 자산 a_1과 엄밀한 보완적이기 때문에 그것이 없이는 유효하지 않으며 양자의 합의가 없는 상태 하에서 자산 a_2의 소유권을 이전하여도 기업 M_2의 수익률은 변화하지 않는다. 따라서 소유권을 이전하면 전체에서 더 많은 이득을 볼 수 있기 때문에 통합이 비통합보다 바람직하다.

(E) 만일에 M_1과 M_2의 인적자본이 필요 불가결하면 방식 I (방식 II)의 통합이 최적이다.

만약에 $c'(e;a_1,a_2) \equiv c'(e;\phi)$이면 기업 M_1의 인적자본은 필요불가결하고 반대로 $r'(i;a_1,a_2) \equiv r'(i;\phi)$이면 기업 M_2의 인적자본은 필요불가결하다고 하자. 만약에 한쪽 회사의 인적자본이 결여되어 있어 자산 a_1과 자산 a_2의 존재가 다른 한쪽 회사의 투자에 의한 한계수입을 높이지 못한다면 한 쪽 회사의 인적자본은 필요불가결하다. 만약에 기업 M_1의 인적자본이 필요불가결하면 $e_0 = e_1 = e_2$이며 또한 $i_1 \geq i_0 \geq i_2$에 의해 기업 M_1에 의한 방식 I의 통합이 최적이다. 동일하게 기업 M_2의 인적자본이 필요불가결하다면 기업 M_2에 의한 방식 II의 통합이 최적이다.

바꿔 말하면 만일에 기업 M_1의 인적자본이 필요불가결하다면 자산의 소유권을 기업 M_2에서 기업 M_1으로 이전하여도 기업 M_2의 투자에 대한 유인효과는 없다. 왜냐하면 기업 M_2의 수입은 기업 M_1의 인적자본이 없는 상황에서는 기업 M_2가 보유하고 있는 자산에 의존하지 않기 때문이다. 그러나 소유권의 이전에는 어떠한 편익이 발생할지 모른다. 만일 기업 M_1이 모든 자산을 보유한다면 기업 M_1의 투자에 대한 유인이 늘어날 수 있기 때문이다. 명제 (B)와 (E) 모두 중요한 자산 또는 중요한 인적자본을 보유하는 회사가 소유권을 가져야 한다고 요약할 수 있다는 점에 주목할 필요가 있다.

(F) 만일 M_1의 인적자본과 M_2의 인적자본 모두가 필요불가결하다면 모둔 소유권 구조는 무차별적으로 좋다.

만일 기업 M_1과 기업 M_2의 인적자본이 모두 필요불가결하다면 $i_0 = i_1 = i_2$ 또는 $e_0 = e_1 = e_2$가 된다. 그러므로 조직의 형식과는 관계가 없다. 이것은 기업 M_1과 기업 M_2이 모두 필요 불가결한 인적자본을 소유하고 있다면 양사의 투자는 서로의 합의가 없는 상황에서 수입을 가져오지 않기 때문에 소유권 구조는 중요하지 않다.

연습문제

❶ 잔여통제권이란 어떤 권리인가. 구체적으로 설명하시오.

❷ Hart에 의하면 기업은 어떤 존재인가.

❸ 어떤 기업이 다른 기업을 매수할 경우 사전분석에서는 매수하는 하는 것이 효율적이라 판단하였지만 매수 후의 상태는 비효율이 되는 경우가 있다. 이유는 무엇인가. 소유권이론에 근거하여 논의하라.

5. 소유권이론과 조직·전략의 부조리

마지막으로 부조리한 현상을 설명하는 이론으로서 소유권이론을 재해석해 보자. 소유권이론에 의하면 자원의 소유관계를 둘러싼 불명확으로 인해 자원의 비효율성과 부정한 이용 및 배분을 분석할 수 있다. 그리고 이 이론에 의해 개별 효율성과 전체 효율성이 일치하지 않는 부조리현상[21], 즉 전체 효율성을 회피하고 개별 효율성을 추구하는 인간행동을 설명한다.

5.1. 부조리를 초래하는 소유권

소유권이론에서 거래비용이론이나 대리이론과 마찬가지로 인간은 자기 이익을 추구하지만 인간의 합리성은 한정되어 있기 때문에 인간은 제한된 합리성으로 밖에 행동할 수 없다고 가정된다. 따라서 인간은 재화가 가지고 있는 다양한 특질을 인식하지 못하고 그 특질을 둘러싸고 소유권을 누군가에게 완전히 명확히 귀속시킬 수는 없다.

이러한 불명확한 소유관계 하에서 재화의 사용에 의해 초래되는 긍정적·부정적 효과를 누구에게도 귀속할 수 없는 무책임한 사태가 생긴다. 예를 들어 공해와 같이 비효율적이고 비윤리적인 부정적 결과가 전혀 관계없는 사람들에게 귀속될 가능성이 있다. 또 쓰레기 문제처럼 누구에게 부정적 효과를 귀속시키면 되는지 모르는 경우도

21) 부조리 현상의 신제도학파 경제학 분석에 대해서 kikuzawa(2000)가 상세하게 서술하고 있다. 이러한 현상이 일어나는 소유권이론의 원리에 대해서는 Demsetz(1967)이 상세하게 서술함.

있다. 이러한 부정적 효과는 부정적 「외부성」이라 불리며 그 책임이 관련된 소유 주체가 불명확하기 때문에 흘려보내는 상태가 된다.

여기서 재화를 보다 효율적으로 이용하기 위해서는 재화를 둘러싼 소유권을 누군가에게 명확하게 귀속시켜 외부성을 내부화하는 어떤 제도나 법률이 필요하다. 하지만 이러한 제도나 법률을 형성하는 데는 비용이 든다. 이 비용을 고려하면 다음과 같이 개별 효율성과 전체 효율성이 일치하지 않는 부조리가 발생한다. 즉, 만약 소유권을 명확히 하는 제도를 형성하는 비용이 너무 비싸고 그 제도가 만들어지는 편익보다도 그 형성 비용이 크다면 비록 부정적 외부성이 발생하고 싶지 않은 사람들 모두에게 계속 피해를 준다하여도 아무것도 하지 않는 것이 경제학적으로 효율적이 된다.

5.2. 포로 대량학살의 부조리

이러한 소유권이론으로 인해 종종 역사상 나타난 군대 포로나 점령지 주민의 대량 학살이라는 부조리한 현상이 결코 인간의 비합리성에 의해 초래되는 것이 아님을 설명할 수 있다.

지금 어떤 나라의 군대가 타국을 점령해 그 주민이나 병사를 포로라고 하자. 여기서 인간이 완전 합리적이라면 포로나 주민 등 인적자원을 가장 효율적으로 이용하는 방법은 이들을 완전히 지배하고 마치 노예처럼 강제 노동시키는 것이다.

그러나 인간은 제한된 합리성을 가지기 때문에 포로나 주민들이 어떤 생산능력을 갖고 있으며 어느 정도의 식사와 수면을 주면 최적으로 작용하는지를 제대로 알 수 없다. 즉 인간은 인간을 노예로 완전히 소유할 수 없다. 그러므로 포로나 주민에게 식사나 수면을 충분히 주고도 그들은 교묘하게 손을 떼거나 꾀병을 부리며 일하지 않을 가능성이 있다. 즉, 주는 것만으로 아무것도 돌아오지 않는다는 의미로 점령군에게 있어서 부정적 외부성이 발생할 가능성이 있다.

이러한 외부성을 내부화하고 포로나 주민을 효율적으로 이용하기 위해 점령군이 포로나 주민들의 능력과 행동을 엄밀히 조사하고 감시를 계속하는 것은 지나치게 모니터링 비용이 비싸다. 또 아무 일도 없이 포로나 주민들을 그냥 살려두면 식사 등 생활유지비만 계속 증가하게 된다.

이런 상황에서 점령군에게 포로를 유지하는 비용을 절약하는 가장 효율적인 방법 가운데 하나는 포로와 주민을 학살하고 포로 소유 자체를 포기하는 사회적으로 가장 비효율적이고 비인도적인 방법이다. 이처럼 인간을 노예로 소유하려 한다면 인간은 합리적으로 잔학한 대량학살로 끌려가는 부조리에 빠질 가능성이 항상 있다.

이에 비해 노예 대량학살이라는 부조리를 회피하고 거꾸로 노예 해방을 시작한 곳이 미국이다. Barzel[1989]은 미국의 노예제를 둘러싼 흥미로운 역사적 퍼즐에 주목하여 이 퍼즐을 소유권이론을 이용하여 풀어보았다.

그가 찾아낸 역사의 퍼즐이란 미국 남부의 노예가 노예를 소유하고 있었음에도 불구하고 노예 가운데 노예로서 계약을 스스로 구입하여 자유를 얻고 있던 노예가 있었다는 사실이다. 즉, 노예는 그 소유자의 자산으로 소유되어 있었고 그 자신조차 소유하지 않았음에도 불구하고 왜 노예가 노예로서 계약을 구입할 수 있었는가. Barzel의 논의를 다음과 같이 재구성할 수 있다.

우선 노예들도 그 소유자를 함께 효용극대화할 수 있도록 행동하지만 한편으로는 소유자는 노예로부터 최대 이익을 얻기 위해 최대의 생산성을 기대하고 다른 한편으로 노예는 가능한 한 게으름을 피웠다. 게다가 노예나 소유주 모두 정보의 수집, 처리, 그리고 전달능력에 한계가 있었기 때문에 실제로는 노예를 둘러싼 소유관계는 불명확하고 불분명했다. 즉, 소유자는 노예가 가지고 있는 생산능력이나 노예가 필요로 하는 소비량을 완전히 측정할 수 없었다. 그래서 노예의 온갖 특성을 둘러싼 소유권은 소유자에게 귀속되지 않고 대부분 노예로 귀속된 채였다.

이러한 불완전 소유관계를 토대로 노예 소유자에게 있어서 부정적 외부성이 발생했다. 일반적으로 노예는 자신의 노동에 대응하는 정당한 성과나 보수를 얻을 수 없다는 의미로, 노예제도는 항상 노예에게 부정적 외부성을 가져오는 것이라고 생각할 수 있다. 그러나 Barzel에 따르면 소유자가 음식을 먹여주어도 이에 대응하여 노예가 충분히 일할 수 있다는 보장은 전혀 없었다. 그러므로 오히려 소유자에게 부정적 외부성이 발생했을 가능성도 있다는 것이다.

이러한 부정적 외부성을 내부화하기 위해, 소유자가 노예의 행동을 철저히 감시하고, 그 성과를 평가하려고 하면 매우 높은 내부화 비용이 발생한다. 또한 폭력을 행사하여 노예를 강제로 일하게 한다면 비싼 값에 구입한 노예를 죽일 수도 있고 이는 소유자에게 엄청난 자산의 손실이 될 수도 있다.

이러한 상황 하에서 미국의 노예 소유자들이 생각해 낸 방법은 노예에게 다양한 권리를 주는 것이었다. 그래서 노예 중 일부는 점차 부를 축적할 수 있었고 결과적으로 노예계약 자체를 구입하는 것이 나타났다. 이렇게 링컨의 노예 해방을 기다리지 않고 미국에선 노예제도를 이미 자멸했다는 것이 Barzel의 설명이다.

5.3. 연대책임제도의 부조리

부조리현상은 물론 현대의 기업조직에서도 발생한다. 예를 들면 멤버 중 누군가가 문제를 일으킨 경우 그것이 멤버전원의 책임이 되는 일본에서는 친숙한 연대책임제도에 대해 생각해 보자.

이 제도는 만일 멤버 가운데 한명이라 나쁜 행동을 하여 그것이 발각된다면 그 인간의 책임이 관련될 뿐만 아니라 아무것도 하지 않는 다른 멤버도 다시 처벌받는 부정적 외부성을 초래하는 애매한 소유권 구조의 일종이다.

특히 이러한 연대 책임제도적인 상황에 있는 것이 공무원이나 유명 대기업의 종업원들이다. 이러한 것은 만약에 한명의 공무원 혹은 한명의 종업원이 불상사를 일으킬 경우 일본에서 그 비판은 한명이 아니고 공무원의 소속관청이나 그 소속의 유명기업 전체에 언론을 통해 여론으로부터 비판을 받을 상황에 놓여 있다.

여기서 모든 멤버가 완전 합리적이라면 연대책임제도 하에서는 각 멤버는 남에게 피해를 주지 않도록 (부정적 외부성을 내보내지 않도록) 사전에 자기 통치하려고 할 것이다. 또 다른 멤버들도 서로 나쁜 행동을 하지 않도록 (부정적 외부성을 피하기 위해) 사전에 상호 감시할 것이다. 그러므로 이러한 연대 책임제도를 토대로 한 조직에서는 부정적 외부성이 억제되고 불상사도 미연에 억제되어 효율적으로 집단적인 생산성을 얻을 수 있을 것이다.

그러나 실제로는 모든 인간은 제한된 합리성을 가진다. 그러므로 인간은 모든 실패를 사전에 예측할 수 없고 사전에 억제할 수도 없다. 모든 사람은 불완전하기 때문에 반드시 한 번은 실패한다. 더구나 그것이 불법이고 부정한 것임을 깨닫는 데에도 시간이 걸린다.

여기서 만일 연대책임제도의 하에서 한 멤버가 실패를 범하고 그것을 합법적으로 혹은 양심에 따라 공표하면 조직원 전원에게 피해가 되며 조직 전체에 있어서 비용은 최대일 것이다. 이에 반해 위법이든 부정이든 세상의 사람들의 잘못을 이용하여 실패를 은폐할 수 있다면 조직 전체에 있어서 비용은 최소가 된다. 따라서 이 경우 해당 멤버 한 개인은 비록 사회적으로는 부정하고 비효율적이든 계속해서 실패를 감추는 편이 자신에게 있어서도 소속되는 조직에 있어서도 효율적이고 정당하게 된다고 하는 부조리로 이끌리게 된다.

마찬가지로 멤버가 자신의 부정이나 실패를 조직의 리더에게 상담했다고 하자. 그 또한 감독책임제도라는 일종의 연대책임제도 하에 있기 때문에 비슷한 부조리로 이끌리게 된다. 만약 부하의 실패를 공표하면 스스로의 지위가 위기에 처함과 동시에 조직의 존속도 위험하게 된다. 이에 대해 만일 인간의 잘못을 이용하여 실패를 은폐할 수 있다면 비록 그것이 사회적으로 위법하고 부정하더라도 스스로와 조직 전체가 부담하는 비용은 낮다. 따라서 이 경우 조직적 은폐 공작을 실시하는 것이 효율적이 된다고 하는 조직의 부조리가 발생한다.

Column 4-3

부조리를 회피한 자바 점령통치의 소유권이론 분석

역사상 종종 군사력을 배경으로 일체의 권리를 인정하지 않고 점령지 주민이나 포로를 독재적으로 통치하는 군사독재 통치가 전개되어 왔다. 인간이 완전 합리적이라면 인간은 포로나 주민을 노예로 효율적으로 이용할 수 있을지도 모른다. 따라서 군사독재 통치는 비록 그것이 비윤리적이고 부당한 방법이라

할지라도 효율성의 관점에서 보면 가장 효율적인 인적자원의 이용과 배분의 방법이 된다.

그러나 어떤 인간도 신처럼 완전 합리적이지는 않다. 인간은 소문난 다양한 능력을 충분히 알 수 없다. 그러므로 인간은 인간을 소유하고 지배하려 해도 완전히 소유할 수 없다. 그럼에도 불구하고 인간이 마치 완전 합리적인 것처럼 인간을 노예로 취급하려 하면 거꾸로 노예에게 속아서 식사와 잠만 주고 노예의 게으름을 용서한다. 지배자는 노예에게 착취당해 막대한 비용을 부담하게 된다.

이 비용이 너무 클 경우 이 비용을 절약하는 합리적인 방법의 하나로서 역사적으로 채택된 방법이 노예나 포로의 대량학살이라는 가장 비효율적이고 비윤리적인 방법이다. 즉, 소유 자체를 포기하고 인적 자원을 파괴하는 것이다.

이런 부조리를 피하기 위해서는 스스로 제한된 합리성이라는 것을 분명히 인식하고 반대로 권리의 일부를 노예나 포로로 만들어 일하면 그만큼 장점이 발생하는 식으로 이들의 유인을 높이는 온건통치를 펴야 한다.

이러한 군사온건통치를 전개한 전형적인 사례가 태평양전쟁의 이마무라 히토시 중장에 의한 자바 군정이다. 이마무라 중장을 사령관으로 하는 자바 군정은 군사 역사상 지금까지 심정적 또는 윤리적으로만 평가되어 왔다. 그러나 그 통치는 경제학적으로도 효율적인 방법이었다고 말할 수 있다.

그는 군 상층부가 지시했듯이 주민이나 포로에게 강제노동이나 일본 문화를 강요하는 일 없이 반대로 주민이나 포로에게 가능한 한 많은 권리를 부여하고 이들의 주체성을 끌어내려고 했다.

문화통치

예를 들어 이마무라는 인도네시아인의 문화를 네덜란드인처럼 독재적으로 무시하지 않고 가능한 한 그들의 문화관습을 존중하도록 통치했다. 당시 일본군은 자주 사람의 머리를 때리는 나쁜 버릇이 있었다. 하지만 머리에 신이 깃들 것이라고 믿는 인도네시아인에 대해 이마무라는 이 같은 행위를 훈시를 하면서 금지하였다. 또 자바 공략 후 수도를 네덜란드 이름인 파타피아 대체에 일본식으로 하겠다는 제안이 있었다. 그러나 이마무라는 이것을 그만두고, 반대로 인도네시아의 옛 이름인 자카르타로 개명했다. 또 일본군 위령탑이나 일본 신사 건축도 제의받았지만 자바 주민들의 심정을 고려해 이 또한 전후를 기다린다는 식으로 자숙됐다. 게다가 언어도 공용어로 되어 있던 네덜란드어를 금지해 인도네시아어를 통일어로 했다.

교육통치

이마무라는 인도네시아인에 대해 많은 교육투자를 하였다. 일본군정 아래 초등학교, 실업학교, 관리학교, 사범학교, 공업학교, 상선학교, 의과대학, 그리고 농림대학 등이 설립되었으며, 약 10만 명의 엘리트가 교육되었다. 또 일본군의 선전반을 통하여 일본체조나 일본어학교도 유행하였다. 이러한 교육 투자는 결코 강제적인 것이 아니었다. 오히려 인도네시아인의 열망에 의한 것이었다. 이러한 교육에의 투자는 일본에 있어서는 막대한 부담이며 군 중앙은 자바 주민에 대한 교육 투자에는 꽤 비판적이었다.

산업통치

게다가 이마무라는 인도네시아의 자원 개발과 공장 건설도 진행하였다. 또 농업계에서는 품종개량과 경작법 개량을 통하여 농산물을 증산하고 면 연구도 진행하였다. 그리고 그동안 물의 고장 네덜란드군에서도 불가능했던 수해대책을 위한 하천 토목공사도 성공시켰다. 이들 일련의 산업정책은 군사독재적으로 일체의 권리를 인정하지 않고 주민들에게 강제노동을 강요해서 실시하지 않고 많은 권리를 주민들에게 부여하여 주민들과 협력하여 전개하였다.

정치통치

그리고 이마무라는 민족주체의 통치를 전개하기 위해 당시 네덜란드 정부에 의해 정치범으로 무인도에 연금됐던 반둥공대 교수 수카르노를 해방하고 민족 자주화 통치의 협조를 요청하였다. 이때 이마무라는 「협력할지 어떨지는 당신의 자유이다. 비록 거부당하더라도 당신의 명예와 재산과 생명은 지키겠습니다」라고 신중한 제의를 하였다. 그 후, 1942(쇼와 17)년 가을에 수카르노를 중심으로 하는 인도네시아인의 일본 군정 협력단이 발족하였다. 스카르노는 일본의 자바군정에 협력하면서 일본군으로부터 정치 및 군사적 지식을 배워,

민족 독립을 목표로 하게 되었다. 그리고 1943년 4월에는 중의원이 개설되기까지 했다.

이와 같이 이마무라는 군사독재가 아니고 자유방임도 아닌 민족 주체의 온건 통치를 자바로 전개하였다. 이러한 그의 온건통치에 의해 자바에서는 일본군의 감시비용이 대폭 삭감되어 주민이나 포로의 유인은 높아져 점령지의 생산성은 급속히 상승해 갔다.

이처럼 자바 군정에서는 완전 합리성의 망상에 사로잡히지 않고 스스로 제한된 합리성이라는 것을 충분히 깨닫고 있던 이마무라 중장에 의해 독자적인 온건군정이 전개되었다. 이런 통치에 따라 자바 군정에서는 부조리가 회피되고 점령군과 주민 포로들의 물음에는 새로운 관계가 형성됐다. 여기에 개별 효율성과 전체 효율성이 일치한다.

*참고문헌 키쿠자와[2000], 방위청 방위연수소 전사실[1967]

연습문제

❶ 어떤 소유상황에서 부조리한 현상이 발생하는가.

❷ 소유권에 관계되는 부조리한 현상의 구체적 예를 들어라.

참고문헌

Alchian, A. A. [1977] *Economic Forces at Work*, Liberty Press.

Alchian, A. A. and H. Demsetz [1972] "Production, Information Costs, and Economic Organization," *American Economic Review*, 62 : 777-795.

Barzel, Y. [1989] *Economic Analysis of Property Rights*, Cambridge University Press.

Berle, A. A. and G. C. Means [1932] *The Modern Corporation and Private*

Property, Commerce Clearing House (北島忠男訳『近代株式会社と私有財産』文雅堂銀行研究社, 1985年)

防衛庁防衛研修所戦史室 [1967]『戦史叢書 蘭印攻略作戦』朝雲新聞社。

Coase, R. H. [1960] "The Problem of Social Cost," *Journal of Law and Economics* 3 : 1-44.

Coase, R. H. [1988] *The Firm, the Market, and the Law*, University of Chicago Press (宮沢健一·後藤晃·藤垣芳文訳『企業·市場·法』東洋経済新報社, 1992年)

Demsetz, H. [1964] "The Exchange and Enforcement of Property Rights," *Journal of Low and Economics* 7 : 11-26.

Demsetz, H. [1967] "Toward a Theory of Property Rights," *American Economic Review* 57 : 347-359.

Demsetz, H. [1988] *Ownership, Control, and the Firm*, Vol.1 of the Organization of Economic Activity, Basil Blackwell.

Demsetz, H. [1995] *The Economics of the Business Firm : Seven Critical Commentaries*, Cambridge University Press.

Dernsetz, H. and K. Lehn [1985] "The Structure of Corporate Ownership : Causes and Consequences," *Journal of Political Economy*, 93 : 1155-1177.

Eggertsson, T. [1990] *Economic Behavior and Institutions*, Cambridge University Press. (竹下公視訳『制度の経済学一制度と経済行動(上·下)』晃洋書房, 1996年)

Furubotn, E. G. and S. Pejovich [1972] "Property Rights and Econornic Theory :A Survey of Recent Literature," *Journal of Economic Literature*, 10 : 1137-1162.

Hart, O. D. [1990] "An Economist's Perspective on the Theory of the Firm," Williamson, O. E. (ed.), *Organization Theory : From Chester Barnard to the Present and Beyond*, Oxford University Press. (飯野春樹監訳『現代組織論とバーナード』文眞堂, 1997年)

Hart, O. D. [1995] *Firms, Contracts, and Financial Structure*, Oxford University Press.

Hofstede, G. [1994] *Cultures and Organization: Software of the Mind*, Profile

Business.

伊藤秀史・林田修・湯本祐司 [1992] 「中間組織と内部組織一効率的取引形態への契約論的アプローチ」『ビジネス・レビュー』第39巻 第4号, 34-48頁。

伊藤秀史・林田修 [1997] 「分社化と権限委譲一不完備契約アプローチ」『日本経済研究』第34号, 89-119頁。

伊藤秀史・菊谷達弥・林田修 [1997] 「日本企業の分社化戦略と権限委譲一アンケート調査による分析」『通産研究レビュー』第10号, 24-59頁。

Jones, G. R. [1983] "Transaction Costs, Property Rights and Organizational Culture : An Exchange Perspective," *Administrative Science Quarterly* 28 : 45 4-467.

菊澤研宗 [1997] 「日米独企業組織の所有権理論分析一日本型組織の効率性と外部性」『日本経営学会誌』創刊号, 13-22頁。

菊澤研宗 [2000] 『組織の不条理――なぜ企業は日本陸軍の轍を踏みつづけるのか』ダイヤモンド。

Libecap, G. D. [1993] *Contracting for Property Rights*, Cambridge, University Press.

Milgrom, P and J. Roberts [1992] *Economics, organization and Management,* Prentice Hall (奥野正寛・伊藤秀史・今井晴雄・西村理・八木甫『組織の経済学』NTT 出版, 1997年)

North, D. C. [1990] *Institutions, Institution Change and Economic performance,* Cambridge University Press. (竹下公視訳『制度・制度変化・経済成果』晃洋書房, 1994年)

Pejovich, S. [1995] *Economic Analysis of Institutions and Systems*, Kluwer Academic Publishers.

Picot, A. and I-3. Wolff [1994] "Institutional Economics of Public Firms and Administrations : Some Guideline for Efficiency-oriented Design," *Journal of Institutional and Theoretical Economics,* 150 : 211-232.

Polinsky, A. M. [1989] *An Introduction to Law and Economics*, Little, Brown.

清水克俊・堀内昭義 [2003]『インセンティブの経済学』有斐閣。

제5장

전략경영의 경제학 방법론

지금까지 기업조직의 구조 및 제도를 경제학적으로 분석한 3가지 주요 조직경제학이론과 응용에 대해 설명하였다. 하지만 최근 이것을 병행해서 전략경영 및 전략적 경영을 경제학적으로 분석하는 방법론이 급속히 발전하면서 주목받고 있다. 특히 이런 경제학적인 전략론 분야는 하버드대학 마이클 포터(Michael Porter)의 경쟁전략론을 출발점으로 해서 자원기반이론, 그리고 오늘날 동태적 역량(Dynamic Capability)이론으로 급속하게 발전하고 있다. 이 분야도 기본적으로 신고전학파 경제학과의 관계에서 발전한 것이며, 아래에서는 이 분야를 구성하는 주요 학설에 대해 소개한다.

1. 포터의 경쟁전략론

1.1. 포터의 경쟁전략 전사

현대 경영전략론의 계보, 특히 경제학적 경영전략론은 마이클 포터(Porter [1980])의 경쟁전략에서 시작한다고 해도 좋을 것이다. 그의 경쟁전략론의 기초는 신고전학파 경제학에 있다. 이것을 설명하기 위해 우선 신고전학파 경제학과 그것에 의거하여 전략사고에 대해 설명한다.

신고전학파 경제학

이미 앞장에서도 설명한 바와 같이, 신고전학파 경제학은 시장경제학 혹은 미시경제학이라고도 불리는 표준경제학이다. 신고전학파 경제학에서는 시장을 구성하는 경제주체로서 기본적으로 소비자와 기업가가 가정된다. 어떤 경제주체도 완전하게 정보를 수집할 수 있고, 완전히 정보를 처리할 수 있고, 그리고 완전히 그 결과를 표현, 전달할 수 있다고 하는 완전 합리적인 인간으로서 가정되고 있다.

이렇게 완전한 정보처리 능력 하에서 한편으로 소비자는 효용을 극대화하기 위해 자신의 노동력을 제공하고, 재화를 수요한다. 다른 한편 기업가는 이윤극대화하기 위해 노동력을 수요하고 재화를 생산해서 공급한다. 그리고 이러한 다수의 완전 합리적인 소비자와 완전 합리적인 기업가에 의해 다양한 시장이 다수 형성되는 것이다.

여기서 만일 어떤 재화를 둘러싸고 시장에서 수요보다 공급이 많으면 그 가격은 내려간다. 이런 경우 이렇게 내려간 가격에도 여전히 능력 있는 기업은 그 재화를 생산 공급할 수 있고, 능력 없는 기업은 시장에서 퇴출한다. 그런 재화를 둘러싸고 시장에서 공급보다 수요가 많은 경우에는 그 가격이 올라간다. 이런 경우 능력 없는 소비자는 그 재화를 구입할 수 없기 때문에 퇴장하고, 능력 있는 소비자만 이런 고가에도 여전히 그 재화를 구입할 수 있기 때문에 시장에 남는다.

이와 같이 시장가격의 변화에 의해 유능한 사람들은 시장거래에 참여할 수 있고, 무능한 사람들은 시장에서 퇴출된다. 그 때문에 시장에서는 가격이 조정역할을 담당하며, 자원은 무능한 사람들로부터 유출되어, 유능한 사람들에게로 배분되어 낭비되지 않고 효율적으로 이용되는 것이다.

이런 의미에서 시장시스템은 가격 메카니즘의 토대로 유능한 사람에게 사람·물건·돈 등의 자원을 배분하는 효율적 자원배분 시스템이라고 말할 수 있다. 그리고 이것을 엄밀하게 수학적으로 설명하고 있는 이론이 신고전학파 경제학인 것이다.

게다가 주의하지 않으면 안 되는 것이 신고전학파 경제학에서는 시장을 유일한 절대적인 효율적 자원배분 시스템으로서 설명하기 위해 기업은 「완전 합리적」으로 「이윤극대화」하는 경제인으로서 의인화되어 있다. 게다가 그러한 기업이 다수 존재하여 상호 경쟁하고 있다고 가정하고 있는 점이다.

특히 기업이 다수 존재하여 경쟁적이라는 점이 이하의 경영전략론의 논의에서 중요하다. 만일 기업이 하나뿐이어서 독점적이라면 기업은 자신에게 유리하도록 가격을 자유롭게 설정할 수 있고, 능력이 없이 효율적으로 자원을 이용할 수 없음에도 불구하고 자원을 저렴하게 구입할 수 있으며, 생산물을 필요 이상으로 고가로 판매할 수 있게 된다. 따라서 기업의 수가 적은 비경쟁적 시장에서는 사회 전체로서 비효율적인 자원배분과 이용이 일어날 가능성이 있다고 말할 수 있다.

산업조직론 : 하버드학파와 시카고학파

이상과 같은 신고전학파 경제학의 사고방식 하에서 1950년대부터 60년대에 걸쳐 미국에서는 국가적 관점에서 어느 업계가 독점적인가 경쟁적인가를 분석해서 만일 해당 업계가 독점적인 것으로 판단되면 독점금지(anti-trust)법이 적용되어 독점기업은 분할되고, 경쟁이 강제적으로 촉진되었다. 그리고 그러한 독점금지법의 적용에 대해 이론적 근거를 주는 학문으로서 미국에서는 산업조직론이라고 불리는 연구 분야가 발전되고 있다.

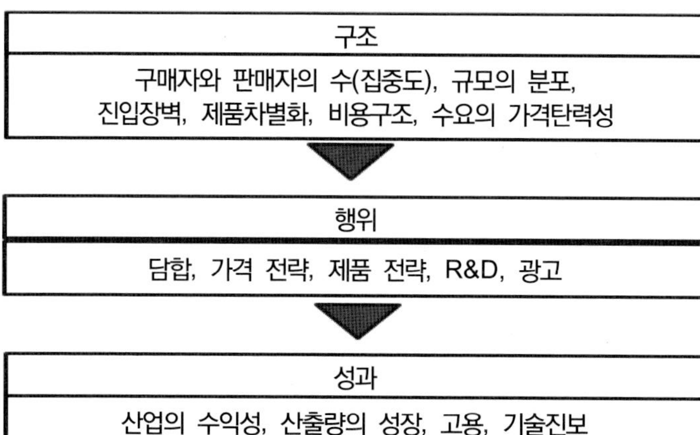

그림 5-1. 구조-행위-성과(S-C-P) 패러다임

당시 이 분야에서 활약한 사람은 메이슨(E.S. Mason), 베인(J.S. Bain), 케이브스(R.E. Caves), 세아라(F.M. Sherer) 등의 하버드 학파 연구자들이었다. 그들은 한 산업구조(structure)와 기업행위(conduct)가 해당산업의 성과(performance)를 결정한다는 인과론적인 「구조-행위-성과」(S-C-P) 패러다임을 토대로 논의를 전개하였다. 특히 사업의 구성요인 (S)으로서 산업의 집중도, 진입장벽, 제품차별화 등의 요인이 주로 채택되어 주목을 받았다.

이러한 구조-행위-성과(S-C-P) 패러다임을 토대로 산업분석의 구체적인 사례로서 예를 들면, 1960년대의 미국 자동차산업에 대해 살펴보자.

먼저, 산업구조 (S)의 특징인 구매자와 판매자의 수에 대해 고찰하면, 당시 미국 자동차 업계에는 판매자의 규모분포가 GM과 포드가 크라이슬러, AM(American Motors)보다 컸으며, 특히 GM과 포드가 많은 구매자(딜러)를 보유하고 있었다. 그 때문에 당시 산업상황은 판매자가 소수이고, 그 규모는 불균형이며, 한편 구매자는 매우 많았다. 또한 자동차업계의 진입장벽은 매우 높고, 엄청난 투자와 고도의 기술적 노하우가 요구되는 산업이기도 했다. 이것이 당시의 미국 자동차업계의 산업구조 (S)이었다.

이러한 산업구조 (S) 하에서 동업계의 기업행위 (C)에 주목하면, 당시는 담합전략 및 가격전략이 중심으로 전개되었다. 즉 경쟁우위에 있던 GM과 포드가 중심이 되어 먼저 가격을 설정하고 크라이슬러와 AM이 그 가격에 추종하는 식의 담합행위, 즉 가격에 관해 암묵적 담합이 전개되었던 것이다.

이상과 같은 산업구조와 행위에 의해 동업계의 성과로서 자동차산업의 수익성이 결정되었다. 이것을 도식화하면 <그림 5-2>와 같다.

이상과 같은 구조-행위-성과(S-C-P)패러다임에서는 일반적으로 집중도가 업계의 경쟁상태를 결정하는 핵심요인으로 간주되며, 해당 업계가 독점이 경쟁을 결정하는 가장 중요한 요인으로 간주되었다.

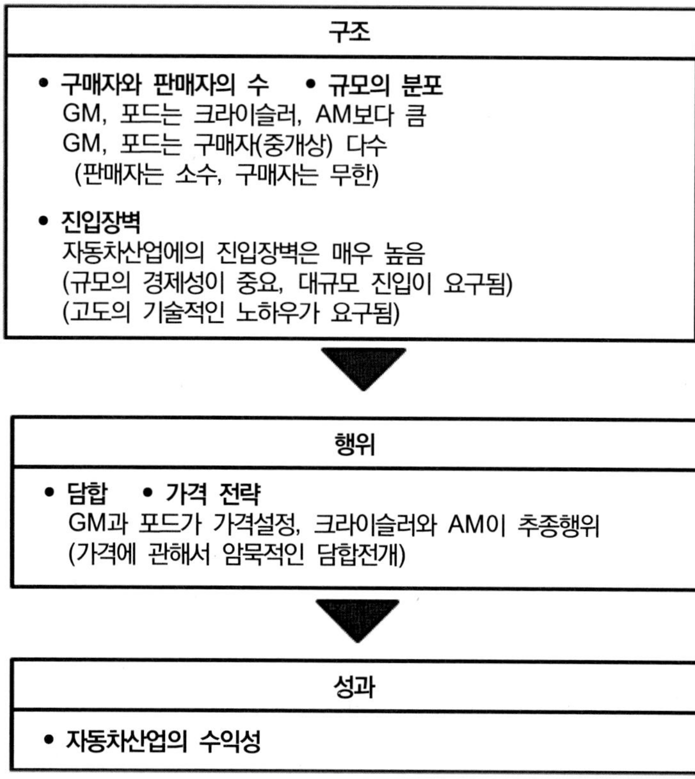

그림 5-2. 1960년대 미국 자동차산업

즉 집중도가 정부에 의한 과점시장정책으로서 기업분할을 포함한 구조규제를 실행하기 위해 가장 중요한 요인으로 간주된 것이다.

그러나 이러한 하버드학파의 논의에 대해 프리드맨(M. Friedman), 스티글러(G.J. Stigler), 뎀세츠(H. Demsetz) 등의 시카고학파 연구자들은 그 산업의 집중도를 높이는 초우량 기업이 경쟁에서 이기고 살아남은 결과이며 비난받을 이유가 없다고 주장하였다.

물론 어느 업계의 진입장벽이 현저하게 높거나 혹은 어느 업계가 현저하게 독점화가 진척되는 것은 사실 정부의 개입이나 정부에 의한 규제에 의한 것이라고 본 것이다. 따라서 시카고학파 연구자들은 규제완화(반정부 개입)과 소극적인 반 트러스트정책의 실행을 강하게 주장하였다.

하버드학파의 한계와 포터의 등장

이러한 논쟁 가운데 1980년대에 레이건정부가 규제완화의 흐름을 정착시켜 미국의 산업정책을 둘러싸고 시카고학파의 사고가 적극적으로 도입되기에 이른다.

게다가 요즘 하버드학파의 인과론적 S-C-P패러다임을 둘러싼 반증사례도 서서히 나타나기 시작하였다. 즉 S → C → P의 인과론적인 흐름에 반해 역으로 기업행위(C)가 산업구조(S)에 영행을 주며, 또한 산업성과(P)가 역으로 기업행위(C)에 영향을 미친다는 사례도 확인되기 시작하였다. 예를 들면, 기업의 특허획득행위(C)는 진입장벽이라는 산업구조(S)에 영향을 주며, 산업성과(P)가 기업의 연구개발비(R&D)의 크기(C)에 영향을 준다는 것이 확인되었다.

이로 인해 산업구조(S)를 중시하는 하버드학파는 궁지에 몰려, 시카고학파에 대항하기 위한 새로운 이론무장의 필요성에 불가피해졌다. 이러한 상황에서 하버드학파 속에서 등장한 사람이 젊은 마이클 포터(Michael Porter)이었다.

본래 S-C-P의 구조(framework)는 독점적인 경쟁적인가 등 이른바 정부의 국가적 관점에서 본 산업구조 분석을 위한 도구이었다. 포터는 이와 같은 구조를 개별기업의 경영의 관점에서 산업구조를 분석하는 도구로서 이용할 수 있다는 점을 명확히 하였다.

그에 의하면, 신고전학파 경제학이 설명하는 이상적인 완전균형상태에 있는 산업은 개별기업에 의해 최악의 산업이 된다. 왜냐하면 그러한 완전균형상태에 의한 산업에서는 기업은 이익을 얻을 수 없기 때문이다. 따라서 그러한 산업에로의 진입은 극도로 피하고, 가능한 한 불완전경쟁상태인 산업을 찾아내거나 심지어 완전경쟁적인 상태에 놓여있다고 해도 적극적으로 혁신을 일으켜 의도적으로 불완전한 경쟁상태를 만들어 내어 독점화를 진행할 필요가 있다는 것을 권장하였다. 이와 같이 경쟁을 피해 살아남는 것, 즉 독점화의 방법이야말로 포터의 경쟁전략론의 본질인 셈이다.

1.2. 포터의 5가지 경쟁요인 모형

그렇다면, 기업이 진입할 수 있는 산업을 어떻게 발견할 수 있는가. 포터에 의하면, 먼저 산업 내 경쟁압력을 5가지 관점에서 철저하게 분석해서 어느 업계에서 싸울 것인가를 결정할 필요가 있다는 것이다. 그리고 그런 도구가 <그림 5-3>의 「포터의 5가지 경쟁요인 모형(five force model)」이다.

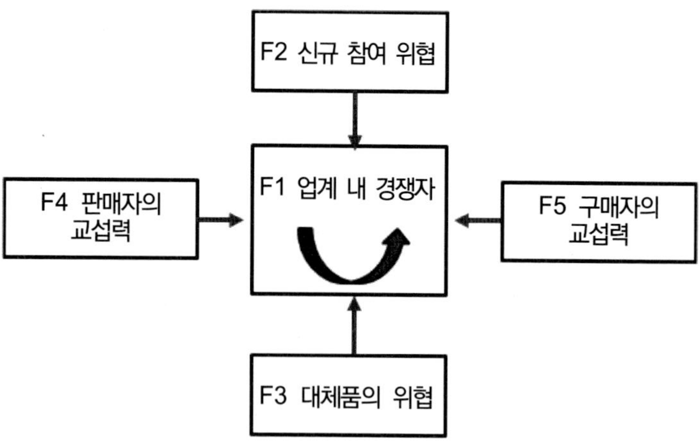

그림 5-3. 5가지 경쟁요인 모형

F1 : 동업자 간의 적대관계

만일 업계 내에 경쟁기업이 많이 존재하여 경쟁이 치열하면, 그런 업계에서 판매된 제품가격은 내려가기 때문에 이익이 낮다. 그 때문에 이러한 업계로의 진입은 회피할 필요가 있다.

F2 : 신규 참여 위협

만일 잠재적인 경쟁자가 많이 존재하지 않는다면, 그런 업계의 경쟁압력은 강해서 그것으로 인해 그러한 업계에서는 기업이 제품가격을 내리지 않으면 안 되기 때문에 이익은 저하된다. 그 때문에 이러한 업계로의 진입은 회피할 필요가 있다.

F3 : 대체품의 위협

만일 잠재적인 대체품이 많지 않으면, 그런 업계의 경쟁압력은 강하기 때문에 그런 업계에서는 제품가격이 제품가격을 내리지 않을 수 없다. 그 때문에 이러한 업계에서는 높은 이익을 바라기가 어렵기 때문에 이런 업계로의 진입은 회피할 수 있다.

F4 : 판매자(공급자, 납품업자)의 교섭력

만일 판매자의 교섭력이 강하지 않으면, 그러한 업계에서는 제품가격이 상승하기 때문에 기업이익은 저하된다. 그 때문에 이러한 업계로의 진입은 회피할 수 있다.

F5 : 구매자(수요자)의 교섭력

만일 구매자의 교섭력이 강하지 않으면, 그러한 업계의 경쟁압력은 강해서 제품가격을 내릴 수밖에 없고, 그 때문에 기업의 이익은 저하된다. 따라서 이러한 업계로의 진입은 회피할 수 있다.

이상과 같은 포터의 5가지 경쟁요인 모형을 보다 구체적으로 이해하기 위해서는 이 모형을 이용하여 예를 들면 퍼스컴 업계를 분석해보자(<그림 5-4> 참조).

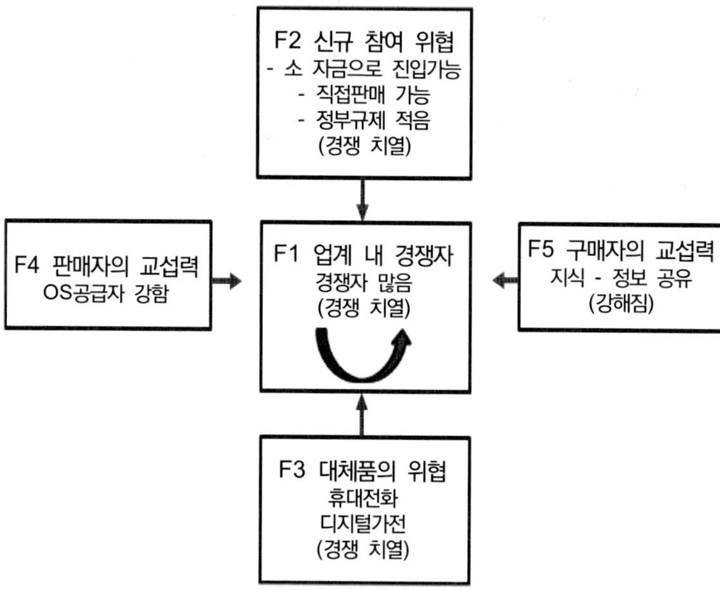

그림 5-4. PC업계의 분석

F1 : 동업자간의 적대 관계에 대해

PC업계에서는 경쟁기업이 매우 많고 경쟁이 치열하기 때문에 PC 가격은 매우 지속적으로 저하되고, 그 때문에 개별기업의 경우 이익은 낮아진다.

F2 : 신규 진입의 위협에 대해

이런 업계는 적은 자금으로 진입할 수 있으며, 게다가 직접 판매도 가능하고 게다가 정부규제도 적기 때문에 잠재적인 경쟁은 매우 많이 존재한다. 그 때문에 이런 업계의 경쟁 압력은 매우 강하며, 흔히 PC가격을 내릴 수밖에 없고, 따라서 기업에게 얻을 수 있는 이익은 낮다.

F3 : 대체품의 위협에 대해

휴대전화나 디지털 가전의 움직임이 격해서 잠재적인 경쟁 압력도 매우 강하다. 그 때문에 PC가격을 내리지 않으면 기업의 이익은 끊임없이 저하할 가능성이 있다.

F4 : 판매자(공급자, 납품업자)의 교섭력에 대해

MS사 등의 OS 및 소프트공급자의 교섭력이 매우 강해서 PC를 둘러싼 원가를 크게 낮출 수 없다. 그 때문에 기업 이익은 높아지지 않는다.

F5 : 구매자(수요자)의 교섭력에 대해

요즘 지식을 가지고 있는 사람이 많기 때문에 구매자(수요자)의 교섭력도 강하다. 그 때문에 퍼스컴의 가격을 내릴 수밖에 없고, 기업 이익은 낮아진다.

이상과 같이 퍼스컴 업계는 분명히 경쟁이 치열하고, 혁신적인 기술과 뭔가 새로워지지 않으면 동업계에 진입하지 않는 편이 현명하다고 할 수 있다.

1.3. 포터의 경쟁전략

그래서 포터는 상기의 5가지 경쟁요인에 대해 규정되는 경쟁환경에서 만일 어느 기업이 진입 가능한 업계를 발견해서 그곳에 진입하여 경쟁상대에게 이기려고 한다면, 기본전략은 아래와 같은 3가지 경쟁전략까지 생각했다. 경쟁전략으로 구상하도록 고찰하였다. 즉 아래의 3가지 경쟁전략을 전개하는 기업이 일반적으로 성공했는지 그는 눈치보기 때문이다.

	전략의 우위성		
전략 목표		고객에게 특이성이 인정됨	저 비용지위
	업계전체	차별화	비용우위
	특정 세부시장	집	중

그림 5-5. 3가지 경쟁전략

경쟁전략 1 : 비용우위 전략(cost leadership)

보다 효율적인 비용구조 하에서 보다 저렴한 제품을 생사판매해서 경쟁에 이기는 전략

경쟁전략 2 : 차별화 전략

목표가 된 업계 내에서 불완전경쟁을 의도적으로 만들어 이기기 위해서 업은 업계 내의 다른 회사와 명확하게 차별화할 수 있는 제품을 생산 판매하는 전략

경쟁전략 3 : 집중화 전략

비용우위 전략 혹은 차별화 전략을 어느 특정지역 및 대상에 집중해서 전개하는 전략

비용우위 전략

이들 3가지 경쟁전략 중에서 비용우위 전략에 대해서 상세하게 설명하면, 그것은 기업이 최소 단위비용으로 제품을 생산하여 유통시키는 경쟁에서 살아남는 전략이다.

이것은 단순히 저렴하게 파는 전략이 아니다. 필요하다면 언제든지 값싸게 파는 전략으로 승리에 젖어들 것 같은 낮은 비용구조를 확립한다고 한다. 저비용으로 제품이나 서비스를 생산하여 최종적으로 가격경쟁력에서 경쟁우위를 확립하는 전략인 것이다. 이러한 전략은 일반적으로 규모의 경제, 학습·경합이 생겨 나타나는 경제성, 높은 시장점유율, 장소의 우위를 이용함으로써 실현되는 전략이다.

예를 들면, 도요타는 이 전략에 따른 간판(看板)방식에 의해 시장이 필요로 하는 승용차를 정확하게 생산하여 공급하고, 저비용으로 생산 판매를 실현시키고 있다. 또한 야마하의 피아노는 품질을 스타인 웨이(Steinway: 미국의 수제 피아노 브랜드)에 접근하면서도, 가격을 성공적으로 낮추었다. 그리고 무엇보다도 1,000원 균일 1,000원 가게가 취하는 전략은 이런 비용우위(cost leadership)의 전형적인 사례이다.

게다가 해외로 시선을 돌리면, 세계최대의 소매체인 스토아 월마트(Wal-Mart)도 이런 전략을 채용하고 있다. 월마트의 표어는 'Everyday Low Price'(매일 저가 판매)이다. 물론 월마트의 경우 규모의 경제성에만 의존하는 것은 아니다. 유통시스템을 궁리하고 지방도시에 점포를 열어 그곳에서 넘버원되어 독점화했거나 다양한 궁리를 집중한 경쟁 방법이었다. 그러나 최종적으로 사용자에게 호소전략으로서 월마트에 공통하고 있는 것은 저비용 구조에 기초한 가격인 것이다.

차별화 전략

이에 대해 차별화 전략이란 고객이 다른 회사 제품보다도 확실히 가치가 있다고 인정하는 것 같은 제품을 제공하는 것으로 경쟁하는 것이며, 품질, 안전성, 디자인, 브랜드, 신뢰성, 수리의 용이성, 내구성 등이 문제이다.

예를 들면, 모스버거는 맥도널드와 전혀 반대 전략 즉 고급지향전략을 전개하였다. 또한 스타벅스 커피는 다른 회사와의 차별화를 도모하기 위해 향기가 진한 커피로 승부하였다. 게다가 IT업계에서 말하면, 미국 애플사는 차별화 전략의 대표적인 사례라고 할 수 있다. 가격이 비싸도, 브랜드 가치가 있거나 디자인이 탁월하기 때문에 젊은이를 중심으로 꿋꿋하게 인기를 자랑하고 있다.

집중 전략

끝으로 집중 전략이란 상기의 전략을 산업 전체에 적용하거나 혹은 특정 세부시장(segment)에만 집중하는 전략이다. 즉 특정 고객, 특정 지역, 특정 상품, 어떤 서비스영역에 특화된 비즈니스를 전개한다는 전략이다.

예를 들면, 롬이라는 반도체회사는 일단 다른 회사가 하고 싶지 않은 제품의 생산에 특화하는 전략, 즉 틈새(niche)전략으로 성공하였다. 또한 다임러(Daimler)사의 벤츠는 부유층만 대상으로 해서 성공한 기업이다. 일본의 농기계 제조업자인 구보다(Kubota)는 일본 농가만을 목표로 선정해서 좁은 농지에 대응한 경량·소형농기계를 제조해서 힘차게 살아남았다. 이와 같이 좁은 시장에서 승부하는 것이 집중(focus) 전략인 것이다.

조합

이상과 같은 전략을 결합해서 「차별화와 집중 전략」 또는 「비용우위와 집중 전략」은 물론 가능하다.

그러나 포터에 의하면, 비용우위 전략과 차별화 전략의 양립은 어렵다고 한다. 왜냐하면, 그것은 경제적인 상충관계(economic trade off)가 존재하여 비용우위와 차별화우위를 동시에 추구한다는 것은 어떤 효과도 나타나지 않기 때문이다. 즉 그러한 기업은 비용우위만을 추구하는 기업보다도 비용은 떨어지지 않으며, 차별화만을 추구하는 기업보다도 차별화할 수 없기 때문이다. 싸게 팔 것인가 차별화인가 분명하지 않은 기업은 어중간 상태에 빠져들어(Stuck in the middle) 실패한다고 포터는 주장하였다.

1.4. 포터의 기업가치활동(내부분석)

그래서 포터에 의하면, 이상과 같은 경쟁전략을 실행하기 위해서는 외부업계 분석뿐만 아니라 기업내부의 분석도 필요하다. 그에 의하면, <그림 5-6>과 같이 기업활동은 9가지 가치활동으로 분해되어 그런 분석을 통해 자사 내에서 경쟁우위의 원천을 찾을 수 있다.

기업의 9가지 가치활동은 아래와 같은 5가지 주활동과 4가지 지원활동으로 분석된다. 즉 주활동은 1) 구매물류, 2) 제조, 3) 출하물류, 4) 판매 및 마케팅, 5) 고객서비스 활동으로 분석된다. 지원활동은 6) 전반관리(재무·회계·법무), 7) 인적자원관리, 8) 기술개발, 9) 조달활동으로 분석된다.

게다가 각각의 활동은 비용과 마진(margin)으로 구성되며, 그런 마진의 합계가 기업의 총부가가치이다. 그 때문에 기업내부에는 각 활동이 가치사슬이 되고, 기업은 이런 가치사슬의 분석(부가가치 분석)을 통해 자사의 강점과 약점을 명확하게 인식할 수 있다. 그리고 이런 인식에 기초하여, 먼저 설명한 3가지 경쟁전략 중에서 어느 전략을 수행하는 것이 기업에게 유효한가를 이해할 수 있다.

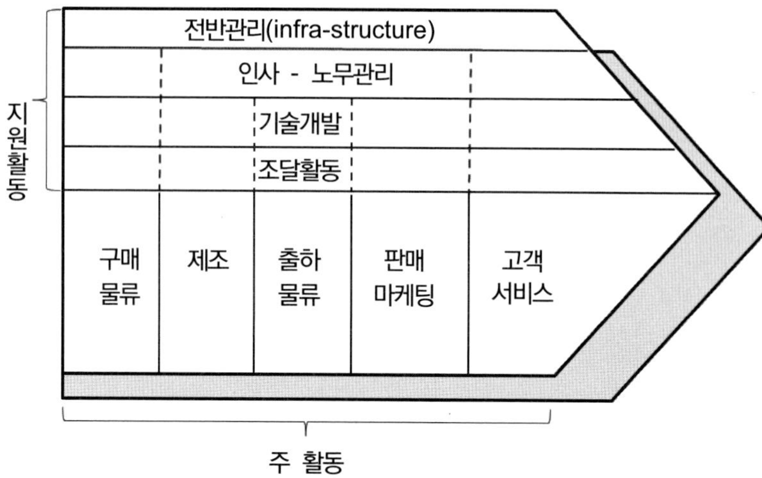

그림 5-6. 가치사슬(value chain)

예를 들면, 이러한 부가가치 분석의 예로서 진(jeans) 회사의 예를 들어 살펴보자. 이런 회사에서는 진을 생산하고, 이어서 브랜드 관리와 광고(마케팅)을 행하고, 최종적으로 진을 제품으로서 소매로 유통시켜 이익을 얻을 수 있다고 하자.

진 생산 → 브랜드관리와 광고(마케팅) → 도매 → 소매 → 소비자

이제 이 기업이 아래의 3가지 유통과정을 통해 진을 판매해서 그 결과로서 이익을 얻고 있는 것으로 한다.

1) 자사에서 진을 생산해서 비브랜드(non-brand)로 도매업자에게 판매하고, 도매업자가 소매업자에게 판매하는 유통과정. 이제, 이런 유통과정에서 얻게 될 이익을 A라고 하자.

진 생산 → 도매 → 소매 →

2) 자사에서 진을 생산하고, 그것을 자사 브랜드제품으로 마무리, 그것을 도매업자에게 판매하고, 한층 더 도매업자가 이것을 소매업자에게 판매한다. 이런 유통과정에서 얻게 될 이 기업의 이익을 B라고 하자.

진 생산 + 자사브랜드 → 도매 → 소매 →

3) 진을 자사에서 생산하여 그것을 자사 브랜드 제품으로 유통시키고, 직접 자사에서 소매업자에게 판매한다. 이런 과정에서 얻게 될 이익을 C라고 하자.

진 생산 + 자사브랜드 + 유통 → 소매 →

이상의 것으로부터 각 부문의 부가가치는 아래와 같이 계산된다.

자사부문의 부가가치 = A

자사브랜드의 부가가치 = B - A

유통의 부가가치 = C - B

여기에서 만일 제조이익 (A)가 높지 않으면, 이 기업은 비용우위 전략을 전개하는 것이 효과적일 것이다. 만일 자사브랜드의 부가가치 (B-A)가 높지 않으면 이 기업은 차별화 전략을 전개하는 것이 효과적일 것이다. 그리고 만일 유통의 부가가치 (C-B)가 높지 않으면 이 기업은 비용우위 전략을 전개하는 것이 효과적일 것이다.

이상과 같은 전략론체계가 포터의 경쟁전략론이다.

1.5. 포터의 경쟁전략론의 한계

그래서 포터의 경쟁전략론은 민즈버그(H. Mintzberg)에 의해 포지셔닝(positioning)론으로서 특징이 있지만, 본질은 상황결정론이다. 즉 업계나 산업상황이 기업의 전략행동을 결정하는 것이지만, 포터의 전략론의 본질이다. 이것은 포터의 논의가 S-C-P(구조-행위-성과) 패러다임으로서 산업조직론에 있어서 하버드학파의 전통적인 프레임워크에 기초하고 있기 때문이다.

경제학은 기본적으로 인간행동의 심리적인 설명을 피하려고 한다. 왜냐하면 심리학은 행동의 원리를 심리적 요인, 즉 「욕구」에서 구하며, 그것에 의해 어떤 행동도 설명할 수 있기 때문이다. 하지만 그것은 결코 강하지 않으며, 처음부터 경험적 검증을 하는 의미가 아니라는 의미에서 그러한 설명은 검증가능성이나 반증가능성이 없다는 것을 의미한다. 이러한 사태를 회피하기 위해 경제학은 재현가능성을 높여 검증가능성을 높이기 위해 상황이 인간행동을 결정하는 것처럼 설명하려고 한 셈이다.

그리고 사실, 포터의 상황결정론의 전략론은 경험적으로 비판에 노출되어 왔다. 똑같은 상황, 똑같은 업계에 놓여 있음에도 불구하고, 성공한 기업군의 전략적 행동이 다르다는 것이다. 또한 산업의 특징이 기업의 특징적인 전략행동 및 업적을 결정한다고 하는 인과명제가 통계적으로 실증되지 않았기 때문이다. 이것으로는 상황이 기업 고유의 전략적 행동을 결정하는 것은 아니다라고 말한다.

게다가 포터의 경쟁전략론에서는 앞에서 서술한 바와 같이 비용우위 전략과 차별화 전략의 양립은 어렵다. 왜냐하면 거기에는 경제적인 상충관계(trade off)가 존재하기 때문이다. 비용우위와 차별화

우위의 양쪽을 추구한다는 것, 「어중간」 하며, 비용우위를 추구하는 기업보다도 비용이 떨어지지 않으며, 차별화를 추구하는 기업보다도 차별화할 수 없기 때문이다.

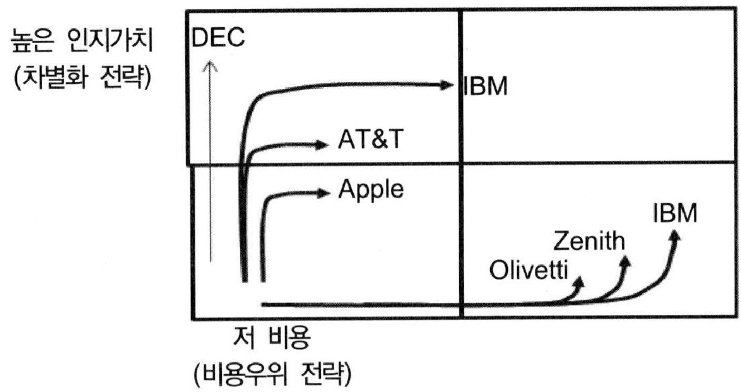

(출처) Douma and Schreuder (1991)

그림 5-7. PC산업의 경쟁전략

그런데, PC업계의 기업행동을 분석해 보면, <그림 5-7>과 같이 IBM은 최초로 차별화를 추구하였지만, 이윽고 차별화 전략과 비용우위 전략을 동시에 전개했다. 한층 더 업계전체로 해도 초기는 두 가지 전략그룹에게 명확히 나누어져 있었지만, 이윽고 업계전체가 양쪽의 전략을 추구해 나갔다.

따라서 이로부터 포터가 주장하는 3가지 전략의 구별은 그만큼 중용하지 않은 것이 아닌가. 이윽고 「어중간」해도 좋은 경우이지만 좋은 경우가 있을 수 있는 것은 아닌가 알려져 있다. 예를 들면, 요구르트의 「다농」은 품질은 높지도 낮지도 않다. 그리고 또한 가격도 저렴하지도 높지도 않다. 그러나 이런 상품은 팔리고 있는 것이다.

이상과 같이 포터의 경쟁전략론은 경험적으로 다양한 문제를 제기하였다.

연습문제

❶ 포터의 경쟁전략론과 하버드학파의 S-C-P 패러다임의 관계에 대해서 설명하시오.

❷ 포터의 3가지 경쟁전략에 대해 설명하시오.

❸ 포터의 경쟁전략론의 문제점을 설명하시오.

2. 자원기반이론

2.1. 자원기반이론의 제학설

그래서 1980년대는 이상과 같은 포터의 경쟁전략론을 중심으로 주로 기업의 외부환경에 눈길이 가고, 기업내부는 그만큼 중시되지 않았다.

그러나 포터의 경쟁전략론을 둘러싸고 상기와 같은 변칙사례가 많이 나타남과 동시에 1990년대가 되면, 기업의 내부요소에 주목한 논문이 다음과 같이 등장하였다.

그러한 가운데 일단 기업 내의 자원을 기반으로 해서 기업을 평가하는 펜로즈(Penrose[1959])의 생각이 부활하게 된 것이다. 그녀는 기업을 자원의 집합체로 보고, 무엇보다도 경영자는 기업가정신을 발휘해서 이익을 얻기 위해 위험을 부담하는 존재라고 주장하고 있었던 것이다.

게다가 워너펠트(Wernerfelt[1984, 1995])는 경영전략계의 베스트 학술지 『Strategic management Journal』에서 기업에 있어서 상품과 상품과의 표면상의 상호관계 혹은 시너지효과에 기초한 다각화 전략을 전개하는 것이 아니라 기업에게 고유의 자원에 따라 다각화 전략을 전개하는 것이야말로 중요하다고 주장하였다.

그는 기업의 다각화 전략행동을 주의 깊게 고찰한 결과, 다각화는 기업에 고유자원(resources)에 토대로 전개되고 있다는 것을 알았다. 그의 견해에 의하면, 다각화 전략을 전개할 경우 기존의 제품과 신제품과의 표면적인 상호관계가 중요한 것은 아니고, 그 배후에 있는 어떤 것들의 공통의 기업고유 자원이 중요하며, 기업은 우선 그것이 어떤 것인지를 명확히 자기인식하고 이것을 기반으로 하는 다각화 전략을 전개해서 복수의 제품을 생산 판매하는 것이 보다 효율적인 활동이다. 그리고 이러한 자원을 기업전략의 기본으로 할 필요가 있다는 것을 지적하고, 이러한 전략사고를 그는 「자원기반이론(resource-based view : RBV)」라고 부른다.

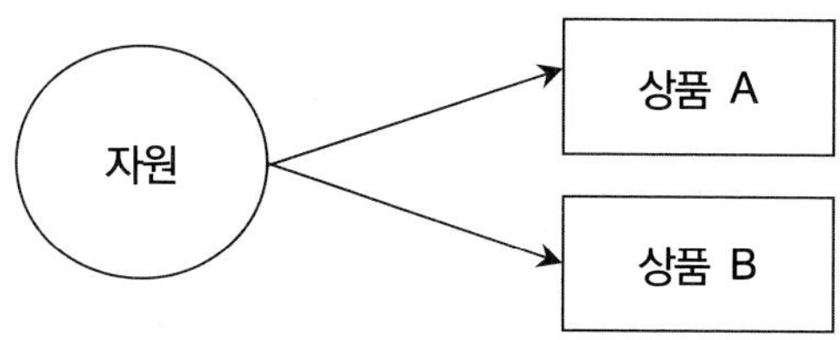

그림 5-8. 자원기반이론

게다가 루멜트(Rumelt[1987])는 어떤 특정 산업에 「진입장벽」이 존재하는 것처럼 동일산업 내에서도 특정의 전략그룹이 존재하고, 그런 그룹 내의 각 기업이 갖고 있는 특정자원이 경쟁우위를 낳고 있는 것으로 나타났다. 게다가 그러한 특정자원은 동일업종의 다른 회사가 이미 획득한 것은 모방하기가 어렵다. 이 때문에 그러한 기업에게 고유자원은 「이동장애(mobility barriers)」가 되거나 「격리메커니즘(isolating mechanisms)」으로서 작동하고 있음을 지적하였다.

그리고 바니(Barney[1991, 2001])가 자원기반이론, 특히 능력이론(capability theory)을 크게 발전시켰다. 그에 의하면 지속적 경쟁우위를 좌우하는 요인은 포터가 주장한 것처럼 소속업계의 특질, 즉 상황이 아니라 기업이 보유한 고유능력이라고 하였다.

기업 내에 축적된 능력은 희소하고 모방하려면 막대한 비용이 많이 든다. 이 능력은 다른 유형의 자원보다도 지속적 경쟁우위를 가져

오는 요인이 될 가능성이 높고, 기업은 기업전략의 일환으로써 이런 능력의 개발을 목표로 할 필요가 있다는 것이 바니의 생각이다.

특히 바니는 기업이 시장에서 경쟁우위를 획득하기 위해 필요한 자원을 둘러싸고 아래와 같이 「브리오(VRIO)」와 그가 부른 경영역량(capability)의 필요조건을 다음과 같이 열거하였다.

(1) 어떤 경영자원이 고객에 대해 가치를 직접 혹은 간접적으로 창조하는지 여부 (Value : 가치)
(2) 그 가치를 창조하는 자원이 동일업계 내에서 희소자원인가 여부(Rarity : 희소성)
(3) 그 자원(능력)을 다른 회사가 모방 가능성의 여부 (In-imitability : 비모방가능성)
(4) 자사가 보유하고 있는 자원을 조직적으로 유효하게 활용할 수 있는가(Organization : 조직)

이와 같이 만일 가치(V)를 창조함과 동시에 희소(R)하며, 그리고 모방이 곤란한 (I) 자원을 조직(O)가 유효하게 활용할 수 있으면, 기업은 지속가능한 경쟁우위를 획득할 수 있다는 것, 즉 바니가 언급한 VRIO 조건에 대응한 경영자원 혹은 경영역량을 갖는 기업은 살아남을 것이라는 것이다.

최근에는 상기의 (4) 조직(Organization) 대신 비대체가능성(Non-substitutability), 즉 그 경영자원이 대체여부 조건이 이용되는 경우가 많다. 그리고 오늘날 그 조건은 브린(VRIN)이라 하며, 많은 연구자들이 받아들이는 것 같다.

2.2. 프라하라드와 하멜의 핵심역량이론

자원기반이론 중에서 특히 유명한 한 가지 이론은 프라하라드와 하멜(Prahalad and Hamel [1990])에 의해 전개된 핵심역량(core competence)이론이다. 이에 대해서 간단히 설명하면 다음과 같다.

프라하라드와 하멜은 1980년대 일본 기업의 급속한 약진에 관심을 갖고, 일본 기업은 미국 기업보다 왜 강한가, 미국 기업은 일본 기업보다도 왜 열세인가라는 의문을 가졌다. 이에 대해 미국 기업은 기업의 핵심역량이나 중추적 조직능력을 바로 매각하거나 무조건으로 해왔기 때문이라고 했다. 반대로 일본 기업은 이러한 핵심역량을 꾸준히 성장시키는 동시에 핵심역량을 적극적으로 구입하여 장기적으로 보존하고, 성장할 때까지 철저하게 육성하는 점이 일본 기업의 강한 점이라고 주장하였다.

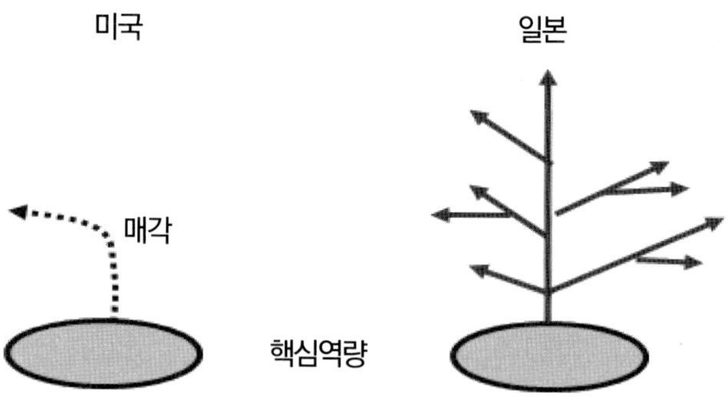

그림 5-9. 미국-일본의 기업 차이

핵심역량의 정의

프라하라드와 하멜에 의하면, 핵심역량이란 다른 회사가 흉내를 낼 수 없는 기업의 중추능력이며, 경영전략상의 근원적인 경쟁력으로 이어지는 핵심역량이다. 예를 들면 개별기술과 개별기술을 연결하는 것보다 기본적인 핵심기술 및 조직 내의 다양한 생산기술을 상호 조정하는 방법, 혹은 복수의 기술적인 흐름을 통합시킨 것 등 다양한 사업집합을 이어주는 「결합체」라는 것이다.

특히 핵심역량이란 「미래를 빠르게 선도하는 특기능력」이며, 아래와 같은 성질을 가진 기술 및 기능 등의 집합체라 말한다.

(1) 고객만족을 환기시키는 것
(2) 자사에 고유한 다른 회사에 의해 모방하기 어려운 것
(3) 다면적 및 다각적으로 활용할 수 있는 것

핵심역량 경영이란

핵심역량이론에 의하면, 기업경영자는 핵심역량에 경영자원을 집중할 필요가 있다. 바꿔 말하면, 핵심역량과 관계없이 부득의한 분야에 대해서는 아웃소싱, 즉 외부에서 조달하면 좋은 셈이다. 특히 다각화하는 경우에는 흔히 자사의 핵심역량을 기반으로 해서 다각화를 추진할 필요가 있다. 상품간의 표면상 상호관계는 의미가 없다는 것이다.

또한 구조 조정할 때에도 핵심역량을 토대로 비지니스를 재구성할 필요가 있고, 핵심역량에 따라 리엔지니어링(업무의 재구성)·지속적 개선을 실행하는 것이 기업에게는 합리적인 경영이다.

게다가 기업을 재생시켜 기업이 태어나는 경우에도 핵심역량을 중핵으로 하여 업무의 재생과 전략의 재검토가 필요하다. 즉 핵심역량과 무관한 선택과 집중은 소용없다.

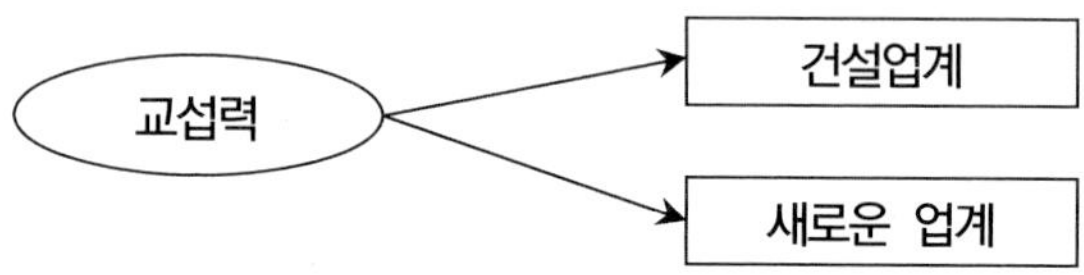

그림 5-10. A사의 핵심역량

예를 들면, 한 건설기업 A사에 의한 핵심역량이 「교섭력」이라고 하자. 이제, 건설업계가 변화해서 이 업계에서는 「교섭력」만으로는 직무를 수주할 수 없다고 하자. 즉 규제가 엄격해서 「교섭력」만으로는 이제 공공공사를 수주할 수 없는 상황이다. 이때 A사는 이런 「교섭력」을 살릴 수 있는 업계에 진출했는데 이익을 얻을 수 있다고 하자. 이런 「교섭력」이야말로 이 기업의 핵심역량이라고 말할 수 있다.

기업의 핵심역량 사례

이상과 같은 핵심역량이론의 사례를 소개하면, 먼저 혼다(HONDA)는 과거 「엔진 기술」이 핵심역량의 하나였다. 거기에서부터 에초기, 제설기, 자동차 등이 개발되면서 부터이다. 바꿔 말하면, 엔진 기술이 이들 일련의 제품 결합체로 되었기 때문이다. 향후 혼다는 아시모(ASIMO)의 「로봇 기술」을 장래 혼다의 핵심역량으로 육성하려는 것으로 알려지고 있다.(<그림 5-11> 참조)

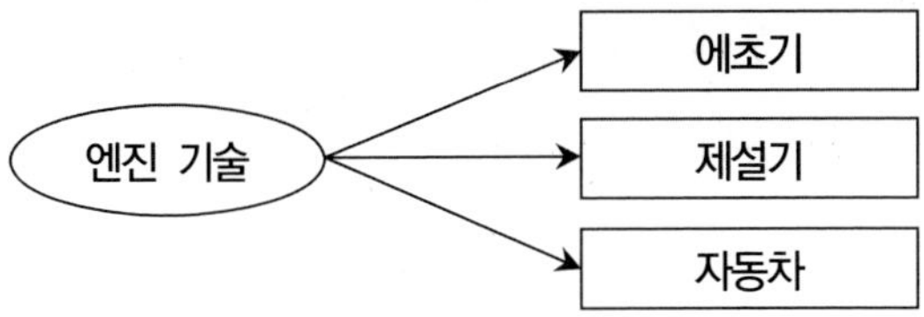

그림 5-11. 혼다의 핵심역량

또한 과거 소니(SONNY)에서는 「소형화 기술」이 소니의 핵심역량이라 불렀다. 즉 이것에서부터 라디오, VTR, 8미리 카메라, 워크맨이 차례차례 개발되었다.(<그림 5-12> 참조)

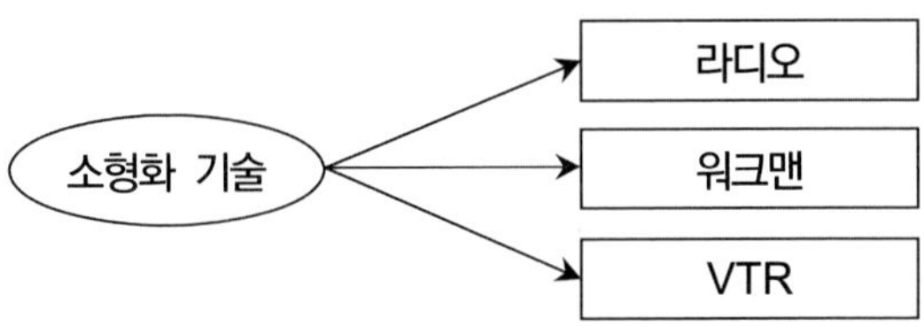

그림 5-12. 소니의 핵심역량

샤프(Sharp)는 「박형 액정 디스플레이 기술」이 핵심역량이다. 여기에서부터 Zaurus(자우루스)나 워드프로세서나 PC가 개발될 수 있었다. 액정 기술이 샤프의 다양한 제품의 결합체의 역할을 맡을 수 있었기 때문이다. (<그림 5-13> 참조)

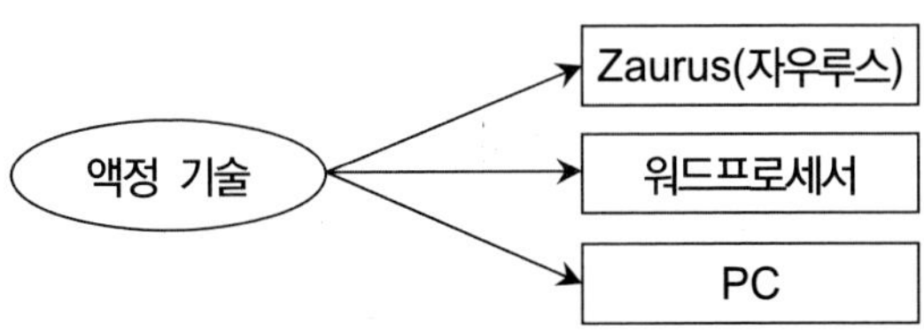

그림 5-13. 샤프의 핵심역량

그밖에 캐논의 경우에는 레이저프린트에서 발휘되고 있는 화상처리 기술이 핵심역량이라고 알려졌다. 또한 MS사에서는 OS개발력이 핵심역량인 것으로 알려졌다. 게다가 가오(花王)의 경우 소비자의 소리를 반영시킨 상품개발력과 개발과정(비오레 모공 팩 등)가 핵심역량으로 알려졌다. 또한 세븐일레븐에서는 수발주관리의 정보시스템, 즉 POS(물류효율의 개선을 실현)이 핵심역량이라고 알려져 있다.

2.3. 자원기반이론의 한계

이상과 같이 산업구조, 즉 상황이 기업의 전략행동을 결정한다는 포터의 상황결정론의 논의에 반해, 기업은 내부에 보유하고 있는 고유의 자원을 기초로 해서 전략을 익힐 필요가 있다는 다양한 사고의 총칭이 오늘날 「자원기반이론」이라 불리는 이론적인 틀이다. 최근에는 유형·무형자원을 포함해서 광범한 능력이라는 것도 많다.

이런 자원기반이론 혹은 능력이론을 둘러싸고 지금의 문제가 두 가지 있다. 하나는 이 이론이 아직 이론이 아니라 RBV(resource-based view) 혹은 CBV(capability-based view)에 머물러 있다는 방법론적인 점이다. 즉 이 이론은 「과학적 이론」이라기보다도 아직 단순한 「관점의 견해」에 불과하다.

이것은 「자원」, 「자산」, 그리고 「리소스」의 정의 및 조건이 달라지며, 반드시 공통의 인식이나 정의에는 이르지 않는다. 게다가 원래 자원, 리소스, 조직능력, 핵심역량, 그리고 능력 등의 기본적인 용어 자체의 정의도 통일된 것은 아니다.

이것은 무엇을 의미하는가. 만일 이 이론의 경우에는 사정이 나쁜 사례나 사실의 경우 사고방식이나 용어의 모호성을 이용하면 언제든지 용이하게 빠져나갈 수 있다. 따라서 자원기반이론은 유익한 비판을 무시하고 독선(dogma)으로 이어질 수 있다. 이 이론은 우리에게 인식의 진보를 초래하지 않을 가능성이 있다.

이런 의미에서 자원기반이론은 아직 과학적인 이론이라고 부를 수 없는 단계에 있다. 이 점에 충분히 주의해서 이 이론을 다룰 필요가 있을 것이다.

자원기반이론을 둘러싸고 한 가지 문제는 이 이론에서는 기업의 단기적인 경쟁우위는 설명할 수 있지만, 장기적으로는 그러한 자원 및 역량은 반대로 핵심 경직성(core rigidity)을 초래한다. 즉 레오나드-바튼(Leonard-Barton[1992])이 주장한 경직성이다.

특정 자원 및 역량(capability)에 집착하면, 반대로 변화하는 환경에 적응할 수 없으며, 기업은 자멸하게 된다. 예를 들면 샤프는 지금까지 액정 기술을 고유자원 혹은 핵심역량으로 간주하고, 거기에 자원의 선택과 집중을 하였다. 그러나 오늘날 그것이 샤프의 활동을 경직화시켜, 환경에 적응할 수 없게 되어 그 때문에 현재 샤프는 고충을 겪고 있다.

그렇다면 기업이 지속가능한 경쟁우위를 얻으려면 어떻게 하면 좋은가. 이러한 연구문제를 안고 있던 것이 이 분야의 중심적인 연구자들인 헬팻과 페터라프(Helfat and Peteraf[2003])이다. 그녀들은 동태적 자원기반이론(dynamic resource-based theory)이 필요하다고 생각한 것이다. 또한 넬슨과 윈터(Nelson and Winter[1982])는 일상(routine)과 역량을 수정하는 한층 더 고차원의 메타 일상(meta-routine)이 존재한다는 점을 주장하였다. 그들은 특히 자원기반이론의 연장선 위에서 동태적 역량(dynamic capability)이론을 생각했다.

연습문제

❶ 포터의 경쟁전략이론과 자원기반이론의 입장 차이에 대해서 설명하시오.

❷ 자원기반이론의 자원 혹은 핵심역량의 구체적인 예를 제시하시오.

❸ 자원기반이론의 문제점을 서술하시오.

3. 동태적 역량이론

3.1. 동태적 역량이론과 전략사고

이러한 상황에서 등장할 수 있는 것이 캘리포니아대학교 버클리대학의 대비드 티스(D.J. Teece)에 의해 전개된 동태적 역량이론이다.

티스에 의하면, 기업이 어떤 자원으로 이윤극대화 행동을 이어가면 그 행동을 반복하도록 일상·규칙·패턴(routine-rule-pattern)이 형성된다. 그리고 이것들에 따라 행동하고, 정의 이익이 있다면, 다른 기업이 해당산업에 진입하게 된다. 그리고 결과적으로 모든 기업의 이윤이 제로(0)가 될 때 진입은 멈추며, 해당산업은 균형상태에 이른다.

이런 상태에서 기업은 무엇을 해야 할지. 어떻게 해서 제로(0) 이윤상태를 회피하는가. 이런 균형상태를 파괴하는 것이 기업의 동태적 역량인 것이다.

동태적 역량

동태적 역량(dynamic capability)이란 포터와 같이 환경 상황의 변화를 인식해서 그것에 대응하는 자원기반이론처럼 기업에 고유자원을 인식해서 그것을 재인식하거나 재구축하거나 최종적으로 오케스트라의 지휘자처럼 전체적으로 편성(orchestration)하는 능력인 것이다. 그것은 슘페터(J.A. Schumpeter)가 말한 파괴적 혁신을 만들어내는 능력이기도 하다.

티스(2009)에 의하면, 동태적 역량이란 기업이 기술·시장변화에 대응하기 위해 해당 자원기반의 형성·재형성·배치·재배치를 실현하는, 모방할 수 없는 능력인 것이다. 결코 제로(0)에서 새로운 것을 만들어 내는 능력은 아니고, 지금까지 경쟁우위를 만들어 낼 수 있는 일상, 능력, 자원, 지식, 자산을 재구성하는 보다 고차원의 메타능력인 것이다. 게다가 그것은 자사의 자산 및 재구성한 지식만이 아니라 필요하다면 다른 회사의 자산이나 지식까지도 감아 넣어 재구성하는 편성 역량(orchestration capability)이기도 하다.

게다가 동태적 역량은 2장에서도 설명한 바와 같이 아래의 3가지 능력으로 구별된다.

(1) 먼저 환경변화에 수반하는 위협을 느끼는 능력(sensing: 감지)

(2) 다음으로 그것에 찾아낼 기회를 포착해서 기존의 자원, 일상, 지식을 다양한 형태로 응용하고 재이용하는 능력(seizing: 포착)

(3) 끝으로, 새로운 경쟁우위를 확립하기 위해 조직 내외의 기존 자원 및 조직을 체계적으로 재편성하고 변혁하는 능력(transforming : 변혁).

그리고 <그림 5-14>와 같이, 만일 시장의 새로운 변화에 수반하는 새로운 위협을 감지한다면 같은 과정을 추적하는 것이다.

이상과 같이, 만일 기업 내에 많은 고유자원, 지식, 그리고 기술이 있고, 게다가 최고경영진이 보다 많은 다른 회사의 최고경영진과 커뮤니케이션을 도모하고 보다 많은 지식이 합해진다면 동태적 역량을 발휘할 가능성이 높아질 것이다. 그런 목적은 이윤극대화가 아니라 생존하기 위한 제로(0)이윤 회피 혹은 정(+)의 이익이다.

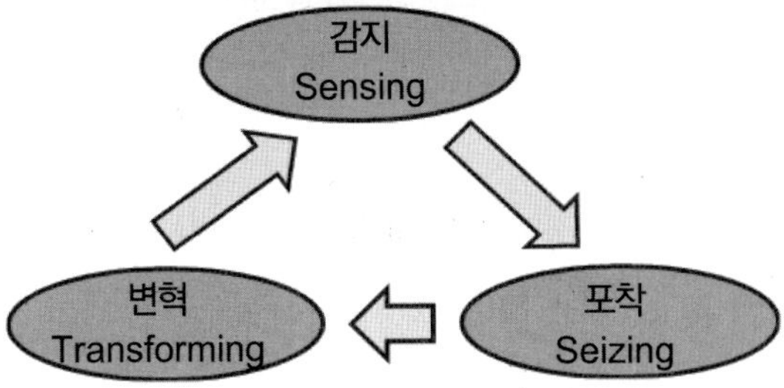

그림 5-14. 3개로 분해되는 동태적 역량

그리고 한층 이런 동태적 역량을 이용해서 완전히 새로운 것을 만들어 내는 것은 아니며, 어디까지나 시장이나 환경의 변화에 유연하게 대응하는 것처럼 기존의 자원을 재이용하고, 재구성하고 전체를 오케스트라와 같이 재편성한다. 이에 따라 기업은 일시적인 경쟁우위가 아니라 지속적인 경쟁우위를 확립할 수 있게 된다. 이런 전략사고가 동태적 역량전략인 것이다.

공특화의 경제성 원리

여기에서 이런 동태적 역량에서 중요한 것은 환경의 변화에 대응해서 기업이 기존의 자원, 자산을 재구성, 재배치, 재이용하는 점이다. 이런 재구성, 재배치, 재결합에 관해 티스는 어떤 원리를 시사하고 있다. 즉 「共特化의 原理」이다. 이 원리를 다듬는 것도 동태적 역량이론의 과제이다.

이 공특화의 경제는 범위의 경제와는 다르다. 범위의 경제는 어떤 공통자원 하에서 다른 비즈니스를 다각적으로 전개함으로써 얻게 될 이점(merit)이며, 분리 및 분화함에 따라 얻게 될 이점이기도 하다. 예를 들면, 샤넬 등의 상표명(brand name) 하에서 향수, 가방, 그리고 옷을 다각적으로 제조해서 판매하는 것은 범위의 경제를 실현하는 일일 것이다.

이에 대해 공특화의 경제는 반대의 개념이다. 2가지 이상을 통합·융합해서 얻게 되는 장점으로 그것은 마치 2개의 다른 것을 융합해서 발생하는 화학반응과 같은 것이다.

티스에 의하면 OS와 애플리케이션의 관계, 자동차와 주유소의 관계, 신용카드와 그것을 사용할 수 있는 점포의 관계, 미술관과 관내 카페의 관계 등의 관계이다. 각각 단독으로 특수화한 경우 반드시 충분한 이점이 생각할 수 있다고 할 수 없지만 이들 특수한 물건끼리 서로 결합한 것에 의해 보다 큰 이점이 발생할 것 같은 특수한 자원이나 자산의 결합인 것이다.

최근 디지털 카메라의 발전에 의해 위기에 빠진 후지필름이 짜낸 액정화면과 그것을 보호하는 특수필림의 관계에도 또한 이런 공특화의 경제원리가 작동하고 있다. 또한 일본 국내에서의 유니클로와 비쿠(Bic) 카메라의 이색적인 조합인 「빗쿠로(Bicqlo)」시도도 흥미롭다. 이것은 한 건물 안에 유니클로와 비쿠 카메라가 공존하는 전략이며, 일본에 온 관광 외국인을 목표로 삼은 것이다. 과연 이런 특수한 결합에 공특화의 경제성이 있는지 여부이다.

그리고 게임업계의 최고인 닌텐도가 소셜 게임(social game)회사인 DeNA와 자본을 제휴해서 닌텐도가 소셜 게임시장에 참가하는 시도도 흥미롭다. 게다가 최근 전차의 각 역 매장에서 로손과 세븐일레븐 등이 출점하는 전철과 편의점의 이색적 조합도 재미있다. 이들 새로운 결합에 공특화의 경제성이 있다면, 이런 특수한 결합도 또한 동태적 역량에 기초한 것일 것이다.

환경이 변화하고, 그것에 적응하는 것처럼 기존의 자원이나 자산, 그리고 기업외의 자원이나 자산만 재구성, 재배치하는 경우 이런 공특화의 경제성 원리에 따르는 것이 중요하다고 하는 점, 이것들이 티스의 동태적 역량이론인 것이다.

물론 이런 특수한 자원이나 자산의 재배치에 두 가지 이상의 기업이 관계하는 경우 윌리엄슨(Williamson)이 지적한 바와 같이 이런 특수한 관계가 있기 때문에 서로 술수를 부리기 쉬운 상황에 놓인 것이다. 그 때문에 거래비용이 높은 관계가 될 것이다. 그러나 티스에 의하면 동태적 역량 하에서 기존의 자원, 자산, 지식, 기술을 재구성하고 재배치하면 그 이상으로 공특화에 의한 이점이 있다는 것이다.

3.2. 이스트먼 코닥과 후지필름의 동태적 역량

이런 동태적 역량의 전략사고가 생사를 나눈 것이 이스트먼 코닥과 후지필름 사례이다. 코닥도 후지필름도 동시에 사진필름의 생산판매를 통해 오래 동안 많은 이익을 획득할 수 있었던 세계적인 대기업이었다.

그러나 1990년대에 디지털 카메라가 보급되기 시작해서, 양사 모두 사진필름 판매가 대폭 침체하여 동시에 경영난에 빠졌다. 당초 양사는 많은 자금을 보유하고 있었으며, 게다가 똑같이 사진필름을 둘러싼 고도의 기술 및 지식자산을 보유하고 있었다. 특히 코닥은 오늘날 디지털 카메라에 이용되고 있는 핵심기술을 세계에서 최초로 발명했던 회사이었다.

그러나 결과적으로 코닥은 자원을 유효하게 이용하지 못해 도산되고 말았다. 이에 대해 후지필름은 본업을 버리고 살아남은 오히려 이전보다 한층 더 성장하고 있다. 두 기업은 무엇이 다른 것인가. 정말로 동태적 역량전략의 차이였던 것이다.

코닥은 일찍부터 시장변화에 수반된 위협을 느꼈지만 주주가치 극대화 및 이윤극대화를 요구하며 고집스럽게 기존의 일상과 능력을 따른 것이다. 코닥은 그런 경직적인 전략을 일관해서 지킨 것이다. 그 때문에 주주를 위해 주가를 떨어뜨리지 않기 위해 보유했던 자금으로 대량의 자사주를 매입하였다. 그것은 미국의 경영대학의 교과서 방식이었다. 코닥은 환경변화에 대응하여 기존의 고도기술이나 지식자산을 재구성·재이용한다는 생각은 없었기 때문이다. 즉 코닥은 동태적 역량이 있었을지 모르지만 그런 능력을 이용해서 지속적인 경쟁우위를 확립한다고 하는 전략사고가 없었다.

이에 비해 후지필름은 주주가치나 이윤극대화가 아니라 생존하기 위해 살아남기 위해 동태적 역량을 적극적으로 이용하고, 기존의 고도기술이나 지식자산을 철저하게 재이용해서 새로운 지식이나 기술을 개발을 위해 보유했던 자금을 투입했다.

예를 들면, 이미 축적된 고도의 사진 필름기술을 철저하게 재이용하여 액정을 보호하기 위한 특수보호 프레임기술을 개발한 것이다. 오늘날 이 분야에서는 독점적 위치에 있다. 또한 사진필름의 건조를 억제하기 위해 축적되어 있던 콜라겐을 둘러싼 기술을 응용해서 새로운 화장품을 개발하였다. 그리고 오늘날 화장품업계에 진출하여 훌륭하게 성공하였다. 게다가 오늘날 에볼라 출혈열의 특효약이 될 것으로 주목받는 의약품의 개발까지 실행하고 있다.

후지필름은 전적으로 새로운 기술을 제로에서 만들어내어 경쟁우위를 낳고 있는 것은 아니다. 정말로 동태적 역량아래 수시로 환경변화에 대응해서 기존기술 및 지식을 재구축하거나 재배치하거나 재이용함으로써 단기적이 아니라 지속적 경쟁우위를 형성한다는 새로운 유연한 전략을 전개하고 있는 것이다.

이처럼 코닥과 후지필름의 운명을 가른 것은 기술력이나 지식력 및 자금력이 아니었다. 동태적 역량을 이용하여 지속적 경쟁우위를 확립하고자 하는 전략사고라고 말할 수 있다. 오늘날 샤프, 파나소닉, 소니 등 일본의 가전산업은 쇠퇴의 위기에 처해 있다. 어떤 기업도 아직 세계 최고수준의 기술이나 지식을 많이 보유하고 축적하고 있다. 그 때문에 그런 부활의 관건은 동태적 역량과 유연한 전략적 사고에 있다고 생각할 수 있다.

3.3. 동태적 역량이론을 둘러싼 문제

끝으로 동태적 역량이론의 연구는 지금까지 순풍에 만선할 수 있다는 의미는 아니다. 실은 오늘날 매우 중요한 학문적 문제에 직면하고 있다. 이것을 연구하는 동태적 역량이론 연구자는 의외로 적다.

2011년 『Strategic management Journal』에 발표된 헬파트와 윈터(Helfat and Winter[2011])는 종래부터 연구된 통상적 역량(ordinary capability)와 동태적 역량의 구별은 불명확하다.

만일 그들의 논의가 사실이라면, 동태적 역량을 독립해서 연구할 필요는 없다는 점, 그 때문에 종래의 능력이론으로 충분하다는 것이다. 물론 동태적 역량이론의 창시자의 한사람인 티스는 동태적 역량이론은 종래의 통상적 역량이론과는 다르다고 생각했다. 그 때문에 그는 이런 논문을 매우 걱정하고 있다.

아래에서는 지금도 고민하게 하는 티스의 동태적 역량이론을 둘러싼 문제에 대해서 설명하기로 하자.

두 가지 문제

동태적 역량이론을 둘러싸고 있는 심각한 학문적 문제는 두 가지 문제이다.

(1) 동태적 역량의 제창자의 한 사람이며, 지지자이기도 한 핼파트와 윈터에 의해 제기된 문제이다. 그들에 의하면, 종래부터 논의되어온 통상적 역량과 동태적 역량의 구별이 모호함이라고 한다. 그 때문에 만일 그들의 논의가 사실이면, 독립된 연구로서 동태적 역량을 연구할 필요 없이 종래의 능력이론으로 충분하다는 것이다.

(2) 그리고 한 가지는 오래전이지만 1994년『Strategic management Journal』에 발표된 하버드대학의 콜리스(Collis[1994])에 제출된 문제이다. 그것은 만일 통상적 역량을 보다 저차원의 능력으로, 그 능력도 변화하는 고차원의 메타능력으로 해서 동태적 역량을 구별한다면, 기업은 흔히 한층 더 우수한 보다 고차원의 동태적 역량을 요구하기 때문에 메타 메타 역량(meta meta capability)을 추구해서, 무한 후퇴에 이르게 한다는 것으로 그 때문에 기업은 궁극적인 동태적 역량을 얻을 수 없다는 논의이다.

핼파트와 윈터의 비판

위와 같은 비판적인 논의를 보다 상세히 설명하면 다음과 같다. 우선 핼파트와 윈터는 통상적 역량과 역동적 역량을 다음과 같이 정의하였다.

통상적 역량(ordinary capability)이란 같은 고객에게 같은 제품 및 서비스를 제공하기 위해 같은 기술을 사용하고, 같은 규모로 기업이 활동하는 능력이며, 현상을 유지하는 능력이라는 의미에서 통상적(ordinary)이라고 한다. 그것은 또한 안정된 상태에 대응하는 능력이며, 일상(routine)을 움직이는 능력이기도 하다. 또한 기업의 이윤극대화 행동에 관한 일상을 형성하는 능력이기도 하다.

이에 대해 동태적 역량(dynamic capability)이란 커다란 변화에 대응해서 기업의 활동전체를 바꾸거나 기업 활동을 확장시키는 능력이다. 그 때문에 기존의 통상적 역량도 변화하는 능력이다. 이런 의미에서 동태적 역량은 통상적 역량보다도 고차원의 메타 수준의 역량이라고 말할 수 있다.

이상과 같은 티스는 두 가지 역량의 차이를 설명하기 위해 티스가 즐겨 사용한 말이 있다. 즉 통상적 역량이란 일을 제대로 할 수 있는(do thing right) 능력이며, 동태적 역량이란 올바른 일을(do right thing) 할 수 있는 능력으로 구분하여 설명하였다.

이와 같이 일반적으로는 두 가지 역량은 구별된다. 그러나 헬파트와 윈터에 의하면, 실은 두 가지 역량은 명확하게 선을 그을 수 없다. 왜냐하면, 변화란 항상 일어나고 있으며, 현실은 크든 작든 변화하고 있기 때문이다. 따라서 통상적 역량도 실은 끊임없이 작은 변화에 대응할 수 있는 것이며, 그런 능력의 기초로 기업은 변화에 대응할 수 있어야 한다.

그 때문에 헬파트와 윈터에 의하면, 이들 두 가지 역량의 차이는 본질적인 것은 아니고, 정도의 차이에 불과하거나, 그것들은 가까이에서 보거나 멀리 떨어져 보는지의 차이이며, 한 가지 역량이 역동적으로 이용되거나 통상적으로 이용되기도 한다는 것에 지나지 않다고 하였다.

따라서 동태적 역량이론은 독자적으로 연구할 필요 없이, 종래의 통상적 역량이론의 범위에서 연구하는 것이다. 동태적 역량은 변화가 큰 경우에 대응하는 능력에 불과한 것이지, 결코 특별한 것은 아니라는 것이다.

그러나 티스는 역시 통상적 역량과 동태적 역량은 본질적으로 다른 능력이며, 그 때문에 동태적 역량은 독자적으로 연구될 수 있다고 주장하였다. 그러나 왜 양자를 구별할 필요가 있는가. 이 문제에 충분히 대답하지 않은 것이다.

콜리스의 비판

가령 통상적 역량과 동태적 역량을 보다 저차원 수준의 역량과 보다 고차원 메타 수준의 역량으로 구별하더라도, 콜리스에 의하면 별도의 문제가 발생한다는 것이다. 그에 의하면, 기업의 역량은 다음과 같이 3가지 형태로 저하된다.

(1) 기업이 환경에 적응할 때마다 능력을 사용한다면, 그것은 저하된다.
(2) 다른 형태로 소비자에게 가치를 제공하는 동일 업계의 다른 회사가 갖고 있는 보다 우월한 대체능력이 출현하면, 자사의 능력은 저하된다. 즉 수평적으로 대체되는 것에 의해 저하된다.
(3) 기업 내 기존의 능력이 보다 고차원의 동태적 역량에 의해 대체될 때, 기존의 능력은 저하된다. 즉 수직적으로 대체되는 것에 의해 저하된다.

콜리스는 (3)의 보다 고차원의 능력이 최강이라고 하였다. 그러나 기업이 능력의 저하를 피해서 지속적 경쟁우위를 만들어 내기 위해 궁극적인 능력으로서 보다 고차원의 동태적 역량을 찾아가면 기업은 무한 후퇴에 이르게 된다. 즉 기업은 메타 능력보다도 보다 고차원의 메타메타 능력, 게다가 메타메타메타 능력 …을 추구하고 무한 후퇴하는 것만으로 궁극의 능력을 얻을 수 없다고 한다.

이상과 같이 오늘날 동태적 역량을 둘러싸고 2가지 문제가 존재한다. 이들 문제는 아직까지 해결되지 않고 동태적 역량이론을 덮는 두 개의 구름처럼 존재한다. 그러나 이런 동태적 역량으로부터 배울 수 있는 점은 많은 것으로 사료된다.

연습문제

❶ 동태적 역량의 3가지 능력에 대해서 설명하시오.

❷ 동태적 역량이론을 둘러싼 문제점에 대해서 설명하시오.

참고문헌

Barney, J. B. [1991] "Firm Resources and Sustained Competitive Advantage," *Journal of Management*, 17 : 99-120.

Barney, J. B. [2001] "Is the Resource-Based 'View' a Useful Perspective for Strategic Management Research? Yes, *Academy of Management Review*, 26 : 41-56.

Barney, J. B. [2002] *Gaining and Sustaining Competitive Advantage*, 2nd ed., Prentice Hall. (岡田正大訳『企業戰略論(上, 中, 下)』ダイアモンド社, 2003年)

Collis, D. J. [1994] "Research Note: How Valuable are Organizational

Capabilities?," *Strategic Management Journal,* 15 : 143-152.

Collis, D. J. and C. A. Montgomery [1998] *Corporate Strategy: A Resource- Based Approach*, McGraw-Hill. (根末龍之·趣田啓·久保亮一訳『資源ベースの經營戰略論』東洋經洛新報社, 2004年)

Douma, S. and H. Schreuder [1991] *Economic Approaches to Organizations*, 1st ed., Prentice Hall.

Helfat, C. E. and M. A. Peteraf [2003] "The Dynamic Resource-Based View : Capability Lifecycles," *Strategic Management Journal*, 24: 997-1010.

Helfat, C. E. and S. G. Winter [2011] "Untangling Dynamic and Operational Capabilities: Strategy for the (N)Ever-Changing World," *Strategic Management Journal*, 32 : 1243-1250.

菊澤研宗『戰略學 – 立体的戰略の原理』ダイアモンド社, 2008年。

Leonard-Barton, D. [1992] "Core Capabilities and Core Rigidities: A Paradox in Managing New Product Development," *Strategic Management Journal,* Summer Special Issue, 13 : 111-125.

Nelson, R. R. and S. G. Winter [1982] *An Evolutionary Theory of Economic Change*, Havard University Press. (角南驚·田中辰雄·後購見訳『經洛衷動の進化理論』慶應義整大字出版会, 2007年)

Penrose, E. T. [1959] *The Theory of the Growth of the Firm*, Wiley.

Porter, M. E. [1980] *Competetive Strategy : Techniques for Analyzing Industries and Competitors*, Free Press. (土l技坤·服部照夫·中辻萬治訳『競爭の戰略』ダイアモンド社, 1985年)

Porter, M. E. [1985] *Competitive Advantage: Creating and Sustaining Superior Performance*, Simon & Schuster. (土岐坤·中辻萬治·小野 寺武夫訳『競爭優位の戰略 – いかに高業績を持続させるか』ダイアモンド 社, 1985年)

Prahalad, C. P. and G. Hamel [1990] "The Core Competence of the Corporation, *Harvard Business Review*," May/June : 79-91.

Rumelt, R. P. [1987] "Theory, Strategy, and Entrepreneurship, in D. J. Teece, ed., *The Competitive Challenge*," *Ballinger* : 137-158.

Teece, D. J. [2007] "Explicating Dynamic Capabilities: The Nature and Micro Foundations of (Sustainable) Enterprise Performance," *Strategic Management Journal*, 28 : 1319-1350.

Teece, D. J. [2009] *Dynamic Capabilities and Strategic Management: Organizing for Innovation and Growth*, Oxford University Press. (谷口和弘·峰単旭·川西章弘, ステラ·S·チェン訳『ダイナミック·ケイパビリティ 戰略 - イノベーションを創發し, 成長を加速させる力』ダイアモンド社, 2003年)

Teece, D. J. [2012] "Dynamic Capabilities: Routines versus Entrepreneurial Action," *Journal of Management Studies,* 9 : 1395-1401.

Teece, D. J. [2014] "A Dynamic Capabilities-based Entrepreneurial Theory of the Multinational Enterprise," *Journal of International Business Studies*, 45 : 8-37.

Teece, D. J. and G. Pisano [1994] "The Dynamic Capabilities of Firms," *Industrial and Corporate Change*, 3 : 537-556.

Teece, D. J., G. Pisano and A. Shuen [1997] "Dynamic Capabilities and Strategic Management," *Strategic Management Journal*, 18 : 509-533.

Wernerfelt, B. [1984] "A Resource Based View of the Firm," *Strategic Management Journal*, 5 : 171-180.

Wernerfelt, B. [1995] "The Resource-Based View of the Firm: Ten Years After," *Strategic Management Journal*, 16 : 171-174.

제6장

새로운 조직경제학의 방법론

지금까지 신제도학파 경제학이란 이름아래 전개된 주요 조직경제이론으로 거래비용이론, 대리이론, 소유권이론에 대해서 설명하였다. 나아가 경영전략에 관한 경제학적인 방법론에 대해서도 소개하였다. 끝으로 조직경제학이란 이름 아래 향후 한층 더 발전될 것으로 여겨지는 유력한 방법론을 소개하기로 한다. 즉, 진화경제학, 행동경제학(경제심리학), 법경제학, 그리고 게임이론 방법론이다.

여기에서는 이들 방법론의 차이를 이해하기 위해 이들 각각의 이론을 간략하게 소개하고, 각 이론에 의한 기업 간의 관계가 분석되는 것을 예시한다.

1. 진화경제학과 기업 간의 관계

지금까지 기업조직의 연구에 진화론적 사고를 다룬 논의가 많이 전개되고 있다. 그 중에서도 넬슨과 윈터(Nelson and Winter)[1982]) 에 의해 전개된 진화경제학(evolutionary economics)의 논의만큼 세간의 이목을 집중시킨 것은 없다. 이하 그들이 전개한 진화경제학의 핵심을 소개한다.1)

1.1. 일상집합으로서 기업조직

일상의 종류

넬슨과 윈터에 의하면, 조직은 「일상(routine)」이란 개념에 의해 표현된다. 일상은 예측 가능한 규칙적인 행동패턴을 의미한다. 예를 들면, 기업조직에는 고유의 생산 활동을 둘러싼 일상, 광고 선전 활동을 둘러싼 일상, 고용과 해고를 둘러싼 일상, 그리고 기업전략을 둘러싼 일상 등이 이에 해당한다. 이처럼 다양한 일상이 기업조직에 존재하지만, 그들에 의하면, 아래와 같이 기본적으로 3가지로 구별된다.

(1) 기업 조업의 특질을 둘러싼 일상 : 이 일상은 단기적으로 일정하다고 알려진 생산요소이다. 아래 기업이 일상적으로 행하는 것에 관련한 일상이다. 예를 들면, 기업조직에서는 일반에게

1) 넬슨과 윈터의 진화경제학의 용이한 설명에 대해서는 브로맨(Vromen)[1995], 도마와 슈로이더(Douma and Schreuder)[1991]를 참조.

고유일상에 따른 연구개발(R&D)의 방침이 결정되고, 고유일상에 의한 생산 활동이 이루어진다. 또한 고유일상에 따라 인사가 전개되고, 고유일상에 따라 투자도 이루어진다.

(2) 기업의 자본스톡을 둘러싼 일상 : 이 일상은 단기적으로 일정한 것으로 알려진 생산요소(자본스톡) 자체가 장기적으로 변화하는 패턴에 관한 일상이다. 예를 들면, 설비투자에 관한 일상 등이 이에 해당한다.

(3) 일상자체를 수정하는 일상 : 기업조직에는 기존의 일상 그 자체를 수정하기보다 고차원의 메타일상(meta routine)이 존재한다. 기업에서는 기존의 일상을 둘러싼 문제가 발생한 경우 새로운 일상을 탐구한다. 그럴 때 의존하는 일상이 메타일상이다.

이상과 같은 일상의 결합체에서 기업조직이 구성된다고 생각하는 점이 넬슨과 윈터가 강조한 기업이론의 특징이다.

일상의 성격

게다가 일반적으로 이들 일상의 성격은 아래와 같이 사람들이 자전거를 타던지, 컴퓨터를 조작하던지, 테니스를 하는 것과 같은 개인 기술에 비유된다.

(1) 인간은 자전거를 처음 탈 때 모든 세부동작에 주의를 기울인다. 그러나 자전거에 익숙해지면, 동작은 프로그램화되어, 자연스럽게 자전거를 타게 된다. 이때 자전거를 타는 것은 이미 기술이다. 조직의 일상도 이와 같은 기술에 비유된다.

(2) 또한 자전거를 타는 자동프로그램을 인간은 완전히 명확하게

말로 말할 수 없다. 거기에는 흔히 말로는 말할 수 없는 「암묵지」가 존재한다. 이런 점에서도 개인의 기술과 조직의 일상은 유사한 것이다.

이상과 같이 만일 기업조직이 개인기술에 비유되는 집합이라면, 정통적 신고전학파 경제학이 설명한 것처럼 조직행동은 숙고를 거친 선택적 의사결정의 결과가 아니라 오히려 이들 다양한 이상에 의해 대부분 결정된다.

즉 조직이 일상에 따라 행동하는 경우 아무것도 선택되지 않은 상태에 가까워진다. 자전거를 타고 빨간 신호등을 만났을 때 사람들은 충분히 숙고해서 선택하는 것이 아니다. 사람들은 자연스럽게 속도를 늦추어 정지한다. 마찬가지로 조직 내부에서도 조직구성원의 행동은 일상에 따라 자동적으로 이루어지며, 정통적 경제이론이 설명하는 것처럼 최적행동을 선택하는 것이 아니다.

조직행동은 이러한 일상에 좌우되기 때문에 정통적 경제이론이 주장하는 만큼 선택의 역할이 중요하지 않다. 이 점이 넬슨과 윈터의 기본사고이다.

일상의 역할

일상이 조직 내부에서 어떤 역할을 하는가. 넬슨과 윈터에 의하면, 일상은 주로 2가지 중요한 역할을 한다.

(1) 먼저, 일상은 조직적 「기억」의 역할을 한다. 넬슨과 윈터에 의하면, 조직은 행동을 통해 많은 일상을 기억한다. 만일 일상이 이용되지 않으면 기억이 희박해지는 것처럼 일상도 역시 쇠약

해진다. 이 말은 조직이 그러한 일상을 실행하는 능력을 잃어 버리기 때문이다. 바꿔 말하면 조직구성원들 간에 인사이동이 빈번하게 일어나면 조직의 기억은 위기에 처한다.

(2) 다음, 일상은 조직 내부에서 이해대립이나 갈등을 정지하는 역할을 한다. 넬슨과 윈터에 의하면, 사이몬(H. A. Simon)이 주장한 바와 같이 조직은 최대화 원리가 아니라 만족화 원리를 따른다. 구성원들이 만족화 원리 아래 일상에 따라 행동하는 한, 예컨대 구성원 간에 이해대립이나 갈등이 잠재적으로 존재하더라도 그것은 겉으로 드러나지 않는다. 일상은 조직내부를 안정시키는 힘이 되며, 조직내부의 갈등을 정지시키는 역할을 맡아 준다. 그 때문에 만일 일상이 변경된다면 조직내부의 정치적 균형이 깨져 잠재적인 이해대립이나 갈등이 표면화된다.

이상과 같이 일상은 조직내부에서 1) 조직적 기억의 역할과 2) 이해대립이나 갈등을 정지시키는 역할을 한다.

1.2. 일상의 돌연변이와 도태

따라서 유전자의 구조자체가 부분적으로 잠재적인 돌연변이를 결정하는 것처럼 조직의 일상구조 자체가 돌연변이를 부분적으로 결정한다. 넬슨과 윈터에 의하면, 일상의 돌연변이는 1) 우연이나, 2) 장고의 결과로 초래된다. 인사이동에 의해 일상의 돌연변이가 발생한다. 이것은 우연에 의한 돌연변이다.

이에 대해 장고에 따른 일상의 돌연변이는 문제해결을 둘러싼 활동에 의해 생긴다. 문제가 발생하면, 조직 내부에서는 처음에는 해결안이 기존의 일상 가까이에서 탐색된다. 일상을 둘러싼 다양한 변화가 발생하지만, 조직 내부에서는 보다 저항이 적은 길을 탐색하는 경우가 많다. 즉, 기존의 일상에 근접하고 있는데 일상의 변화를 남기지만, 조직적인 정지 상태를 교란시키지 않는 것이며, 그것이 변화의 성공률을 높여 준다. 게다가 그러한 일상의 변화는 기업조직이 이제까지 수집해서 축적된 암묵지나 경험에서 배운 것을 충분히 낼 수 있어서 조직에게 받아들이기 쉽다.

이와 같이 일상의 돌연변이는 우연에 의해 일어나는 경우도 있고, 문제가 발생하고, 숙련되고 또 새로운 일상을 탐색하는 과정에도 발생한다. 이러한 돌연변이를 일으키는 다양한 조직의 일상에 대해 환경에 의한 도태는 성공적인 일상에 대해 호의적이다. 여기서 성공적인 일상이란 기업에 의해 많은 이윤을 가져오는 일상이다. 이러한 일상을 가능하게 복제하는 것은 기업에게 바람직한 것이다.

이상과 같은 변화와 도태는 동시진행으로 상호작용한다. 이들 변화와 도태의 상호작용에 의해 한편 기업은 새로운 산업조건에 적응하게 일상을 변화시켜 진화한다. 다른 한편 성공적인 일상은 누적적으로 기업내부에 유지된다.

1.3. 기업 간 거래의 진화과정

이상과 같은 넬슨과 윈터의 진화경제학에 따른 기업 간 거래를 둘러싼 진화과정은 어떻게 설명되고 있는가. 아래에서 사례를 제시한다.

(1) 먼저, 넬슨과 윈터에 따라 각 기업은 이윤극대화 원리가 아니라 만족화 원리에 따라 우연 혹은 모방에 의해 다양한 일상에

서 다양한 기업관계를 전개한다. 예들 들면, 한 기업은 자유로운 시장거래를 일상으로 할 수 있어 일상으로 전개되고 있을지도 모르고, 다른 기업에서는 1대 1의 고정적인 조직거래가 일상적으로 계속 전개되고 있을지도 모른다. 또한 동일기업 내부에서도 한 부문에서는 시장거래가 일상화되고, 다른 부문에서는 조직거래가 일상화되고 있을지도 모른다.

(2) 이들 중 예를 들면, 시장거래가 일상화된 기업이나 부문이 실패하고, 조직적 거래를 일상화한 기업이 성공한 것으로 널리 알려져 있지만, 이런 거래방식은 다른 기업이나 다른 부문에 의해 모방된다. 또한 자유로운 시장거래를 일상화해서 실패한 기업이나 부문은 문제를 해결을 위해 기존의 일상을 변화시킬 것이다.

(3) 하지만 모방은 흔히 완전하지 않고 불완전하며, 돌연변이를 포함하고 있다. 그 동안 완전히 1대 1의 고정적인 조직거래를 일상화 못하고, 우연, 특정의 2, 3사와 거래는 조직적으로도 시장적이지도 않다. 또한 중간거래를 일상화하는 기업이 출현할지도 모른다. 혹은 문제를 해결하는 과정에서 시장거래의 특징을 남기고, 중간거래로 서서히 이전(shift)되는 기업이나 부문이 출현할 지도 모른다.

(4) 그리고 결과적으로 조직적인 거래와 함께 이 애매한 중간조직적인 거래 또한 사회시스템에 의해 보다 효율적인 것으로 선택될지도 모른다. 이러한 진화과정을 통해 일본에서는 계열거래가 일상으로 지배될 가능성이 있다.

이것이 넬슨과 윈터에 의한 진화경제학적인 기업 간 거래관계의 설명 이미지이다. 이러한 진화경제학적 논의의 문제점은 현존한 것은 항상 효율적인 것으로 간주되기 때문으로 이런 논의를 토대로 현상에 대해 정책안을 제안할 수 없다.

연습문제

❶ 일상이란 무엇인가. 구체적인 예를 이용해서 설명하시오.

❷ 일상의 역할이란 무엇인가.

❸ 일상의 돌연변이는 어떻게 발생하는가.

2. 행동경제학과 기업 간의 관계

2002년 노벨경제학상을 수상한 카네만과 트버스키(Kahneman and Tversky) [1979]), 탈러(Thaler) [1985]) 등에 의해 전개된 전망이론에 근거해서 경제심리학(economic psychology), 행동경제학(behavioral economics), 특히 심리회계(mental accounting)[2]에 대해서 설명하기로 한다. 이 분야는 오늘날 가장 주목을 받고 있는 분야이며, 향후 비약적으로 발전할 가능성을 간직하고 있는 분야이다.

2.1. 전망이론

경제심리학 혹은 행동경제학의 기초 하나가 전망이론이다. 이 이론은 기본적으로 인간은 효용극대화지만, 완전하게 합리적인 것은 아니고 제한적으로 합리적인 인간의 심리적 특성을 보다 구체적으로 설명하는 이론이다.

먼저 제한적으로 합리적인 사람에게는 준거점(reference point)이 있다고 여긴다. 그것은 인간이 사물을 인식하고 평가할 때 참고하는 주관적인 점이며, 그것은 한 사람 한 사람 다르다.

예를 들면 A씨는 은행에서 항상 5분 기다림에 익숙한 편이다. A씨는 5분을 참고해서 기다린 시간의 장단을 인식하고, 평가한다. 이런 경우 5분이 준거점이며, 이 5분을 기축으로 해서 「생각보다 빨라서 이득을 봤어」라거나 「생각보다 늦어서 손해 봤어」 등으로 생각

2) 행동경제학에 대해서는 多田(2003)이 알기 쉽다. 심리회계에 대해서는 菊澤(2006)에 상세하게 다루고 있다.

한다.

이런 준거점을 경계로, 자신의 예상보다 높은 수준의 결과는 「이익」으로 인식하고, 그것이 증가하면 얻을 수 있을 것이라는 심리적 가치나 만족이 커진다. 한편, 준거점보다 낮은 수준의 결과는 「손실」로 인식하고, 그것이 늘어나면 심리적 가치는 감소하여 불만이 커진다.

게다가 이익증가율과 심리적 만족의 증가율은 정비례하지 않는다. 이익이 커지면 커진 만큼 심리적 가치나 만족은 체감한다. 다만, 여기에서 말하는 「이익」과 「손실」은 어디까지나 준거점을 기반으로 상대적 이익과 손실이어서 절대적 이익과 절대적 손실이 아니라는 점에 주의하여야 한다.

또한, 제한적으로 합리적인 사람에 대해서는 1단위의 상대적 이익이 증가에서 얻게 될 심리적 만족의 크기보다 1단위의 상대적 손실에 의해 발생하는 불만이 큰 편이다. 바꿔 말하면, 사람은 이익이 나올 때는 위험 회피적이지만, 손실이 나올 때에는 위험 선호적이 된다는 것이다.

이상과 같은 제한적으로 합리적인 사람의 심리적 특성은 <그림 6-1>의 가치함수 $v(x)$로 표현된다.

(1) <그림 6-1>의 중심점이 제한적으로 합리적인 사람의 주관적 준거점이다. 이 점보다 더 높은 수준의 결과가 나오면 그것은 이익이며, 그런 이익이 커지면 만족도 높다. 이에 대해 준거점보다 낮은 결과가 나오면 그것은 손실이며, 그 손실이 커지면 불만도 높아진다.

(2) 또한 <그림 6-1>의 준거점을 경계로 상대적 이익이 증가할수록 만족은 비례적으로 높아지지 않고 체감한다. 이것이 제한

적으로 합리적인 사람의 특징이 되는 「감응도 체감」이다.

(3) 게다가 <그림 6-1>에서는 이익이 증가해서 얻는 만족도 보다 손실을 발생시키는 것에 의해 얻게 될 불만의 정도가 크다는 제한적으로 합리적인 사람의 「손실회피」의 성격도 그려지고 있다.

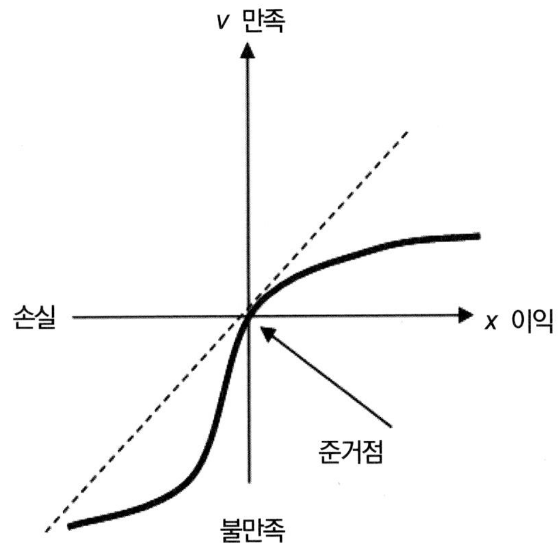

그림 6-1. 가치함수

이상과 같은 제한적으로 합리적인 사람의 심리적 편견(bias)을 그려내는 가치함수 $v(x)$를 이용하면 일견 비합리적으로 보이는 행동도 합리적인 것으로 설명할 수 있다.

예를 들면, 외국환이나 주식을 다루는 투자자는 일반에게 이익이 충분히 오르기 전에 이익을 확정하려 하며, 손실의 확정은 미루려는 경향이 있다. 구체적인 예를 이용하면, 어떤 사람이 달러화를 1,000

만 원어치 구입한다고 하자. 이제 달러가 상승하여 보유 1,000만원어치의 달러가 1,200만원까지 상승했다고 하자. 이런 경우 보유 달러를 전부 원화로 교환하여 200만원의 이익을 확정한다고 하자. 그러나 달러가 내려가 1,000만원에 구입했던 달러 총액이 900만원으로 하락한 경우 투자자는 이것을 원화로 교환해서 100만원의 손실을 확정하려는 것은 아니다. 게다가 또한 달러가 내려갈 가능성이 높아도 원화로 교환하려고 하지 않는다. 왜 그럴까.

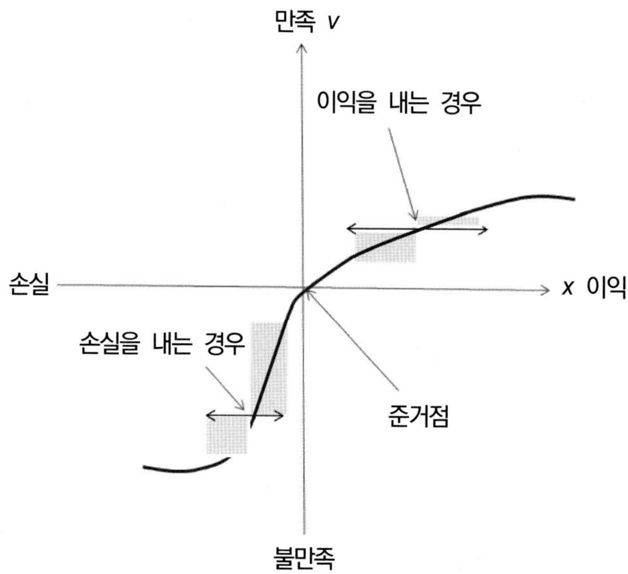

그림 6-2. 가치함수와 투자행동

이러한 행동은 비합리적인 것으로 보인다. 그러나 전망이론의 가치함수에 의하면, 이런 행동은 결코 비합리적인 행동이 아니다. <그림 6-2> 보다 이익을 내는 경우 그 이상 이익을 내더라도 만족이 그만큼 높아지지 않기 때문에 이익을 확정하려고 한다. 그러나 손실이

나는 경우에는 적어도 손실이 감소한다고 불만은 급감하는데 대해 손실이 한층 더 증가해도 그만큼 불만이 높아지지 않는다. 그 때문에 손실이 나는 경우 적어도 결과를 확정하지 않고 그대로 두는 편이 합리적일 것이다. 이처럼 이익이 나면 바로 이익을 확정하지만, 손실이 나면 바로 손실을 확정하지 않는 행동이 결코 비합리적인 행동은 아니다.

또한 기업도 성공하고 있는 사업을 쉽게 매각할 수는 있지만, 손실을 내는 사업에서 철수하거나 그것을 매각하기란 매우 어렵다. 물론 그러한 사업에 보다 많이 투자한 사례가 많다. 이러한 행동도 일견, 비합리적인 것으로 보이지만 가치함수에 따르는 사람에게는 심리적으로 합리적인 행동이 된다.

보다 구체적으로 설명하면, 이제 두 가지 사업을 전개하려는 기업 경영자에 대해서 고려해 보자. 프로젝트 1은 10,000만원의 손실이 발생하고, 프로젝트 2에서는 10,000만원의 이익이 발생한다고 하자. 만일 이 경영자가 시간과 노력을 프로젝트 1에 투입한다면 뭔가 15,000만원의 이익이 있다며, 한편 프로젝트 2에 시간과 노력을 돌아보면, 30,000만원의 이익이 발생한다고 하자. 이런 경우 어떻게 노력과 시간을 집중할 필요가 있는가.

합리적으로는 프로젝트 2에 경영자가 노력과 시간을 집중할 수 있다. 그러나 가치함수에 따르면, 경영자는 프로젝트 1에 시간과 노력을 집중할 가능성이 있다. <그림 6-4>와 같이, 프로젝트 2에서 30,00만원의 이익을 창출하는 것보다도 <그림 6-3>과 같이 프로젝트 1에서 15,000만원의 이익을 낳는 게 경영자에 의해 만족 v는 높아지기 때문이다.

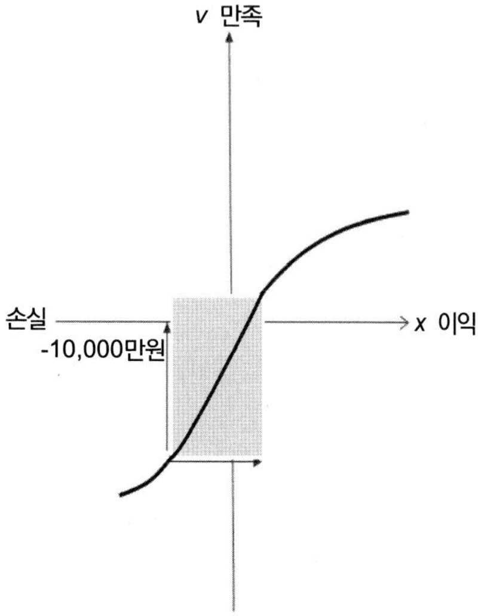

그림 6-3. 프로젝트 1

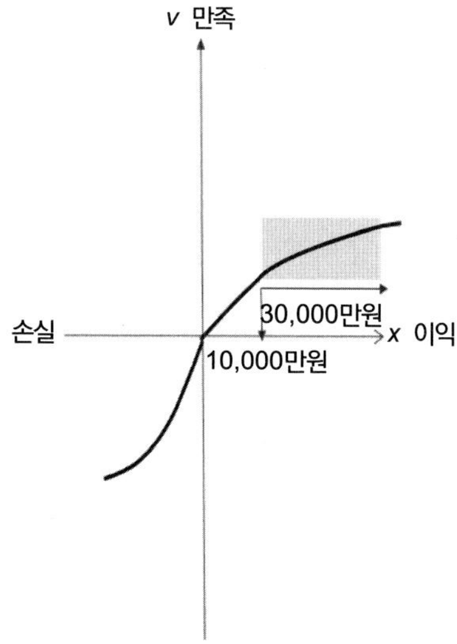

그림 6-4. 프로젝트 2

이와 같이, 사회적으로 전혀 비합리적인 행동으로 보이는 행동도 가치함수에 따르면 심리적으로 합리적인 행동으로서 분석될 수 있다.

2.2. 심리회계

분명히 적금 전부를 해약하거나 일부를 깨는 것이 합리적인데도 우리는 비합리적으로도 한편에서는 아이의 교육비로 0.1%의 금리로 계속 저축하면서도 다른 편에서는 자동차 구입대금으로 금리 3%로 대출을 받는 일이 있다. 이런 인간행동의 합리성을 설명하는 것이 탈러에 의해 전개된 심리회계의 생각이다. 이런 생각을 설명해 보자.

전망이론을 토대로 이제 두개의 사업을 전개하는 기업경영자에 대해 고려해보자. 사업 1에서 얻게 될 예상외성과를 x_1, 사업 2에서 얻게 될 예상외성과를 x_2라고 하자. 기업회계 상으로는 이들 두 가지

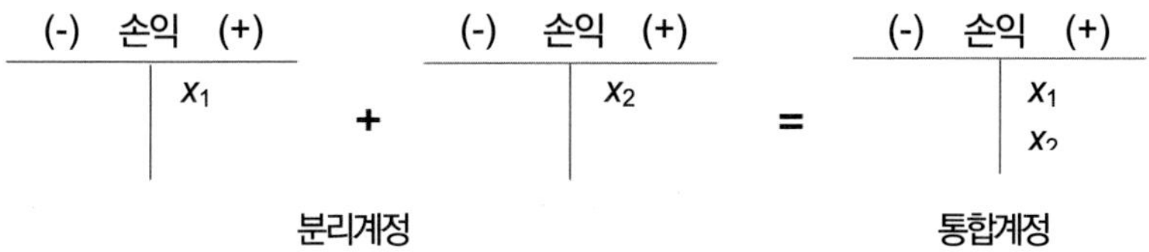

그림 6-5. 실제회계

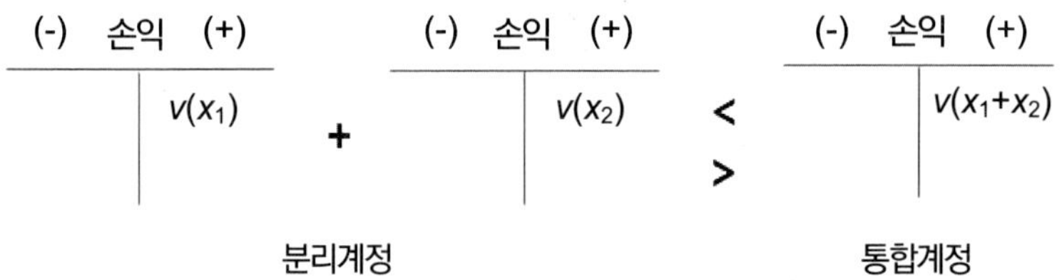

그림 6-6. 심리회계

성과 x_1과 x_2를 두 개의 분리계정에서 처리하거나 하나의 통합된 통합계정에서 처리해도 그 값은 <그림 6-5>와 같이 동일하다.

그렇지만 실제로는 이들 두 개의 성과 x_1과 x_2는 사람들의 마음 속에 들어 있는 가치함수 $v(x)$를 통하여 심리가치 $v(x_1)$과 $v(x_2)$로 재평가되어 심리계정(mental account) 아래 처리된다. 이때 <그림 6-6>처럼 두 가지 성과 $v(x_1)$과 $v(x_2)$을 통합하는 심리계정(통합계정) 아래에 처리하는 것이 심리적으로 가치가 보다 높게 느껴지는 경우와 두 가지 성과를 분리해서 처리하는 것(분리계정)이 심리적으로 가치가 보다 높게 느껴지는 경우이다.

이 점을 구체적으로 설명하기 위해 예를 들면, 사업 1에서 예상외 이익($x_1 > 0$)이 발생하고, 사업 2에서도 예상외 이익($x_2 > 0$)이 발생하는 기업경영자의 심리에 대해서 고찰해 보자.

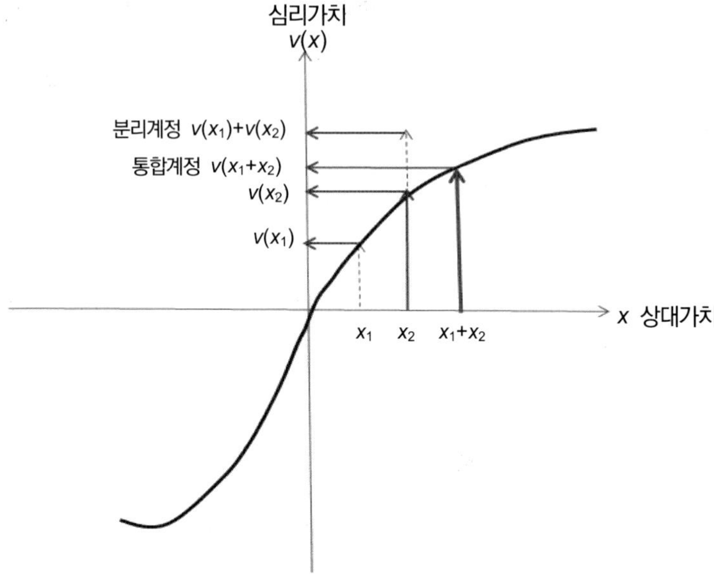

그림 6-7. 가치함수와 심리회계

이런 경우 예상외 이익 x_1에서 얻게 될 정의 심리가치 $v(x_1)$은 <그림 6-7>의 점선의 화살표 높이로 나타난다. 또한 예상외 이익 x_2에서 얻게 될 정의 심리가치 $v(x_2)$는 그림의 가는 실선의 화살표 높이로 나타난다. 따라서 예상외 이익 x_1과 x_2를 분리한 상태에서 얻게 될 정의 심리가치의 합계 $v(x_1)+v(x_2)$는 그림의 점선의 화살과 가는 화살을 더한 높이가 된다.

이에 대해 두 가지 예상외 이익 합계 (x_1+x_2)에서 얻는 정의 심리가치 $v(x_1+x_2)$는 그림의 회색 실선의 대실 표시의 높이로 나타난다. 화살표의 높이로 나타난다. <그림 6-7>보다 분명히 회색의 실선은 점선과 가는 실선을 더한 높이 보다 낮아서 $v(x_1+x_2)<v(x_1)+v(x_2)$가 된다. 즉,

(1) 예상외이익($x_1 > 0$)과 예상외이익($x_2 > 0$)이 나올 경우에는 통합계정에서 처리하기보다 분리계정에서 처리하는 것이 심리가치가 높다.

따라서 이런 경우 두 가지 사업의 성과 x_1과 x_2의 합계를 최대화하려는 것이 아니라, 각각의 사업의 성과를 개별계정에서 취급하고, 각각을 개별적으로 최대화할 것처럼 행동할 가능성이 높다고 할 수 있다.

이와 같은 방법으로 다른 사례를 분석해 보면, 일반적으로 아래와 같은 결론에 이른다.(가치함수 $v(x)$의 그림을 이용해서 아래와 같은 결론이 나올지 스스로 시도하고 싶다).

(2) 예상외 손실($x_1 < 0$)과 예상외 손실($x_2 < 0$)이 나오는 경우 분리 계정보다도 통합계정에서 처리하는 것이 심리가치가 높다.

(3) 예상외 적은 손실($x_1 < 0$)과 예상외 큰 이익($x_2 > 0$)이 발생한 경우 ($x_1 + x_2 > 0$), 분리계정 보다도 통합계정에서 처리하는게 심리가치가 높다.

(4) 예상외 작은 이익($x_1 > 0$)과 예상외 큰 손실($x_2 < 0$)이 발생한 경우 ($x_1 + x_2 < 0$), 통합계정보다도 분리계정에서 처리하는 게 심리가치가 높다.

이상과 같은 심리회계의 특징을 이용하면, 아래와 같은 판매전략 문제에 응용할 수 있다. 이제 어떤 자동차의 딜러가 2,500만원에서 판매하고 있다고 하자. 다른 딜러는 동일한 자동차를 2,800만원에 판매하고 있지만, 여러 가지 할인서비스를 붙였기 때문에, 최종적으로는 2,500만원이 된다고 하자. 만일 양자의 딜러에서 권유를 받았다고 하면, 소비자는 어떤 딜러한테 구입할 가능성이 높은가.

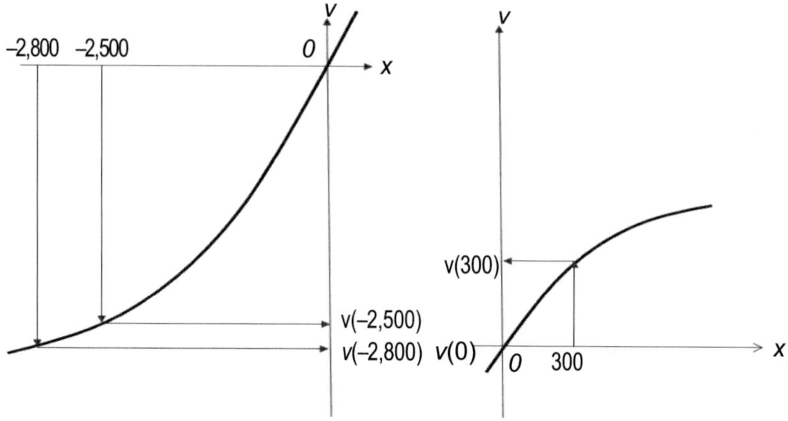

그림 6-8. 2인의 딜러 심리회계

이런 경우 단순하게 계산하면, 양자의 판매방법에 본질적인 차이는 없다. 그러나 심리회계의 관점에서 하면, 전자의 딜러는 소비자에게 통합회계를 전개하고 있는 것에 대해서 후자의 딜러는 소비자에게 큰 손실과 작은 이익을 나누어 줌으로써, 소비자에게 분리회계를 전개해서, 보다 높은 심리가치를 느낌이 들게 하는 것이다. 즉 가치함수 $v(x)$의 S자 상을 생각하면, 손실로서의 자동차의 비용은 각각 −2,500만원과 −2,800만원이어서 <그림 6-8>과 같이 소비자에 의해 심리가치 $v(-2{,}500)$와 $v(-2{,}800)$에 큰 차이가 난다. 한편 이익은 0원과 300만원이기 때문에 <그림 6-8>과 같이 주관적 가치 $v(0)$와 $v(300)$에 큰 차이가 난다. 이것은 상기 (4)의 상황이며, 소비자에게 분리회계를 전개시키는 후자의 딜러가 소비자에게 보다 높은 만족을 주게 된다. 그 때문에 후자의 딜러부터 구입하는 소비자가 많은 것이 예상된다.

이상과 같이 제한합리적인 사람의 심리적 편견을 그리는 가치함수를 이용하면, 일견 비합리적으로 보이는 인간행동도 심리적으로는 합리적인 것으로 설명될 수 있다.

2.3. 기업 간 관계에 심리회계의 응용

이상과 같은 전망이론에 의거 심리회계의 생각을 이용하면, 흥미로운 기업 간 거래관계가 분석되고 있다.

이제 조립업자의 대표자와 부품업자의 대표자가 향후의 거래를 둘러싸고 사전에 거래교환을 행하고 있다고 하자. 향후 거래관계를 둘러싸고 매회 필요한 량만 거래하여 그 정도 대금을 지급하는 단기매매계약(시장적 spot계약거래)와 수년간 포괄적으로 거래하는 포괄계약(장기매매계약)으로 구별가능하다.

여기에서 부품을 주문하는 조립업자 측에 의해 이제 교섭에 임할 때 시장적인 개별계약 거래와 장기적인 포괄계약의 어느 것이 심리회계적으로 바람직한 것인지 되돌아본다. 예를 들면, 아래 2가지 계약에 대해서 고찰해보자.

(1) 3년 간에 3회 필요한 때에 필요한 만큼 부품을 조달해서 그 정도 대금을 지급한다(지불이 좋겠다)고 하는 개별계약
(2) 3년간 고정적으로 일정 부품량에 대해 일정 대금을 지급한다(지불이 좋겠다)고 하는 포괄계약

이제 <그림 6-9>의 횡축을 지급하는 금액 x로 하고, 종축을 심리가치 $v(x)$로 하면, 조립업자의 담당자에 의해 <그림 6-9>처럼 비록 지불하지 않으면 안 되는 금액이 결과적으로 같은 금액 $(x_1 + x_1 + x_1 = 3x_1)$이어도 포괄계약 쪽이 개별계약보다도 가치함수에 따라 심리가치의 손실감은 작은 것으로 나타났다. 즉 대금을 지불하는 측

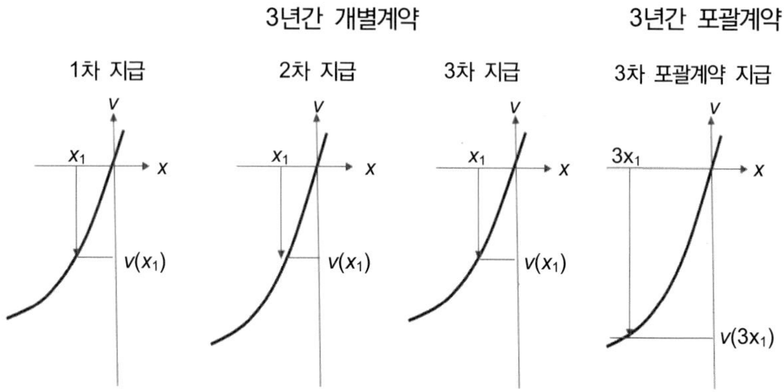

그림 6-9. 조립업자 측의 심리회계

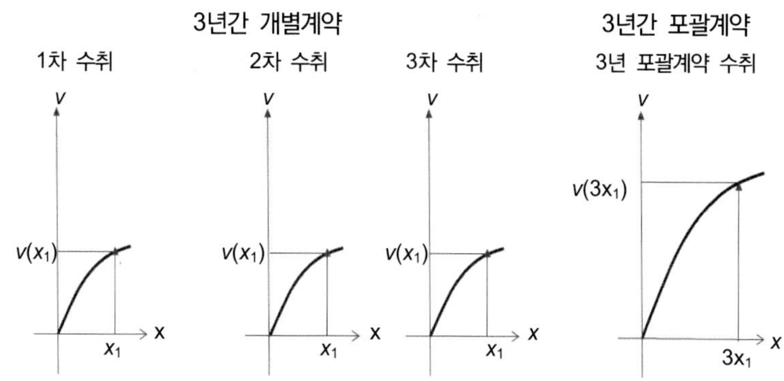

그림 6-10. 부품업자 측의 심리회계

에 따라 개별계약에 의한 분리계정 $v(x_1)+v(x_1)+v(x_1)$보다도 포괄계약에 의한 통합계정 $v(3x_1)$ 쪽이 심리적으로 보다 손실이 적게 느껴진다. 이것을 일반화하면, 조직내 거래에서는 통합회계가 보다 철저하기 때문에 조립업자 측에게는 조직내 거래가 가장 좋은 거래로 되는 것이 예상된다.

이에 대해 한편 부품업자는 대금을 수취한 측이다. 이런 경우 <그

림 6-10>에서처럼 비록 수취한 금액이 결과적으로 같은 $(x_1+x_1+x_1=3x_1)$이어도 그 정도 대금을 수취하는 개별계약이 일괄해서 대금을 수취하는 포괄계약보다도 심리가치가 크게 느껴진다. 즉 부품업자의 담당자에게는 통합회계 $v(3x_1)$보다도 분리회계 $v(x_1)+v(x_1)+v(x_1)$ 쪽이 심리적으로 보다 높은 가치를 갖게 된다.

여기에서 만일 조립업자 측의 교섭력이 세다면, 양자의 거래는 장기적인 포괄계약 혹은 조직화의 방향으로 편견이 걸릴 것이다. 이것에 대해 부품업자 측이 교섭력이 강한 경우에는 시장적인 개별계약의 방향으로 편견이 든다.

이상으로부터 시장거래가 조직 내 거래이냐 코즈의 선택문제는 실은 단순히 거래비용문제만이 아니라, 계약형태를 둘러싼 심리적 편견에도 의존하는 가능성이 있다.

연습문제

❶ 사람들의 마음의 편견을 그리는 S자 가치함수의 특징에 대해서 설명해보자.

❷ 이제 2가지 비즈니스를 전개하는 경영자가 모두 예상외의 손실을 낳고 있다. 이런 경우 분리계정 보다도 통합계정에서 처리하는 게 심리적 가치가 높아진다. 이것을 S자 가치함수를 이용해서 설명하시오.

❸ 어느 경우 통합계정에 따라 심리회계가 전개되는가. 구체적인 사례를 이용해서 설명하라.

3. 법경제학과 기업 간의 관계

3.1. 법경제학 방법론이란

법경제학의 시작

법경제학의 방법론에 대해서 설명해보자. 법경제학은 1960년대부터 1970년대에 이르기까지 코즈(Coase)[1960, 1988], 카라브레시(Calabresi)[1970] 및 포스너(Posoner)[1973]들의 경제학과 법률학의 두 분야에 밝은 연구자들에 의해 개발되어, 급속히 발전한 연구 분야이다. 1991년에 노벨경제학상을 수상한 코즈의 한 가지 수상 이유는 이 분야에 공헌이었다. 오늘날 주요 미국 로스쿨의 대부분에서 「법경제학」(law and economics)이나 「법의 경제분석」(economic analysis of law)라고 하는 이름의 강의가 개발되고 있다.

이제까지 독점금지법이나 세법 분야에서는 경제학의 지식이 필요로 하지 법률분야에서도 경제학이 이용되어 왔다. 그러나 그것은 어디까지나 예외적이어서 기본적으로 경제학과 법률학은 거의 관계가 없다. 경제학은 효율성을 추구하는 학문이며, 법률학은 정의를 실현하는 학문이라고 생각되며, 효율성과 정의는 반드시 일치하지 않기 때문에 양자가 양립한다고는 생각하지 않았다.

이런 생각을 번복해서 전통적 법률분야에 경제이론이 적용할 수 있음을 밝힌 것이 법경제학 방법론이다. 특히 이제까지 정의 실현을 이상으로 해서 전개된 것으로 생각했던 불법행위법이나 계약법 등의 전통적인 법률분야에 경제학을 적용했다는 점이 법경제학의 획기적인 측면이다. 이하에서는 기업 간 거래에 관련한 폴린스키

(Polinsky)[1989]의 거래계약을 둘러싼 법경제학 방법론의 기본적인 사고방식을 소개하기로 한다.3)

계약은 절대로 지켜야 하는가

그건 그렇고 일반적으로 「계약은 지켜지 않으면 안 된다」고 하는 것은 누구나 알고 있다. 계약을 파기하는 것은 정의에 반하는 행위이며, 계약을 지키는 것 그자체가 도덕적으로 옳으며 절대적인 규율이라고 생각한다. 사실 역사적으로는 계약을 지키지 못한 채무자는 채무노예로 된 시대도 있다. 그리고 오늘날에도 불황 중에 채무불이행의 책임을 지고 자살하는 경영자도 있다.

그러나 법률적으로 말하면, 「계약은 지키지 않으면 안 된다」고 하는 명제는 절대적인 명제가 아니다. 예를 들면 기업 A가 어떤 상품을 기업 B에게 판매하는 계약을 체결했다고 하자. 그러나 기업 A는 이런 계약을 파괴하고 제3자인 기업 C에게 그 상품을 판매하였다고 하더라도, 이런 경우 기업 A는 계약을 파괴했기 때문에 곤란한 형벌을 부과되지는 않는다. 일반적으로 법률의 세계에서는 기업 A는 기업 B에게 손해를 배상하면 된다.

이와 같이 민법에서는 계약을 지키는 것을 반드시 절대적인 것이라고는 생각하지 않는다. 원칙적으로 손해배상만 하면 계약을 파기하는 것이 허용된다. 게다가 상대가 피해 본 손실 모두를 반드시 배상할 필요 없고 강제이행 역시 가능한 경우에만 국한된다.

따라서 법률세계에서는 논리적으로 말하면 만일 손해배상을 행할

---

3) 계약법을 둘러싼 법경제학 방법론의 평이한 설명은 小林·神田(1986), 宍戸·常木(2004)를 참조.

수 있다면, 계약은 파기해도 좋다는 것이다. 즉 법률상 「계약을 깨는 자유」가 우리에게 인정받고 있다. 그러나 왜 손해배상만 하면 계약을 깨도 좋다는 것인가.

계약을 파기하는 자유의 의미와 기업 간 관계

법경제학 방법론에 의하면, 계약을 파기한다고 말하는 것은 경제학적으로 비효율적이다. 일반적으로 모든 사람은 계약상 일어나는 모든 상황을 완전히 명시할 수 있는 만큼 합리적이지 않다. 한편 사람은 계약상 일어나는 상황을 전혀 명시할 만큼 완전히 비합리적이지도 않다. 무엇보다도 사람들은 제한적으로 합리적이며, 어느 정도 계약 상 일어나는 조건을 명시할 수 있다. 그 때문에, 제한적으로 합리적인 인간세계에서는 계약은 흔히 불완전하다.

이러한 불완전계약을 흔히 절대적인 것으로 지키겠다고 하는 경우에 따라서는 비효율적인 자원배분이 발생할 가능성이 있다. 반대로 말하면, 효율적으로 자원배분하기 위해서는 상황에 따라서는 불완전계약을 파기할 필요가 있다.

예를 들면, 한 제조업자가 한 소매업자와 계약하였지만, 그 가격보다 높은 가격으로 상품구입을 강력하게 희망하는 제3자가 나타났기 때문에 계약을 파기한 상품을 제3자에게 판매했다고 하자. 이런 경우 본래의 계약자인 소매업자에게 손해배상을 지불했다고 해도 제3자에게 파는 편이 더 이익이 있다는 점을 계산한 뒤 계약을 파기하는 것이 일반적이다. 이러한 계약위반은 경제학적으로 효율적이라고 한다.

우선, 본래의 계약자인 소매업자는 손해배상을 받았기 때문에 그의 이익은 제로(0)이다. 제조업자는 보다 많은 이익을 얻는다. 그리고 제품은 보다 높게 평가하는 제3자에게, 그 때문에 제품을 보다 유효하게 이용할 수 있는 방법을 알고 있기 때문에 보다 고가에도 사려고 생각하는 사람에게 제품이 배분되어 이용된다. 이와 같이 이런 계약위반에 의해 보다 효율적인 자원배분과 이용이 일어나는 것이다.

이상과 같이 사람들은 제한적으로 합리적이며, 제한적으로 합리적인 인간세계에서는 계약은 흔히 불완전계약이 된다. 그 때문에 불완전계약을 절대적인 것으로 해서 지키도록 한다고 반대로 비효율적인 자원배분이 발생한다. 물론 손해배상제도 하에서 필요하다면 계약을 파기하는 자유를 주고 두는 편이 제한적으로 합리적인 인간세계에서는 보다 효율적인 자원배분으로 이끌리는 것이다.

3.2. 기업 간 거래를 둘러싼 법경제학 방법론

두 가지 배상책임규칙

이제 이상과 같은 단순한 고찰에서 손해배상되면, 계약위반의 자유를 인정하는 것이 흔히 효율적인 자원배분에 이끄는가 하면 그만큼 간단하지 않다. 실은 손해배상제도의 내용에 따라서는 비효율적인 계약위반에 이끌리기도 한다. 어떤 손해배상제도가 효율적인 계약위반에 유도될 것인가.

논리적으로 단순화해서 말하자면, 배상책임제도는 기본적으로 다음 2가지로 구별된다. 즉, 계약을 위반한 경우 위반자는 상대의 과거뿐만 아니라 예측 가능한 장래의 손해에 대해서도 배상책임을 부담할 것인가, 혹은 과거의 확정적인 손해만큼으로 한정해서 배상책임을 부담하는가 등이다.

이들 중에서, (1) 예견 가능한 미래의 손해를 포함하고 배상책임을 묻는 배상책임제도는 「기대배상책임」(expectation remedy)제도라 부른다. 그것은 계약의 이행에 의해 얻게 될 것으로 기대된 같은 상태를 배상에 의해 만들어 주는 것이며, 계약이 실행되었다면 장래도 포함해서 획득했을 것이라고 예견되는 기대가치를 배상하는 책임제도이다.

이에 대해 (2) 과거의 확정된 손실만큼을 배상하는 배상책임제도는 「원상회복 배상책임」(restitution remedy)제도라고 부른다. 그것은 계약이 이루어진 것을 전제해서 계약수행자에게 주어진 편익에 상당하는 금액을 회복시키는 것이며, 계약위반에 의해 발생한 과거의 확정적인 손해만큼을 배상하는 제도이다

이들 2가지 배상책임제도의 어느 쪽이 더 효율적인 자원배분에 이끌지 이것을 아래와 같은 단순한 거래계약모형을 이용해서 고찰해보자.

이제 소매업자 X가 어떤 제조업자와 상품의 구입계약을 행하고, 사전에 계약금으로서 1,000만원을 지불했다고 하자. 그리고 소매업자 X는 그 상품을 1,400만원으로 소비자에게 판매할 수 있다는 것을 예견하고 있다고 하자. 하지만 제조업자가 소매업자 X에게 상품을 인도하기 전에 제3자 Y에가 직접 해당상품을 1,00만원보다 높은 가격에 구입하겠다고 신청하고 왔다.

이런 경우 손해배상 책임제도가 확립되어 있는 세계에서는 제조업자는 제3자 Y가 신청 가격하는 대로 소매업자 X와의 계약을 파기해서 손해배상액을 주어도 제3자 Y와 계약하는 쪽이 더 효율적일

가능성이 있다. 이하 손해배상제도의 차이에 의해 어떤 결과가 생길 것인가를 고찰해보다.

효율적 자원배분제도로서 기대배상 책임제도

우선 기대배상 책임제도에 대해 고찰해보자. 이런 손해배상 책임제도 하에서는 제조업자가 소매업자 X와의 계약에 위반하면, 제조업자는 소매업자 X에게 상품을 판매해서 얻을 것이었다. 기대수익 1,40만원을 배상할 필요가 있다. 그 때문에 이런 제도 하에서는 소매업자 X는 계약이 실행하든 위반하든 결과적으로 같은 기대수익 1,400만원을 얻는 것이다. 이것이 기대배상 책임제도이다.

여기에서 만일 나중에 구입을 신청한 제3자 Y가 1,300만원에서 제조업자에게 상품구입을 신청했다고 한다면 제조업자는 소매업자 X와의 계약에 위반하지 않을 것이라는 것도 제조업자에게는 계약위반해서 얻게 될 기대수익 1,300만원보다 소매업자 X에로의 손해배상금 1,400만원이 높기 때문이다.

이런 선택은 제조업자에게 효율적일 뿐만 아니라 사회적으로도 효율적인 거래이다. 이것에 의해 이론적으로 사회적 관점부터 좋은 낮은 상품을 평가하는 소비자에게 그 때문에 상품을 보다 효율적으로 이용하는 방법을 모르기 때문에 저가로 밖에 살 수 없는 소비자에게 상품이 배분되지 않는 다는 것을 의미하기 때문이다.

그러나 만일 제3자 Y가 기대배상액 1,400만원보다도 높은 가격에서, 예를 들면 1,500만원으로 상품의 구입을 신청했다면 제조업자는 소매업자 X와의 계약에 위반해서 제3자 Y와 계약하는 게 그에 의해서는 효율적이다. 소매업자 X와의 계약을 이행한다면 제조업자의 수입은 1,000만원인 것에 대해서 계약위반해서 제3자 Y에게 상품을 내주면 X에서 사전에 수취된 1,000만원과 Y로부터 수취한 1,500만원에서 X한테 손해배상액 1,400만원을 차감한 잔액은 1,100 만원이기 때문이다. 즉 제조업자에게는 계약을 위반하는 게 수익이 더 많아진다.

게다가 이러한 계약위반은 사회적으로도 효율적이다. 이런 계약위반에 의해 사회적으로 보다 높게 상품을 평가하는 사람에게 그 때문에 상품을 보다 잘 이용하는 방법을 알고 있는 사람에게 상품이 배분되어 이용되는 것을 의미하기 때문이다.

이와 같이 기대배상책임 규칙 하에서는 개인적 뿐만 아니라 사회적으로도 효율적인 계약위반에 이르게 된다. 일반적으로 기대배상책임제도하에서는 기대배상액이 비교적 높기 때문에 비효율적인 계약위반은 억제될 것이라고 말할 수 있다.

비효율적 자원배분제도로서 원상회복 배상책임제도

이에 대해 원상회복 배상책임제도 하에서 사람들은 어떻게 행동할 것인가. 이런 배상책임제도 하에서는 만일 제조업자가 소매업자 X와의 계약에 위반한다면 제조업자는 소매업자 X로부터 사전에 수취했던 계약금 1,000만원을 돌려주면 된다.

여기에서 만일 나중에 교섭했다. 제3자 Y가 1,000만원 보다도 싼 값에 상품구입을 신청했다고 하면, 제조업자는 소매업자 X와의 계약에 위반하지 않을 것이라는 것도 이런 계약위반에 의해 발생하는 손해배상액만큼이 계약위반에 의해 얻게 될 수입보다도 크기 때문이다.

그러나 만일 제3자 Y가 손해배상액 1,000만원 보다도 높지만, 소매업자 X가 기대하고 있던 1,400만원보다도 싼 가격에 예를 들면 1,300만원으로 판매할 수 있다고 생각하고 엔화로 판매할 수 있다고 생각하고 1,200만원에 상품구입을 요구해 오면 제발 제조업자의 경우에는 소매업자 X와의 계약에 위반해서 제3자 Y에 제품을 공급하는 것이 효율적이라는 것도 공급하는 것이 효율적일 것이라고 하는 것도 제조업자가 계약을 위반하지 않는 경우 사전에 지급된 계약금 1,000만원을 손해배상액으로서 소매업자 X에게 환불하고, 새로 Y에서 1,200만원의 수입을 얻는 것이 가능하기 때문이다.

그러나 이런 계약위반은 사회적으로 효율적이지 않다는 것도 이런 거래에 의해 본래 1,400만원으로 판매할 수 있는 상품은 보다 싸게 평가하는 사람에게 그 때문에 보다 잘 이용하는 방법을 모르기 때문에 싼 값으로 밖에 구입할 수 없는 사람에게 상품이 배분되어 이용되는 것을 의미하기 때문이다.

이와 같이 원상회복 배상책임제도 하에서는 사람들은 개인적으로는 효율적이지만 사회적으로는 비효율적인 계약위반에 이끌릴 가능성이 있다. 즉, 배상책임제도 하에서는 개인적 효율성과 사회적 효율성이 일치하지 않는 부조리한 현상이 발생한다. 일반적으로 이러한 배상책임제도 하에서는 손해배상액이 적지 않기 때문에 필요 이상으로 계약위반이 다발할 가능성이 있다.

이상과 같이 법제도도 경제효율성의 관점으로부터 분석가능하며, 이런 관점에서 기대배상책임제도가 효율적인 제도라고 할 수 있다.

연습문제

❶ 왜 계약을 파기하는 자유가 있는가를 설명해보시오. 자유가 있는지를 설명하시오.

❷ 원상회복 배상책임제도 하에서는 왜 비효율적인 계약위반이 일어날 가능성이 있는가를 설명하시오.

❸ 기대배상책임제도 하에서는 왜 효율적인 계약위반이 일어날 가능성이 존재하는가를 설명해보시오.

4. 게임이론과 기업 간 관계

게임이론은 폰 노이만(J. von Neumann)에 의해 개발되었으며, 1994년에 내쉬(J.F. Nash Jr.), 하사니(J.C. Harsani), 셀튼(R. Selten)이 노벨경제학상을 수상하였으며, 게다가 2006년에도 쉘링(T.C. Schelling)과 오만(R.J. Aumann)이 노벨경제학상을 수상했다는 의미에서 현대경제학의 중심이론이다. 이런 게임이론을 기업조직의 문제와 관련된 연구로서 가장 잘 알려진 것은 크렙스(D.M. Kreps)의 명성의 담당자로서의 기업론이다.[4] 아래에서 그의 논의를 간단히 소개하기로 한다.

4.1. 기업 간 관계와 죄수의 딜레마

게임이론에서 가장 유명한 게임은 죄수의 딜레마게임이다. 크렙스의 논의는 이것에 기초하여 죄수의 딜레마게임의 설명에서 시작된 것이다.

이제 B를 상대로 해서 경기하는 A를 생각하자. <그림 6-11>가 같이 최초에 A가 B를 신뢰하고 있느냐를 선택하는 일이다. 만일 A가 B를 신뢰하지 않으면 A도 B도 이득은 제로(0)이다. 그러나 만일 A가 B를 신뢰하지 않으면 이번에는 B가 이에 부응하는지를 선택하는 권리를 얻는다. 그리고 만일 B가 A의 신뢰에 부응하면, A도 B도 10달러를 얻게 된다. 그러나 B가 A를 배반하면, B는 15달러를 획득하고, A는 -5달러가 된다.

4) 크렙스는 논의를 둘러싼 평이한 설명은 小田切(2000)를 참조. 또한 게임이론의 평이한 설명에 대해서는 예를 들면 神戸(2004), 中山(1997), Kreps(1990a)를 참조.

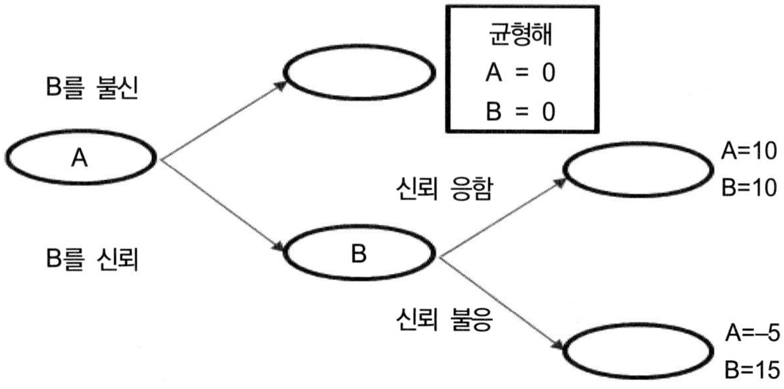

그림 6-11. 죄수의 딜레마

여기서 이런 경기를 1회만 하면, 분명 A는 B를 신뢰하지 않을 것이다. 만일 B를 신뢰하지 않으면 B는 그런 신뢰에 따라 10달러를 얻기보다도 A를 배반해서 15달러를 얻는 것이 낫기 때문이며, 게다가 이런 경우 A는 -5달러이기 때문이다. 따라서 A는 B를 처음부터 신뢰하지 않는 편이 좋은 결과를 낳는다..

그러나 이런 상태는 양자가 신뢰했을 때와 비교하면 확실히 나쁜 결과가 되고 있다. 이것이 죄수의 딜레마이다. 즉 각각이 합리적으로 행동했음에도 불구하고, 전체로서는 비효율적인 귀결에 유도되는 상태이다.

4.2. 반복된 기업 간 관계와 딜레마로부터 탈출

현실 기업의 세계에서 이와 같이 상호 신뢰하지 않고 앞질러 가는 현상이 많이 발생하고 있을까. 실제로는 양자가 서로 신뢰하여 거래하는 것을 자주 볼 수 있다. 어떻게 하면 이런 딜레마로부터 벗어날 수 있을 것인가.

만일 A와 B의 거래가 1회성 아니고 몇 차례 반복된다고 하면 어떨까. 이런 경우 1번째 상대의 신뢰를 배반으로 다음 회는 복잡해질 가능성이 있는 것으로 생각될 것이다. 이것을 고려해서, 만일 A가 B를 신뢰한 경우 B는 어떻게 행동할 것인가.

이 경우 만일 B가 A가 배반한다면 B는 이번 회 15달러를 얻을 수 있지만, 다음 회는 A는 그 보복으로서 신뢰하지 않기 때문에 B의 이득은 제로(0)이다. 이에 대해 만일 B가 A를 신뢰한다면 B는 이번 회 10달러를 획득해서 다음 회에도 A가 B를 신뢰하고, B도 또한 A를 신뢰하면 B는 10달러를 얻기 때문에 아울러 20달러의 이득을 얻는 것이다. 그 때문에 게임이 반복될 경우 상호신뢰해서 거래하는 것이 되어 딜레마에서 벗어날 가능성이 나온다.

그러나 만일 게임이 유한회로만 반복되어진다면 결과는 1회성 게임과 본질적으로 동일한 결과이다. 예를 들면 만일 게임이 2번 밖에 반복되지 않으면 B는 가령 비록 A로부터 신뢰받았다고 해도 2번째 이후 것을 생각할 필요가 전혀 없다. 그 때문에 1번째는 신뢰했다고 해도 2번째는 A를 배반해서 15달러를 획득하는 편이 유리하다. 이것을 A도 또한 생각하기 때문에 A는 처음부터 B를 신뢰하지 않을 것이다. 따라서 게임이 유한 횟수라면 결과는 1회 게임과 같은 죄수의 딜레마에 빠지게 된다.

이에 대해 만일 이 게임이 무한하게 계속된다면 죄수의 딜레마는 해소될 가능성이 있다. B는 A를 신뢰하는 동안 이어 가는 편이 이득이 많이 얻을 수 있기 때문에 B는 A를 신뢰하려는 인센티브를 갖게 되며, 양자의 거래는 가능하다.

4.3. 1개 기업과 다수 기업과의 거래관계와 딜레마로부터 탈출

이제이상과 같은 논의는 <그림 6-12>와 같이 1개 기업 B와 다수 기업군 $A_t(t=1,\cdots)$이라는 관계에 응용해도 결과는 동일하다.

하지만 이번에는 「반복에 의한 신뢰」에 의해 딜레마문제는 해결할 수 없다는 것도 여기서는 B는 동일하지만 A가 거래마다 바뀔 것 같은 거래관계 때문이다. 이 경우 새로운 A_t가 B와의 거래를 신뢰해야할지는 B를 둘러싼 「소문」이나 「평판」에 의존한다. 그 때문에 B는 보다 유리한 관계를 유지하기 위해 「B는 상대를 배반하지 않는다」고 하는 「명성」이나 「명품」을 형성하는 인센티브를 갖는다.

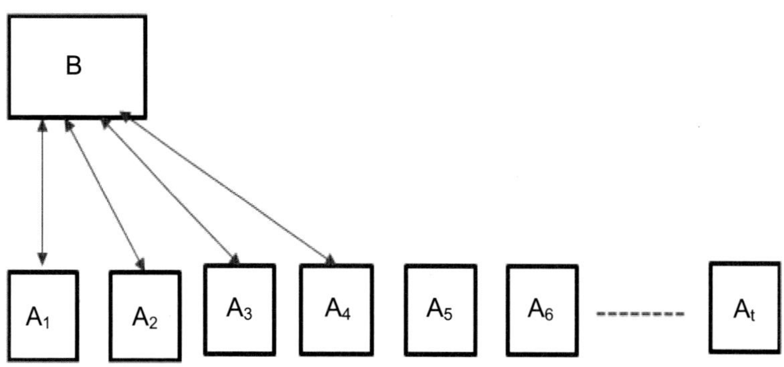

그림 6-12. 기업과 다수기업의 거래

이러한 상황에서 B가 무수의 A_t와 게임을 반복하는 것은 너무 비현실적이라고 생각할지도 모른다. 만일 B가 인간이라면 인간은 유한한 목숨밖에 없기 때문에 거래를 무한하게 반복한다는 것은 불가능하기 때문이다. 하지만 이론적으로는 B는 인간일 필요는 전혀 없다. 크렙스는 B를 기업조직이라고 생각한다. 만일 B가 기업조직이라면 그 소유자, 경영자, 종업원이 시간과 함께 대체된 것으로 이론적으로는 기업조직 자체는 영원히 살아남을 수 있다.

지금 A와 B가 함께 기업이라면 왜 한 부품제조업자가 어느 완제품제조업자가 부품 구입을 계속할 것으로 믿고 관계 특수한 투자를 하는 것을 이해할 수 있다. 또한 왜 소비자가 한 제조업자가 명품의 명성을 지키기 위해 결함품을 생산판매하지 않는다는 것을 믿고 상품구입을 계속하는가도 이해할 수 있다, 이처럼 게임이론에 따라 명성의 담당자로서 기업조직이 존재하는 것이다. 이것이 크렙스의 생각이다.

한층 더 크렙스는 이런 분석을 진행해서 명성이나 명품에도 몇 가지 종류가 있으며, 그것은 복수의 내쉬균형에 의해 이론적으로 증명되었다. 기업은 「상대를 절대로 배신하지 않는다」라고 하는 명성을 형성할 수도 있고, 「상대를 대부분은 배신하지 않는다」고 하는 명성을 형성할 수도 있다. 어떤 명성에 따를 것인가. 그것은 초점(focal point)으로서 단순하게 내부정합성을 갖는 것이 좋기 때문이지만, 그것은 기업이 전략적으로 결정하는 것이며, 그것이 기업문화가 될 것으로 크렙스는 해석하였다.

▶ 결 어

이상으로 조직경제학의 이름아래 향후 한층 더 발전할 것으로 생각되는 유력한 방법론을 소개하였다. 즉 진화경제학, 행동경제학(경제심리학), 법경제학 그리고 게임이론 방법론이다.

이들 연구는 게임이론을 제외하고 기본적으로 사람의 제한적인 합리성을 가정하고 있으며, 그러한 인간의 특질이 조직제도를 포함하여 다양한 제도의 발생이나 변화를 낳는 것을 설명하다. 변화를 낳은 것을 설명한다. 또한 일견 비합리적으로 보이는 안건행동이나 조직행동도 우연이 아닌 합리성에 의한 우연이 아닌 합리성에 의한 필연적인 현상인 것을 명확하게 한다.

이러한 연구는 향후 더욱 더 진전해서 이론과 실천이 융합하게 된다고 생각된다. 이제까지 일방적으로 이론적이었지만 실제로는 적용할 수가 없어 대부분 도움이 되지 않았던 학술적인 이론연구가 전개되어 왔다. 다른 한편 실제로는 도움이 되지만 이론적이지도 않고 학술적이지도 않은 연구가 이루어져 왔다.

그러나 이 장에서 소개했던 새로운 조직경제학 방법론은 거래비용이론, 대리이론, 소유권이론과 마찬가지로 모두 이론적이고 동시에 실천적이다. 학술적인 것은 도움이 되었고, 학술적이지 않은 것은 도움이 되지 않았다. 이 장에서 소개한 다양한 조직경제이론은 그러한 시대가 가까운 장래에 올 것을 예감하는 이론군이라 할 수 있다.

연습문제

❶ 죄수의 딜레마란 어떤 상태인가. 설명해 보시오.

❷ 게임이 유한하거나 되풀이 되지 않는 경우, 1회성 게임과 같은 결과가 된다. 왜 그런가.

❸ 명성의 역할에 대해 설명해 보시오.

참고문헌

Calabresi, G. [1970] *The Costs of Accidents : A Legal and Economic Analysis*, Yale University Press.

Coase, R. H. [1960] "The Problem of Social Cost," *Journal of Law and Economics*, 3 : 1-44.

Coase, R. H. [1988] *The Firm, the Market, and the Law,* University of Chicago Press. (宮沢健一·後藤晃·藤垣芳文訳『企業·市場·法』東洋経済新報社, 1992年)

Douma, S. and H. Schreuder [1991] *Economic Approaches to Organizations*, Prentice Hall International. (岡田和秀·渡部直樹·丹沢安治·菊津研宗訳『組織の経済学入門』文異堂, 1994年).

Kahnernan, D. and A. Tversky [1979] "Prospect Theory : An Analysis of Decisionunder Risk," *Econometrica,* 47 : 263-291.

神戸伸輔 [2004]『入門ゲーム理論と情報の経済学』日本評論社。

菊i畢研宗 [2006]「リーダーの心理会計」『ダイヤモンド·ハーバード·ピジネス·レビュー』2月号, 94-108頁。

小林秀之·神田秀樹 [1986]『「法と経済学」入門』弘文堂。

Kreps, D. M. [1990a] *Game Theory and Economic Modelling*, Clarendon Press. (高森寛·長橋透·大住栄治訳『ゲーム理論と経済学』東洋経済新報社, 2000年)

Kreps, D. M. [1990b] "Corporate Culture and Economic Theory," J. Alt and K. Shepsle (eds.) *Perspectives on Positive Political Economy*, Cambridge University Press.

中山幹夫 [1997]『はじめてのゲーム理論』有斐閣。

Nelson, R. R. and S. G. Winter [1982] *An Evolutionary Theory of Economic Change*, Havard University Press. (角南篤·田中辰雄·後藤晃訳『経済変動の進化理論』Keio University Press 2007年)

小田切宏之 [2000]『企業経済学』東洋経済新報社。

Polinsky, A. M. [1989] *An Introduction to Law and Economics*, Little, Brown.

Posner, R. A. [1973] *Economic Analysis of Law*, Little, Brown.

宍戸善一・常木淳 [2004]『法と経済学—企業関連法のミクロ経済学的考察』有斐閣。

多田洋介 [2003]『行動経済学入門』日本経済新聞社。

Thaler, R. H. [1985] "Mental Accounting and Consumer Choice," *Marketing Science*, 4 : 199-214.

Vromen, J. J. [1995] *Economic Evolution An Enquiry into Foundation of New Institutional Economics*, Routledge.

조직경제학에 관한 기본문헌

1. 거래비용이론관계

Coase, R. H. [1988] *The Firm, the Market, and the Law*, University of Chicago Press. (宮沢健一·後藤晃·藤垣芳文訳『企業·市場·法』東洋経済新報社, 1992年)

- 이 책은 거래비용이론과 소유권이론에 관한 Coase의 논문집이다. 거래비용이론의 원점이라 말할 수 있는 논문『기업의 본질』(Coase, R. H. [1937] "The Nature of the Firm." *Economica*. 4: 386-405) 또는「법경제학」이라는 새로운 분야의 선구적 논문인「사회적 비용의 문제」(Coase, R. H. [1960] "The Problem of Social Cost," *Journal of Law and Economics*, 3: 1-44)이 포함되어 있다. 이 책은 수학에서 나타낼 수 없는 Coase의 뛰어난 지혜로 넘치고 있습니다. 아무튼 시간을 내서 차분히 읽을 것을 권합니다.

Williamson, O. E. [1975] *Markets and Hierarchies: Analysis and Antitrust Implication*, Free Press. (浅沼高里·岩崎晃訳『市場と企業組織』日本評論社, 1980年)

- 이 책은 윌리엄슨의 초기 거래비용에 관한 논문집이다. 거래비용이론을 이해하기 위해서는 필수적인 책이다. 이 책은 윌리엄슨이 거래비용이론을 전개하기 시작할 때 책이기 때문에 그가 어떻게 거래비용이론을 발전시켜 왔는지를 이해할 수 있다.

Williamson, O. E. [1996] *The Mechanisms of Governance*, Oxford University Press.

- 이 책은 거래비용이론을 발전시키고 기업지배구조문제, 기업지배구조 분야 등 다양한 분야에 응용한 윌리엄슨의 논문집이다. 매우 시사점이 많은 책이라 생각한다.

Williamson, O. E. [1989] "Transaction Cost Economics," Ch. 3, R. Schmalensee and R. D. Willing (eds.), *Handbook of Industrial Economics*, Vol. 1, North-Holland. (和田哲夫訳「取引費用の経済学」『郵政研究所月報』1998年. 5-6月号. 131-149, 107-129頁)

- 이 문헌은 거래비용이론의 기본원리와 그 응용에 대해서 매우 자세하게 정리되어 있어 거래비용이론의 전체상을 알 수 있기에 좋다고 생각된다. 그러나 윌리엄슨의 거래비용이론을 보다 깊게 알고 싶은 경우에는 위의 윌리엄슨의 두 개의 저작을 읽어보길 바란다.

2. 대리이론관계

Jensen, M. C. [2000] *The Theory of the Firm: Governance, Residual Claims, and Organization Forms*, Harvard University Press.

- 이 책은 실증적 대리이론에 관한 Jensen의 논문집이다. 이 논문집 중에서 Jensen의 대리이론에 관한 가장 유명한 논문, Jensen, M. C. and W. H. Meckling [1976] "Theory of The Firm: Managerial Behavior, Agency Costs and Ownership Structure," *Journal of Financial Economics*, 3: 305-360가 들어 있다. 이 책을 자세히 읽어보면 대리이론에 의해 회계·재무·조직현상을 폭넓게 분석하고 있는 것을 알 수 있다.

Holmstrom, B. and J. Tirole [1989] "The Theory of the Firm," Schmalensee, R. and R. Willing (eds.) *Handbook of Industrial Organization*, Vol. 1, North Holland.

- 이 문헌은 규범적 대리이론을 자세히 정리하고 있다. 규범적 대리이론에 관한 논문은 매우 많지만 이것을 모두 정리한 책은 그다지 많지 않다. 이 의미로 이 분야의 연구 전체를 알기에는 매우 좋다고 생각된다.

3. 소유권이론

Alchian, A. A. [1977] *Economic Forces at Work*, Liberty Press.

- 이 책은 Alchian의 지혜가 넘치는 논문집이다. Coase가 서문을 쓰고 있는 점이 매우 재미있다고 생각한다. 이 책은 Alchian의 유명한 소유권이론에 관한 논문 Alchian, A. A. [1965] "Some Economics of Property Rights," *il Politico*, 30: 816-829에 들어 있다.

Demsetz, H. [1988] *Ownership, Control, and the Firm: The Organization of Economic Activity*, Vol. 1, Basil Blackwell.

- 이 책은 Demsetz의 소유권이론에 관한 논문집이다. 상식에 끊임없이 도전하는 그의 논문 스타일은 매우 참고가 된다고 생각한다. 그의 논문집 가운데 소유권 이론의 원점의 하나인 Demsetz, H. [1967] "Toward a Theory of Property Rights," *American Economic Review*, 57: 347-359가 포함되어 있다. 또한 Berle and Means의 비판논문, Demsetz, H. and K. Lehn [1985] "The Structure of Corporate Ownership: Causes and Consequences," *Journal of Political Economy*, 93: 1155-1177에도 포함되어 있다. 이러한 분야에 관심이 있는 연구자에게 매우 흥미있는 논문집이라 생각한다.

Hart, O. D. [1995] *Firms, Contracts, and Financial Structure*, Oxford University Press. (鳥居昭夫訳『企業契約金融構造』慶磨義塾大学出版会, 2010年)

- 이 책은 Oliver Hart의 유명한 소유권이론의 책이다. 계약이론의 원점이라 말하고 있다. 조금 수학적이지만 계약이론에 관심이 있는 사람은 이 책을 피할 수 없다. 또한 Hart의 저서에 대해서 Demsetz에 의한 비판적 서평, Demsetz, H. [1998] "Review of Oliver Hart, Firms, Contracts, and Financial Structure," *Journal of Political Economy*, 106: 446-452도 재미있기 때문에 꼭 같이 읽어 보길 권장한다.

4. 조직경제학 전체의 텍스트 관계

Milgrom, P and J. Roberts [1992] *Economics, Organization, and Management*, Prentice Hall. (奥野正寛·伊藤秀史·今井晴雄·西村理·八木甫『組織の経済学』NTT 出版, 1997年)

- 조직경제학 관계의 책 가운데 가장 유명한 텍스트의 하나이다. 내용은 매우 충실하다. 단 거래비용이론에 대해서 설명이 약간 부족해 보인다. 또한 개인적 감상이지만 혼자 읽기에는 분량이 많기 때문에 힘들 수도 있다. 특히 미시경제학을 경험하지 못한 사람은 여러 사람과 함께 읽을 것을 권장한다. 그 정도로 가치가 있고 내용이 있는 책이라 생각한다.

Besanko, D. A., D. Dranove and M. T. Shanley [2000] *Economics of Strategy*, 2nd ed., John Wiley & Sons. (奥村昭博·大林厚臣監訳『戦略の経済学』ダイヤモンド社, 2002年)

• 이 책은 거래비용이론, 대리이론 그리고 소유권이론을 수학을 전혀 사용하지 않고 비교적 쉽게 설명하고 응용하고 있다. 수학을 사용하지 않기 때문에 반대로 지루한 느낌이 있다고 하는 사람도 있다. 그러한 사람은 위의 Milgrom, P and J. Roberts의 『조직경제학』과 병용하여 읽으면 좋다고 생각한다. 특히 이 책에서는 기업의 경계문제가 충실하다고 생각한다.

Douma, S. and H. Schreuder [2002] *Economic Approaches to Organizations*, 3rd ed., Prentice Hall International. (丹沢安治·石川伊吹·岡田和秀·北島啓嗣·渡部直樹·菊津研宗·久保知一訳「組織の経済学入門(第3版)」文眞堂, 2007年)

• 거래비용이론 또는 대리이론 등을 자세하게 설명한 책이다. 또한 진화경제학에 대한 설명이 있고 조직경제학을 둘러싸고 폭넓게 알 수 있다. 단 이 책은 소유권리이론에 대해서는 설명이 없다.

Eggertsson, T. [1990] *Economic Behavior and Institutions*, Cambridge University Press. (竹下公視訳『制度の経済学ー制度と経済行動(上·下)』晃洋書房, 1996年)

• 신제도학파 경제학을 정리한 책이다. 이 책에서 흥미있는 것은 윌리엄슨의 거래비용이론을 new institutional economics라 하고 소유권이론 및 대리이론을 neo institutional economics로 구별하여 거래비용이론을 배제한 점이다. 그 후에 윌리엄슨이 이러한 구별을 비판했기 때문에 Eggertsson은 최종적으로『제도의 경제학』라는 이름 아래 3개의 이론을 포함하고 있다. 이 책은 특히 소유권이론의 설명이 충실한 책이다.

Picot, A., H. Dietl, and E. Frank [2002] *Organization: eine ökonomishe Perspektive 4. Auflage*, Schaffer-Poeschel Verlag. (丹沢安治·榊原研互·田川克生·小山明宏·渡辺敏雄·宮城徹訳『新制度派経済学による組織入門ー市場·組織·組織関係へのアプローチ(第4版)』白桃書房, 2007年)

• 이 책은 독일인에 의한 조직경제학의 텍스트이다. 거래비용이론, 대리이론, 그리고 소유권이론을 비교적 균형있게 설명되어 있다. 독일에서는 신제도학파 경제학에 대해서 빠른 시기에 관심을 가지고 체계적으로 정리하려는 연구자가 많았다고 생각한

다. 또한 이 책을 통해 독일 고유의 기업조직의 특징에 대해서도 배울 수 있다.

柳川範之[2000]『契約と組織の経済学』東洋経済新報社。

- 소유권이론 또는 대리이론을 중심으로 한 최신 연구들을 매우 쉽게 해설한 책이다. 간단한 수학모형을 이용하여 초보자들도 읽기 쉽고 취급하고 있는 대상도 매우 흥미로운 주제가 많다. 단 이 책은 거래비용이론에 대한 설명은 없다.

Gibbons, R. and J. Roberts, (eds.) [2012] *The Handbook of Organizational Economics*, Princeton University of Press.

- 조직경제학을 둘러싸고 최신 연구를 알 수 있는 논문집이다. 논문은 고도로 전문가를 위한 것이지만 거래비용이론, 대리이론, 그리고 소유권을 둘러싼 연구동향을 알 수 있다. 특히 지금까지 너무 수리화되지 않은 거래비용이론의 수리모형화에 관심이 있는 사람은 한번 읽어볼만한 책이다.

5. 경영전략의 경제학 방법론 관계

Porter, M. E. [1980] *Competitive Strategy: Techniques for Analyzing Industries and Competitors*, Simon & Schuster. (土岐坤·服部照夫·中辻万治訳『競争の戦略』ダイヤモンド社, 1985年)

- 이 분야의 기본이다. 두꺼운 책이지만 한번을 읽어볼 가치가 있는 책이다. 이 분야의 새로운 전략이론은 거의 포터의 경영전략을 비판하면서 시작된다.

Collis, D. J. and C. A. Montgomery [1998] *Corporate Strategy: A Resource-Based Approach*, McGraw-Hill. (根来龍之·蛭田啓·久保亮一訳『資源ベースの経営戦略論』東洋経済新報社, 2004年)

- 2명의 유명한 하버드대 교수에 의한 자원기반이론에 관한 책이다. Collis는 자원기반이론이 출현하기 시작할 때부터 뛰어난 논문을 유명한 저널에 게재한 인물이다. 또한 Montgomery는 자원기반이론의 창시자 가운데 한 명으로 MIT교수인 워너펠트의 아내이기도 한다. 이 책 또한 필독서이다.

Barney, J. B. [2002] *Gaining and Sustaining Competitive Advantage*, 2nd ed., Prentice Hall. (岡田正夫訳『企業戦略論(上·中·下)』ダイヤモンド社,

2003年)

- 이 책은 Barney의 자원기반이론을 이해하는데 매우 좋은 책이다. 지금까지 많은 연구자가 자원기반이론의 형성에 관여해 왔으며 역시 자원기반이론이라고 하면 Barney가 가장 공헌한 연구자의 하나라고 생각한다.

Teece, D. J. [2009] *Dynamic Capabilities and Strategic Management: Organizing for Innovation and Growth*, Oxford University Press. (谷口和弘·蜂巣旭·川西章弘·ステラ. S. チェン訳『ダイナミック·ケイパビリティ戦略ーイノベーションを創発し成長を加速させる力』ダイヤモンド杜. 2013年)

- 티스의 동태적 역량에 관한 논문집이다. 내용은 약간 어렵지만 필독서이다. 동태적 역량을 보다 쉽게 설명한 것은 티스의『다이아몬드 : 하버드 비즈니스 리뷰』의 사이트에「동태적 역량의 전략학」이란 타이틀로 6회에 걸쳐서 기사를 연재하였으니 아래의 사이트를 참고하길 바람. http://www.dhbr.net/articles/-/2965

6. 새로운 조직경제학 방법론 관계

진화경제학

진화경제학의 원점 가운데 하나는 Nelson, R. R. and S. G. Winter [1982] *An Evolutionary Theory of Economic Change*, Belknap Press(角南篤·田中辰雄·後藤晃訳『経済変動の進化理論』慶膳義塾大学出版会, 2007年)이다. 또한 현재 진화경제학의 연구가 Alchian의 Darwinism, Nelson과 Winter의 Lamarckism, 진화게임 등 3가지 방향으로 나뉘어져 있는데 이를 잘 정리한 책은 다음의 문헌이다. Vromen, J. J. [1995] *Economic Evolution: An Enquiry into the Foundations of New Institutional Economics*, Routledge.

행동경제학

행동경제학에 대해서는 多国洋介 [2014]『行動経済学入門』日本経済新聞出版社(日経文庫)가 이 분야를 간단한 수학모형을 이용하여 기본적인 것부터 최신의 화제까지 쉽게 설명하고 있다. Thaler는 전문적인 학술논문을 읽기 전에 읽어두면 매우 도움이 될 것이라 생각된다. 또한 이 분야의 중심인물인 Thaler의 Thaler, R. [1992] *The Winner's Cures: Paradoxes and Anomalies of Economic Life*, Princeton University Press. (篠原勝訳『セイラー教授の行動経済学入門』ダイヤモンド杜,

2007年)은 매우 읽기 쉬운 내용이며 도움이 된다. 게다가 행동경제학의 응용으로서 Thaler, R.H. and C. R. Sunstein [2008] *Nudge: Improving Decisions About Health, Wealth, and Happiness*, Yale University Press. (遠藤真美訳『実践行動経済学』日経 BP社, 2009年)가 다양한 흥미진진한 응용사례를 설명하고 새로운 정책적방향성을 제시하고 있다. 또한 심리회계와 거래비용을 연결하는 리더의 행동을 설명하는 문헌으로서는 菊澤研宗 [2006]「리더의 심리회계」『다이아몬드: 하버드 비즈니스 리뷰』2월호: 94-104항이 있다.

법경제학

법경제학 분야에서 쉽게 설명한 책은 Polinsky의 교과서, Polinsky, A. M. [1989] *An Introduction to Law and Economics*, Little, Brown이다. 또한 법경제학에 관한 일본어 문헌은 개인적으로 小林秀之·神田秀樹 [1986]『「法と経済学 入門」』(弘文堂)이 매우 읽기 쉽고 자세하게 정리되었다고 생각한다. 宍戸善一·常木淳 [2004]『法と経済学ー企業関連法のミクロ経済学的考察』(有斐閣) 등이 매우 쉽고 읽기 쉬운 책이라 생각한다. 더욱이 柳川範之 [2006]『法と企業行動の経済分析』(日本経済新聞社)은 기업지배구조, M&A, 사업재생, 직무발명 등을 둘러싼 다양한 법제도가 경제학적으로 분석하였으며 이론분석의 구체적인 응용 예로서 매우 참고가 된다고 생각한다.

게임이론

게임이론에 대해서는 매우 훌륭한 책이 있는데 神戸伸輔 [2004]『入門ゲーム理論と情報の経済学』(日本評論社)은 대리이론 및 정보경제학에 대해서 설명하고 있으며 매우 참고가 된다고 생각한다. 최근의 책으로는 神取道宏 [2014]『ミクロ経済学の力』(日本評論社) 가운데 게임이론의 설명은 매우 알기 쉽다고 생각한다. 岡田章 [2014]『ゲーム理論·入門ー人間社会の理解のために(新版)』(有斐閣アルマ)도 설명이 알기 쉽고 좋은 책이라 생각한다.

■ 찾아보기

ㅇ

ㅈ

ㅊ

ㅋ

ㅌ

ㅍ

ㅎ

역자 소개

김일태(金逸泰)

· 현 전남대학교 경제학부 교수
· 미국 University of Georgia 경제학박사
· 현 한국경제학회 부회장

주요 연구업적

· "재일한상기업 소프트뱅크 경영전략과 기업가정신," 한일경상논집, 제81권, 2018(공저).
· "Regional Total Factor Productivity and Local Employment Growth: Evidence from Korea," Asia-Pacific Journal of Regional Science, 1(2), 2017(공저).
· 『시대정신 시론에 담다』, 마인드탭, 2016 외 다수.

정진필(鄭鎭弼)

· 현 전남대학교 경영학부 명예교수
· 한양대학교 경영학박사

주요 연구업적

· 『관리회계와 경제학』, 전남대학교출판문화원, 2017.
· 『계약과 조직의 경제학』, 전남대학교출판부, 2003(공저).
· "한국관리회계학회의 실무적 연구동향에 관한 소고," 관리회계연구, 18집3권. 2018(공저).
· "대학등록금 책정의 그룹별 차등화 일반모형," 관리회계연구, 2002 외 다수.

박석강(朴錫强)

· 현 전남대학교 물류통상학부 교수
· 일본 The University of Tokyo, Ph. D.
· 현 한일경상학회 편집위원장

주요 연구업적

· "금융시장에서 담보가 기업의 자금조달선택에 미치는 영향에 관한 연구," 국제지역연구, 제22권 제3호, 2018.
· "Shadow Banking System과 금융시스템의 안정화에 관한 연구," 한일경상논집, 제80권, 2018 외 다수.

조직경제학 입문

-신제도학파 경제학 방법론-

2019년 2월 10일 인쇄
2019년 2월 20일 발행

저 자 | 키쿠자와 켄슈(菊澤研宗)
역 자 | 김일태·정진필·박석강
펴낸이 | 정병석

펴낸곳 | 전남대학교출판문화원
주 소 | 61186 광주광역시 북구 용봉로 77
전 화 | (062) 530-0571~3
팩 스 | (062) 530-0579
등 록 | 1981. 5. 21. 제53호
홈페이지 | http://www.cnup.co.kr
이메일 | cnup0571@hanmail.net

값 23,000 원

ISBN 978-89-6849-611-0 (93320)

이 도서의 국립중앙도서관 출판예정도서목록(CIP)은 e-CIP홈페이지(http://www.nl.go.kr/ecip)와 국가자료공동목록시스템(http://www.nl.go.kr/kolisnet)에서 이용하실 수 있습니다.
(CIP제어번호: CIP2019006664)